COMMUNICATION
RESEARCH METHODS AND PAPER WRITING
Observations on 180 Articles

传播研究方法与论文写作

对 180 篇文章的观察

邓树明 著

中国人民大学出版社
·北京·

前　言

本书算是关于传播研究方法的导论，它主要是为初涉学术研究的人写的，比如新闻传播专业本科生、硕士研究生、博士研究生，以及部分青年教师等，因此它的深度并不够。笔者的目的也仅在于讨论研究方法的基本知识，比如学术论文是什么，研究方法是什么，有哪些种类的研究方法，论文的结构是什么，不同方法的设计流程是什么，研究质量如何控制等。这些常识性问题远远没有解决。

如果以独立作者计，我之前从未出版过一本书，那为什么要来凑热闹写这个呢？实在是因为在工作中受到了很大的触动。我从 2011 年初开始负责学术期刊《新闻界》，经年累月地接触到大量投稿——总数达数万篇之多，深感相当多的作者没有掌握学术研究和学术论文的基本概念，干了非常多的冤枉活儿。一个相当普遍的情况是，作者分不清学术论文与其他类文章的区别，很多写成了感想式、体会式、议论式文章。另一个较为普遍的情况是，作者的方法运用非常不规范，无法支持结论的成立。这两种情形其实都指向一个共同问题：研究方法。两种情形之普遍，表明很有必要对传播研究方法做普及性的介绍。

可以说，在现代学术研究中，研究方法是居于核心地位的。学术文章之不同于其他观点性文章，学术结论之不同于其他结论，根本的区别就在于有无研究方法。现代自然科学与社会科学兴起的历史，也正是各自研究方法成熟的历史。一个学科是否成熟，与其共同体内对方法运用的成熟度有直接关联。因此，我接手《新闻界》以来，提出刊物取向是“问题意识、方法意识、现实观照”，其中就强调了方法规范。在学术研究越来越规范的今天，学生或青年学者从一开始就应该明白方法对学术研究的必要性，就应该重视对方法的学习与掌握；否则的话，在学术生涯中可能会时时感到掣肘。即使将来不从事学术研究工作，掌握一些方法的常识也会大受其益，因为它有助于训练一个人的科学思维。很多社会问题的出现，其实是由缺乏科学思维引起的。

重视研究方法，就要正确理解其概念。现在，研究方法这个概念有些泛化了，比如将如何阅读学术著作称为研究方法，又比如将如何写作论文称为研究方法等等，其实更准确地说前者可称为治学方法之类，后者可称为论文写作方法之类，均非通常意义上的学术研究方法。它们或可被认为是广义概念的研究方法。

就最核心的含义而言，研究方法是指在学术研究过程中用来搜集数据和分析数据的专门手段。这句话表明，学术研究方法有两类：一种是数据搜集方法，一种是数据分析方法。接下来读者在书中的确会看到，各种研究方法要么是对数据搜集的规范，要么是对数据分析的规范。这里的“数据”并非指“数字”，而是指搜集到的可用于研究的各种原始资料，比如数字、文字、图片、视频、实物等等。这时候的方法，或可被视为狭义概念的研究方法。

本书主要以狭义的研究方法为分析目标，因为真正的学术研究方法指的正是搜集或分析数据的手段等，也只有在这种意义下的方法才具有“客观性”，即它不但支持知识的生产，而且本身也成为一种知识。简单地说，狭义概念的方法才是学术研究的必要工具。

狭义的方法概念带有较强的科学主义色彩，很容易让人将研究方法误解为量化方法等。我们当然不能这样认为。在关于传播研究方法的争论中，部分原因就是有些人将研究方法狭隘地理解为量化方法，从而反对过于强调方法。这种反对是建立在曲解方法概念基础上的，因此其实是自设靶子。社会科学研究早已经突破科学主义的单一范式，换句话说，研究方法早已经超越了量化方法的外延，有大量的非量化研究方法比如民族志法、扎根理论法、框架分析法、深度访谈法等。而且，还有一类思辨研究，是以思维逻辑作为方法的。它们共同构成了传播研究方法多姿多彩的大家族。本书通过对 100 篇已刊文章的观察，发现当下用于传播研究的方法达到 19 种之多。

近年来，从各期刊的发表趋势看，方法的规范性正在稳步提高。这表明传播研究正走向成熟。不过，方法类专著有相当大的不足，主要是翻译类居多，国内的也大多模仿国外的介绍体系，与国内的语境不很符合；大多偏于理论阐述，使方法的概念和设计都显得颇为抽象难懂；更加严重的是，方法的知识体系较为破碎，甚至有相当多的谬误。这些不但增加了初涉研究者的困难，也对传播研究的进展不利。

所以，笔者不揣冒昧进行尝试，试图建立一个传播研究方法的知识体系，通过历史回顾，认为迄今同时存在的有实证主义、解释主义、逻辑思辨三种研究范式。这三种范式代表着不同的方法论，主要依据从100篇已刊论文中梳理出来的19种研究方法，都可归结到该三种方法论之中。这三种范式与各自旗下的诸种方法，构成了全书的核心内容和结构框架。

另一个尝试是来源于经验观察，这与通常以理论为起点的方法专著迥异其趣。无论是全书第二部分从正面阐述如何规范地设计方法，还是第三部分从反面阐述如何规避方法设计中的不足，都通过对大量文章的观察而得出。前者系根据对100篇已刊论文的观察，后者系根据对80篇未刊投稿（隐匿性处理后）的观察。这180篇文章均来自笔者所在期刊《新闻界》。但由于这些文章仍不能满足阐述的需要，因此书中实际上还较多地运用了其他期刊甚至其他学科的文章为例。其中的100篇已刊文章，也未必都是非常出色的文章，而可能仅仅是因为它们在方法方面相对规范一些。用已刊论文和未刊文章为例，相信读者可更直观地感受到何者为较好的研究，何者为不合格的研究。笔者在这里对所有涉及的作者和期刊表示感谢；并且，如果对作者的方法设计理解有误，也请作者和期刊谅解。

还有其他较多尝试。比如在对实证主义和解释主义范式的概述部分均按照论文的结构组织内容，这样的好处是使读者知道在论文的哪一部分应当注意什么。又比如，将概念操作化和信效度等概念引入解释主义范式中，因为笔者认为所有的研究都需要解决自身的科学性问题，因此都应该考虑信度和效度的控制。当然，实证主义和解释主义在概念操作化和信效度控制的具体方式上可能不同，这在书中有较详细的讨论。还比如，在对实证主义和解释主义的概述中，以及在第三部分对常见失误的讨论中，均以论文结构来组织内容，以帮助读者了解论文结构的大致规律，因为相当多的作者并不知道论文应该有哪些部分以及顺序如何。再比如提出实证主义、解释主义和逻辑思辨分别遵从自然客观性、社会客观性和逻辑客观性等等。

本书也不回避对一些具有争议话题的探讨。比如，随着在社会科学领域科学主义的兴起，加之近年来互联网技术的突飞猛进，两者都对传播学研究的人文主义精神产生了很大的冲击。笔者认为，无论是就大众传播研究的历史传统，还是就传播本身对于人类的意义而言，传播研究如果脱离了人文关怀则失去了最重要的灵魂。一个失去人文精神的传播行业，很容易堕落为没有方向、没有理想也没有伦理的行业。因此，本书将逻辑思辨范式作为三大范式之一，是希望唤起研究者们对人文精神的重新重视。又比如，近些年来忽然颇多对文献分析法的讨论，当然几乎是一边倒地不承认这种研究方法。笔者在书中详细地阐明了这一方法的发展历史和存在的理由，分析了误解产生的原因。总之，本书就是一个尝试，希望唤起大家对研究方法的讨论和更加重视，从而推动对研究方法更好地掌握和运用。

本书可分为三大部分。第一部分即第一章，是关于学术研究的基本知识；第二部分包括第二章至第六章，主要从正面阐述应当如何规范地设计研究方法和进行论文写作；第三部分包括第七章，主要从反面阐述应当如何规避研究方法设计和论文写作中的不足。第三至六章中，除前两章的第一节为概述外，其余均为每一节介绍一种研究方法；介绍每种方法时又分为“概念与历史”和“方法设计”两个部分；其中“方法设计”是核心内容，它一般又分为“研究对象的获取”“研究数据的获取”“研究数据的分析”“信度和效度控制”等内容。读者也可以根据目录按图索骥，选取自己感兴趣的方法或部分参读。

直接触动我动笔的，是2020年初的疫情。当新冠疫情肆虐，举国千家万户各自隔离在家时，我觉得总要找一点事来做，于是把这一久拖未行的事列上日程。复工后又做了些修改。无论是写作还是修改，都是比较匆忙的。更主要的是，由于自身水平所限，对一些方法的理解非常肤浅，加之研究方法的知识本身也相当广博丰富，因此书中的缺点与谬误必然存在。我恳请大家多批评指正，一起推动对研究方法的讨论，一起推动传播研究更加规范化。

目　录

第一部分　4 个维度：认识学术研究的方法

第一章　学术论文与研究方法 …… 3

第一节　学术与非学术 …… 3

第二节　方法论与方法 …… 13

第三节　理论研究与应用研究 …… 24

第四节　人文科学与社会科学 …… 31

第二部分　如何规范地设计方法：100 篇已刊稿观察

第二章　方法设计的一般原则 …… 39

第一节　对 100 篇论文的说明 …… 39

第二节　100 篇论文中的发现 …… 42

第三章　实证主义范式 …… 53

第一节　概论 …… 53

第二节　实验法 …… 88

第三节　调查法 …… 97

第四节　内容分析法 …… 106

第四章　解释主义范式 …… 112

第一节　概论 …… 112

第二节　扎根理论分析法 …… 122

第三节　框架理论分析法 …… 135

第四节　民族志研究法 …… 144
第五节　深度访谈法 …… 154
第六节　焦点小组访谈法 …… 159
第七节　案例分析法 …… 164
第八节　文献分析法 …… 171
第九节　文本分析法 …… 175
第十节　话语分析法 …… 181
第五章　逻辑思辨范式 …… 189
第一节　批判性研究 …… 189
第二节　思辨性研究 …… 195
第六章　计算机研究方法 …… 198
第一节　社会网络分析 …… 198
第二节　文本情感分析 …… 207

第三部分　如何规避方法设计不足：80 篇未刊稿观察

第七章　对 80 篇文章的观察 …… 217
第一节　对 80 篇文章的说明 …… 217
第二节　80 篇文章中的发现 …… 219

附录　部分案例论文 …… 241
中美大学生社交网站“断交”行为之比较研究 …… 243
政务微信“软文”化传播效果的实验研究 …… 255
媒介话语动员：建构民族团结的一种策略
——基于西北多民族新闻报道的框架分析 …… 273
加密经济重构媒体生态？区块链驱动下的新闻商业模式创新
——基于 PressCoin 的案例 …… 281
奖赏与惩罚：社交媒体中网络用户身份与情感表达的双重结构 …… 291

第一部分

4 个维度：认识学术研究的方法

学术研究需要一定的知识准备，其中最主要的是对所研究领域的相关理论有充分的掌握。但除此之外，如果能掌握与研究方法有关的基本知识，则会使研究方法设计和研究工作事半功倍。相当数量的文章完成后却并非学术论文，与作者没有清晰地理解学术、学术论文以及研究方法这些基本概念有密切关系。

第一章　学术论文与研究方法

学术研究方法是学术论文所特有的内容，因此，要理解研究方法，首先需要理解学术论文。同时，由于传播研究中理论研究取向与应用研究取向并存，社会科学取向与人文科学取向并存，这些不同的取向在很大程度上影响着方法或方法论的选择，因此它们也是理解研究方法时应该掌握的概念。本章将通过对这些概念的讨论，来理解学术论文和研究方法这两个核心概念。

第一节　学术与非学术

之所以在开篇提出这个问题，是因为笔者从十余年学术编辑工作中直接接触到的大量投稿看，超过半数的作者并没有分清学术论文与非学术性文章之间的区别，写出来的文章其实不是学术论文。这样的说法可能令人泄气，然而以学术论文的标准去衡量，事实上就是如此。而且十余年过去了，这种状况并没有发生多大的改观，可见这一"症状"之顽固。这说明，学术论文的标准本应该是常识，却在相当一部分人那里尚未达成共识。本节希图通过讨论学术论文与非学术性文章之间的区别，使论文作者对学术论文形成清晰而明确的认识，以帮助他们避免无效劳动。

如何区别学术论文与非学术性文章？直观地看，两者之间的差异似乎是很"明显"的，因为前者与学术有关，而后者与学术无关。但这样的理解是非常表层的，相当于什么也没说，更无法指出学术论文的特征。对来稿的情况进行归纳后，笔者建议从下面三个递进的层次入手，来明确它们之间的区别。

一、学术论文是关于知识的文章

首先，学术论文是关于知识的文章。这意味着文章可以被分为两类，一类是关于知识的，另一类则不是关于知识的。不过，并非所有关于知识的文章都是学术论文，在后文中会对这一点进行详细说明。

那么，什么是知识？在认识论中，知识是一个非常复杂的概念，有很多不同的权威解释。从简化的角度来看，我们可以把它看成是对客观事物属性或关系的描述。这种描述的表现形式可以分为四个层次：符号、概念、命题、理论。所谓符号，指的是含有一定意义的标识物，如一个汉字或一个词语。所谓概念，指的是对某一类事物的特征的描述。所谓命题，指的是对事物之间关系的描述。所谓理论，则是由诸多命题有机构成的一个体系。从符号到概念，再到命题和理论，正好是知识越来越复杂的过程。比如“人”字是一个汉字符号，表征现实中的人这种生物；“人”作为概念，则指的是能制造和使用工具，并运用语言进行交流的高等生物；马克思在《关于费尔巴哈的提纲》中指出“人的本质不是单个人所固有的抽象物，在其现实性上，它是一切社会关系的总和”，这就是与人有关的一个命题；马克思关于人的诸多论述，则构成马克思主义关于人的理论。可以看到，无论符号、概念、命题还是理论，都能够帮助人们认识客观事物“是什么”，因而它们被称为知识。

与知识性文章相对，有大量的文章不是知识性的，即它们不以帮助人们了解客观世界“是什么”为目的，而可能有着形形色色的其他目的，如新闻告诉人们发生了什么，小说则虚构发生了什么，书信用于沟通情感或事情，日记用来记录每天的思想或事件，通知用来发布事项，业务体会用来交流工作经验，行业报告用来描述现状与分析趋势，等等。当然，不是说这些类别的文章中绝对不包含知识成分，如古人的日记中关于某个天文现象的记录，可能会成为今天的人们的知识，但是整个文章不是以探究或传播知识为目的的。

因此，在这个层面，作者要检视自己的文章是否是知识性的。来稿在这个层面出现偏差的不多，但偶尔也遇到过个别的稿件，如“历史研究”仅仅是对事件过程或人物的叙述，既没有发掘出新的史实，更缺乏基于史实提炼出的新的史论，仅属于“讲故事”，告诉读者“发生了什么”，而非阐明真实的历史面貌“是什么”。也有一些投稿对现象的描述过于冗长，存在叙述性的内容过多而分析性的内容相当单薄等问题，也削弱了文章的知识性。

案 例

一篇关于我国1920年代某著名新闻学著作出版历程的文章，第一部分讲述著作写成的过程；第二部分讲述在国外出版未果，在国内与知名出版社接洽遇挫，最后自费出版的经历；第三部分讲述著作被公然抄袭，以及最终由国内出版社出版的结果。很明显，文章是纯叙述式的，只不过是将现有的史实进行了整理，按照自己的故事线讲述出来，并没有提供史实或史论方面的知识增量。因此，尽管这篇文章的作者下了很大的功夫，运用了相当多的史料，语言表达也较为流畅，但很遗憾，此文并非学术文章。

二、学术论文是关于理性知识的文章

上文中说过，并非所有关于知识的文章都是学术论文。按照认识论的观点，人们的知识分为感性知识和理性知识两种，所以更进一步地为其下定义，学术论文只是关于理性知识的文章。之所以多数文章都不属于学术论文，将关于感性知识的文章当成了理性知识的文章是一个非常重要的原因。

认识论认为，人们的认识分为感性认识和理性认识两个阶段。感性知识是认识的初级阶段，它从事物对人的感官的刺激中形成，包括感觉、知觉和表象三种形式，具有直观性、生动性的特征。理性知识是认识的高级阶段，是在感性认识的基础上发展而成的，它依赖于人的抽象思维，包括概念、判断、推理三种形式。理性认识以感性认识为基础，但要超越感性认识。

从感觉、知觉和表象这些认识途径可知，感性知识具有直观性。例如描述成都的气温，“今天很热”“今天很凉爽”“今天很冷”都可以称为知识，因为它属于对客观世界“是什么”的认识。但是，它们都是属于直接感受性质的。相对应地，理性知识却无法通过感觉直接获得，而需要经历概念、判断、推理这些复杂的思维过程。又如同样描述成都的气温，“平均气温25℃”就具有理性知识的特征，因为你无法直接感觉到温度，而是需要运用科学的测量手段和概念、判断、推理等思维方式才能获得，如可以使用一个温度计，并对测量结果进行分析。当然，这也是相对而言的，也许到了另外一个场景和研究目标中，“平均气温25℃”也成了感性知识。很明显，感性知识因为依赖于个人直觉，可能会因为不同的认识主体而变动不居；理性知识则在不同的认识主体之间具有更强的一致性，也就是更具认识论意义上的客观性和普遍性。

培根有一个关于知识的著名妙喻，有助于解释感性认识与理性认识之间的区别。他说，人们不应该像蚂蚁，单只收集；也不可像蜘蛛，只从自己肚里抽出丝；而应像蜜蜂，既采集、又整理，这样才能酿出香甜的蜂蜜来。根据培根的比喻，很多感性知识的文章就是采用了蚂蚁和蜘蛛的做法。蚂蚁仅仅是把原材料搬来搬去，尽管可能有新的组合，但依然保留着材料的“原貌”，代表了那些仅仅把原材料拼凑在一起而缺乏学术问题导向的文章；蜘蛛仅仅是搜索枯肠吐出丝来，代表了那些依靠想象闭门造车的文章；也有蚂蚁与蜘蛛的结合体，也就是尽管有材料的搜集过程，但是对材料的分析是想象式的，而不是采用学术研究方法，得出来的结论实际上也是感性的。真正的学术论文写作需要像蜜蜂那样，既要采集，也要消化整理，才能获得脱离了“原貌”的理性知识。

所以，关于知识的文章有两类，一类是关于感性知识的，一类是关于理性知识的。而学术论文是关于理性知识的。感性知识并不由学术论文来承载，实际上也难以由学术论文来承载，因为各种类别的文章中都可能包含了感性知识，比如叙述性的、描述性的、说明性的，甚至抒情性的文章中，都有感性知识的成分。比如《红楼梦》是一部杰出的古典小说，其中关于饮食和仪式等方面的描述，就可以称为感性知识。不少文献对这部小说中的饮食文化进行了介绍，这些文献就属于感性知识性质的文章。

案 例

秦一民著《红楼梦饮食谱》（山东画报出版社 2004 年 1 月版）中，对《红楼梦》中出现的饮食进行了分类，共计列出茶饮、糕点、菜肴、名酒、果品 5 大类 79 个菜品。比如书中关于龙井茶的内容是：“有次宝玉到了黛玉屋里，黛玉对紫鹃说：‘把我的龙井茶给二爷沏一碗……’”（第八十二回）接下来的介绍就属于感性知识：

龙井茶产于浙江省杭州市郊。茶区的面积很广，其中西湖西南狮子峰下龙井村附近的狮峰龙井品质最高，曾作为“贡品”向皇宫进献。清朝乾隆皇帝下江南时又亲自视察过茶园，选中了十八棵茶树，并将它们封为“御茶树”。龙井茶为绿茶，最宜夏季饮用。

之所以说这些是感性知识，是因为它们都是直接由相关资料获得的，会识字的人都可以获得这些资料，但文中没有运用概念、判断、推理方式提炼出的抽象的理性知识。同样关于《红楼梦》中的饮食文化，下面的情形就可称为理性知识：

案 例

研究者夏薇对《红楼梦》中的饮食描写文本运用隐喻理论进行了分析，认为这些饮食文本包含着对“忽喇喇似大厦倾”的隐喻，并从“生活习惯与情志的失衡”“道德失衡”等方面进行了具体的分析。[①] 这样的分析就不是仅局限于对饮食文本的描述，而是立足于感性知识却超越了感性知识，因此具有了一定的理性知识的特征。

因此，在这个层面，作者就要检视自己的文章是否提供了理性知识，因为传达感性知识不是学术论文的任务。在这方面，相当多的作者恰恰误入歧途。常见的感性知识类文章有业务类、工作类、行业类、随想类等。下面分别看一些例子，这些例子是笔者从投稿系统里选择并仿写后生成的：

案 例

业务类：学术期刊和业务类期刊不同，前者一般不刊登业务类文章，业务类文章也以投向业务类期刊为宜。比如某文章讨论新闻导语写作的特点，还有一篇文章讨论广告音乐的运用策略，另有一篇文章讨论电视新闻节目制作的创新趋势，这些都是业务探讨类的文章，主要分析如何去“做”，而不是得出理论方面的结论，也没有运用理论去分析，因此它们并非学术类文章。

工作类：学术期刊一般也不刊登工作类文章，因为工作类文章也不以理论创新为目标，而是着重于解决工作中的思想问题和实践问题，说到底还是如何“做”的问题。比如某文章探讨县级融媒体的“发展思路与对策”，另一文章讨论自媒体治理的“经验与启示”，甚至有来稿的标题直接

① 夏薇.《红楼梦》饮食中的隐喻 [J]. 红楼梦学刊，2020 (2)：149-162.

叫某方面的“工作研究”，这类文章一望便知是工作性的，不适合在学术期刊上登出。

行业类：另一类较多的投稿类似于行业报告，它们也不是学术论文，同样不适合在学术期刊登出。陈力丹教授曾指出“学术论文不能写成行业工作总结”[①]，针对的就是这种现象。比如某文章分析电视节目制作的“新景观”，另一文章讨论融合媒体时代记者面临的“机遇与挑战”，这些行业性的分析可能对业内的媒体单位或从业人员有价值，但没有提供知识的增量，因此不属于学术文章。

随想或议论评论类：这类文章主要由作者的感想和议论构成，正因为如此，它很难达到学术的深度，一般只能提供感性知识。比如某文章是对网红带货的“传播学思考”，另一文章认为应该在公共危机事件中“加强新闻发言人制度建设”，这类文章是纯主观性的，与学术论文需要以学理性来支持观点或结论有根本区别，因此也不是学术文章。

需要说明的是，上述业务类、工作类、行业类问题并非不可以做学术研究，也并非不可以写这方面的学术论文，而是绝大多数这类文章都不具备学术性。本章后面会讲到，学术研究可以分为理论性研究与应用性研究。业务类等问题是可以作为应用性研究的学术问题的，但是需要具备两个必要的条件：其一是运用理论概念和体系来分析问题，其二是有相应的研究方法。离开这两个条件，这类实务性文章就谈不上“研究”性，更谈不上学术性。

要提醒的是，上述第四类即随想类或议论评论类文章是投稿中非常常见的一类“论文”。很多作者之所以容易陷入这个误区，可能是受到中学阶段写议论文的影响，以为学术论文最终的目的是提出某个理论概念，与议论文论证某个观点似乎是相同的。其实两者之间有本质的区别，且不说它们所要解决的问题根本不同，就是获得观点或结论的过程与方式也有不同。议论文是先有观点再做论证，学术研究是先有研究过程才能获得结论，对于规范的学术研究，在其研究过程结束之前，研究者是不知道结论如何的。如果将学术研究写成议论文，就堕入了经常被批评的所谓“观点先行”了。议论文往往是将一个所谓的中心论点分成几个分论点，然后对每个分论点进行论证，而论证论点的时候往往采

① 陈力丹，廖金英．学术论文不能写成行业工作总结［J］．新闻与写作，2018（4）：100－102.

用举例子的方式。不少的“论文”也写成了这个样子，将一个核心观点分成几个小的观点，为每个观点举一两个例子。这完全不是学术研究的方式，因为举例子论证根本就不是严谨的学术研究方法。至于一些文章在标题中就有“浅议”“浅论”“思考”之类的词语，这些文章的作者明显就不是在做学术研究，而是有着典型的议论文思维。

笔者并非认为感性知识不重要。业务讨论、工作分析、行业报告、随想议论等类型的文章，在不同的场景下均具有重要的用途。只不过，学术论文的特点和目的都与非学术性文章不同，在学术写作中务必要厘清两者之间的区别。如果混淆了两者的区别，将“论文”写成了感性知识类的文章，就与学术研究和学术论文追求理性知识的特点迥然有别，一般是不会被学术期刊选用的。当然，有的新闻传播期刊是理论与实务混合型的，既刊登学术性文章，也刊登一些业务性实务类文章，但这并不意味着能否认学术论文与非学术性文章之间的根本区别。

三、学术论文是关于理性知识创新的文章

再进一步讲，并非所有关于理性知识的文章都是学术论文。严格地讲，关于理性知识的文章只能称为学术性文章，而学术论文是具有理论创新价值的学术性文章。

这里便涉及广义学术性文章和狭义学术性文章的区别。广义的学术性文章，指以理性知识创新、传播和评论等为目的的文章，如教科书的章节、文献综述、书评、学术思想介绍等。狭义的学术性文章（即一般意义上的学术论文），指在理论上有原创性价值的文章，也就是在提出了新问题、采用了新方法、获得了新材料、得出了新结论等方面有一个或多个贡献的文章。学术期刊是以狭义的学术性文章为主要内容的，因为这类文章真正代表了本领域理论研究的进步。高品质的学术期刊很少刊登甚至一般不刊登广义的学术性文章。

因此，在这个层面，作者要检视自己的文章是否具有学术创新价值，也就是说作者应该在理论探究方面作出别人所没有的贡献，使论文具有理论创新的意义。在投稿中，这方面的问题也相当突出，相当多的文章虽然是关于理性知识的，但并不具有创新意义。主要有以下几种情况：

案例

介绍性的。一些投稿对某个著名学者的思想或著作进行了解读，或者对某个学术流派进行了介绍，或者对某方面的研究动态进行了梳理，但这类文章并不具有原创性的学术贡献。比如，某文章以列斐伏尔的几本代表著作为例梳理了他的学术思想，尽管资料翔实、逻辑清晰，也有较强的可读性，但并没有提出自己的见解。当然，并非说这些文章没有学术价值，而是说它们的价值大概在于学术科普，而非学术创新。

验证性的。一些文章的作者花了很大的力气，构建了复杂的研究过程，最后无非是用经验材料来证实现有理论的有效性。比如一篇文章研究环境危机事件中网络用户参与行为的影响因素，最后的结论是动机能够显著影响用户的参与意愿与行动等，这无非是再次验证了“动机–行为”理论，与之前的大量研究得出的结果并没有差异。类似地，不少作者都会先提出一个理论框架，然后把经验材料或当下的现象放在这个理论框架中去分析，最后的结论是该理论“有效”。这类“研究”实际上是没有太大意义的，因为学术研究的主要任务不是去验证现有理论或成果的“有效”，而是要在原来的理论基础上有所创新。既然别人的理论都已经“有效”了，再去研究它能有什么意义呢？

重复性的。一些文章虽然经过了复杂的研究，但无论得出的是理论性的结论还是对策性的建议，都是非常陈旧的观点，甚至是常识性的观点。这就是人们常常批评的为研究而研究的做法：通过复杂的研究，得出了一个不需要研究的结论。比如，不少人对国外的媒体进行一番研究，然后得出结论：西方的报道对中国存有意识形态偏见。类似的研究和结论已经很多了，那么你的理论创新体现在什么方面？又比如，现在关于游戏中数字劳动的研究似乎很受欢迎，一些文章的研究结果是数字劳动有被剥削的一面，也有带给劳动者娱乐的一面，这样的结论也早就有了，而且是似是而非的。

虎头蛇尾。一些文章提出了较有意义的问题，但是结论却很平庸，这表明研究者在研究过程中并没有紧紧围绕所设定的问题。比如一篇文章关注的是青少年网络隐私保护问题。由于青少年的网络接触时间长而且缺乏社会经验，因此他们的隐私保护是值得探究的问题，但是文章的结论是学校和家长应该注意培养青少年的隐私风险意识。这样的结论是常识性的，不需要复杂的研究就可以得到。如前面所说，这种通过繁复的研究过程获得一个很常识性的结论，是谈不上学术创新意义的，甚至连学术性都失去了。

教科书式。教科书讲授专业知识，也可以说是理性知识，但它仅仅是将现有的知识告诉给读者，因此谈不上创新，仅仅起到传播的作用。学术论文如果写成教科书式的，就不具有创新价值了。这样的文章往往结构宏大，但是对其中每个方面都是浅尝辄止。比如一篇文章的标题是“突发性公共卫生事件的组织传播”，这样宏大的研究问题恐怕需要一部著作才能说清，如果放在一篇期刊论文中只能是蜻蜓点水。这种情形表明作者非常缺乏问题意识，即他的研究问题是模糊的。那些标题中问题宏大的文章，比如一般冠以对某某的“传播研究”之类，绝大部分都是缺乏明确的研究问题的，最多也就是像教科书那样进行了一些对现有成果的介绍和评论。

综述式。综述是一种学术性文章，但其本身并无原创性的价值，尤其是那些用一大堆文献罗列出来的综述，更像是凌乱的学术碎片拼凑而成。当然，个别好的文献综述有一定价值，可以为读者提供研究动态以及相关的思考，但这类优质的综述极其少见。一些文章将论文写成综述性文章，主要介绍别人做了什么，现在有哪些观点，但是没有自己的核心问题驱动。另外，现在由于电脑技术的兴起，一些作者将文献计量学与可视化技术结合起来，作出一些统计表格以及可视化的关键词云图等，看起来酷炫，但是如果缺乏明确的问题导向，仅仅是图表的罗列，是难以得出创新性结论的。

学术论文是以理论创新为核心目标的。那么什么样的学术性文章才具有创新价值呢？一般地，如前所述，学术创新性可以从这样几个维度来衡量：是否提出了新问题，是否采用了新方法，是否运用了新理论，是否发现了新材料，是否获得了新结论。当然不是要求在同一篇文章中同时具备这些创新因素——事实上这几乎是不可能的；而是要求至少具备其中一些因素，大多数情况下尤其应该具备新的结论。所以，研究者可以就这五个维度反复自问，并进行反复的求证，如果求证的结果是文章的确具备某些方面的新意，那么可算符合学术论文的创新性要求。

就更具有操作性的措施而言，判断所提出的问题和得出的结论是否具有学术创新性，一个办法是将其与之前的文献进行比较。也就是说，要大量地搜集和阅读同类问题或相关领域的研究文献，看看自己提出的问题是否已经有人研究过，自己是否得出了与之前研究相同或类似的结论，如果都是，那么文章的创新价值就值得怀疑了。需要注意的是，有的作者会将常识性的问题换一个提法，然后自认为“没有人研究过”，这样的“创新”也是没有意义的，只能表明作者尚未透彻地理解相关领域的理论体系和概念。

研究者尤其是刚开始从事学术研究的研究者，要时刻注意自己是否是在按学术论文的要求在写作，这是首要的、至关重要的基本功。事实上，大部分的投稿并非学术性的文章，其中一些文章的作者并非不认真，文章不但篇幅可观，而且资料颇为扎实，有的行文也相当流畅，看得出是花了很大精力的，但文章最终不大具有学术价值，难免让人非常遗憾。一个相当重要的原因，可能是作者没有掌握学术研究和学术论文的特点，花费了大量时间写出的作品却并非学术论文。因此，作者在写作中要问自己三个问题：我的写作是关于知识的吗？是关于理性知识的吗？是关于理性知识创新的吗？以避免出现南辕北辙的情况。

最后，以一个结构图来说明学术论文与其他文体之间的关系（见图1-1）。图中由外向内最大的圈层是所有的文章，包括知识性文章，也包括非知识性文章如叙述性文章等；第二个圈层是知识性文章，包括理性知识文章，也包括感性知识类文章如业务、工作、行业的经验、总结、报告等，以及评论类文章等；第三个圈层是理性知识类文章，包括原创性学术文章，也包括非原创性学术文章如介绍性、综述性、书评类、动态类等；最里面一个圈层是原创性学术文章，是真正为人类知识产生增量的文章。一般地，学术期刊主要刊登第四圈层即最小圈层里面的文章，有的期刊也少量地刊登第三圈层里面的文章，即刊登一些综述、述评、动态等类型的文章。第二圈层的文章多为感性知识类文章，一般刊登在业务类或工作类杂志上。第一圈层的文章则种类繁多，刊登在文学类、新闻类等媒体上皆可。

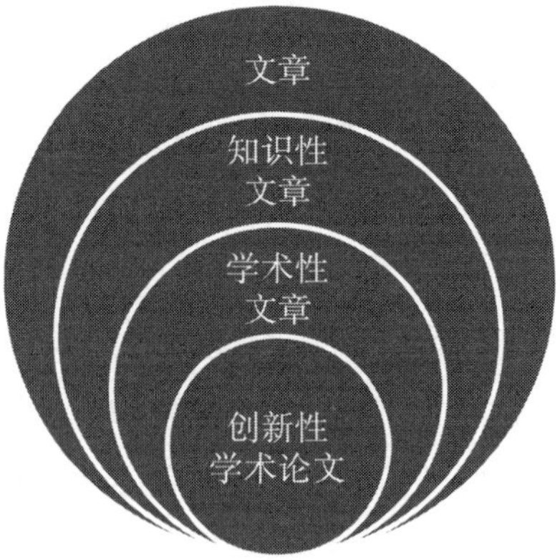

图1-1 学术论文与其他文体之间的关系

第二节　方法论与方法

本节将讨论学术研究方法这一本书的核心概念，介绍它的含义、作用和类别。清晰地理解研究方法的概念，是在学术研究中运用研究方法的基础。不过，我们虽然旨在讨论研究方法，但可以先从方法论入手，因为方法论深刻地表明了其中多种研究方法的原理，因而对它们具有体系上的统摄作用。

一、方法论的演进历史

方法论是一个哲学概念，与本体论、认识论一起构成哲学所探讨的三大主要问题。从比较通俗的角度出发，可以把方法论理解为关于获得可靠知识的基本原理。按照认识论的观点，人作为认识的主体，与作为认识对象的现象客体是分离的，为确保主观能真正反映客观，就需要方法论的理论指导。

这里借用一下范式的概念。库恩（Thomas Sammual Kuhn）认为，范式是科学实践活动中某些被公认的范例，包括定律、理论、应用以及仪器设备等，它的意义在于能够为某种科学研究传统的出现提供模型。瑞泽尔（George Ritzer）阐述得更加具体，他认为范式可以用来界定什么应该被研究、什么问题应该被提出、如何对问题进行质疑以及在解释我们获得的答案时该遵循什么样的规则。可见，无论是库恩所说的“模型”还是瑞泽尔所说的“规则”，都表明范式凭借对具体研究方法的超越而具有方法论的意义。因此，我们可以借用他们的概念，将不同的方法论称为不同的“范式”。换句话说，本书中的“方法论”与“范式”具有同样的含义。

人类自从摆脱蒙昧，依靠自身理性探索未知世界以来，一直在努力使自己的认识更加可靠，因此方法论的发展也表现为演进的历史。但是，即使新的方法论蓬勃发展，原来的方法论也并非销声匿迹，这样，同一历史时期的方法论并非是一元的，而是多元的。

（一）逻辑思辨范式

逻辑思辨（logical speculation）是人类最早的方法论。西方真正意义上开始寻求可靠知识的历史，一般要追溯到古希腊的泰勒斯（Thales）时代，即哲学起源的时代。公元前 7 世纪，人们开始有意识地系统地研究哲学，而当时的哲学实际上包括了后来的所有科学（自然科学与社会科学），因此那时的人们就已经涉及方法论了。从古希腊到近代科学兴起之前，在这漫长的两千多年中，人们主要依赖头脑中的思考，即以内省式的生产方式来获得知识。在人类探索知识的早期，不要说社会科学，即使是自然科学也主要是依赖这种方式来获得认识。之所以如此，不仅与人们的认识论局限有关，也与当时的知识非常有限有关，还与当时的研究条件局限有关。那时的认识论如同迪尔凯姆（又译作涂尔干）所说：

> 人类的思考总是先于科学而存在的，科学只是证实这些思考的方法。人类生活在大地上，对周围的事物肯定要加以思考，否则就无法支配自己的行动。由于用观念来想象事物，总比实际考察事物来得方便快捷，因此人们往往用观念来代替实际事物，有时甚至把自己的想象当作事物的实质。一件事，需待观察、描述和比较后才能了解的……人们往往只进行意识形态的分析。①

因此，人类早期获得知识主要依靠“意识形态分析”，而不是后来的实验和调查等方法。这并非说明早期的哲学家们完全不采用实验等方法，而是“这种方法往往思想在先，事实在后，引证事实只不过是为了证明人们预先得到的观念或者结论，并非想把事实放在首位来研究”②。这种方式，其实很类似于前文提到的“观点先行”类议论式文章的写作方法。这种“意识形态分析”并非没有原则，它的原则就是逻辑理性，如亚里士多德的逻辑学等。巴伯指出，人类的“理性思维”简单地说是“任何与亚里士多德逻辑原则、或在某种情况下与现代的非亚里士多德逻辑原则相容的思维……就是对事物之间的联系进行演绎推理的过程”③。因此，早期的科学研究方法就是人们的逻辑思维。知识的生产主要依靠逻辑推理，而人们判断一种观点是否足以被称为知识的标准也是其在逻辑上是否严谨与自洽。古希腊哲学家之间的论辩以及哲学的发展，也主要依靠从对手的逻辑中寻找漏洞。这种知识生产的方法论可以称为逻辑思辨范式。它是人类最古老的方法论。

---

① 迪尔凯姆．社会学研究方法论［M］．胡伟，译．北京：华夏出版社，1988：13.

② 同①13－14.

③ 巴伯．科学与社会秩序［M］．顾昕，等，译．北京：三联书店，1991：7.

迪尔凯姆认为："各门科学都经历过主观意识阶段。"① 这是非常准确的判断。在人类社会的早期，自然科学尚可以通过少量的事实来进行验证，而社会科学则几乎没有这方面的可能，因此它是逻辑思辨范式更加彻底的拥趸。迪尔凯姆就深刻地指出了这一点：

> 观念对于自然科学是如此，对于社会学则影响更大。人们在还没听说存在社会学的时候，脑子里早已有了关于法律、道德、家庭、国家、社会等想法或者念头。②

尽管逻辑思辨范式存在明显的弊端——这也是后来实证主义兴起的原因，但是也不能否认它对人类早期文明的贡献。现在，实证主义和质性研究大行其道，有人就忽略了逻辑思辨范式在历史上和在现实中的存在，甚至否认该范式作为研究方法论的合法性。这种思维方式本身就不是"科学理性"的。不同的研究方法有各自的优势和适用范围，互相之间相得益彰才能推动人类向着未知的领域不断前进。

（二）实证主义范式

实证主义（positivism）是历史上的第二个主要的方法论，它的兴起有几个历史背景。首先，文艺复兴掀起的启蒙运动打破了思想上的禁锢，人们可以向原有的思想和方法提出挑战。其次，自然科学尤其是物理学与天文学等领域取得的重大成就，表明了新方法论的远大前景。最后，在前两者的影响下，西方哲学发生的认识论转向，更刺激了新的方法论走向成熟与兴盛。

西方哲学转向发生在17世纪初，从关注本体论转向关注认识论，在这个过程中形成了英国的经验主义和大陆的理性主义两个流派。英国的培根、霍布斯、休谟、洛克等人认为人的知识起源于感觉经验，并且其可靠性也要经过经验的验证。大陆理性主义则以笛卡尔、斯宾诺莎、莱布尼茨等人为代表，认为只有依赖于人的演绎理性才能获得确实的知识。与各自的认识论相对应，经验主义者推崇"感觉经验＋归纳推理"的方法论，而理性主义者推崇"自明原则＋演绎推理"的方法论。前者在物理学中最常见，具体采取实验等方法；后者在数

---

① 迪尔凯姆．社会学研究方法论［M］．胡伟，译．北京：华夏出版社，1988：13．
② 同①15．

学中最常见，具体的方法是逻辑演绎。因此，用归纳推理和演绎推理“两种方法分别代表经验主义和理性主义的不同方法论取向是哲学史上通常的做法”①。

实证主义最初主要是在自然科学领域被广泛运用，如物理学、生物学、医学等领域。自然科学领域的丰硕成果，证实了实证主义对于认识的非凡作用，反过来又推动了对这一方法论的推崇，从而引起了社会学领域对它的关注。19世纪初，孔德将实证主义引入社会学研究，希望通过对客观方法的运用来奠定社会学的“科学性”。这样，社会学研究就进入了历史上第二个范式即实证主义时代。

那么，逻辑思辨范式是否消失了呢？没有，它作为最传统的方法论，很大程度上进入了理性主义的怀抱。理性主义的演绎法，其实就是逻辑思辨中的核心方法。不过，古典的逻辑思辨范式与理性主义的演绎推理还是有很大区别的，前者主要是非量化的概念逻辑思辨，而后者还包括了大量的数理逻辑演绎。同时，更主要的是，古典的逻辑思辨范式含有大量客观唯心主义的成分，即逻辑的前提中含有大量的神秘主义观念；理性主义则更多地含有主观唯心主义的成分，其前提主要是依赖人的理性而提出的概念。笛卡尔所谓的“我思故我在”强调的正是人的自主性思考，而不是依赖于上帝所赋予的若干准则。

（三）解释主义范式

解释主义（interpretivism）是社会科学研究历史上的第三种范式，它是在对实证主义进行反思的基础上发展起来的。孔德将自然科学的研究方法运用到社会科学，尽管为社会科学赢得了“科学”的名声，但也引起了一些科学家的怀疑，其中狄尔泰（Wilhelm Dilthey）是早期的代表人物。

狄尔泰不认为人的社会等同于自然界，而是将两者视为两个不同的平行世界，并分别将其命名为生活界和自然界。他认为两者的研究方法不能等同，因此提出了生命科学的概念，将其作为研究人类社会即“生活界”的专门科学。他提出了生命科学的研究对象和研究方法，在《诠释学的起源》（1900年）中“把目光投向‘诠释学’，并第一次赋予它方法论的意义”，因此诠释学②成为“狄尔泰……哲学引发出的科学研究方法论”。③

---

① 周晓亮．西方近代认识论论纲：理性主义与经验主义［J］．哲学研究，2003（10）：48－53，97.

② 诠释学（hermeneutics），又译作解释学、阐释学、释义学，本书在第四章还会做详细介绍。

③ 沃野．诠释学方法论的昨天和今天［J］．学术研究，1999（1）：3－5.

在狄尔泰之后，韦伯（Max Weber）也主张社会科学应该有自己的方法论。他与狄尔泰都不赞同孔德的实证主义方法，认为社会学研究的对象是活生生的人的世界，而不是静止的物的世界，自然界的现象可以重复出现，但是社会现象大多具有历史性、偶然性的特征，这使得自然科学追求的可验证性失去了意义。韦伯与狄尔泰都认为社会科学的目的不是去寻找事物之间的“客观规律”并验证之，而是努力去对社会、文化和人的意义进行解释。它“不是‘一种如探求规律性的实验性的科学，而是一种探求意义的解释性科学’”①。也就是说，社会科学研究的方法论不是去“实证”而是去“解释”，狄尔泰将“解释”称为“领会”：

> 那在人类历史过程中一直在发展的东西，其一般用法通常被人们用“关于人的科学，关于历史的科学，以及关于社会的科学”来表示的东西，构成了一个由各种精神事实组成的领域——我们并不试图把握这个领域，而是主要试图领会这个领域。②

狄尔泰和韦伯虽然反对实证主义，却并没有走向理性主义一端。为什么？因为解释主义其实和实证主义一样，都是从经验主义派生出来的，都是将感性经验作为知识生产的出发点并对经验世界进行解释，而不是将抽象概念作为出发点。区别在于，实证主义希望从经验中发现某种“确定”的真理，解释主义则希望对感性经验中蕴含的社会意义作出阐释。明白这一点具有重要意义，即社会科学研究需要以感性经验为观察对象，而不是完全着眼于从概念到概念的演绎。

由此，也可以看出解释主义与古典逻辑思辨方法的巨大差异。它尽管不是实证主义的研究范式，但与逻辑思辨范式也不是等同的，因为它是从经验出发开始研究的，而后者是从概念出发的。解释主义的一些典型方法，如民族志法、深度访谈法、焦点小组访谈法等，都要从社会经验出发启动研究，借用陈向明的话说是“亲征”性质的研究；一些以文本作为研究资料的解释主义方法，如文本分析法、话语分析法等，也是以间接的感性经验为研究起点的；思辨研究则不需要这个过程，可以在任何场地任何时间进行，只要开启思维就可以进行研究。因此，解释主义不但是反实证主义的，实际上也是反形而上学的，它并

---

① 沃野．诠释学方法论的昨天和今天［J］．学术研究，1999（1）：3－5．

② 狄尔泰．精神科学引论：第1卷［M］．艾彦，译．南京：译林出版社，2012：14．

不是逻辑思辨范式的同盟军，更不是统一体。

同样地，解释主义的出现并不意味着实证主义的消失，也不意味着逻辑思辨范式的消失，而是新范式从旧范式中开辟出了一块地盘，原有范式的适用领域则缩小了。至此，社会学研究历史中出现了三种方法论：一种是逻辑思辨，一种是实证主义，一种是解释主义。它们构成了现在社会科学研究并列并存的范式图景。

国外有学者将社会科学研究的范式归纳为四种，即实证主义、后实证主义、批判理论、建构主义。[①] 国内大多沿袭了这种划分方法。但是，这样的划分值得商榷，主要是因为其中的批判理论与其说是一种研究范式，不如说是一种理论取径。同时，其中的实证主义和后实证主义并无本质区别，都是建立在相信现象的背后存在"客观规律"，从而采用证实或证伪的方式去发现它的基础之上。此外，这种划分尽管承认"阐释的/辩证的方法论"，但是认为它属于建构主义范式下的方法论。疑问在于，建构主义强调在研究者与被研究者之间的互动中建构理论，但逻辑思辨类型的研究通常没有互动过程，而是"独白"性质的，因此将思辨研究归入建构主义似有逻辑漏洞。

具体到传播学领域，研究范式同样呈现出历史变迁的特征。在西方，报纸是最早的大众传播形式，对它的研究最早也是逻辑思辨性质的，即主要是对其发展历史的研究和一些人物传记。20 世纪 50 年代传播学兴起之后，实证主义在美国滥觞，逻辑思辨的空间受到挤压；同时，解释主义在欧洲传播学中占据了一席之地。

中国的情形与之类似，即使在 20 世纪 80 年代之前，中国的新闻学研究也主要是思辨性的；80 年代初传播学的观念开始进入中国，逐渐带来了实证主义的研究范式；20 世纪末 21 世纪初，一些质性研究方法被介绍进来，并逐渐受到重视。今天，中国的传播研究中也呈现出三种范式并存的局面。卜卫较早地注意到这种方法论的格局，她在 1996 年的一篇文章中提出了传播学研究的两种范式，即实证主义范式、人文主义及解释学范式。[②] 当然，她是将人文主义和解释学合称为一种范式的，其中的人文主义范式实际上大致等于本书所称的逻辑思辨范式。

---

① 陈向明．质的研究方法与社会科学研究［M］．北京：教育科学出版社，2000：14.

② 卜卫．传播学方法论引言［J］．国际新闻界，1996（4）：32－38.

长期以来，实证主义与其他范式之间的争议不断，或者说在中国的语境下，量化研究与质性研究之间的争议不断。应该说，脱离具体的研究问题来讨论研究方法的优劣没有意义，无论哪种方法都仅仅是一个工具。不同的方法有不同的特点和适用范围，而且与研究者的使用偏好和专长相联系。实证主义方法在精确性与客观性等方面有优势，但是确实存在“意义丢失”的问题；解释主义的长处在于意义阐释，但在客观性等方面也有不足。需要注意的是，三种范式中不论哪种范式，作为科学研究方法，都应追求知识的客观性，否则得出的研究结论就无法被称为学术和知识。但不同范式的客观性标准不同，后面会就不同范式的客观性标准进行尝试性的讨论。

二、研究方法的概念与作用

在学术研究中，我们常常听到“研究方法”这个概念。那么，什么是研究方法，我们为什么需要研究方法？

现有的讨论研究方法的文献赋予研究方法的含义是不同的。整体上，学术研究方法有广义和狭义之分。广义的研究方法含义非常丰富，似乎任何与学术有关的问题都被纳入了“方法”之中，使它实际上更像是学习方法或治学方法，如不少学者在谈及方法时常会阐述如何阅读、如何写作、如何思考、如何选题甚至对待学术的态度等。但通常地，专著或学术论文中所探讨的研究方法是狭义概念。这时，研究方法指的是在学术研究中为了可靠地得到结论而运用的各种手段的统称，这些手段具体包括程序、工具与标准等。本书后面会讲到，研究方法实际上分为两类或两个阶段：数据搜集阶段的方法和数据分析阶段的方法。因此也可以说，狭义的研究方法指的是搜集数据和分析数据的程序、工具与标准等。本书后文除非特别指明，所提到的研究方法指的都是狭义的概念。狭义的方法概念是学术研究中方法的核心。

研究方法中包含哪些具体内容呢？维索茨基认为方法是“一系列的技巧（skills）、洞见（insights）和工具（tools）的集合，用以回答研究的问题，并保证研究发现是可靠的和可信的”[①]。笔者在上文中说过，可以从程序、手段、工具、标准四个方面理解研究方法的内容。也就是说，研究方法一般是对这四个方面的规范。比如程序方面，扎根理论分析法中的三个阶段编码法即为此类；

① 维索茨基．社会研究方法读本［M］．北京：北京大学出版社，2004：6.

手段方面，民族志等方法中的参与式观察即为此类；工具方面，调查研究中运用的量表即为此类；标准方面，量化研究中的信度和效度指标即为此类。

通过对各种研究方法的观察可以发现，研究方法的核心是对如何搜集数据和如何分析数据这两个环节的规范。要说明的是，具体到某种研究方法，并不是一定要同时对数据搜集和分析手段进行规范，而是有可能仅仅对其中一个环节进行规范。比如运用比较广泛的扎根理论分析法就仅仅是一种数据分析方法，而不是数据搜集方法；焦点小组访谈法就仅仅是一种数据搜集方法，而不是数据分析方法。从这个角度来看，如果没有数据的搜集过程以及数据的分析过程，就很难称得上是学术研究。一些投稿之所以被称为“想象出来的研究”，就是因为既没有数据的搜集方法，也没有数据的分析方法。

要注意的是，研究方法在论文中一般是显在性的，即可以从论文中明确地看到是否运用了方法，运用了何种方法。这就是大多数论文需要对研究方法进行说明，而且多数情况下用专门部分来说明的原因。不过比较特殊的是，思辨范式并没有显在的研究方法，因为它的方法就是逻辑思维的原则，是“嵌入”在论述本身之中的，不需要进行专门的说明。

研究方法重要吗？非常重要。对于学术研究而言，它不但重要，而且是必要的。可以说没有研究方法，就不成其为学术研究。黑格尔认为只有通过方法才能产生认识：“方法也就是**工具**，是在主体方面的某个手段，主体方面通过这个手段和客体相联系”[①]。俄国著名生物学家巴甫洛夫强调：“我们头等重要的任务乃是制定研究法。”他甚至说：“方法是最主要和最基本的东西”，“有了良好的方法，即使是没有多大才干的人也能作出许多成就。如果方法不好，即使是有天才的人也将一事无成”，“方法掌握着研究的命运”。[②] 从以上引言中，足见方法对于学术研究的必要性。

中国新闻学中也很早就有人提出要重视方法。1930 年代，李公凡在《基础新闻学》一书中专门论述了新闻学研究方法。他认为，研究新闻学“须先求得正确的研究方法”，没有方法或方法不对，研究就不会有结果或者结果会缺乏说服力。他提出了历史法、观察法、比较法和实际的研究法（理论与实际结合的

---

① 列宁．黑格尔《逻辑学》一书摘要//列宁全集：第 55 卷 [M]．2 版．北京：人民出版社，1990：189.

② 孙小礼．科学方法论的一个研究提纲 [J]．哲学研究，2001 (2)：66－71.

方法）共4种方法。[①] 因此，没有掌握方法就开始学术研究，譬如战士没有武器就上战场，看似勇气可嘉实则面临很大风险。

从现代学术共同体的意义而言，研究方法具有更为深刻的意义：（1）知识的积累。中国新闻传播学的历史也不算短，但是为什么至今仍多在讨论一些老问题？这表明该学科的知识仍然处在基础阶段，也表明虽经历了长期的研究但积累甚少，因此始终难以深入下去。这与对方法的重视不够有关，因为缺乏方法的研究结论很难得到普遍而持久的认可。（2）知识的交流。知识的建构中，交流起着非常重要的作用，但它依赖于相对统一的标准与话语体系。在缺乏方法的研究环境中，方法不一致甚至缺乏方法会使得交流难以进行，或者仅能进行较低水平的交流。延伸开去，这样的研究环境也无法支持学科与其他学科之间、本国学术与他国学术之间的交流，结果就是“研究者”自说自话，“理论”的碎片化现象相当严重。我国新闻传播学科的弱势或在国际上的话语微弱，或与此有密切关联。

微观层面，对学术论文而言，研究方法至少有三个方面的作用：（1）现象与结果之间的“加工”作用。纷繁流变的现象无法自己抽象出理论结果，它必须依赖于一定的加工流程，犹如将钢铁等原材料生产成汽车，要依靠工厂里面的生产线一样。在传播研究中，研究者如何搜集数据，如何将收集到的各种数据转化为学术成果，也要依靠方法。（2）研究过程的组织作用。实际上，研究方法的实施是整个研究过程的核心，因此它具有组织文章的作用。它不但对研究过程具有组织作用，也对论文的结构与撰写具有组织作用，因为后者无非是对前者的描述。一篇文章，无非是传达出想探究什么学术问题，然后说明这个研究的过程（方法），以及最后得到了什么结果（结论和解释）。（3）提供检测其科学性的依据。没有方法，读者便无法判断研究者所得出的结论的来由，也就难以判断其是否成立。学术论文与非学术文章的一个本质区别，就在于前者结论的得出是依靠研究方法的，而后者可以先提出观点再论证。之所以说评论性或议论性的文章不属于学术论文，是因为它们先入为主地和主观地提出了观点，使读者无法判断其依据；有时尽管举了一些例子来论证，但举例方式是无法为学术结论提供可靠依据的，因为你无法穷尽所有的例子，所得出的结论不是学术自洽的。

---

① 张振亭．试论我国新闻传播研究方法的演变［J］．江西社会科学，2009（11）：241-245.

遗憾的是，传播研究中不重视方法、没有方法、方法不规范的情形并非鲜见，而是相当普遍。期刊否掉来稿的原因是多方面的，可能是选题比较陈旧，可能是结论缺乏创新等，但在研究方法方面存在问题的非常常见。最突出的问题，第一是缺乏研究方法，第二是研究方法不规范。

首先是缺乏研究方法。一种情况是有的文章本来就没有提出学术问题，因此没有办法运用研究方法。这些文章包括业务感想、个人感想、事件议论、工作对策、行业报告等。这些文章“没有系统收集和分析资料的要求，具有较大的随意性、习惯性和自发性，发挥的主要是一种议论和舆论的功能”[①]，实际上不是学术论文。另一种情况是虽然提出了学术问题但是缺乏研究方法，这种情况表明作者尚不知学术研究必须具备方法。

其次是研究方法不规范。学术研究的方法不是随意的，而是具有较为严格的规范，否则方法便失去了意义。其中以实证主义范式的规范最严格，在如何抽取样本、如何建立假设、如何建立模型、如何验证结果、如何形成理论等方面，都有一定的程序与标准。解释主义也有自己的规范，很多的研究方法都是数代学者发展的结果，比如民族志法、扎根理论分析法之类都历经了长时期的演进。学术研究方法在流程、标准甚至工具方面都有一定的要求，比如内容分析法中的编码过程、信度检验等都是必备的环节，而且有一定的质量要求。

强调方法并非方法至上。第一，投稿中不乏一些方法非常规范的文章，看起来完美无缺，但是没有提出新的问题，或者结论很陈旧，或者研究得出的结论是常识，也不是好的甚至算不上是合格的论文。第二，强调方法绝不意味着狭隘地理解方法，比如认为量化方法才是“科学”的方法，或者否定逻辑思辨方法等，这些都是对方法的误解。第三，研究方法的显在性和规范性主要针对实证范式和解释范式而言，逻辑思辨范式的方法则并非如此。比如，你几乎不会看到一篇思辨性学术文章会说明运用了什么方法，这是因为它其实运用的是逻辑思辨法。因此，前面对于方法特征的描述，很多是偏实证主义或科学主义的。

三、研究方法的分类

从外延上讲，方法论的概念大于方法的概念，因此同一种方法论中可能包

---

① 景天魁．现代社会科学基础：定性与定量［M］．北京：中国社会科学出版社，1992：47.

含不同的研究方法。一些研究者将方法论与研究方法相混淆，将具体的方法称为方法论，其实两者的差别很大。方法论可以说是方法的方法，是具体方法的哲学，因此它是抽象的，没有办法直接运用的。比如实证主义、解释主义这些方法论，如何可以直接使用呢？但是方法是直接、具体、可以直接运用的，比如调查法的流程和标准都是具体的、确定的，因而可以直接运用。

可见，我们可以运用方法论来对具体的方法进行分类。但是，在讨论研究方法的文献中，常见的分类方式是按照量化研究与质性研究，或者量化研究与非量化研究这样的标准进行分类。这样的分类方式存在弊端，因为它模糊了研究方法背后的方法论，不能揭示具体方法的理论准则。传播研究中方法意识的薄弱与模糊，或与这种片面的分类方式有一定关联。

具体地说，以量化和质性、定量和定性这样的标准来对研究方法进行分类有明显的局限。这种二元对立的划分方法，使质性方法面临一个困境，即如果所有非量化方法都是质性方法，则明显地与质性方法的历史和概念都不符合。陈向明曾提出一个质性研究的定义：

> 质的研究是以研究者本人作为研究工具，在自然情境下采用多种资料搜集方法对社会现象进行整体性探究，使用归纳法分析资料和形成理论，通过与研究对象互动对其行为和意义建构获得解释性理解的一种活动。[①]

显然，由上述定义可知，并非所有非量化方法都可以归入质性方法，因为有的方法并没有进入自然情境，也没有资料搜集的过程等，比如思辨类研究等。西方传播研究学者也认为不是所有非量化研究都是质性研究，辛格尔特里（Michael Singletary）就专门提醒过，“定性一词，有时被毫无约束地用来指称所有非定量研究，这是用词不当”，他以焦点小组为例，认为这种方法不是质性研究，其中一个原因即“研究不是在自然情境下进行的”[②]。

有的学者注意到了这个矛盾，因而改用量化方法与非量化方法来分类。这样在逻辑上固然是严密的，但是存在的问题是一定程度上相当于没有分类，因为任何事物都可以用一个“非”字来区别它与其对应物，但是对对应物的分类

---

① 陈向明．质的研究方法与社会科学研究［M］．北京：教育科学出版社，2000：12.

② 辛格尔特里．大众传播研究：现代方法与应用［M］．刘燕南，和铁红，译．北京：华夏出版社，2000：259.

依据却是含混、笼统的，因而并没有通过分类揭示出事物的性质特征。

定量与质性二元分类的另一个大的局限在于对思辨方法的遮蔽，因为把思辨研究归入质性研究要被质疑，不归入质性研究则思辨研究又没有了容身之处。这就是思辨方法长期以来不被重视，甚至不被承认的原因之一。

因此，本书第二部分将按照方法论来对具体的研究方法进行分类，即按照前述的实证主义、解释主义、逻辑思辨三种范式进行分类。由于归属于同样方法论下的不同具体方法有着同样的理论原则，不同范式中的方法则遵循不同的理论原则，因此这种分类方法不仅有助于研究者掌握具体方法的技术和技巧，更有利于理解研究方法背后的原理。

第三节　理论研究与应用研究

学术研究有哪些类型？介绍研究方法的文献通常都会涉及这个问题，而不同的标准有不同的分类方法。本节将提出一种分类方法，即按照研究目的将研究划分为理论研究和应用研究，并尝试用不同的模型来描述它们；此外，也简单地介绍一些其他的分类方法。介绍这种分类方法的意图，在于帮助研究者强化论文写作的目的性。

学术研究通常被分为理论研究和应用研究，这种分类方法有着比较悠久的传统，在中国甚至可以追溯到现代学术的起源时期。严复指出了“学”与“术”之间的区别：“盖学与术异，学者考自然之理，立必然之例；术者据既知之理，求可成之功。学主知，术主行。”梁启超 1911 年在《国风报》发表的文章《学与术》也表达了非常类似的意思，他的举例也颇为生动形象：

> 则学也者，观察事物而发明其真理者也；术也者，取所发明之真理而致诸用者也。例如以石投水则沉，投以木则浮，观察此事实，以证明水之有浮力，此物理也。应用此真理以驾驶船舶，则航海术也。
>
> 学者术之体，术者学之用，二者如辅车相依而不可离。学而不足以应用于术者，无益之学也；术而不以科学上之真理为基础者，欺世误人之术也。

可见，无论严复还是梁启超，都是将“学”与“术”分开对待的，“学”指的是事物之中的规律，“术”指的是运用规律解决实际问题。那么，相应地，探究规律的研究就是理论研究，其目的在于发现或改进理论；探究如何运用规律的研究就是应用研究，其目的在于改进实践。

那么疑问来了，改进实践的研究何以可被称为“研究”？更明确地，它既然不改进理论，那么为什么也被称为“学术研究”？学术研究不是以提供理性知识为目标的吗？原因就在于它用到了理论和系统的方法作为分析工具，这是应用性研究不同于前面所说的业务体会类文章的关键。业务研究、行业研究等并非不可以作为学术研究，当它们运用了学术理论和学术研究方法的时候，就可以被视为广义的学术研究；否则，如果没有运用学术理论或研究方法，仅仅是一些经验性的方法比如单纯的统计手段或举例等，甚至连经验性的方法都没有，那么就称不上是学术研究。因此，实际上，前面关于学术论文的概念到此应该得到一定拓展，即学术论文是以理性知识创新为目的，或者运用理性知识解决实践中问题的文章。这样的定义，也更符合新闻传播学期刊所刊登文章的实际情况。

学术研究分类的方式很多，为什么要提出这种方式呢？因为从大量稿件的情况看，相当多的作者对研究的目的并不是很清晰，也就是不知道论文最终是要得出什么结果，往往到文章最后部分也没有出现理论成果或实践对策。因此，这样的分类方式的目的在于提醒研究者要有非常明确的研究目标，尤其是初涉研究者一定要问自己：我通过这个研究是要解决什么样的问题？是要进行什么样的理论创新，还是要为业务实践提供一定的参考？然后再紧紧盯住这个目标进行研究和撰写论文。这是问题意识突出的一个表现。为了便于理解，下面笔者尝试以“模型”的方式来分别说明理论研究和应用研究。

一、理论研究模型

最终以解决某个理论问题为目的，即或者为了获得新的知识，或者为了扩展现有理论，总之是为了增加人类知识总量的研究，就属于理论研究。有时候，理论研究也被称为基础研究，可能是因为应用是建立在理论研究基础上的。在实际的研究过程中，理论研究可以分为两种类型，用公式表示是“理论-理论”模型和“实践-理论”模型。

（一）理论-理论模型

“理论-理论”模型的含义是通过对既有理论资源的演绎来产生新的理论或者扩展现有理论。比如理论物理学就是这样，根据现有的物理原理推论出新的理论。数学的发展也大多是如此，即通过现有公理或定理向新的知识推展。社会科学领域也有这样的研究，逻辑思辨研究基本上就属于这种类型。这类文章通常不需要实证或质性的研究方法，而是采用思辨的形式演绎出新的理论。

案 例

在新闻传播领域，陈力丹的《精神交往论：马克思恩格斯的传播观》是典型案例。他历经十年研读马恩经典著作，运用传播学的理论爬梳和提炼出他们的传播观念，即精神交往的传播思想体系。杨保军2020年的一篇文章《论作为“中介”的新闻》（《中州学刊》2020年第1期）也是典型的由既有理论推演出新的理论观点的文章。他认为，根据“人与新闻的关系”这一理论新闻学的基本问题，通过突出“人”在新闻中的核心地位，就可以推出“新闻是人展开实践交往、生活交往的中介”的结论，从而促进理论新闻学研究视野的拓展。

“理论-理论”模型的关键在于首先要有一个理论分析的起点和框架，比如上述陈力丹所运用的传播学理论框架和杨保军所运用的新闻学理论框架，都是研究中的理论分析工具。其次，理论研究的结果是为了获得新的知识，也就是生成新的学术观点。上述陈力丹提出的马恩传播的精神交往理论，杨保军提出的新闻作为“中介”的观点，都是通过思辨研究获得的学术成果。不少逻辑思辨类文章缺乏理论视野，不知道从什么理论出发和要解决什么样的理论困惑；有的文章则逻辑不严谨，不但结构缺乏逻辑性，概念使用也很随意；有的文章则没有通过论述获得新的理论观点，无非是将现有的观点重复一下或换个说法说了一遍。这些文章都不是好的学术研究，甚至不是学术研究。

（二）实践-理论模型

“实践-理论”模型，即通过对实践的研究，提炼出一定的理论。这里的“实践”并非一般性社会活动，而是指获得经验材料的研究性活动，比如实验、民族志调查、深度访谈等，即通过自然科学研究的研究方法和质性研究从“自然情境”中获得研究资料的方法。很明显，这是经验主义的取径。近代自然科学和社会科学都深受经验主义的影响，强调在感性经验的基础上提炼出知识，因此这种模型是社会科学研究中的主流方式。

案 例

赫伯特·甘斯（Herbert J. Gans）的《什么在决定新闻》就是一个典型案例。他在1965—1978年期间，间断地对CBS晚间新闻与NBC夜间新闻两家电视新闻台的节目和《新闻周刊》与《时代》周刊两家新闻周刊进行编辑室民族志调查，得出的结论是新闻生产并非从业者或新闻机构单独驾驭，而是政府、市场、消息源、受众等多方面的势力在进行较量，“很多人勠力于将其他人的讯息排挤掉并将自己的讯息放进去”[①]，最终呈现在大众面前的新闻，是各方权力博弈的结果。张志安和沈菲通过对259名调查记者的问卷调查，发现调查记者的职业满意度整体一般，收入、年龄、继续从事调查记者的意愿、工作所在地域和媒体类型均对职业满意度有影响（《新闻与传播研究》2012年第4期）。这也属于通过对感性经验的分析得出结论的研究。

“实践-理论”模型与“理论-理论”模型的目标是一样的，最终都是为了获得理论结论，无论这种结论是宏大的理论还是所谓“中层理论”。通常地，思辨研究更倾向于生成宏大理论，而经验研究更倾向于生成中层理论。这也说明思辨研究有其独特的价值。但是，“实践-理论”与“理论-理论”模型也有不同，前者是由经验性材料“提炼”出理论概念，后者是由理论概念“推导”出新的理论概念。前者主要采用归纳法，后者主要采用演绎法。在“实践-理论”型模式中，研究者容易出现的问题是除了缺乏理论视角外，还可能缺乏研究方法，往往对经验性材料的特征进行了大量的描述，但没有理论目标和理论性的结论；或者材料和结论之间不是通过研究方法来联结，而是依靠主观判断。这些都不符合学术论文的特点。

二、应用研究模型

与理论研究相对应的是应用研究，也就是说研究的目的是给实践提供建议，比如给社会公众的建议，给媒体机构的建议，给政府机构的对策等。应用研究也可以分为两种类型，用公式表示即“理论-实践”模型和“实践-理论-实践”

① 甘斯．什么在决定新闻［M］．石琳，李红涛，译．北京：北京大学出版社，2009：382.

模型。

（一）“理论-实践”模型

“理论-实践”模型，就是典型的“用理论指导实践”，也就是根据理论来告诉实践应该如何做或者如何做得更好。该模型的前提是要依据明确的理论，这也是应用型研究能够体现自己学术品质的关键。因此通常地，在这类研究中研究者首先要选择一个适合分析传播现象或传播事件的理论，然后运用该理论对现象或事件进行分析，再根据分析结果提出改进意见。

传播学尤其是新闻学本来是实践性很强的学科，采用“理论-实践”模型的研究按说应该较多，但实际情况是大量的研究与应用没有直接关系，因此这种模型反而是并不多见的。个人的研究取径无可厚非，但如果整个学科都主要走向理论研究，就与新闻学的学科特点不完全符合了。

案 例

郭小安的《舆论引导中情感资源的利用及反思》（《新闻界》2019 年第 12 期）就属于一篇应用性研究。他以情感相关理论作为分析框架，对舆论引导中对情感资源的错误观点进行了评价，提出了如何运用情感资源以构建新型舆论引导观念的建议。彭桂兵和陈熠帆的《新闻作品“洗稿”行为的审视与规范——以“〈甘柴劣火〉事件”为例》（《新闻记者》2019 年第 8 期）也属于此类，该文章运用版权法等相关理论，对喧腾一时的《甘柴劣火》洗稿争议事件进行了分析，从法律和伦理建设两方面提出了解决之道。

“理论-实践”模型的关键在于，现象或事件尽管也被置于理论框架下进行分析，但最后不会生成理论性的观点，而是得出针对实践的结论。这类研究中容易出现的问题是，对现象或事件的分析缺乏理论视角，使文章成为作者随想式的长篇议论；或者得出的结论或提出的建议脱离了分析过程，对策建议其实是想象和“议论”出来的而非研究出来的。后一种情况换句话说就是，不看前面的研究和分析过程，也可以提出同样的或类似的对策建议。这类文章只是贴了一个研究方法的标签而已，实际上方法没有真正起到产生结论的作用。

（二）“实践-理论-实践”模型

“实践-理论-实践”模型展示出来的意义是：研究者通过经验研究获得新的理论，然后运用所获得的理论来建议改进实践。它和“理论-实践”模型的相同之处在于最后都是生成应用性的结论，甚至直接提出实践改进的建议；不同之处在于“理论-实践”模型是直接运用理论来分析现象或事件，而“实践-理论-实践”模型比前者要多一个环节，即首先对现象或事件进行分析，提出理论改进之后再提出应用性的结论或建议。笔者在读研究生的时候，毕业论文选择对供应链管理中的信息传递进行研究，实证了供应波动信息在供应链上下游传递的时滞，再根据这个理论性的结论对供应链管理提出改进建议。这也算得上“实践-理论-实践”模型的一个例子。

案　例

张放、杨颖、吴林蔚的《政务微信“软文”化传播效果的实验研究》（《新闻界》2020 年第 1 期）就运用了“实践-理论-实践”模型。文章通过实验研究，对政务微信“软文”化传播的效果形成了理论性的结论，然后根据这个结论提出了话题选择、表达方式、标题设置方面的建议。王君超和刘婧婷的《平台型媒体、“中央厨房”与深度融合-兼论〈赫芬顿邮报〉的衰变》（《新闻界》2019 年第 12 期）一文，则通过对平台型媒体现象进行分析，提出了“理想的平台型媒体”的特征，并据此提出了媒体融合中“中央厨房”建设的建议。

“实践-理论-实践”模型还可以与“实践-理论”模型比较，它其实是在后者的基础上增加了对策建议而成。这种模型的关键在于中间的理论生成环节，即通过对现象和事件的研究首先要生成理论，这既是学术研究的需要，也是下一步提出应用性建议的依据。没有这个环节，这类文章就失去了灵魂，沦为空泛的议论和没有理论依据的“对策”。

可能有人会问，为什么没有“理论-实践-理论”模型，也没有“实践-实践”模型呢？那么，我们看看“理论-实践-理论”模型代表了什么含义：用理论优化实践，再通过实践检验理论，之后改进理论。这在逻辑上是完全成立的，但作为科研论文基本上无法实现，因为这样的话恐怕研究工作的时间会拉很长，困难也大得多。因此，这个模型在实际中裂变成了“理论-实践”和“实践-理论”两个模型，这样显然更有利于提高研究或实践的效率。而“实践-理论-实践”模型不一样，虽然也是三个环节，但理论提炼出来后，再提出优化实践的建议便并非难事，很多时候是一个“顺带”的工作，但对于提升文章的价值却是大有裨益的。

至于“实践-实践”模型，对于研究而言是无法成立的，因为它始终在现象的层面流动。况且，能用实践来直接为别的实践提供指导或借鉴吗？有人说可以，我们不是经常进行工作交流吗？实际上，你去与别人交流与自己的工作相同或类似的工作，回来借鉴是完全可能的，但是这个过程显然经过了你的思考，如考虑借鉴哪些不借鉴哪些，这本质上是一个理论化的过程。因此，如果说实践可以“指导”实践，那么它必然内含了理论化的过程，已经属于“实践-理论-实践”模型了，因此“实践-实践”模型是不存在的。

图1-2形象地说明了四个模型的区别。我们把世界划分为实务层和理论层，图中左边的箭头表示从实践中提炼理论，也就是“实践-理论”模型；右边的箭头表示运用理论分析实践，也就是“理论-实践”模型；左边和右边的箭头结合起来，表示从实践中提炼理论，然后运用理论优化实践，也就是“实践-理论-实践”模型；上边的箭头表示运用理论概念演绎出新的理论概念，也就是“理论-理论”模型，实际上也是逻辑思辨的研究模型；下边的箭头表示实务层面的循环，因为它没有系统地运用学术概念而是运用了日常概念来分析实践，因此不属于学术性的研究，业务体会、工作报告、行业分析等一般属于此类。

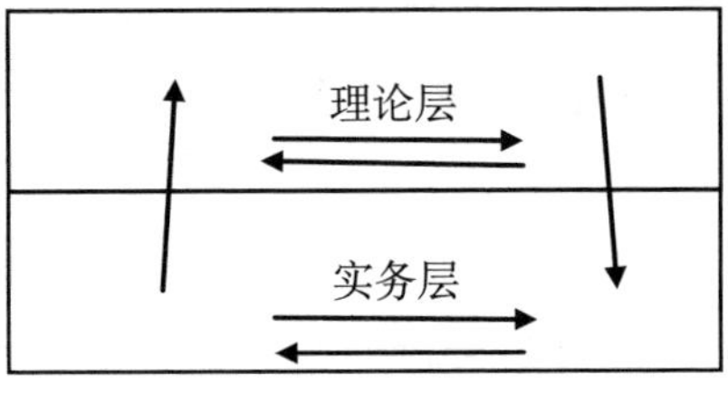

图1-2 理论研究与应用研究分类示意

当然，上述四种模型只是为了比较直观地说明问题，因此是简化后的结果，学术论文的写作并非一定得遵照这个程序。总之，这几个公式描述的主要是思维方式，而非固定的文章结构或流程。

三、学术研究的其他分类

传播学的研究类型除了可以被划分为理论研究和应用研究外，还有其他众多的分类方式，这里笔者将列举一些常见的分类方式：

一种类型是行政研究与批判研究。行政研究又被称为经验研究，指以美国为主的聚焦于传播效果研究的取径，目的在于探讨如何更好发挥媒体在社会、政治、商业等方面的作用。批判研究反对行政研究将社会结构的合理性作为前置性假设的做法，聚焦于通过媒体实现对社会权力的批判。威廉·麦乐迪（William Melody）和罗宾·曼塞尔（Robin Mansell）对两者的区别做了准确的介绍：

> 对所谓的经验或行政研究者而言，有关经济与政治机构（有时也包括社会和文化机构）的结构、权力集中化、支配-依赖关系特征以及既得利益的诱惑等问题，都在研究范围之外。批判研究探讨并集中研究政治与经济不平衡关系的变化，并认为它们是重大变化的先决条件。①

从上文中也可以看出，行政研究多倾向于中观和微观研究，而批判研究多倾向于宏观研究；前者多采用实证主义范式，后者则更多地采用解释主义范式或思辨范式。施拉姆开创的主流传播学派以行政研究为主，批判研究则主要集中于文化研究和政治经济学取向的研究。

另一种分类是探索性、描述性、解释性研究。探索性研究的目的是提供一些资料以帮助研究者发现问题从而确定更具体的研究目标，常常在正式的研究开始之前进行。比如在一项大型的问卷调查研究之前可以进行探索性研究，选择少量的参与者来测试问卷的设计情况以便改进。描述性研究重在描述现象或事件的特点、功能等，回答“是什么”的问题。解释性研究重在探究现象或事件背后的原因，解释发生或变化的原因，是回答“为什么”的研究。

第四节　人文科学与社会科学

现在我们一般是将传播学作为社会科学对待的，因此也以运用社会科学方法进行研究为理所当然。本节意在表明，无论是从历史还是从传播现象的特征的角度，社会科学研究方法并不能够完全胜任对传播的研究，因此人文科学的

① MELODY，MANSELL. The Debate Over Critical vs. Administrative Research：Circularity or Challenge. Journal of Communication，1983（33）：103-116.

研究方法应当占有一席之地。

在历史上，新闻学并非社会科学。新闻史学者指出，美国早期的新闻学研究主要是对报刊史和人物传记的研究，是偏人文科学性质的。20 世纪 50 年代，传播学在美国兴起之后，新闻学才逐渐被纳入传播学的社会科学研究范式。辛格尔特里描述了这一变迁的过程：（1）从 19 世纪初到 20 世纪 30 年代为发展时期，研究内容主要是报刊史和人物传记；（2）从 20 世纪 30 年代到 50 年代是过渡时期——研究内容主要是报刊的内容分析和效果研究——过渡时期对后来的大众传播研究走向产生了很大的影响，带来了研究范式的转向，“标志是，出现了历史诠释学、媒体内容分析以及大众媒体效果研究”；（3）从 20 世纪 50 年代至今是现代时期，实际上是对过渡时期研究转向的稳定和成熟化，即“使用定量方法增多和复杂的研究设计”，美国是这次转向的主要推动者，“美国的研究体系脱离了欧洲传统”，“从历史方法转为定量方法，从人文方法转为社会科学方法”。[①] 总之，美国传播学的兴起推动了新闻学研究从人文方法向社会方法的转变，而人文研究的传统部分被保留在了欧洲。

我国的情况与西方国家类似，只是相应的阶段要出现得晚一些。我国最早研究报纸的文章，出现在 1894 年的《申报》上，是一篇关于报纸介绍的文章。以此为开端，直到 1980 年代，我国大众传媒的研究类似于西方的发展阶段，以历史、传记为主，另外有一些业务性质的研究成果。这一时期的研究方法，也主要是采用人文科学的方式，即思辨的、历史的方式。1980 年代初西方传播学被引入中国，新闻学逐渐被收编进传播学，传播学的社会学研究方式开始了滥觞的历程。越来越多的实证研究或量化研究涌现出来，改变了原来人文主义一统天下的传统，人文主义范式越来越呈现出式微之势。大致在 20 世纪末 21 世纪初，西方的质性研究逐渐被传播学者采用，人文主义范式更加受到挤压，经验主义研究越发成为主流。

无论是西方还是中国的传播研究历史都表明，大众传播起初都是作为人文科学的对象来研究的，目前将其视为社会科学并非天然地具有合理性，而是新闻学被传播学收编的结果。传播学一出生就以社会科学面世，新闻学被纳入其中反而使自己失去了本来的学科特性。新闻学尽管可以借鉴传播学的效果研究

① 辛格尔特里．大众传播研究：现代方法与应用［M］．刘燕南，和铁红，译．北京：华夏出版社，2000：9.

等，因此它有作为社会科学的一面，但是它也有着价值观、理想主义、社会责任等的一面，因此依然具有人文科学的气质。忽视新闻学的人文科学特征，不仅使研究方法日益狭隘，而且使新闻学成为一种纯粹工具性的学科，而不是具有反思能力和人文关怀精神的学科。

在现实生活中，新闻业不仅是信息传播的工具，也是具有很强理性主义色彩的社会力量。即使在西方传媒高度市场化的情境中，传媒业也被视为所谓民主政治的“看门狗”（watch dog），西方所推崇的价值观深深地嵌入新闻专业主义的思想中，甚至是作为后者的前置性条件而存在。或者可以说，专业主义中客观、中立等要求本身就带着强烈的社会公义与英雄主义色彩，因为它强调与政府和商业保持距离并监督它们。从一些典型个案中也可以看到理想主义在新闻业中强烈的存在感，比如“水门事件”中记者冒险揭露真相，为的是捍卫所谓民主制度的纯洁性。在操作层面，在彻底商业化的西方媒体中，观点与事实分离、采编与经营分离等，都表明新闻业绝不仅仅是一个工具性的行业，而且同时是一个充满价值理想的行业。

在人文精神传统方面，我国的新闻业也是如此。它不仅仅是工具理性的，也是价值理性的，当然价值理性的含义与西方有所不同。胡政之提出“新闻事业是社会公器”，并在《大公报》实行“营业与事业并行”的方针，目的之一也是维护新闻业发挥社会理想的作用。社会主义的传媒体制强调媒体是党、政府和人民的“喉舌”，要同时重视社会效益和经济效益，而且社会效益是首要的。这些都表明新闻业绝非简单的信息传播工具，而是具有很强能动性的道德理想的载体。习近平总书记 2014 年 2 月在中共中央政治局第十三次集体学习时的讲话提出了这样的要求：“要润物细无声，运用各类文化形式，生动具体地表现社会主义核心价值观，用高质量高水平的作品形象地告诉人们什么是真善美，什么是假恶丑，什么是值得肯定和赞扬的，什么是必须反对和否定的。”这也深刻地表明新闻业是具有很强价值观的事业。在学术领域，也一直有学者在呼吁警惕过度的科学主义思维。童兵早在 2001 年就提出：

> 新闻活动是反映人的活动、传递人的价值观念、沟通人的精神世界的文化活动。报纸无论处于政党报纸还是商业报纸阶段，由于报纸或者被当作政党的“作战工具”，或者作为“牟利工具”，人文精神在很大程度上被淡化了，掩盖了。生动活泼、丰富多彩的人的活动，在宣传战和新闻买

> 卖中常常只剩下物与物的交易、政权之间的较量。而到了进行这些交易和较量的条件逐渐淡化的时候，新闻传播中的人的精神活动才会更多地得到重视和获得更多的反映，新闻活动中才能广泛地体现出更多的人文关怀。①

既然新闻业远非仅仅工具性的，那么学术研究也应该重视其理想品质，否则仅从效果方面进行研究是解决不了发挥新闻业作用的根本问题和源头问题的，因为没有好的价值观，提高传播效果可能适得其反。这并非提倡新闻业要以观点代替事实，而是强调新闻业在事实的选择中应该具有价值判断能力。什么样的内容才能代表文明的方向，才能体现人文关怀等，这方面的判断和选择是新闻从业者首先应具备的能力。否则就是本末倒置，舍本逐末。

目前，我国传播学研究中，实证主义与质性研究占据了绝对主流，人文科学的研究范式不但很少，而且其合法性一直也饱受质疑。因为人文研究的路径一般是思辨范式的，而思辨研究的“科学性”一直被人诟病。这不但是对新闻学的误读，也是对人文科学的误读，还是对研究方法的误读。它不仅导致传播研究方法的窄化，更严重的后果是导致新闻学忽视其社会理想与道义责任。因此，过度推崇实证主义和解释主义范式，是对新闻学人文精神的遮蔽。那么，要重提重视新闻学的人文精神，就有必要提倡人文科学的研究范式即逻辑思辨的范式。

最近十多年来，互联网对新闻业甚至传播业产生了很大的影响，传统的传播业在疲于应付之中产生了技术崇拜，即使新闻业这样典型的内容产业也纷纷服膺于技术的决定性作用。但互联网仅仅是传播的渠道，它并不能决定内容的品质。因此，如果过分陷于技术迷思，则新闻业将面临双重工具化的威胁，即作为传播学的工具化和过分依赖于技术的工具化，新闻业的人文属性将面临进一步被压迫的危险。在这种背景下，英国学者克里斯·安德森（Chris W. Anderson）认为：“新闻学应当建立一套在本质上是人文主义的认知系统。”② 这种观点可以说具有双重反思的意味，它不但是针对互联网传播渠道的技术霸权而言的，也可以说是对单纯把传播学作为社会科学的反思。

---

① 童兵. 科学和人文的新闻观 [J]. 新闻大学，2001 (2)：5-9.

② 常江，田浩，克里斯·安德森：新闻学应建立人文主义的认知系统：新闻研究的范式革新与价值重建 [J]. 新闻界，2020 (3)：4-11.

总之，传播学并非完全是社会科学，这当然主要是针对其中的新闻学或大众传播学而言的。研究传播学不能仅仅采用社会科学的路径，还需要采用人文科学的路径，赋予传播学研究以理想和价值观内涵。这并不是要否认传播研究的社会科学取向，我们反而应该为社会科学取向所带来的规范性叫好。但是，对于传播研究“方法”的理解也应该拓宽，对于“规范化”的理解也应该拓宽，还原新闻学研究中人文主义方法的合法性。在宏观的、价值性的研究方面，甚至在学科的哲学研究方面，思辨研究和批判不失为一种选择，甚至可以是主要的方式；在中微观的、工具性的研究领域，社会科学研究范式则有其合理性。这正是本书认为应该人文取向与社会科学取向并重的原因。

第二部分

如何规范地设计方法：100 篇已刊稿观察

规范地设计研究方法，是学术研究的内在要求。

根据对已刊论文的观察归纳出若干具体的规律，可以使我们更加直观地理解研究方法的概念与设计。

第二章讨论方法设计共同的一般原则；第三至六章讨论如何设计不同的方法，具体指在数据搜集阶段和数据分析阶段应如何设计。

第二章　方法设计的一般原则

方法设计的原则，指为了保障学术研究目标的实现，不同方法甚至不同范式需要遵循的规则。根据学术研究的内在要求和对 100 篇已刊文章的观察可以提出，研究方法设计的一般原则为客观性、系统性、控制性、显在性。就理想状况而言，不同的研究范式和方法都应该遵循这些原则，但现实中不同方法遵循这些原则的情况并不一致。尽管如此，客观性仍应成为所有方法设计的最低准则。

第一节　对 100 篇论文的说明

传播研究中都有哪些方法？罗杰 · D. 维曼（Roger D. Wimmer）和约瑟夫 · R. 多米尼克（Joseph R. Dominick）在《大众传媒研究导论》第 6 版（清华大学出版社于 2003 年 9 月推出影印版）中先后列举了定性研究方法（包含田野研究法、焦点团体研究法、深度访谈法、个案研究法）、内容分析法、问卷调查法、纵向研究法、实验研究法，共计 8 种具体方法。辛格尔特里在《大众传播研究：现代方法与应用》（华夏出版社，2000 年 9 月第 1 版）中先后讨论了调查法、焦点小组研究、实验研究、参与观察法、访谈法、文献分析法、内容分析法，共计 7 种方法。

柯惠新等人的《传播研究方法》（中国传媒大学出版社 2010 年 2 月版）先后介绍了文献分析法、二手资料分析法、观察法、小组座谈会法、深层访谈法、个案研究法、投影技法、抽样调查法、内容分析法、实验法和互联网研究方法，共计 11 种方法。李彪在对中美新闻传播学术期刊论文的研究方法进行比较分析时，提出了实验法、统计调查法、内容分析法、观察法、二手资料法、个案研究法、思辨论证法、综合法共 8 种方法。[①] 但是，其中的“综合法”在中美期刊

① 李彪．新闻传播学研究方法的构造：对 1995—2007 年我国四种主要学术期刊的考察［J］．国际新闻界，2008（1）：26－29．

论文样本中都没有出现，因此实际上只有 7 种方法。最近的文献中，廖圣清等人将研究方法分为调查法、实验法、内容分析法、深度访谈法、话语分析法、民族志法、网络分析法共 7 种明确的方法，以及“其他方法”与“无方法”两种情况。①

可以看到，无论国外还是国内对传播研究方法分类的说法均差异甚大，而且其中有一些是否属于传播研究方法也值得讨论，对一些方法的名称与概念的界定也不完全一致。加上互联网兴起之后，多种网络研究方法迅速出现，更导致了不同研究者对方法分类有着不同说法。因此，通过对刊发论文的观察来实证研究方法的种类，不失为一条实际途径，而且与研究现状也是同步的。

为此，笔者就《新闻界》进行了一项调查，涵盖 100 篇文章。之所以从《新闻界》中选取文章，因为调查起来比较方便——它是笔者工作所在的期刊。调查的操作步骤是：

从 2020 年第 1 期开始，按时间倒序抽取所刊出的论文，先获得 100 篇文章。对这 100 篇文章做如下处理：（1）对两个专栏进行权重调整，按照调整后的权重确定抽取文章的数量，这是因为专栏文章所采用的研究方法有重复性；（2）剔除综述类文章；（3）剔除非学术类如信息类文章。处理后剩余 73 篇文章。再继续增加取样，补充 27 篇符合条件的文章，也就是仍然保持 100 篇文章的样本量。很巧的是，最后恰好取到 2019 年 1 月，换句话说，本调查是在 2019 年 1 月到 2020 年 1 月的 13 个月期间内取得了 100 篇文章作为样本。

然后，对这些文章的研究方法进行登记。登记过程中注意区别两种情形：第一种情形，作者在论文中声明了所采用的研究方法的，即按所声明的方法登记；第二种情形，作者没有声明采用了什么研究方法，则由笔者阅读后判断采用了什么方法，然后登记。自然地，笔者的判断可能是不准确的，但为了这个简单的研究能够推进，只好这样变通处理。

笔者对这些文章的作者来源机构进行了统计。由于一篇文章的作者可能不止一人，加之极少数作者会署名不止一个机构，因此作者来源机构的总数远远超过 100，而达到了 148 个。100 篇文章中，单独作者的有 56 篇，文章的作者人数最多为 3 人（因为《新闻界》有限制）。这些文章的作者来自中国、美国、

① 廖圣清，朱天泽，易红发，等. 中国新闻传播学研究的知识谱系：议题、方法与理论（1998—2017）[J]. 新闻大学，2019（11）：73－95，124.

加拿大的49所大学或其他类机构（见表2-1，因表格空间所限，一些院校用了简称）。事实上，作者来源尽管比较集中于中国人民大学、中国传媒大学、复旦大学、清华大学等机构，但也同时分布得相当广泛，一些地方院校也出现在其中。这一定程度上表明了审稿机制的公正性以及稿件来源的多元性。

表2-1　作者所出现的机构及其频次

机构	人民大学	传媒大学	复旦大学	清华大学	上海交大	武汉大学	暨南大学	北京大学	华东师大	上海大学
频次	9	7	8	12	4	9	7	2	1	1
机构	浙江大学	四川大学	南京大学	深圳大学	北京师大	中山大学	西南民大	南京林大	河海大学	铜陵学院
频次	2	10	8	1	6	4	1	1	1	1
机构	厦门大学	山东政法	南京师大	南宁师大	中南大学	西北大学	海南师大	安徽大学	重庆大学	中国政法
频次	4	1	6	1	3	4	2	1	1	1
机构	西南政法	苏州大学	上海大学	四川外国语	湘潭大学	华中师大	济南大学	南昌大学	云南大学	西南大学
频次	1	1	1	2	2	1	1	1	2	1
机构	上海社科院	中国社科院	中国教育电视台	川报集团	香港大学	台湾世新大学	香港中文大学	雪城大学	加州大学伯克利	加拿大西蒙菲莎
频次	3	1	1	2	3	1	2	1	1	1

笔者对作者的职称或学历也进行了统计。对于少数署名两个机构身份的作者，取其首个署名的身份。比如，如果作者的署名为某个机构的副教授，同时其又是某个机构的博士研究生，则取其身份为副教授。100篇文章的统计结果中，共有署名身份134个，分布在从教授到硕士研究生的区间内（见表2-2）。博士研究生这个作者群体的规模最大，但是也不完全符合实际情况，因为很多导师会与学生联合署名；当然，由于《新闻界》开设了博士研究生专栏，因此博士研究生作者的数量可能的确比同类期刊偏多。此外，7名硕士研究生全部不是独立作者，均为导师之后的第二作者。不少作者好奇，学术期刊为什么“不登”硕士生和本科生的论文？这是非常肤浅的疑问和议论，试想如果采用匿名评审等方式进行审查，硕士生和本科生的通过率高呢，还是博士生和副教授、教授的通过率高？这更多是一种公正机制自然选择的结果，而不是期刊一定“不要”某一身份作者稿件的结果。

表 2-2　作者的职称或学历层次出现的频次

职称/学历	教授	副教授	讲师	博士生	硕士生
频次	42	26	16	43	7

第二节　100 篇论文中的发现

本节将呈现对 100 篇论文进行调查的结果。100 篇论文中采用了 17 种研究方法，加上比较重要但是未出现在样本文章中的两种方法，目前较为常用的研究方法有 19 种之多。这 19 种方法将被主要归结到三种方法论和计算机研究方法中，从而形成本书的论述结构。

一、研究方法的种类

调查的结果远比想象的丰富。100 篇文章中，研究者在文中声明使用的方法有实验法、调查法、内容分析法、民族志法、文本分析法、话语分析法、计算机辅助分析法、语料库分析法、文献分析法、深度访谈法、焦点小组访谈法、案例分析法、社会网络分析法、文本情感分析法，共 14 种，即使不将其中的计算机辅助分析和语料库分析方法作为单独的研究方法，而是视为在文本分析或者话语分析等方法中采用了计算机手段，那么获得研究者声明的单独方法也有 12 种之多。

而且，这些方法中没有包含历史研究、法律研究、文化研究、政治经济学研究和思辨研究这 5 种“方法”，因为运用这 5 种方法时一般不必在文中作出声明。当然，严格地讲这 5 类研究都不属于典型的研究方法，其中的历史研究与法律研究属于研究的领域或对象，文化研究与政治经济学研究属于研究的理论取径，思辨研究属于研究的范式。不过，为了较为全面地描述传播研究方法的种类，可将这 5 类研究均各自视为一种“方法”。这样就一共有 17 种研究方法（领域、取径或范式）。

另外，还有两种比较重要的研究方法没有出现在这些样本文章中，即扎根理论分析法和框架理论分析法。这是抽样的偶然性所致。将这两种方法补充进去后，我们便获得了 19 种研究方法。这可能较为完整地反映了我国传播研究中所使用方法的概貌。

这 19 种方法（领域、取径或范式）在 100 篇论文中共出现 115 次，不同方法的分布频次见表2-3。

表2-3　100篇文章中不同研究方法的出现频次

序号	方法名称	出现频次	序号	方法名称	出现频次
1	实验法	2	11	历史研究	12
2	调查法	7	12	法律研究	5
3	内容分析法	1	13	文化研究	2
4	民族志法	11	14	政治经济学研究	4
5	深度访谈法	13	15	思辨研究	22
6	焦点小组访谈法	1	16	社会网络分析	1
7	案例分析法	13	17	文本情感分析	1
8	文献分析法	6	18	扎根理论分析法	0
9	文本分析法	10	19	框架理论分析法	0
10	话语分析法	4			

前面说过，不同的研究范式中包含若干种具体的研究方法，因此现在就可以用范式作为标准对研究方法进行归类。需要说明的是，除了按照三种范式归类外，运用计算机手段的两种方法也可以单独归为一类，因为它们与三种范式有较为明显的差异。这样，19种研究方法的分类情况如下：

其一，实证主义范式。

包括实验法、调查法、内容分析法共3种。实证主义相信社会科学也存在某种“客观”规律，因此可以通过对理论假设的证实或证伪来获得科学结论。实验法等3种方法符合这样的特征。

其二，解释主义范式。

解释主义不认为社会现象中有“客观”的“真理”，社会学理论仅仅是人们对社会现象的意义的“解释”。按照这个观点，解释主义范式包括了扎根理论分析法、框架理论分析法、民族志法、深度访谈法、焦点小组访谈法、案例分析法、文献分析法、文本分析法、话语分析法、历史研究（领域）、法律研究（领域）共11种。但是，因为历史研究和法律研究均有相关学科的成熟方法论做支撑，因此不纳入本书针对传播学方法的研究中。这样，解释主义范式中将实际包括9种方法。

需要说明的是，解释主义范式与通常所说的质性研究方法在范畴上存在区别。前面的内容实际上表明解释主义与质性研究并非同一概念，具体而言，是前者的范畴包含了后者。也就是说，质性研究方法属于解释主义范式的一部分。质性研究方法比如民族志等都是解释主义的，而一部分解释主义的方法比如文本分析法等就不属于质性研究方法，因为它们缺乏在自然情境下的数据搜集过程。因此，后文有时为了遵循惯例，所称的质性研究方法是属于解释主义范式的；但是提到解释主义的时候，则不一定指质性研究方法。

10 种方法中的扎根理论分析法和框架理论分析法并非独立的研究方法，而是对材料的分析方法，但是因为它们都属于对质性材料进行分析的方法，因此归入解释主义范式是合理的。民族志法、深度访谈法、焦点小组访谈法都属于比较典型的质性研究，则应理所当然地归入解释主义范式中。案例法如果属于现场案例调查，则也属于质性研究；如果属于文本案例分析，则属于非质性研究。

文献分析法、文本分析法、话语分析法并非质性研究，因为它们不是在自然情境中的研究。但是，它们是传播研究中的比较常用的方法。至于有人怀疑文献法的合法性，这在后面文献法一节中详细讨论。从学术方法的渊源梳理，文本分析法和话语分析法都来源于语言学，而语言学是解释学赖以产生的起点，因此将这两者归于解释主义范式也是合适的。这也充分说明，我们不能用质性研究来指代所有非量化的研究方法。至于文化研究，它仅仅是一种研究取向，甚至多采用民族志方法，所以归于解释主义也是合适的。

其三，逻辑思辨范式。

一些研究中没有量化的理论假设方式，也没有质性研究中的资料搜集过程，甚至没有像文本分析和话语分析那样针对明确的文本，而是运用逻辑思辨得出结论。这一类研究包括文化研究、政治经济学研究和思辨研究。当然，这一分类并不完全严谨，因为文化研究有时候也运用民族志等方法，但就多数情况而言它是属于逻辑思辨范式的。

其四，计算机研究方法。

随着计算机和网络技术日益成为研究中的得力工具，社会科学研究方法的面貌也在发生很大的改变。一方面，计算机和网络可以成为传统研究方法的助手，比如在调查法中作为调查的工具；另一方面，计算机和网络技术甚至可以发展成独立的研究方法，即独立搜集资料和进行分析。在 100 篇文章中出现的社会网络分析法和文本情感分析法就属于独立的计算机分析方法。

为了使这众多的研究方法在后面的讨论中具有一定的逻辑性，我们尝试按照“科学性”来对其进行排列。为了实现这个目标，可以根据研究方法的特征制定若干标准。通常地，自然科学的方法具有最严格的“科学性”，它具有如下

5个主要特征：（1）量化，即通过量化模型来得出结论；（2）结构化，即研究程序的标准化程度高，比如有编码环节等；（3）经验性，即从感性经验材料出发进行研究；（4）理论框架，即将特定理论作为推进研究的路径；（5）逻辑演绎，即将逻辑思辨作为推进研究的路径。这样，可对上述19种方法中的15种方法进行一个详细的排序（见表2-4）。历史研究、法律研究、社会网络分析、文本情感分析这四种方法没有被纳入排序中。

表2-4 不同研究方法的特征排列

<table>
<tr><th rowspan="2" colspan="2">研究范式</th><th rowspan="2">方法名称</th><th rowspan="2">量化特征</th><th rowspan="2">结构化特征</th><th colspan="2">经验性特征</th><th rowspan="2">理论框架特征</th><th rowspan="2">逻辑演绎特征</th></tr>
<tr><th>直接经验</th><th>间接经验</th></tr>
<tr><td rowspan="3" colspan="2">实证主义范式</td><td>实验法</td><td>是</td><td>是</td><td>是</td><td></td><td>是</td><td>是</td></tr>
<tr><td>调查法</td><td>是</td><td>是</td><td>是</td><td></td><td>是</td><td>是</td></tr>
<tr><td>内容分析法</td><td>是</td><td>是</td><td>是</td><td></td><td>是</td><td>是</td></tr>
<tr><td rowspan="9">解释主义范式</td><td rowspan="6">质性方法</td><td>扎根理论分析法</td><td></td><td>是</td><td>是</td><td></td><td>是</td><td>是</td></tr>
<tr><td>框架理论分析法</td><td></td><td>是</td><td>是</td><td></td><td>是</td><td>是</td></tr>
<tr><td>民族志法</td><td></td><td></td><td>是</td><td></td><td>是</td><td>是</td></tr>
<tr><td>深度访谈法</td><td></td><td></td><td>是</td><td></td><td>是</td><td>是</td></tr>
<tr><td>焦点小组访谈法</td><td></td><td></td><td>是</td><td></td><td>是</td><td>是</td></tr>
<tr><td>案例分析法</td><td></td><td></td><td>是</td><td></td><td>是</td><td>是</td></tr>
<tr><td rowspan="3">非质性方法</td><td>文献分析法</td><td></td><td></td><td></td><td>是</td><td>是</td><td>是</td></tr>
<tr><td>文本分析法</td><td></td><td></td><td></td><td>是</td><td>是</td><td>是</td></tr>
<tr><td>话语分析法</td><td></td><td></td><td></td><td>是</td><td>是</td><td>是</td></tr>
<tr><td rowspan="3" colspan="2">逻辑思辨范式</td><td>文化研究</td><td></td><td></td><td></td><td></td><td>是</td><td>是</td></tr>
<tr><td>政治经济学</td><td></td><td></td><td></td><td></td><td>是</td><td>是</td></tr>
<tr><td>思辨研究</td><td></td><td></td><td></td><td></td><td></td><td>是</td></tr>
</table>

从这样的排列中，可看出不同方法的特征顺序。可以看到，实证主义方法具有的特征项最多，也就是规定性最高，这是它被认为具有“科学性”的原因。质性研究中扎根理论分析法和框架理论分析法不具有量化特征，但是都要进行编码，因此具有一定的结构性特征。民族志等质性方法没有编码环节，但是需要搜集经验材料，因此属于经验研究的范畴。文献法等方法则不必搜集经验材料，但是需要依据一定的文本，可以视为从间接经验出发进行的研究类型。文化研究和政治经济学研究连以文本作为研究材料都不需要，一般直接运用理论框架来进行分析从而获得结论。最后是思辨研究，它连理论取向也不需要，一般直接运用逻辑对概念进行演绎来提出观点。这样的特征排列正是本书后面各章节结构顺序的逻辑。

二、研究方法设计的一般原则

研究结论是否具有学术价值，是衡量论文优劣的最终标准。学术价值体现为创新性，但其创新性是以科学性为保障的，即使结论富有创新，但是研究的过程无法为其提供保障，那么这样的创新也是不符合学术研究要求的。为了保障研究方法作为过程的科学性，笔者根据对 100 篇论文的观察，并结合学术研究的内在要求，为方法设计提出几个原则：客观性、系统性、控制性、显在性。

（一）客观性

客观性，是指研究方法应当保障研究过程的客观性，使结论不是主观的想象或情绪化的结果。换句话说，方法设计的目的就是要使研究结论是客观的结果，从而尽量避免主观因素的干扰。知识（这里指作为学术研究目标的理性知识）具有客观性和普遍性，而普遍性正是客观性的结果，因此客观性对于知识而言是至关重要的。主观性的知识（即我们所说的感性知识）往往是变动不居的，也是因人而异的，因此无法具有普遍性。比如分析成都今天的平均气温，如果完全不运用客观工具进行测量，而是凭感觉估计，这就成为完全主观性的“研究”了——不少议论式的“论文”就属于这一类情况；如果进行了测量，但是测量方法很随意，既缺乏系统的规划，也缺乏客观的依据，那么也容易受到主观因素的影响——不少方法设计不严谨的论文就属于这一类情况。

研究方法的客观性主要是从以下三个方面来实现的：

1. 研究起点的经验性

现代哲学的认识论转向，很大程度上是建立在经验主义基础上的，即研究的起点是经验，研究的对象是经验材料，研究的结论要接受经验的检验。社会学研究受此影响，也具有鲜明的经验主义特征。实证主义的研究范式自不必说，即使是解释主义的研究方法，也浸染了经验主义的色彩。一些典型的解释主义研究方法，比如民族志法、扎根理论分析法等，都是从搜集经验材料开始的，也就是说它们的研究起点和研究对象都是经验材料。比如，后文中作为案例的郭建斌和李加方的《“第四世界”中的“低端”媒介实践——非洲马拉维录像厅的田野考察》（《新闻界》2019 年第 12 期）一文，就是将非洲马拉维 Kasungu 县的 Mtunthama 镇作为田野场所，在那里搜集数据并进行研究。这种就属于从经验材料出发的研究。一些并不典型的解释主义的研究方法，比如后文中将分析到的文本分析方法和话语分析方法，它们也是从搜集文本开始的，而且分析的对象也是文本，同样具有经验主义的特点。

2. 数据搜集的客观性

研究方法的设计分为两个阶段，即数据搜集阶段和数据分析阶段，这两个阶段都应该致力于保障研究的客观性。数据搜集的客观性，指数据搜集的方法要遵循一定的科学规则而不是由作者随意设置。实证研究方法一般采取随机概率抽样，就是因为这种抽样方法遵循了统计学的原则，能够使抽出的样本避免受到作者主观因素的影响。现实中，受到客观条件的制约，部分实证研究没有采取随机概率抽样方式，客观性便会受到一定的影响。客观性更易受到影响的是解释主义范式的研究，因为这类研究更难运用概率抽样方式。在非概率抽样方式下，如何才能尽量保障研究的客观性呢？一方面，选择的研究对象应该与研究的问题有较为合理的内在联系。比如，假如一项针对村民媒介使用行为的研究，描述出的田野地点是非常富裕或非常贫穷的一个村庄，恐怕研究的意义都要大打折扣。在另外一个真实的案例中，作者用虚拟民族志来进行某方面的亚文化研究，选择了一个微信群进行田野调查，但是群里回答问题的人的比例很低，那么这个群是否适合该项研究是值得考虑的。另一方面，作者要对所选择的研究对象进行描述和说明，甚至描述的过程也是一种委婉的说明，这些举措都旨在解释所选择的研究对象的合理性。

3. 数据分析的客观性

对数据的分析，也要避免主观的方式，而应遵循学术研究的规则。比如在实证研究中采用相关性分析、回归分析等方法，就是遵循了统计规则。解释主义研究中更容易出现误区，因为这些方法中没有量化过程和模型这类明显的规范，所以一些作者就会按照自己的设想分析一番。的确，大多数解释主义的方法还缺乏流程等方面的规范，因此作者不但可以，也不得不自己设计“方法”，这时候的“方法”往往遵循的是思维逻辑规则。比如在文本分析方法中，关于作者搜集好文本以后如何进行分析，是没有一定之规的。但是，一些解释主义研究方法有较为规范的流程，典型的如扎根理论分析法和框架理论分析法。扎根理论分析法需要先依次进行三轮编码，然后构建理论模型，再进行理论阐释。框架分析法需要先提出框架分析的理论，然后进行编码，再根据所提出的理论进行分析，从而得出结论。这两种方法在解释主义中是较为具有结构性特征的方法，从中可以看到社会科学研究在尽力模仿自然科学研究方法。就学术研究的客观性而言，这种对流程有规定的方法显然比没有规定的方法更加有效。这也可以解释扎根理论分析法自创立以来，尽管方法有变化而且有争议，却被非常广泛地运用在多个学科之中的原因。

客观性是学术研究最基本的和首要的要求，即韦伯所谓的“价值中立”。不过，不同范式下客观性的含义并不一样：实证主义遵循的是自然客观性，解释主义遵循的是社会客观性，逻辑思辨遵循的是逻辑客观性。这里将对三种不同的客观性作简要解释。

实证主义追求的是自然客观性。自然科学认为客观世界中存在着具有“客观性”的规律，人们的研究无非是要去“符合”其中的规律，这便是所谓的“符合论”。社会科学的实证主义也借鉴了这种思想，因此学术研究结论也要去“符合”社会中的规律。实证主义把社会现象看成是与自然现象一样的客观现象，所以我们可以把实证主义的客观性称为“自然客观性”，即它的客观性是用如同自然界客观规律那样的标准来衡量的。这对于社会科学而言是最严格的要求。从这个角度来看，实证主义严格量化的研究范式就比较容易理解了。

解释主义追求的是社会客观性。解释主义也应当追求客观性，只不过与实证主义对客观性的理解不同，解释主义不认为存在“客观”的社会规律，社会学研究仅仅是对社会现象意义的解释。不过，这种解释不能随心所欲，它必须符合社会共享的文化与价值。也就是说，研究者要站在社会文化和价值的角度对社会现象进行解释，而不是站在自己主观的角度进行解释，所以我们称这种范式的追求为“社会客观性”。如果说在实证主义的“自然客观性”中，人类社会代表主观，自然界代表客观，那么在“社会客观性”中，“我”则代表主观，而社会代表了客观。也可以说，如果说解释主义具有唯心主义特征，那么它也是客观唯心主义性质的，而非主观唯心主义的。

在狄尔泰和韦伯的方法论思想中，就包含了“社会客观性”的要求。在狄尔泰的解释主义中，人们通过理解进行正确解释，再通过解释加深理解。其中，“理解”是植根于人类生活的，其自身源自人类的生活。它由人创造，但又在发展中时时统治人的言行。因此狄尔泰认为，从性质上说，“理解”不是主观的，而是社会-历史性的一种客观。[①] 韦伯提出了“价值中立”和“价值相关”的观点，他具体地要求，要做到价值中立，只有使用“理性方法”，即按照系统的概念对经验材料进行分类，采用恰当的论证规则进行逻辑推理，“所有的科学必须

① 沃野．诠释学方法论的昨天和今天［J］．学术研究，1999（1）：3－5．

保证逻辑和方法的规则是有效的”[1]。了解了解释主义“社会客观性”的要求，也就很容易理解为什么那些想象性的、议论性的文章不是学术论文。

逻辑思辨追求的是逻辑客观性。看起来，逻辑思辨范式不具有客观性，因为它显然不具有“自然客观性”，也不具有“社会客观性”，完全是研究者的“主观想象”。其实，逻辑思辨范式也需要追求客观性，否则就谈不上学术研究。它所追求的是“逻辑客观性”。我们知道，人的思维是有一定规则的，其中最主要的是形式逻辑。形式逻辑等规则是客观的，当我们思考或写作时遵循了形式逻辑，也就实现了“逻辑客观性”的目标。可能有人会问，如果想象性的、议论性的文章也遵循了形式逻辑，难道不也应该属于学术论文吗？这取决于运用形式逻辑分析的是什么：如果分析的是理论问题，可以称得上是学术文章；如果分析的是业务问题、工作问题等，就不属于学术文章了，也就是图 1－2 下半部分中箭头所代表的意义。一些投稿尚且不论讨论的是否为理论问题，即使在结构和概念方面，也严重违背形式逻辑的规则，比如并列的概念出现含义交叉等，显然不符合“逻辑客观性”。

（二）系统性

系统性，是指研究方法应该有整体性，而非零散地组合。我们可以从两个维度来实现方法设计的系统性，一个维度是针对研究方法的不同阶段，另一个维度是针对研究方法所包含的不同内容。

所谓针对研究方法的不同阶段，即方法设计要尽可能涵盖到数据搜集阶段和数据分析阶段。前面提到，研究方法实际上分为数据搜集阶段的方法和数据分析阶段的方法，有的研究方法仅仅是数据搜集方法，如常见的调查法；有的方法仅仅是数据分析方法，如扎根理论分析法。严谨规范的方法设计，需要考虑到两个阶段的研究方法。通常地，实证主义范式的文章仅仅会标示出一种研究方法，比如调查法；但实际上这类文章对数据分析方法也会有较为详尽的说明，比如是采用相关性分析还是其他类型的量化手段。解释主义范式有所不同，一些文章会标出一种方法，另一些文章可能标出两种联合运用的方法。标出一种方法的，比如采用民族志方法的研究，很少与其他方法联合运用。由于民族志方法仅仅是一种数据搜集的方法，因此对于如何分析搜集而来的数据，该方法并无一定之规。这也导致民族志方法的数据分析阶段具有较大的自由度，换

[1] 韦伯．社会科学方法论［M］．朱红文，等，译．北京：中国人民大学出版社，1992：53．

句话说，具有较大的主观性。这实际上是民族志方法在运用中存在的困难之一。当然从另一个角度看，也是它的优势，即可以较为自由地进行阐述。运用两种方法的解释主义研究相当多，比如深度访谈法往往与扎根理论分析法相结合，前者负责搜集数据，后者负责分析数据。还有一种结合情形，即文本分析法与框架分析法的结合——以文本样本为分析对象，而以框架分析为分析方法。比较理想的研究，当然是既对数据搜集的方法做设计，也对数据分析的方法做设计，比如实证主义研究或者扎根理论分析等研究。不过，由于有的方法很难对数据分析方法进行"设计"，因此作者往往只介绍数据搜集方法。比如文本分析方法和话语分析方法等，前面说过这些"方法"其实不是具有实在性的方法，而是理论路径的选择，在这些情形下，也无法强求作者对数据的搜集和数据的分析方法都进行介绍，甚至对数据的搜集方法的介绍也往往是十分简略的。

所谓针对研究方法所包含的不同内容，即研究方法应当在研究流程、测量工具、实施措施、控制标准等方面进行系统性的设计。不过，这样严格的系统性设计，仍然只有在实证主义研究中才能得到较好的实现。比如在内容分析法中，研究者会对如何搜集数据与分析数据进行介绍，这是流程方面的；会对概念进行操作化，并借鉴或开发出量表，这是测量工具方面的；会对主要环节进行介绍，这是措施方面的；会对信度和效度指标进行介绍，这是质量控制方面的。当然，不同的实证研究方法的流程、测量工具等都是不同的，甚至相同方法下不同研究项目的流程、测量工具也是不同的，因此没必要在具体内容方面求同。解释主义研究方法远远没有实证主义方法复杂，结构性也不强，因此做到满足系统性要求的难度更大。在流程方面，多数解释主义方法都属于数据搜集方法，因此这种范式下的数据分析具有很大的灵活性，不像实证主义那样有具体的数学模型进行规范。这其实也是对研究者的挑战，因为要在灵活性之中阐述出学术性的结论并非易事。解释主义也不需要测量的工具，因为它通过概念演绎来推出结论，而非通过数理逻辑来推出结论。关于控制标准，我们将在随后的"控制性"中进行分析。

（三）控制性

控制性，是指学术研究需要有一定的控制措施和标准来确保研究结论的可靠性。通俗地讲，学术研究是通过一定的研究过程获得一定的理论性结论，那么这个结论是不是可靠，就需要采取一定的手段来保证。在实证研究中，研究可靠性可以信度和效度两个方面进行验证。后文会详细地解释信度和效度的概念及其指标，这里仅简要地介绍一下它们的含义。信度可以理解为同一测量事项在不同测量情境下的差异状况，信度越高则研究的可靠性越高。比如，测量一个群体的媒介使用对幸福感的影响，如果换一个时间测试就会成为另一个测量情景，或者换一个同质性群体进行测试后也成为另一个测量情景。如果不同测量情境下得到的结果之间的差异比较小，那么可以认为这个测量是比较准的；否则就有理由怀疑测量的信度不高，需要从量表和测量实施等方面加以改进。效度则可以理解为测量的指标能否代表所要测量的概念。例如，如果测量受众媒介使用的幸福感，那么应当构建表征幸福感的主要概念指标体系来进行测量；如果其中有概念与幸福感无关或者关联不大，那么测量出来的指标在效度方面就存在不足。比如，如果表征幸福感的概念里有一项是收入高低，尽管收入可能影响幸福感，但二者之间显然不是简单的正相关关系，因此这个指标就会影响到效度。实证研究方法都会对信度和效度有明确的规范要求，因此作者需要在论文中提供信度和效度指标以供读者对其结论的可靠性进行评价。

不过，信度和效度不应该被理解为对抽象的指标的要求，而应被理解为学术研究应该追求的一种目标，也就是学术研究结果应该具备内在的“稳定性”。换句话说，不同的人运用相同方法对相同的数据进行分析，得到的结论应该具有一致性。这种一致性程度越高，研究的科学性越强。从这个角度理解，信度和效度的理念就不仅为实证研究所独有，而是可以推及解释主义范式。也就是说，尽管解释主义没有运用量化方式，它的过程和结论都无法是“精确”的，但是它的结论依然应该能够经得起科学性的拷问。这是学术研究的题中之意。即使是进行解释主义的研究，在对同样的对象和数据进行研究时，如果你得出的结论与我得出的结论相差甚远，那么可能其中一方的方法的严谨性便值得怀疑。在扎根理论分析法中需要检验理论饱和度，在民族志研究中可以运用三角测量法等，其实都是解释主义方法在提高研究信度和效度上的努力。大多数解释主义研究方法，连扎根理论分析法或民族志这样初步的质量控制方式也没有，因此在数据分析阶段灵活性非常大，面临着如何衡量其可靠性方面的难题。这些问题短时期不可能得到解决，但是作者需要对此有清醒的判断，从而在研究过程中尽量规避特定方法的不足，提高研究过程和结论的可靠性。

（四）显在性

显在性，是指在论文中要专门对研究方法进行介绍。实证主义研究自不必说，解释主义范式下的多数方法也需要进行介绍，比如民族志法、深度访谈法、焦点小组访谈法、案例法等。一般地，作者会在论文中专门辟出一部分（通常在文献梳理部分之后）进行介绍，足见研究方法之重要。在一篇实证主义研究论文中，如果方法介绍部分缺失，那么说明作者还不具备学术研究的基本知识。解释主义研究范式下，多数方法也有在文中专门介绍的必要，这样不但能使文章结构清晰，而且便于将方法介绍清楚。多数时候，介绍解释主义方法时不涉及对抽样方法的说明，而主要涉及对研究场所和数据取得方式的说明。比如民族志研究中，需要对田野场所进行说明，同时对数据获取方式（观察、访谈、调查等）进行说明。由于研究方法分为数据搜集阶段和数据分析阶段，因此在论文中报告研究方法时也需要对这两个阶段分别进行介绍。比如运用深度访谈法和扎根理论分析法结合的方法时，需要同时报告深度访谈的设计情况和扎根理论分析法的设计情况，前者指对访谈对象的描述等，后者指三次编码过程等。

对于上述四个原则，不同范式对其遵循的程度并不一致。从表 2-4 中可以看到，从实证主义到解释主义，再到逻辑思辨范式，结构性呈现出由高到低的排列顺序。因此，实证主义通常完全遵循这四个原则；解释主义也遵循这四个原则，但是在控制性方面比较弱，也就是相当多的解释主义方法缺乏信度和效度控制措施；逻辑思辨范式的遵循程度是最弱的，它既不需要在论文中报告研究方法，因此也就谈不上系统性和控制性，但笔者认为其仍需遵循客观性原则，即前面所说的“逻辑客观性”原则。

第三章　实证主义范式

实证主义是社会学中最早出现的研究范式，社会学地位的确立正是依赖于实证主义的提出。迄今为止，实证主义仍然是社会科学研究中的重要范式。实证主义方法在数据搜集阶段一般要运用严谨的统计模型，在数据分析阶段一般要运用精准的数学模型，因此具有很鲜明的量化特征。本章将在第一节讨论实证主义方法的共同特点，第二至四节分别讨论实验法、调查法、内容分析法这三种不同方法各自的特点与设计。

第一节　概　论

实证主义主要包括实验法、调查法和内容分析法。这三种研究方法作为相同的范式有共性的一面，也有相区别的一面。作为共性的一面，它们都需要搜集经验数据，然后通过概念操作化使经验数据变成量化数据，之后提出研究假设并建立数学模型进行分析。

一、实证主义的概念

一般认为，孔德创立了社会学，并提出了实证主义的方法论。前者是确切的，而后者则与事实稍有出入。根据学者的考察，他的确提出了实证的哲学（positive philosophy）和实证的方法（positive method），然而并没有使用“实证主义”（positivism）这一专门术语，“实证主义”是他的追随者创造的，那么究竟谁先使用了这一概念，学术界目前还没有肯定性的回答。[①] 不过，孔德在1830—1842年潜心著述的六卷本《实证哲学教程》（*Cours de Philosophie Positive*）中最早阐述了实证主义的思想体系，还最早大力提倡在社会学中运用实证主义方法，因此有理由被尊为实证主义哲学的创立者。

---

① 沃野．论实证主义及其方法论的变化和发展［J］．学术研究，1998（7）：3-5．

孔德认为人类认识经历了神学、形而上学、实证科学三个阶段，主张在经验事实的基础上建立知识体系，因为他认为社会科学与自然科学在认识论上并无本质不同。因此，他的认识论借鉴了自然科学的认识论，与培根倡导的经验主义高度契合。这一思想，为后来的实证主义社会学奠定了本体论和方法论基础，当然也成为长期饱受争议的问题。实证主义后来受到韦伯等人的质疑，但时至今日它仍是社会科学研究中的主要方法论之一。

有人将实证主义称为科学主义、自然主义、经验主义。科学主义或自然主义是相通的概念，指狄尔泰（Wilhelm Dilthey）批评的用自然科学的方法论作为一切科学的方法论的观点，它否认社会科学和人文科学有独立方法论，因此将实证主义称为科学主义或自然主义是可以的。但是，将实证主义称为经验主义则不太准确，尽管前者与后者有传承关系。经验主义（empiricism）是与理性主义认识论相对立的概念，是一种认为知识来源于感觉经验的认识论，它的发端最早可以追溯到 17 世纪初的培根。实证主义则是在 19 世纪 30 年代才由孔德提出，是社会科学领域的一种方法论，即通过感觉经验去认识事物规律。实证主义是与解释主义（interpretivism）相对立的概念。因此，将实证主义与经验主义概念等同实在是一种误解。当然，实证主义的认识论是经验主义的，这样的说法是正确的。

从认识论的历史传统分析，实证主义有两个含义：第一是反形而上学的，认为无法被经验验证的就不是知识；第二是直接借鉴自然科学的研究方法，认为社会现象也像物质世界那样具有“客体性”，存在客观的规律。因此，有人认为实证主义是“社会学研究者或社会科学家盲目模仿自然科学家（主要是物理学家和生物学家）的方法和语言，用自然实体、自然因素和自然规律来解释人类社会的思潮”①，这种观点也是有一定道理的。如果要描述实证主义的概念，则可以认为它是在社会学研究中，采用实验、调查等方法搜集数据，通过对理论假设证实或证伪的方法来获得理论的研究范式。

讨论传播学研究方法的相关文献，对于实证主义所包括的具体方法的看法基本上一致，即均认为包括实验法、调查法、内容分析法三种研究方法，只不过一般称这些研究方法为量化研究。

---

① 梅琼林，王志永．试论传播学研究中实证主义和人文主义方法的融合［J］．南京社会科学，2006（6）：14－19.

二、实证主义的特点

实证主义直接借鉴自然科学的研究方法，因此具有自然科学方法的鲜明特点。在物理学等自然科学中，实验观察等是主流的方法，这些方法以自然物为研究对象，实验的流程和标准都很规范，而且采用量化工具来获取结果。传播研究中实证主义范式也是如此，因此有人认为传播学中的实证主义是“以客观性、实证性、精确性为主导原则的科学观念和科学方法”[①]。实证即可检验、可验证、可证实、可重复。可检验、可验证等也往往成为对实证主义研究的基本要求。第二章第二节的表 2-4，从另一个角度描述了实证主义方法的特点，即量化的、结构性的、经验性的、理论框架的和逻辑演绎的。就论文中对研究方法的设计而言，我们需要注意实证主义范式的以下几个方面的特点：

（一）经验性

实证主义是经验主义的，解释主义也是经验主义的。经验主义认为知识来源于经验，并且要接受经验的检验。所谓知识来源于经验，即学术研究要以感性经验作为出发点；所谓知识要接受经验的验证，即运用经验对理论进行证实或证伪。实证主义是最彻底的经验主义者，因为它既强调从经验出发，也强调运用经验来检验。解释主义具有一定的经验主义色彩，即它也强调从经验出发开始研究，但是并不要求运用经验来对理论进行检验。所谓以经验作为研究的出发点，也就是我们所看到的——无论实证主义范式还是大多数的解释主义范式，都要求首先搜集经验数据，比如通过实验或者调查法搜集数据，然后才能进行研究。

（二）量化技术

在自然科学中，量化技术是一种常规的手段。传播学的实证研究也是如此，后文中将分析到的实验法、调查法、内容分析法都属于量化方法。其中，实验法是最典型的自然科学方法，调查法则借鉴自社会学，内容分析法算是有传播学自己特色的方法。这三种方法依赖于量化技术，主要是依赖于统计模型分析，因此需要研究者具备较好的数学基础。

---

① 梅琼林，王志永．试论传播学研究中实证主义和人文主义方法的融合［J］．南京社会科学，2006（6）：14-19．

（三）假设检验

这是实证主义的独特之处，即通过对理论的“证实”或“证伪”来检验理论与发展理论。实证主义的研究思路是先做出一个理论假设，然后运用对经验材料的分析来验证这个假设，在这个基础上得出结论。这就是实证研究在研究之前提出假设，在研究之后对假设进行判断的原因。在研究开始前没有提出假设的个别实证研究，是不符合实证主义范式的规律的。

（四）结构化

结构化也是实证研究最显著的特征。所谓结构化，是指研究的程序和每个程序的要求以及结论的检验等都有明确的标准。可检验、可验证、可证实、可重复特征是实证主义特征的精髓，而只有结构化的流程和量化分析才能提供对这些方面的保证。

在传播研究的所有方法中，实证主义研究的结构化特征是最强的；解释主义方法中有的方法也具有结构化的特征，有的则结构化的特征不明显；逻辑思辨范式则不具有结构化的特征。

结构化的优势是很明显的，对于研究者而言，结构化使他们有明确的规范可以参照和遵守，这看似是一种约束，但也提高了可操作性；对于学术共同体而言，结构化有助于判断研究的过程与结论是否可信，并且可以为学术交流提供通用的语言。研究者如果选择实证研究的范式，那么就应严格按照相应方法的规范进行，包括研究假设、抽样技术、统计模型等等，以保障信度和效度。

前面说过，实证主义追求的是自然客观性，为了实现这个追求，实证主义方法的设计也是最严谨的，即结构性是最强的。换句话说，实证主义之所以敢于以苛刻的“自然客观性”来要求自己，依靠的就是数据搜集环节和数据分析环节中非常严谨的结构性的方法设计。不少的实证研究无论在数据搜集阶段还是分析阶段，其方法设计都存在疏漏甚至相当多的疏漏，这些研究是很难满足结构化要求的。

三、实证主义的现状

从19世纪30年代孔德出版《实证哲学教程》算起，实证主义迄今已有近两百年的历史，并一直作为社会科学的重要研究方法存在。实证主义哲学虽然起源于欧洲，但是随着20世纪全球经济中心和传播中心转移到美国，这一方法的实践在美国大为兴旺起来，而欧洲则保留了文化研究的传统。实证主义牢牢地占据着美国传播学的中心舞台，并在20世纪80年代初随着传播学一起逐渐传入中国内地。

在中国的传播研究中，对实证主义范式的运用呈现出逐渐增多的趋势。根据董天策等人对国内一本期刊2000—2009年所发表文章的统计，其中定量研究占比为15.6%，兼具定性与定量研究的占比为3.6%。[①] 廖圣清等人对1998—2017年期间全国9本期刊中选取的3 000篇所刊登文章做了研究，发现实证研究占比为21.5%。[②] 因此，实证主义研究范式逐渐被更多的研究者接受，但进展比较缓慢。与美国的实证主义研究在所有研究中所占比例比较，中国内地的实证主义研究还有相当大的差距。根据熊兴保对1965—1989年美国8本主流新闻传播学术期刊文章做的研究，定量研究为766篇，占57.8%；定性研究为465篇，占35.1%；兼备定量和定性的研究为95篇，占7.2%。[③]

在从《新闻界》刊文中抽取的100篇文章中，采用三种实证方法的文章共8篇（实验法2篇，调查法5篇，内容分析法1篇），合计占比8%。可以看出，相对上述董天策和廖圣清等人的研究结论而言，这本期刊不太偏向于实证主义，而是偏向于解释主义研究。这可能与这本期刊的特点有关，也可能在一定程度上受到抽样偶然性的影响。

四、实证主义的论文结构

所谓论文的结构，指论文分为哪几部分，各部分的内容是什么。这样看来，似乎意味着学术论文形如“八股文”，它的确有类似的特点，即文章的结构是相对固定的。从理性的角度看，论文是有必要被这样结构化的；从笔者对抽样文章的观察看，《新闻界》所刊登的论文也的确几乎都具有这样的特征。

实证研究类论文一般有五个基本部分：引言、文献梳理、研究方法、研究发现、结论与讨论。大多数文章都与此一致，仅有少部分文章稍有变化，比如，将“引言”称为“引论”，将“方法设计”称为“实验设计”，在“结论与讨论”

---

① 董天策，昌道励．中美新闻传播学研究方法比较：以2000—2009年《新闻与传播研究》和*Journal of Communication*为例［J］．西南民族大学学报（人文社会科学版），2010（7）：126－129.

② 廖圣清，朱天泽，易红发，等．中国新闻传播学研究的知识谱系：议题、方法与理论（1998—2017）［J］．新闻大学，2019（11）：73－95，124.

③ 熊兴保．大众传播研究方法概述［J］．现代传播，1994（5）：29－35.

之后增加一部分“对策与建议”等，但没有对前述结构进行实质性更改的情形。

不同研究方法、不同研究问题的实证论文为什么在结构方面都基本上呈现为这样五个部分？这其实也反映出实证范式具有高度结构化的特征。可以说，长期以来社会科学研究者对实证研究的范式进行了大量的总结，才形成了这样的一种结构。它既简明也清晰，能够适应规范地阐述研究过程与结论的需要，因此为学术界所普遍采纳。后面会看到，实证研究中实验法、调查法和内容分析法的论文，都自觉不自觉地运用了这种结构，或者仅在这种结构的基础之上做了微调。

可能有人会对这种“八股文”的结构颇有微词。一方面，这样的结构具有一定的合理性，学术研究的阐述与知识的交流都需要符合一定的共同体规范，如果各行其是效率就会大大地降低；另一方面，这种规范并不妨碍成熟的学者在结构方面进行自己的创新，以彰显自己的写作习惯和研究特点。但是，对于刚开始进行学术研究的人而言，掌握学术论文的基本结构是有必要的，因为这可以为他们提供一个结构方面的参照。

从上述的论文结构中可以看出，研究方法在文中是作为单独的一部分存在的。这正是学术论文区别于非学术论文的显著特征，即它不但有研究方法，而且方法需要在文中被明确地、显著地陈述出来，因为读者需要根据方法的相关情况来判断结论的可靠性。本节将分别对论文五个部分的结构进行介绍。

下面将结合案例对论文结构进行讨论。本节将运用到的案例论文是李宗亚的《中美大学生社交网站“断交”行为之比较研究》（《新闻界》2019 年第 7 期，后文简称《断交》）。社交媒体的兴起大大方便了人与人的交往，但近年来人们在社交媒体上与好友“断交”的行为引起了研究者的注意，《断交》一文就是要探究这种现象背后的原因。研究者引入社会心理学理论，具体地说是要考察同质性（homophily）、面子顾虑（face concerns）和隐私顾虑（privacy concerns）这三种社会心理因素是如何影响“断交”行为的。

文章分为五个部分，各部分小标题依次是：（1）引言；（2）文献综述；（3）研究方法；（4）数据分析；（5）结论与建议。可以看到，这个结构与实证研究通常采用的结构是基本一致的。文章的研究思路是，通过文献梳理提出研究问题，在此基础上对概念进行操作化定义，然后采用调查法搜集数据来对概念进行测量，并对研究假设进行验证，最后进行理论分析。

（一）引言

大多数论文的第一部分都是“引言”。有的论文将这一部分内容称为“引论”“问题的提出”“研究的缘起”“研究背景”之类，也都属于引言的范畴。还有的文章在引言前面另有一个开头，我们也可将其视为引言的一部分。为了便于叙述，后文中所称的“引言”，实际上都指的是这种广义的引言，而并非单指小标题为“引言”者。引言部分的核心功能在于引出研究问题，有时候还可用于提出所运用的理论视角。

1. 引出问题

所谓引出问题，指并不提出研究的具体问题，而是对研究问题的背景与意义等进行交代，一方面可以自然而然地引出研究问题而不至于突兀，另一方面可以对研究问题的价值进行烘托与铺垫。因此，有人将引言称为学术论文的“开场白”[①]。这与日常生活中人们的交流比较类似，人们要商谈一个事情，并不会一开始就直奔主题，而是会有一个“引出”话题的前奏。比如两个机构商量共同举办一场学术活动，那么开场一般不会直接讨论这个学术活动的操作，而是会从这个活动的意义开始讨论，包括活动的议题在学术上的重要性、如何在国际上形成热点、双方具备怎样的优势等等，之后才具体地商量如何共同举办活动。学术论文通过引言来提出问题，与商谈共同举办学术活动时开场讨论的意义类似。如果没有引言，直接进入研究的过程，则没有机会交代研究的背景、意义等信息，文章的展开也会显得比较突然。

研究者要清晰地认识到引言部分的核心功能是“引出”问题，从而在这部分的写作中明确地指向这个目标，否则就会茫无头绪。文章开头表达全文的目的，这也是行文的一般逻辑。《文心雕龙》里面论及文章开头时所说“启行之辞，逆萌中篇之意”，就是指开篇便要谋划全文的意旨。一些文章的引言随意散漫，不能紧紧围绕引出问题这个目的，表明研究者对这部分的作用的认识不是非常清晰。

需要注意的是，文献梳理之后也要“提出问题”，那么引言的“引出”与文献梳理之后的“提出”该如何区别？两者的区别在于：“引出”的问题并不直接指向研究的具体问题，而往往是一个大致的方向；“提出”的问题则是研究的具

---

① 王小唯，吕学梅，杨波，等．学术论文引言的结构模型化研究［J］．编辑学报，2003（8）：247-248.

体问题。换句话说，在“引出”问题后还是没有办法进入研究的，因为研究的具体问题还不清晰，需要等到文献梳理后才能清晰。比如，《红楼梦》里王熙凤的出场非常精彩，这个出场也是有“引出”过程的：林黛玉先听到她的声音“我来迟了，不曾迎接远客”，又观察到大家“敛声屏气，恭肃严整”，这样的描写既自然又增加了神秘感，还烘托出这个人物非同一般的地位。如果以论文类比，这部分就相当于“引出”问题；后面王熙凤真正出现，再对她具体描写，就相当于“提出”问题了。再结合前文共同举办学术活动的例子，双方对活动重要性的讨论相当于“引出”问题，而商量具体举办什么样的活动（如论坛、论文工作坊、系列讲座等）的过程则属于提出问题。

引言部分的任务仅仅是“引出”问题，也就是只要提出研究问题及其意义即可，并不需要阐释如何研究——如何研究将在文献综述和研究方法部分呈现，因此引言的切入点往往较高较远，切入的视角也比较宏观，颇有些“务虚”之感。通常地，引言部分可以从以下角度出发“引出”问题：一是从社会背景的角度，即勾勒社会实践对某方面的学术研究提出的要求，如研究游戏传播的文章可以从游戏在青少年中的普及程度出发来描述研究问题的意义；二是从学术动态的角度，即勾勒出学术研究的大背景，表明某方面研究的不足和重要意义，如研究游戏传播中的情感问题，可以先宏观描述游戏传播研究的概貌，从而指出研究中情感研究的缺乏以及该问题的意义。对于这两个角度，研究者可以选择其中一个来引出问题，也可以将两个角度结合起来，当然还可以运用其他方法来使问题的引出更有说服力。

现在看看《断交》的引言是如何“引出”问题的，核心表述如下：近年来社交媒体迅速兴起，人们对社交媒体的广泛使用中大量地出现了一种现象，即在社交媒体上进行“断交”操作，这就从现象层面入手提出了研究的意义；同时，现有的研究主要关注突发性事件导致观点不同而发生的“断交”，但对日常生活中的“断交”关注不够，因此研究日常生活中作出“断交”决策的影响因素就有了意义。

可以明显地看出，这篇文章是从社会背景和研究现状两个角度来“引出”问题并彰显其研究意义的。需要注意的是，引言部分要言之有据，即使对社会背景的描述并不需要严格地遵照文献，也要符合人们的常识判断；至于对研究动态的描述，则更要用词严谨和有所依据，不能随便做出判断或夸大其词。有的研究者尚未掌握最新动态，也就是还没有对相关研究进行梳理，就盲目而空泛地得出“尚无此类研究”或“研究非常缺乏”的结论，到了读者手中便会被质疑。另外要注意的是，对背景等的描述要与研究的问题直接相关，有研究者凡是涉及互联网领域就要引用中国互联网络信息中心（CNNIC）发布的全国网民数量统计数据，看起来言之有据，但有时候显得过于间接，不如引用直接的数据或背景资料更有说服力。比如研究游戏传播中的情感问题，引用 CNNIC 的网民人数数据就不如引用游戏的用户数直接。

2. 理论视角

所谓理论视角，即论文将会运用什么样的理论或概念来开展研究。理论视角一般在引言中提出，有的也在梳理文献时提出，但笔者认为以前者为佳，毕竟理论视角是统摄全文的，而且梳理文献时往往也需要结合理论视角进行。

并非所有的论文都需要理论视角，而且各个研究者对于是否明确地提出所运用的理论的看法也不一致。一般地，在前述四种研究模型中，对经验问题进行分析也就是在“理论-实践”模型中，一般需要运用理论视角，以使文章具有学术性，避免成为经验性的议论。前面已经提到，不少分析实践问题的文章，如业务类、行业类、工作类等，因为没有理论视角而更像感性文章，并不符合学术文章的特点。其次，实务性文章还需要有学术研究方法，才能称得上学术性。一些实务性文章没有采用学术的方法，而采取一些实用的方法如简单统计等，则也不属于学术文章。

案 例

喻国明和杨颖兮的《横竖屏视频传播感知效果的检测模型——从理论原理到分析框架与指标体系》（《新闻界》2019 年第 5 期）就是一篇运用了理论分析工具的偏向于实践性的文章。文章的第二部分“理论基础：竖屏视频与在场”，提出解释竖屏视频效果更好这一现象“需要用到‘在场’理论”，并对该理论进行了阐释，对运用这一理论作为分析工具的理由进行了解释。

陈昌凤和林嘉琳的《批判性思维与新冠疫情报道的伦理问题》（《新闻界》2020 年第 5 期）是一篇偏向于思辨性的论文。作者运用了批判性思维这一理论概念来进行系统分析，从而使文章具有了理论意涵。文章回溯了批判性思维理论化的历史过程，并对概念的含义进行了较为详细的解释，在此基础上分析了批判性思维在新闻报道中对“真”和“善”两重伦理选择的影响。

“实践-理论”模型是否需要理论视角则分两种情况。有时是需要的，比如曹钺和陈彦蓉的《社交媒体接触对社会运动参与的影响研究——基于政治自我概念的交互效应》（《新闻界》2020年第2期）运用了实证的研究方法，也就是首先获取了实践性的感性数据，然后运用“政治自我概念”作为理论工具对数据进行分析。在引言的最后一段，作者提到了引入的理论概念：

> 许多“社交媒体-社会运动”影响的研究把着眼点放在人们“如何”借助新媒介进行动员，关注运动的具体过程和运动对社会的影响，而对参与者群体异质性的说明缺乏实证数据支持。事实上，微观心理层面的特质在政治效果研究中并未受到重视，个体性差异如何对社交媒体的使用及效果带来影响，也需要进一步研究和探讨。本文关注的正是社交媒体对社会运动的作用机制，并期望通过引入“政治自我概念”这一心理变量对个体性差异作出检验。

有时候，“实践-理论”模式不一定需要提出理论视角。比如运用扎根理论分析法时，一开始不会提出理论工具，而是从原始资料中一步步地提炼出理论来。下面就是一个例子：

案 例

黄莹、杨莉明的《职业群体对于微信的社会性使用的影响因素分析——基于扎根理论的探索性研究》（《新闻界》2018年第11期）就属于不预先提出理论视角的文章，这是扎根理论分析法的特点。文章按照扎根理论分析法的常规做法，运用逐级编码的方式对原始材料进行处理，到最后才形成自己的理论发现。

“实践-理论-实践”一般也是需要理论视角的。这个模型的含义是通过对经验数据的分析改进理论，然后运用改进了的理论对实践提出建议，由此可见，如果没有理论视角，那么对经验数据分析后要改进什么样的理论就缺乏目标了，因此也是需要提出所运用的理论工具的。对于这种类型，笔者没有找到合适的案例。

“理论-理论”模型是否需要理论视角？其实是需要的，但是它所运用的理论并不会明确地提出来。这与其他三种模型不同，其他三种模型的论文常常将所运用的理论明确地提出来，并简练陈述运用该理论的理由。“理论-理论”模型没有这样的专门的过程——这与思辨性论文的写作习惯有关，但是仍然可以通过阅读文章看出其所运用的理论概念或框架。如果文章不是运用学术概念和框架进行演绎推理，而是运用日常概念进行推理，那么这篇文章就仅仅是感性文章如一般的议论文了。这方面的案例，可以参考前文所提到的陈力丹和杨保军的文章。

在具备理论视角的论文中，一部分论文会明确提出理论视角，甚至用专门一部分内容对其进行阐述，上文中喻国明、陈昌凤的文章就属于这种类型；一部分论文则不会明确地提出理论视角，当然也不会用专门的一部分内容来介绍理论，所运用的理论需要读者通过分析得出。《断交》一文的理论视角就是隐含式的，其引言的最后一段写道：

> 为了回答上述问题，本研究试图通过问卷调查的方式，探究社交网络的同质性（homophily）、面子顾虑（face concerns）以及隐私顾虑（privacy concerns）这些社会心理因素是否能够解释用户在日常生活中，而非在特定冲突事件下的断交决策。除此之外，本文也试图探究这些因素与“断交”行为之间的关系是否存在跨文化差异。

可以看出，研究者并未明确提到对理论的运用，但我们能够从字里行间读出所运用的理论是社会心理学，它就是作者将用来对现象进行分析的理论工具。

不少论文存在运用理论视角不当的问题。例如套用宏大而空泛的理论，动辄在“传播学理论视阈下”“传播政治经济学视阈下”“马克思主义新闻观视角下”“文化研究理论视角下”“人文主义视角下”“媒介社会学视阈下”开展研究。这些过于宏大的理论不但显得大而不当，而且容易使文章沦为空洞议论，因为这些“理论”无法真正提供分析的概念框架。又如常有研究者用所谓传播学“5W”模型来分析某某问题等。拉斯韦尔 1948 年提出的“5W”仅仅是一个很基础的传播模型，即说明传播系统由哪些环节和元素构成，迄今已经过去 70 余年，大量的学者已经对这个最基本的模型做了补充，还将它作为理论工具会有什么学术创新呢？

还有一些研究者把研究的环境、背景、前提等信息混同于理论，为文章冠以“新媒体视阈下”“文化自信视阈下”“社会主义核心价值观视阈下”“全媒体视阈下”“新冠疫情视角下”“国家形象视阈下”“社会治理视角下”“自媒体视角下”等等。这些都不是理论分析的工具，大多数只是分析某个问题的背景或环境等，冠以“视阈”“视角”并不会使文章显得有学术性，反而使标题有些不伦不类，甚至干扰作者自己的行文思路。

（二）文献梳理

论文的第二部分是文献梳理。所谓文献梳理，指对与研究问题相关的文献进行搜集、分析和评述，通过分析研究文献中存在的不足来提出自己的研究问题和研究假设等。有的论文也将文献梳理部分称为“文献综述”“文献回顾”等。本书将它们统称为文献梳理。

文献梳理在论文中的作用非常重要，因为它具有“描述当前关于某一主题的知识现状、探讨开展新研究的必要性和重要性、解释研究发现以及描述已有研究的质量”①的作用。可见，尽管它没有直接对问题进行研究，但是研究问题的成立和价值都高度依赖于这部分内容。不少来稿的文献梳理部分如蜻蜓点水般停留在表层，或者缺乏明确的方向，单纯地将大量文献罗列在一起，这些实际上都不算真正的文献梳理。

1. 文献梳理应具备的特征

（1）针对性。

文献梳理不能漫无边际，一定要针对所研究的问题进行，也就是以梳理与问题直接相关的文献为核心。比如《断交》一文旨在分析社会心理因素对大学生在社交媒体上的“断交”行为的影响，那么文献梳理也是紧紧围绕这个问题进行的。论文的文献梳理分为四个部分：第一部分“社交网络上友谊的终结”，通过文献梳理提出了社交网络友谊“断交”的概念和三个社会心理影响因素，即同质性、面子顾虑、隐私顾虑；第二部分“社交网络的同质性”，针对同质性概念、同质性对线下社交的影响、同质性对社交媒体友谊的影响进行文献梳理；第三部分“面子顾虑”，针对面子协商理论、面子与社会交往进行文献梳理；第四部分“隐私顾虑”，针对隐私、隐私与社交媒体交往进行文献梳理。可以看到，这样的文献梳理逻辑相当清晰，针对性也较强。

（2）分析性。

文献梳理并非仅仅是将文献罗列在一起，它的主要任务是进行分析和评述，

---

① 芬克．如何做好文献综述［M］．齐心，译．重庆：重庆大学出版社，2014：73.

引出研究问题。准确地说，文献梳理采用了典型的夹叙夹议的方式，而且以“议”为骨架，以“叙”为血肉。所谓“议”就是对研究状况、研究不足等的分析和评价，所谓“叙”就是用叙述文献观点的方式来支持“议”的观点。如果没有分析、评价和叙述观点，不能对研究状况进行分析，那么堆砌再多的文献都是没用的。比如《断交》一文在对隐私的文献梳理中，就既有文献也有评述：

> 作为一个弹性概念，隐私的定义一直在不断变化发展中。Altman 和 Westin 提出的两种隐私理论，为理解隐私这一概念提供了基础。Altman 认为隐私是“对自我访问的选择性控制”，而 Westin 则强调信息隐私（information privacy），认为隐私是“一种个人的权利主张，用以确定关于自己的哪些信息可以为他人所知”。之后层出不穷的隐私定义，基本都是在这两种理论的基础上，根据不同的社会环境和上下文情境延伸与发展而来。

（3）高质量。

所谓“高质量”，指文献梳理中引用的文献要有一定的学术水准。因为学术研究是一项共同体的活动，新的研究总是在之前研究的基础上展开。如果引用的文献不够好，则表明研究的基础不够扎实。

那么，何谓“好”的文献？一般地，要了解到与自己研究问题相关的重要文献和权威文献。如果漏掉了这样的文献，研究的严谨程度就会被质疑。之所以提到文献的质量问题，是因为一些研究者不太明白该如何选择文献。比如有的研究者以百度查询结果作为文献，有的则大量以非学术期刊的感性文章作为文献等。这些内容都不是学术文献的来源，它们作为研究的参考资料尚可，如果作为学术文献引用则需要谨慎。此外，即使从学术期刊选择文献也要注意，并非所有学术期刊的质量都可靠，甚至一些不错的学术期刊上也有质量较差的文献，这些都需要研究者进行甄别。

（4）目标性。

所谓“目标性”，指文献梳理始终有着明确的目标。文献梳理的目标或任务，第一是提出研究问题，第二是进行概念操作化，第三是提出研究假设。可以说，一篇论文中，文献综述的作用之所以重要，就是因为它承担着多项重要的任务。这就要求研究者非常清晰地按照目标去推进，而不能漫无目的地罗列。这和前文所说的“分析性”是一个问题的两个角度，“分析性”是就过程而言，“目标性”是就结果而言，做到分析性就是为了实现文献梳理的目标性。

2. 文献梳理的主要任务

在分析了文献梳理的质量要求后，接下来分析文献梳理的主要任务。它的任务主要包括提出研究问题、概念操作化、提出研究假设三个方面。

（1）提出研究问题。

所谓提出研究问题，是指提出研究的具体问题。前面已经分析过引出问题与提出问题的区别，这里便不再赘述。提出研究问题是文献梳理的核心工作，概念操作化是一项伴随性的工作，而提出研究假设则是前述两项工作的结果。

提出研究问题在文献梳理中有多重要？甚至把文献梳理部分的标题改作“提出研究问题”都是合理的，因为后者是前者的最终目的。同时，提出研究问题也只能在文献梳理中实现，因为学术问题的提出需要建立在了解前人研究状况的基础上。没有文献梳理就提出研究问题，则可能会进行重复研究，使研究缺乏价值。另外，有的文章不经过文献梳理就提出研究问题，该问题很可能是主观想象下的常识性问题。当然，这是就结构化或半结构化研究而言，思辨性的论文则并不一定需要通过文献梳理来提出研究问题。

通过文献梳理来提出研究问题，也是确立研究问题合法性的过程。它一般通过两个角度实现：一方面，可以通过文献梳理来表明研究问题的价值，这是从正面角度；另一方面，可以通过文献梳理来表明现有研究中存在的不足或者空白，这是从反面角度。无论从正面还是从反面，其实都是在证明研究问题的意义。当然，这里的“反面”不是抨击别人的贡献或成果，而是客观地评价其不足，这在学术领域是很正常的事情。不过需要注意的是，评价要实事求是，不要动辄下结论说现有的研究“存在空白”，自己的问题具有首功之类。初涉研究者在没有梳理文献或梳理不充分时才往往会得出这类结论。

例如《断交》一文，通过同质性、面子顾虑、隐私顾虑三个社会心理学变量来考察日常生活中的社交媒体“断交”决策，对同质性进行文献梳理时，首先提出同质性的概念（理论视角），然后提出同质性对社交友谊维系的重要意义（研究的价值），再分析现有研究中的不足（研究的价值），从而确立了同质性研究视角的合法性：

> 社区中形成的社会团体，成员之间往往有很大程度的同质性……同质性指的是相似的人之间的接触频率高于不同的人之间的接触频率……同质性在线下友谊的形成、发展、维系与瓦解中扮演着重要角色……同质性对于网络友谊的维系同样重要……大量研究证实了同质性对于友谊建立与维

系的促进作用，然而，鲜有研究探讨同质性与友谊终结之间的关系。

值得注意的是，上述文献梳理中的论述部分不是作者主观的评论，而是来自研究文献。上面段落中的省略号代表了作者对所引文献的看法。例如“社区中形成的社会团体，成员之间往往有很大程度的同质性”的参考文献是“Bott H. Observation of Play Activities in a Nursery School [J]. Psychological Monograph，1928，4：44－88”，“同质性在线下友谊的形成、发展、维系与瓦解中扮演着重要角色”的参考文献是“Kwak，H.，Chun，H. & Moon，S. Fragile Online Relationship：A First Look at Unfollow Dynamics in Twitter [C]. In Proceedings of the SIGCHI Conference on Human Factors in Computing Systems，Vancouver BC，Canada，2011.”等。因此，这样的文献梳理的目的性很强，而且结论有较强的文献支持。

（2）概念操作化。

所谓概念操作化，即把所提出的研究问题转化成实际可以研究的问题的过程。这句话的含义是，研究问题往往是不可能被直接研究的，而需要将其“转化”为可以研究的问题。为什么？因为研究问题往往是宏大的或抽象的，是难以甚至无法进行观察与测量的。

例如研究新冠肺炎疫情中我国媒体的应急机制时，“我国”是一个比较大的概念，因而可能会抽取一部分地区作为研究对象，如将湖北媒体作为一个类型，其他省市自治区直辖市部分媒体作为另一个类型。同时，“机制”是一个抽象的概念，需要转化为具体的概念，如果把“机制”描述为“制度”“机构”“资金”“设施”等具体概念，那么就便于进行观察和测量了。这就是同时将宏大概念转化为较小概念与将抽象概念转化为具体概念的例子。

几乎所有的论文都需要进行概念操作化，而且往往自变量和因变量都需要概念操作化。概念操作化至关重要，因为没有这个过程，研究实际上无法进行。有的研究者不明白概念的操作化，文章中缺乏这个过程，使得研究的逻辑脱节，或者干脆流于表层的议论。

概念操作化并非一个明确的文章结构部分，即论文不会有“概念操作化”这样一部分。一般地，从引言、文献梳理一直到假设的提出，始终贯穿着概念操作化的任务，但这一任务主要是在文献梳理中进行和完成的，这也是将其放在文献梳理中来讨论的原因。这个任务是隐性的，是伴随着其他任务同时进行的，这也正是它难以被研究者明确重视的原因。有经验的研究者往往会运用这一方法，而初涉研究者则往往不知其存在。

根据概念操作化的原因，可以推导出概念操作化的主要途径：一是将较大的概念转化为较小的概念，二是将抽象的概念转化为具体的概念。当然，在一项研究中两种途径是可以同时被采用的。

要注意的是，概念操作化中要保持逻辑的严谨性，无论量化研究还是非量化研究均是如此。一些研究中虽然进行了概念操作化，但是逻辑上不严谨，操作化之后的概念体系与原来概念的替代性不强，就出现了逻辑不自洽的情况。

以《断交》为例。论文考察社会心理因素对社交媒体断交的影响，因此其中社会心理因素是自变量，“断交”是因变量。可以看到，无论是社会心理还是“断交”都是抽象的概念，是无法直接进行观察和测量的。

在自变量方面，作者进行了一系列概念操作化的过程。首先，社会心理是一个宏大的概念，其中包括很多变量，作者通过文献梳理提出将“同质性”“面子顾虑”“隐私顾虑”三个具体的心理因素作为自变量。其次，作者继续通过文献梳理，为三种社会心理提出了各自的观察和测量方式，比如其中“同质性”又分为“背景同质性”和“价值同质性”，前者指与自己社会地位或财务状况等相似，后者指与自己的价值观念相似。很明显，无论是“背景同质性”还是“价值同质性”，都变得比较具体且便于测量了。

在因变量方面，“断交”这个概念也是比较抽象的，不易被直接观察和测量。文章通过文献梳理并结合个人经验，将“断交”这一概念操作化为“屏蔽”和“删除”两种行为，就使之成为便于观察与测量的概念了。

在通常情况下，除非个别特别简单的概念，否则概念操作化也需要一定的理论依据，也就是要借助于之前的研究成果来完成，这就是文献梳理与概念操作化联系紧密的原因。一些文章缺乏概念操作化的理论过程，直接以若干指标来对所研究的问题概念进行测量，不但显得文章的逻辑链条不衔接，更重要的是没有提供这些指标的理论依据，因此无法为研究的信度效度提供保障。试想，如果《断交》一文不是通过相关文献来引出自变量的三个社会心理因素，而是直接提出它们，就难免使人怀疑其理论合法性；甚至如果作者自己想象出若干指标来测量变量，如有的作者自己想象出一些常识性概念来作为变量的测量指标，就更是脱离了学术的话语体系了。

(3) 提出研究假设。

所谓提出研究假设，是指研究者在进行研究之前，根据研究问题提出假设性的理论判断，然后运用从经验中获得的研究数据来对这个判断进行验证。

提出研究假设是实证研究或量化研究的一个鲜明特征，质性研究不需要研究假设，思辨研究更不需要。之所以如此，与实证主义的认识论有关，即理论必须来源于感性经验，并经过经验的验证，所以研究者的任务就是提出理论假设，然后运用经验数据去证实或证伪假设。如果假设被证实，则提出的理论假设成立；如果被证伪，则提出的理论假设不成立。一般地，一项研究中会有多项假设，有时候有的假设成立，有的假设不成立。通过这种方式，实证主义建立起社会科学的理论大厦。

因为实证主义来源于自然科学，所以此处将举一个自然科学领域的例子。例如你怀疑自由落体运动的公式 $h=1/2gt^2$ 的正确性，那么你可以先假设它是对的，然后进行实验，最后用实验结果来检验这个假设。这里的公式就相当于社会科学研究中的理论假设，实验相当于社会科学中的经验验证过程。社会科学实证研究中假设提出的原因、性质和验证等与自然科学类似。

那么，研究假设从哪里来呢？它可以来源于研究者的个人观察，但更主要的来源是既有的理论，也就是在现有理论和别人研究成果的基础上提出。这就是文献梳理负有提出假设的任务，而且研究假设总是在文献梳理结束时提出的原因。这里借用一段话，来说明提出假设对文献梳理的依赖性：

> 假设应该与现有的理论体系有关。这个准则往往被刚进入研究领域的学生所忽视，尤其是硕士和博士生们。在做论文时，他们更喜欢选择那些自己“感兴趣的”或“重要的”题目，而不太考虑类似的题目别人做过什么研究，得出过什么结论，我的研究是否真的有助于反驳、证明或支持已有的理论或观点。科学是一种积累，是在继承中的创新。这种积累只有每个研究者把自己的研究建立在已有研究结论、理论观点或事实证据的基础上才能实现，如果每个研究都是独立的实验或论述，那任何科学都不会进步。①

其次，研究假设具有什么特征？社会科学中的理论假设与自然科学中的假设不太一致，后者往往是公式形式的，而前者是陈述句形式的，或者说是判断句形式的。更准确地说，社会科学中的研究假设是表示两个或多个变量之间关

① 孙健敏．研究假设的有效性及其评价［J］．社会学研究，2004（3）：30－35．

系的一个或一组陈述句。[1] 如果是一个陈述句，也就是只有一个研究假设，这种情况几乎不存在；更多的是两个或多个陈述句，也就是有两个或多个研究假设。

最后，如何判断研究假设的有效性？之所以提出这个问题，是因为有的研究假设的质量不高，甚至会导致研究没有意义。当然，研究假设质量不高可能不单纯是提出假设的问题值得怀疑，而可能是整个研究问题的价值都值得怀疑，但假设提出本身仍会对其产生一定的影响。萨尔金德（N. J. Salkind）提出了衡量好的假设的5个指标：（1）以陈述句而不是疑问句的方式表达；（2）说明变量之间的关系；（3）以某个理论为基础或以一系列的研究文献为基础；（4）简短精练；（5）可检验。[2] 这是从正面而言的。就一些不成功的研究假设而言，其不成功主要在于假设偏于主观性或者常识性。所谓主观性，按照萨尔金德的说法，研究假设不是以理论或文献作为基础，而是研究者自己根据想象提出来的，实际上这样的研究假设往往不是学术假设。所谓常识性，即提出来的假设无论被证实还是证伪，都对理论没有改进意义，因为它根本就不是需要通过研究来解释的问题。

仍然以《断交》为例。这篇文章涉及三个社会心理学变量对社交媒体“断交”行为的影响，为了节约篇幅，这里只选择其中第一个即“同质性”来分析。所谓同质性，作者已经通过文献梳理进行了解释，即人们选择与自己具有一致性的人进行社会交往，同时文献梳理也表明它在线下和线上都是一个普遍的现象。顺着这个思路，作者分别就“同质性”包含的“背景同质性”和“价值同质性”提出了研究假设：

> 假设一：越倾向于维持社交网络背景同质性的用户在社交网站上进行断交操作的频率更高。
>
> 假设二：越倾向于维持社交网络价值观同质性的用户在社交网站上进行断交操作的频率更高。

从这两个假设也可以看出，如前文所说，研究假设一般来源于理论或文献，而且表现为描述变量之间数量关系的陈述句。在这个基础上，作者就可以通过

---

① MASON，BRAMBLE. Understanding and Conducting Research：Applications in Education and the Behavioral Sciences [M]. New York：McGraw-Hill，1989.

② SALKIND. Exploring Research [M]. 4th edition. New Jersey：Prentice-Hall，2000.

经验研究来验证假设了。

那么，实证研究如何通过验证假设来改进理论呢？笔者认为，如果假设是通过既有理论和文献梳理作出的，则验证该假设并不意味着有理论创新，反而是证伪或部分证伪时方可能有理论创新。在《断交》一文中，经验研究证实三个社会心理因素对"断交"行为都有影响，这与过去的理论和文献是一致的。如果作者停留在这个层面，则文章就失去了意义。不少的文章就掉入了这个陷阱，即证实了根据理论或文献梳理提出的假设，那么这样的结果就失去了学术的创新意义。《断交》一文的特点在于进行了中美的对比分析，不过即使排除这个因素，也有一定的创新。例如作者将同质性区分为背景同质性与价值同质性，然后通过研究发现背景同质性的影响力并不显著，而价值同质性与背景同质性相比更能影响社交媒体上的"断交"行为。这就把理论向前推进了一步。文章在其他两个社会心理因素对"断交"行为的影响方面也有一些发现，这些发现同样形成了文章的创新因素。

不过，如果假设不是通过既有理论或文献梳理提出，而是作者自己提出的，或者在既有理论基础上做了修改，那么证实假设仍具有理论意义，反而如果证伪则不好确定其理论意义。

当然，实证研究并非一定要去追求"证实"或"证伪"，而是要尊重学术的客观结果。通常地，如果全部假设都被证实，那么固然失去了学术价值，但也可以改进假设重新进行验证，比如《断交》一文通过开掘变量设置的纵深度，以及进行比较研究等，增加了理论创新的可能性。

（三）研究方法

论文的第三部分是"研究方法"。运用实验法、调查法和内容分析法的文章中研究方法部分的名称有所不同，实验法中一般称为"实验设计"，其他两类则一般称为"研究方法"或"方法设计"，本书用"研究方法"统称之。

除了思辨类研究之外的学术论文，包括实证研究和多数解释性研究文章在内，一般都会用独立部分介绍研究方法，足见研究方法之重要。可以说研究方法是学术性文章的独有特征，也是文章学术性的基本保证，这也说明合理的方法设计非常重要。本节将对实证范式下不同方法设计的共同点做介绍，第二节到第四节将对它们各自的不同要求做介绍。

前面说过，研究方法设计的核心内容是数据的搜集方法和数据的分析方法。在实证研究的三种方法中，方法设计都主要针对数据搜集，因为数据分析采用的是量化技术。三种方法的设计都要解决向谁搜集数据、如何搜集数据、如何分析数据、数据质量控制这四个方面的问题，换句话说即方法设计中包含获得研究对象、获得研究数据、信度和效度检验、研究数据分析四个方面的内容。本节将对这四个方面的共性进行介绍，本章第二到第四节将对不同方法的这四个方面分别做详细分析。

1. 研究对象的获取

任何研究都要先获取研究对象，这里的“研究对象”不是指研究的问题，而是指通过什么样的对象来获取研究数据。一般地，实验法和调查法因为常用来进行效果研究，因此通常以读者或受众作为研究对象；内容分析法常用来做媒介分析等，因此通常以文本作为研究对象。无论是以读者或受众作为研究对象，还是以文本作为研究对象，都面临如何从大量读者、受众或文本中选择一部分来作为最终对象的问题，这就涉及抽样技术。

学术研究通常需要用到抽样技术，即从总体中抽取样本进行研究，实证研究是这样，解释性研究也是这样，思辨研究不涉及抽样过程。之所以如此，是因为如果对总体进行研究，在很多情况下无论经费还是时间等成本都无法承受。当然，也有以总体作为研究对象的“全样本研究”，这可以被视为抽样的一种极端情况，在研究对象规模不大的情况下较为适用。抽样技术中要考虑的主要是抽样方法的选择和样本容量的计算这两项工作。

（1）抽样方法的选择。

抽样方法可以分为概率抽样和非概率抽样，也可称为随机抽样和非随机抽样。随机抽样或概率抽样的意义，在于确保总体中的每一个体都有同样的概率被抽到。在实证研究中，概率抽样是主流方式，也是比较科学的方式，因为它能够使研究结论由样本推及整体，从而使结论更加可靠且更具普适性。非学术研究一般不需要概率抽样，比如议论文中的举例论证方法就不是概率抽样，因此其结论其实不具有严谨的学术意义。

随机抽样常用方式如下：

A. 简单随机抽样法

指从总体中任意抽取若干个体作为样本的抽样方法。既可以直接从总体中进行抽样，也可以用抽签法、随机数表法进行抽样。简单随机抽样适用于总体的数量有限，而且个体比较均质的情况。简单随机抽样又分为不放回简单随机抽样（SRS）和放回简单随机抽样（VSRS）。一般地，在样本量比较大的情形下，均采用不放回简单随机抽样，以简化工作。

B. 系统抽样法

也叫等距离抽样或机械抽样，即将总体按照一定顺序排列，然后根据样本数量计算出抽样间隔，接着随机确定抽样起点，再每隔一个间隔抽出一个样本。这种抽样方法适用于总体数量较大，个体之间差异不大的情况。

C. 分层抽样法

如果总体中呈现出不同的子群体，而且各子群体有自己的特征，即各群之间差异较大，而群内个体之间的差异较小，那么比较适合采用分层抽样法。比如研究新冠肺炎疫情中的媒体应急机制，全国的媒体差异很大，中央级、省级、市级等媒体的实力和管理能力不同，那么研究者便可以按照中央媒体、省级媒体、市级媒体、县级媒体进行分层抽样。分层抽样时仍然采用概率抽样，即在每一层内采用随机概率抽样，相当于对每层进行了一次简单随机抽样。

D. 整群抽样法

也就是将整体划分为若干个群，然后随机地抽取其中某一个或若干个群，将所抽取群中的全部个体作为研究对象。这种方法适合于群与群之间的差异较小，而群内个体之间差异较大的情况。例如针对媒体应急机制的研究中，可以将每个省（自治区、直辖市）作为一个群，随机抽取一个群也就是一个省级区域内的媒体作为研究对象。

E. 多阶段抽样法

也被称为多级抽样，即先从总体中抽取若干较大的单元（称为初级单元或一级单元），再从被抽取的单元中抽取若干较小的单元（称为二级单元），以此类推下去，直到取得作为研究对象的最小单元为止。比如研究新冠疫情中县级媒体的应急机制，可以随机地从全国抽取三个省级行政区，再从这三个省级行政区中抽取 30 个市级行政区，再从这 30 个市级行政区中抽取 150 个县级行政区，以这 150 个县级行政区内的媒体作为研究对象。这就是一个三阶段抽样的案例。

除了随机抽样外，研究中也常用到非随机抽样（也称非概率抽样），尤其在后面讲到的质性研究中这种方式更为普遍。在实证研究中，也有用到非随机抽样的情形，它一般是与随机抽样方法配合使用的。

非随机抽样的方法主要有：

A. 方便抽样法

所谓方便抽样，是指研究者能够很方便地接近被调查或被研究对象的抽样方式。例如将同班同学作为调查对象，用街头拦截路人的方式获得调查对象，用网站发布问卷等。方便抽样的优点是非常节省资源，但是非常大的局限是难以确保结论能够推论到总体，也就是研究的信度和效度不足，因此单独作为实证研究抽样方法的并不多，多用于正式研究之前的探索性研究，比如调查研究之前的问卷设计可以通过方便抽样来使之完善。一些实证研究的文章采用方便抽样法进行抽样，并且不加以说明，结论是缺乏说服力的。

B. 目标抽样法

所谓目标抽样，即研究者根据自己的判断，选择那些最能代表总体的单元作为调查对象，因此也被称为判断抽样。比如进行新冠疫情中媒体应急机制的研究时，选择随机抽样也有局限，因为不同的媒体影响力相差太大，将中央媒体和县级媒体作为同样的样本会掩盖这种差异。因此，实际的研究中可能会选择部分中央媒体和省市级媒体进行研究，这就是目标抽样或判断抽样。目标抽样的关键在于样本要最能体现总体的特征，并且一般需要加以说明解释。

C. 滚雪球抽样法

所谓滚雪球抽样，即研究者先选取少量的符合要求的调查对象，再由这些研究对象推荐新的调查对象，以此类推积累到足够数量的调查对象。滚雪球方法适用于研究者不太了解总体中个体的信息，或者不便于接近总体中的个体的情形。比如研究某种二次元文化，研究者并非该文化的爱好者，也不熟悉其受众，就可以通过认识的少量玩家以滚雪球的方式获得足够的调查对象。笔者遇到过一篇声称运用了滚雪球抽样法的文章，但是研究的问题是关于在社交媒体上转发谣言，作者通过转发谣言的人去一个接一个地寻找其他的转发谣言的人，笔者很纳闷作者如何找到第一个转发谣言的人，因为根据常识多数人不会认为或承认自己转发了谣言。因此，学术研究不能只是贴标签式地写一个方法，而是要有实际的设计、操作和适用性分析，否则提出的方法可能会明显不适合研究问题。

D. 配额抽样法

这种抽样方法可以被看成是两阶段或多阶段抽样的变化形式，即先把总体按照某些特征划分类别，然后给不同的类别分配一定的样本配额，再在不同的类型里面采用方便抽样等方式抽取样本。比如，在新冠疫情媒体应急机制研究中，如果要对媒体从业人员进行调查，那么可以按照中央、省级、市级、县级媒体人员分类，还可以按照男女性别分类。假设以前的资料表明中央、省级、市级、县级从业人员的比例是1∶2∶3∶4，男女比例是4∶6，而选取调查的人数是1 000人，那么配额的结果是中央媒体100人，省级媒体200人，市级媒体300人，县级媒体400人；男性400人，女性600人。按照这个配额进行方便抽样，即可以得到用于调查的样本框。

从理论上讲，概率抽样比非概率抽样研究的信度要高，因此它应该被作为优先选项。但是，在很多情况下概率抽样无法实施或者成本太高，就只好运用非概率抽样。那么，在概率抽样和非概率抽样之间该如何做出选择？维曼和多米尼克提出了四点建议[①]：

> 第一，研究的目的。不需要推论到总体，仅仅是分析变量之间关系等的研究，就可以不采用概率抽样。
>
> 第二，成本与收益。如果相对于获得信息的类型与质量而言，概率抽样的成本太高，则可以考虑非概率抽样。
>
> 第三，时间约束。多数情况下，研究的时间受到资助机构、主管人员等的约束，而概率抽样是比较耗时的，因此也可以考虑非概率抽样。
>
> 第四，容忍的误差。在探索性研究中，误差不是关注的主要因素，这时也可以考虑非概率抽样。

在不少情形下，概率抽样与非概率抽样是结合运用的。例如《断交》一文就采用了随机抽样与便利抽样结合的方式。该文是一项中美对比研究，这里仅以其在国内进行的抽样来说明它的抽样方法。研究者在第一阶段采取了便利抽样方法，从全国众多大学中选取了中山大学，理由是：

> 选取这一学校主要出于地缘性考虑，方便研究者直接到现场施测，及时了解受访者与访员的疑虑与误解，及时提供协助，且有效把握问卷质量与回收率。

该文第二阶段采取了随机抽样方法，具体如研究者所述：

> 在中山大学进行的问卷调查是以通识课为抽样单位。鉴于通识课程由所有院系的学生自由选修，因此每班通识课的学生均可能包括来自各系及各年级的学生。我们根据中山大学的通识课课程表，随机抽出六个通识课

---

① WIMMER，DOMINICK. Mass Media Research：An Introduction [M]. 6th edition. 北京：清华大学出版社，2003：83.

的班级。在征得授课教师同意后，由受过训练的访员在抽选的班级中进行自填式问卷调查。

无论是概率抽样还是非概率抽样都有局限，因此对抽样结果的质量控制就很有必要。对于概率抽样而言，存在抽样误差与非抽样误差，前者可以通过统计模型加以计算和控制，后者可以通过科学的研究方案加以控制。对于非概率抽样而言，控制研究质量的办法就是“理论饱和度”检验等，相关的知识将在后面解释主义范式一章中讨论。而且一般地，非概率抽样方法更需要说明原因和理由，如上面的《断交》一文那样。

有时候研究者要对随机抽样的结果进行整理，这个过程被称为“样本清洗”，因为有的被抽出的样本可能不符合要求。比如以关键词搜索为方式在数据库里检索报纸的报道文本，搜索到的结果里面可能包括广告、图片等，它们是不符合研究要求的，需要进行人工“清洗”，而且如果样本数量不够则需要补充抽样。

相当多投稿的抽样方法不合理，如量化研究中采用便利抽样法但是缺乏充分的说明，缺乏样本清洗过程，缺乏样本质量和数量描述等，显得非常不严谨；还有的对抽样方法的介绍过于简单，让人无法判断其合理性。实证研究中抽样方法决定着样本是否能推论到总体，直接关系到结论的可靠性问题，因此必须严谨地选择合适的方法，并且需要加以必要的阐述。

最后简要说明一下抽样中涉及的主要概念，包括总体、样本、个体等。所谓总体，是指包含所有研究单元的范围；所谓样本，是指从总体中按照一定方式抽取出的一部分个体的集合；所谓个体，是指作为研究对象的构成总体的最小单位。

（2）样本容量的计算。

所谓样本容量，又被称为样本规模，是指运用一定的抽样方法从总体中抽出的个体的数量。从直觉上讲，样本量越大越好，但是样本量越大成本也越高；样本量偏小也会导致信效度不足的问题，因此样本容量并非一个可以主观决定的事项。维曼和多米尼克认为，样本量的大小受到 7 个方面因素的影响[①]：

一是研究的类型。一般地，焦点小组需要用到 6～12 个人，但结论不

① WIMMER，DOMINICK. Mass Media Research：An Introduction [M]. 6th edition. 北京：清华大学出版社，2003：92－93.

能推广到总体；10～50个容量的样本适合于对量表作测试或者做探索性的研究。

二是研究的目的。比如，研究者采用电话调查法对18～54岁的成年人进行访问，那么可以在18～24、25～34、35～44、45～54各年龄段分别抽取100个人；但是，如果客户要求同时了解男性和女性的不同态度，那么就需要800个人的样本容量。

三是时间和费用约束。比如，研究者觉得容量为1 000的样本是合适的，但是资金的预算可能有所限制。假设将样本容量从1 000减少到400，但是抽样误差增加不多的话，那么采用容量为400的样本可能是明智的。

四是变量的多少。多变量的研究比单变量的研究需要更大容量的样本，因为需要对更多的回答数据进行分析。多变量研究时样本容量的参考标准：50＝太少；100＝少；200＝可以；300＝好；500＝很好；1 000＝非常好。

五是抽取的样本容量比实际的容量稍大。在抽出的样本中，有的个体可能不符合要求，或者中途退出等，因此会出现样本损失。一般地，样本损失10%～25%是比较正常的，因此要相应地增加抽取的样本容量。

六是同类研究的样本容量。比如，同类研究运用了400的样本容量，那么可以将这个样本容量作为起点，实际抽取的样本容量要比400稍微大一点。

七是考虑样本的质量。通常，样本越大越好。但是，仅仅考虑样本容量是不够的，还要考虑样本的质量。

接下来将讨论样本容量的计算。在统计学中，随机抽样样本量的计算与三个因素有关：置信度、误差水平、方差。下面分别加以简单解释：

一是置信水平。它的统计学含义是指总体参数值落在样本统计值某一区间内的概率，通俗地理解就是样本均值在某个范围内能多大概率包含总体的均值。比如在1 000个人中抽取50个人测量身高，在1.65m～1.75m之间的置信水平为95%，则表示1 000个人的平均身高有95%的概率落在1.65m～1.75m区间(这个区间被称为置信区间)。在统计模型中，置信水平用字母Z来表示。

二是误差水平。它指样本统计值与被推断的总体参数之间的差异。抽样误差的大小是由总体内个体之间差异大小等因素决定的，在其他条件不变的情况下，抽样越多则误差越小，个体之间的差异越小则误差越小。在统计模型中，误差水平用字母d来表示。

三是标准差。表示样本间的离散水平，也就是个体之间的差异程度，显然在其他因素不变的情况下，离散程度越高需要的样本量越大。在统计模型中，样本离散程度用字母 σ 来表示。

综上，样本容量 n 的计算公式是：

$$n = Z^2\sigma^2/d^2$$

这个公式中有 3 个参数，为了简化样本量计算工作，可以给出常用的参数水平。在传播研究中，置信水平一般被设为 95%，标准差一般设为 0.5。这时可以得到在各个误差水平上的最小样本容量（见表 3－1）。研究者可以参考这个表格快速地确定最小样本容量。当然，如果需要设置其他的参数水平，则需要查专门的统计工具表。

表 3－1　不同误差水平下的样本容量

误差水平	0.01	0.02	0.03	0.04	0.05	0.06	0.07	0.08	0.09	0.1
样本容量	9 604	2 401	1 067	600	384	267	196	150	119	96

从这个表格可以看出，随着误差水平的降低样本容量迅速增加，到了 5% 以下时每降低一个百分点，样本容量几乎以翻倍的速度增加，2%以下的增加更加迅速。所以研究者需要确定一个合适的误差水平，否则研究成本会大幅度增加。

2. 研究数据的获取

确定了研究对象后，紧接着的任务就是获得研究数据。所谓获得研究数据，是指运用一定的途径或手段从样本中获得自变量与因变量的数据，以便下一步进行量化模型的分析工作。

实验法、调查法和内容分析法搜集研究数据的具体方式是不同的。实际上，这三种方法就是以它们各自搜集数据的方式命名的，可见数据搜集方式在研究方法中的核心地位和作用。实验法采取模拟实验的方式，调查法采取向读者或受众收集问卷的方式，内容分析法采取对内容进行编码的方式来获得研究数据。

研究数据的获得，与前面的研究过程有着非常直接和紧密的联系。在研究问题确立、研究问题概念操作化、提出研究假设之后，才能有针对性地搜集数据。换句话说，搜集哪些数据是由概念操作化和研究假设决定的，而非源自主观想象。一些文章缺乏前面的过程，自然无法有针对性地搜集数据，而是比较随意地提出几个指标后便进行搜集。可以这样理解，实证主义研究是将研究的问题通过概念操作化和提出假设转变为一个数学模型，搜集研究数据实际上就是搜集数学模型中自变量和因变量的数据。足见，离开了概念操作化和研究假设，便无法有目的地搜集数据。

3. 信度和效度检验

信度与效度是社会学研究中的两个重要概念，因为这两个概念是衡量研究方法是否“科学”的关键标准，也是衡量结论是否“可靠”的关键标准。实证研究也即量化研究中需要明确的信度和效度报告，即研究者要陈述控制信度和效度的过程与结果；解释性研究中是否适合采用信度与效度的概念则有争议，我们将在下一章中讨论。

在实证研究中，由于不同的方法所采用的数据搜集方式不同，因此确保研究信度与效度的手段也不完全一致。后面三节对各方法进行讨论时将分别介绍它们各自信度效度的控制方式，本节则介绍信度效度的概念和共性要求。

信度（reliability）是量化研究中的一个概念，用来反映研究的可重复性，从而反映研究的可靠性或科学性。我们可以从两个角度来理解信度：从时间上看，如果同样的研究者运用同样的测量方法在不同的时间进行测量，所获得数据的相同程度越高，则测量的信度越高；从空间上看，如果不同的研究者运用同样的测量方法进行测量，所获得数据的相同程度越高，则测量的信度越高。

信度的概念包含多个维度，即稳定性、内在一致性和等价性。所谓稳定性，即前后两次测量结果的一致性程度，判断依据为两次测量结果之间的相关系数，相关系数越高则信度越高。所谓内在一致性，即量表内各个测量问题在测量结果方面的一致性程度，一致性程度越高则信度越高。常用来测量内在一致性的方法有折半法、alpha 信度系数法和平均相关系数法。所谓等价性，即运用不同的量表或由不同的测量者对同一测量对象进行测量后得出的测量结果的一致性程度，一致性程度越高则信度越高。

效度（validity）是研究质量控制的另一个关键工具，用于判断研究者所测量的数据是否可以用来研究所提出的问题。举个例子，如果研究的问题是传播内容对受众健康认知的影响，测量到的数据却是内容对健康行为的影响，那么研究的效度就不高。

效度也同样是多维度的，包括了内容效度、标准关联效度和结构效度三个方面。所谓内容效度，是指测量的内容与测量目标之间的相关性，相关性越高则效度越高。但是，这种相关性并非用数学模型测量，而是由研究者逐一对测量项进行人工判断。所谓标准关联效度，是指所运用的测量方式的测量结果与标准测量方式测量结果之间的一致性。这种效度较少被运用，因此不做讨论。所谓结构效度，是指测量结果能够反映被测量概念的结构或特质的程度，程度越高则效度越高。

效度在本质上反映的是研究者概念操作化质量的优劣。如果概念操作化失当，那么用来进行实际测量的概念与所研究问题的概念就会相差甚远，反映在效度上自然不高。比如在《断交》一文中，效度所要检验的是社会同质性、面子顾虑、隐私顾虑是否可以用来作为测量社会心理的变量概念，以及在对社会同质性等进行测量时，量表中的内容是否可以用来测量这些具体的社会心理概念。在第一个层次的效度要求中，研究者主要依据文献来满足研究要求；在第二个层次的效度要求中，研究者主要通过运用成熟的量表来满足研究要求。

传播研究的三种实证方法中，涉及信度与效度检验的主要是量表设计工作和编码工作，前者主要用于实验法和调查法，后者主要用于内容分析法。因此，作者在进行量表设计工作和编码工作时，均要对信度与效度进行测量和报告，而且它们要达到一定的要求才能确保研究结论的可靠性。

（1）量表的信效度。

在传播研究中，我们经常听到“量表”一词。量表在本质上属于结构型问卷的一种形式，是一种较为成熟的定量测量工具，因此运用范围较广泛。量表的优点在于可以较准确地测量一个较抽象或较综合的概念，尤其在测量观念、态度或形象时比较常用。[①] 另外，量表的一个显著好处是具有学术知识的积累性，即后来的研究者可以借用之前研究中比较成熟的量表，或者对成熟量表进行一定的改造后将其用于自己的研究。

辛格尔特里介绍了四种量表，包括李克特量表、语意差异量表、温度计量表和强度量表；[②] 柯惠新和王锡苓等也介绍了四种量表，包括李克特量表、舍史东量表、顾特曼量表和语意差异量表。[③] 传播研究中使用最普遍的是李克特量表，其他类型的量表很少见到，因此这里将详细介绍李克特量表。

李克特量表（likert scale）由美国心理学家李克特于 1932 年在原有总加量表（summative scale）的基础上改进而成。它是传播研究中使用最广泛的量表。

---

① 柯惠新，王锡苓，王宁．传播研究方法［M］．北京：中国传媒大学出版社，2010：33.

② 辛格尔特里．大众传播研究：现代方法与应用［M］．刘燕南，和铁红，译．北京：华夏出版社，2000：83 - 94.

③ 同①33 - 37.

4 篇运用调查法的文章，其结构型问卷设计中全部采用了李克特量表。

李克特量表具有以下优点：设计比较容易；使用范围比较广泛，因为它适用于对复杂概念或态度等的测量；调查对象比较容易回答。不过，它也有局限，即采取加总求和的办法来量化调查对象的赞成程度，但是相同的赞成分数代表的赞成态度可能差异很大，而且“无法分析赞成态度的结构性差异”[①]。同时，李克特量表采用的“非常同意”“比较同意”等概念一定程度上比较模糊，并不方便调查对象进行自我判断。

研究者设计李克特量表的目的是测试自变量、因变量和中介变量等，比如《断交》中用量表测量了 3 个自变量即同质性、面子顾虑、隐私顾虑和 1 个因变量即社交媒体断交。研究中之所以经常采用李克特量表，原因主要有两个：

一方面，研究涉及的概念如同质性、隐私顾虑等都很抽象和复杂，很难用一个简单的问题来测量，而是需要用一个问题体系来测量，只有这样才能确保研究具有较高的信度和效度。比如，如何判断别人与自己具有“同质性”？《断交》一文在文献梳理的基础上，提出“背景同质性”和“价值观同质性”两个更具体的概念，并设计了 7 个问题来测量：（1）和我的思维方式相似的人；（2）和我的价值观相似的人；（3）和我有很多共同点的人；（4）和我的想法及理念相似的人；（5）和我所处的社会阶层相似的人；（6）和我的背景相似的人；（7）和我的经济状况相似的人。这样，就形成了一个指标体系，可以多维度地测量出上述概念中的含义。

另一方面，前面说过，运用量表可以比较方便地借用或借鉴之前的研究成果。100 篇文章中有 4 篇文章单独运用了调查法，这 4 篇文章全部借鉴了别人在研究中发展出来的量表。对别人量表的借鉴分为两种情况，一是直接借用，二是加以改造。100 篇文章中直接借用的情况很少，仅在一项研究中看到，而且仅仅是就部分变量而言，即《断交》中“自我表露（SD）的测量采用 Taddicken M 对德国网民研究中所设置的 General Willingness to Self-Disclosure 量表”。大多数研究会对原来的量表稍加改造，以便更加适合研究项目本身，比如在汪雅倩的《焦虑视角下强关系社交媒体不持续使用研究——以微信朋友圈为例》（《新闻界》2019 年第 10 期）“主动保护意愿（IUPM）的测量参考 Youn S，Dienlin T 等研究者在实证研究中所采用的问项，并结合作者本人已使用过

① 袁方，王汉生．社会研究方法教程［M］．北京：北京大学出版社，1997：303．

并且效果良好的保护意愿题项，形成新的独立量表”。

并非所有对概念的测量都可以找到能够借鉴的量表，或者当一些概念的含义比较简单时，研究者需要和可以自己开发全新的量表。比如在《断交》一文中，对社交网站上的“断交”行为的研究就采用了研究者自己设计的量表，在文献梳理的基础上从“屏蔽”和“删除”两个方面来测量，因为这种关于行为的概念与态度等类别的概念有很大的不同，它是比较便于观察的。

量表一般由一系列问题组成，每个问题的答案都包含“非常同意”“同意”“不一定”“不同意”“非常不同意”五个选项，并依次被相应地记为5、4、3、2、1分。每个被调查者的总分就是他对各问题的回答的总分。这就使得对概念的研究变成了量化研究。这种每个问题项下有5个选项的量表被称为5级量表。

李克特量表也有6级和7级设计。在收到的稿件中，有运用所谓3级设计量表的，笔者认为这样的设计过于简单。6级李克特量表则可以避免较多的调查对象选择中间答项。《断交》一文包括人口统计学在内共使用了6张量表，其中的4张量表采用了6级设计：

> 4个独立量表分别用于获取用户的隐私关注（PC）、主动保护意愿（IUPM）、隐私知识（PL_S）及自我表露（SD），为避免中立选项采用李克特6级量表方法，并予以每个选项赋值以1～6分，从低到高代表着从极不认同（在意/担心）到极其认同（在意/担心）。

有的李克特量表采用逆向提问方式，那么在最后统计分值时要将逆向提问的分值转换成正向提问的分值。比如在研究自媒体信息的可信程度时，假设问题是“自媒体上经常出现虚假信息”，并且从“非常不同意”到“非常同意”，分别为答案赋值1分到5分，那么最后应按照从5分到1分的顺序对分值进行统计。强月新和肖迪在《作为中介的隐私关注：隐私知识、主动保护意愿对用户自我表露的影响机制研究》（《新闻界》2019年第5期）中对一个变量的测量就属于这种情况：“由于自我表露部分采用逆向方式提问，故最终对这一部分分值进行逆向处理。”

需要说明的是，在进行量表的编制之前，需要对研究假设中的概念进行操作化处理，否则就无法构造量表。另一个需要说明的是，统计量表分数时需要按照问题的数量进行平均化处理，比如如果有四张量表，其中的问题数量分别为5个、6个、7个、8个，那么每张量表的总分就需要分别除以5、6、7、8

才能得到每个问题的平均分值，这样不同的变量之间才有可比性。

研究者如果选择自己设计量表，该怎么做呢？可以从下面三个步骤来实施：

第一步：广泛描述问题。针对所要测量的概念，形成大量不同维度的提问，甚至“可能有 50～100 个之多”[①]，以尽可能广泛地覆盖到对概念的提问可能。

第二步：删减同质性的问题。采用少量调查对象测试等方式，计算提问之间的相关性。如果调查对象对某些不同问题的回答是高度相似的甚至相同的，那么这些问题就具有同质性，可以从量表中删除，最后仅保留少数提问，以此构成量表的问题。

第三步：检验效度。研究者需要对量表进行效度检验，即进行统计检验，以确认量表的质量如何，能否胜任概念的测量任务。检验分为两个步骤，首先进行 KMO 检验和巴特莱特球形检验，再进行因子分析。KMO 检验和巴特莱特检验的目的是测量量表内部各问题之间的相关性，相关性越高各问题越能协同起来指向对问题的回答。用统计值来表示，一般认为当 KMO 值大于 0.6，同时巴特莱特值对应的 p 值小于 0.05 时适合进行因子分析。因子分析的作用是判断各问题能在多大程度上测量出概念的含义，一般采用主因子分析法，即采用最大方差法进行正交旋转，提取特征值大于 1 的主成分，观察其累计方差贡献率，一般地，如果贡献率大于 50%则可视为具有较高的效度。

在调查法研究中，量表的设计是一项很关键的工作。无论是借鉴别人的量表还是自己开发原创性量表，一般都需要通过文献梳理对概念进行操作化定义，并对量表进行效度检验。不少稿件采用了调查法，但是问题的设计非常简单，有的甚至对每一个概念都提出一个问题，更谈不上信度和效度的检验；有的虽然提出了若干问题，但这些问题显然是作者根据经验想象出来的，既缺乏文献依据，也没有经过效度检验。这样的文章实际上不是学术论文，大概接近于一般的统计报告。

（2）编码的信效度。

在传播研究的一些方法中，编码是较为常见的工作，如实证主义的内容分析法、解释主义的框架分析法等都要运用编码技术。这里的信效度分析针对的是内容分析法中的编码工作。

---

① 辛格尔特里．大众传播研究：现代方法与应用［M］．刘燕南，和轶红，译．北京：华夏出版社，2000：84．

内容分析法中的所谓编码，是为研究范围内每一个内容单元选择一个用以分类的类目概念，因此往往又被称为“类目构建”。比如，如果按照报道倾向分类，一般赋予一篇歌颂性报道“正面”报道的类目概念，赋予一篇批评性的报道“负面”报道的类目概念。类目构建后，应由两个以上人员先对少部分内容试编码，然后评价编码结果的一致性，一致性越高信效度越高，达到一定要求后再进行正式编码。这就是信度与效度检验的过程。由于在实证研究中只有内容分析法涉及编码技术，因此本书将在第四节中详细分析编码信效度控制的具体方式。

4. 研究数据的分析

运用经过信效度检验的测量工具进行测量，获得研究数据后就进入了数据分析环节。实证主义属于量化研究的范式，因此其数据分析也采用了精准的量化方式。量化分析方式一般有两种，一种是对数据进行特征描述性的分析，另一种是建立数学模型进行分析。前者包括描述数据的平均数、标准差、变化趋势，对数据进行分类统计等；后者则往往包括变量之间的相关性分析、因果关系分析等。就学术研究而言，仅仅对数据特征进行描述往往是不够的，因为这样难以挖掘出数据和现象背后的理论意义，所以大多数论文都会运用数学模型分析，也就是变量分析。不同的研究问题可能采用不同的数学模型，但是对变量相关性分析和因果关系分析的运用是最普遍的。比如《断交》一文就运用了复回归模型来分析自变量与因变量之间的关系，作者陈述的数据分析模型如下：

> 为了验证本文的研究假设，我们进行了三组阶层回归分析……在回归分析中，第一阶层输入人口变量，包括性别、年龄以及年级；第二阶层输入同质性，包括背景同质性与价值观同质性；第三阶层输入面子顾虑；最后一个阶层输入隐私顾虑。因变量为社交网站上的断交行为。

（四）研究发现

论文的第四部分是“研究发现”，有的研究者称其为“数据分析”，实验法中则一般称为“实验结果”等。实际上“数据分析”可能更能反映这一部分内容的特征，即它主要是对研究数据的解读和讨论，也就是对研究方法部分中“研究数据分析”结果的报告，一般不进行理论方面的深度分析。理论分析主要在文章的第五部分即“结论与讨论”部分进行。

所谓“研究发现”，可以理解为是数学模型分析后的数据发现。作者在研究中构建了数学模型，而且测量了变量并将变量代入模型，那么无论是进行相关性分析还是回归分析等，都会得到模型的运算结果。这部分内容的主要目标是回答研究获得了什么样的结果。

回答结果时并非只是简单地、干巴巴地报告出运算后的数学值，而是要针对研究假设逐个回答，而且要回答出证实或证伪研究假设背后的意义。《断交》一文在“数据分析”部分回答了研究假设二、三、五、六、七的证实与证伪情况。例如文章对于假设二的阐述是：

> 在控制人口变量后，价值观同质性可以显著预测用户在社交网站上的断交频率（$\beta=.10$，$p<.05$）。也就是说，倾向于在社交网站上和与自己价值观相似的人结交的用户进行断交的频率更高。因此，研究假设二获得支持。

但是，研究者在该部分没有明确回答假设一和假设四的证实或证伪情况。对于假设一，尽管在后面的“结论与建议”部分有论及，即“背景同质性也与断交频率正相关，但结果并不具有显著性，因此，本研究发现价值认同比背景同质性更能影响个体在社交媒体上断交的频率”，但是在研究发现部分没有进行直接的回应。对于假设四，研究者在“数据分析”部分有涉及：

> 回归分析的结果还显示，隐私顾虑对于断交行为频率的预测力也接近显著（$\beta=.08$，$p=.05$）。也就是说，重视隐私保护的用户会更频繁地在社交网站上与好友断交。

由于研究假设四是“隐私顾虑越强的人在社交网站上进行断交的频率越高”，所以上述内容实质上已回答了该假设，但是没有在文中明确地陈述出来。这种行文方式使文章略显不足。

一些实证研究文章中，“研究发现”将经过数学模型运算后列表展示的数据再进行详细的罗列和重复陈述，这实际上并无太大必要，因为表格中的数据是一目了然的。正确的做法是以研究假设为顺序，有针对性地运用关键数据对假设作出回答。要注意避免仅仅就数据来说数据，一方面要通过数据回答假设是否成立，另一方面要透过数据解释其背后的意义。比如，《断交》对假设二的回答如果局限于报告价值同质性与“断交”之间存在相关性，作为研究发现而言是不够的，它需要回答对于研究的现实问题的意义，即文中所说的“价值观同质性可以显著预测用户在社交网站上的断交频率”“倾向于在社交网站上和与自己价值观相似的人结交的用户进行断交的频率更高”。

（五）结论与讨论

论文的第五部分是“结论与讨论”，有的叫“解释与讨论”“结论”“结语”等。还有的偏应用性的论文则增加了“建议”部分，也有的论文增加了“研究不足”部分等，这些部分均可视为“结论与讨论”部分。

“结论与讨论”部分的核心任务是阐释理论，一般分两个方面，或者是通过对现象的研究改进理论，或者是运用理论来解释现象，总之是与理论密切相关的，否则就失去了学术研究的特征。

对于学术论文而言，这部分内容非常重要，关系到整个论文最后的成败。一些实证论文在前期进行了非常复杂的量化分析，但是到了理论阐释时却明显虎头蛇尾，要么草草结束，要么提炼不出什么理论性的概念，要么对现象的解释依然停留在经验层面。针对这些状况，笔者提出下面的几点建议，以供参考：

一是避免与前面的内容重复。论文各部分有各自的任务，必须分工明确才能形成一个有机的整体。比较常见的问题是一些文章对“研究发现”和“结论与讨论”两部分之间的作用分不清楚，而导致内容多有重复。实际上，这两个部分的作用是有很大区别的。前面说过“研究发现”主要是报告数据结果的情况，回答数据证实还是证伪了研究假设，显然它并不主要涉及理论的提炼或者对现象的理论分析。“结论与讨论”部分不应该再去就数据进行分析与回答，而是要回到研究问题上进行理论阐释。可以从具体的三个方面来判断与前面的内容是否重复：（a）“研究发现”是数据陈述视角的，即对数据进行报告和解读；“结论与讨论”是理论阐释视角的，并不需要再重复地报告数据。（b）“研究发现”是微观视角的，它必须针对每一个假设进行回答；“结论与讨论”是宏观视角的，它不需要回答每一个假设所提出的问题，而是通过“回答”整个研究问题来改进理论或者实践；“结论与讨论”也可以是深度视角的，通过解释数据关系形成的原因来形成理论视角。（c）“研究发现”是陈述方式的，解决研究结果或数据“是什么”的问题，“结论与讨论”是解释方式的，解决研究结果或数据“为什么”的问题。

二是避免与前面的内容脱节。所谓“与前面的内容脱节”，就是指这部分的理论阐释要依据前面的内容得出，而不是各行其是。“结论与讨论”部分与前文脱节的情况并不鲜见。判断自己论文的理论阐述部分是否与前面的内容脱节，尤其是否与研究发现部分内容脱节的最简单的办法，就是看没有前面的内容是否可以得出同样的“结论”，如果是那么就表明脱节了。一些文章本来就不是真正从数据中提炼出结论，而是作者随意想出几个观点，自然无法与前面的内容形成联系。这样的“结论”显然是不具备学术性的，整个文章也失去了学术价值。

三是避免现象层面的“理论”。这是针对理论型的研究而言，明确研究的目的是为了形成理论。所谓“现象层面的‘理论’”，是指研究者并没有将这部分提炼到理论层面去，仍然是在对现象进行重复的叙述或者议论。这种情况也不鲜见，很多研究者在所谓的“结论与讨论”中，依然是在对直观性的经验现象进行议论。有时候，这与前文所说的内容重复是一个问题的两个角度；有时候，虽然没有与前面的内容重复，却依然局限在现象议论的层面，而非理论提炼。那么如何确定文章是在进行理论提炼而不是现象议论呢？可以这样衡量：（1）理论是概括性的，因此是否提出了新的观点或概念？当然这些观点或概念是在前面的研究的基础之上提出的；（2）理论具有抽象性，因此是否“看不见”经验材料了？如果还是对前文的现象进行讨论，就不是在提炼理论了。

四是避免现象层面的分析。这是针对应用型研究而言，明确研究的目的是用理论来解释现象。所谓“现象层面的分析”，指分析中没有运用理论工具或视角，而是运用一种常识性或经验性的分析方式。判断是否运用了理论视角也有一些标准，比如是否在分析现象时有清晰的理论框架，从而将现象置于这个框架中去讨论；又如在讨论时是否运用了理论中的专门术语，而不是用一些日常语言或大众化语言。这些可以帮助我们判断某一现象分析是否具备理论视角。

在提炼理论观点或概念的过程中，有两个思路可以参考。一个思路是深度解读数据，即“纵向思路”。当“研究发现”部分仅仅是对研究结果的陈述时，对于为什么会出现那样的结果，通过深度解读往往可以获得令人惊喜的理论灵感，当然这需要理论积淀，因为与相关的理论解释和研究成果结合起来讨论，能够取得更好的效果。另一个思路是对比或联系分析数据，即“横向思路”。对比或联系法是学术研究中常用的方法，因为在“研究发现”部分得出的结论是以各个假设为目标的，“知识”是碎片化的，所以通过对各个假设的结论进行对比，往往可以得到新的理论收获。

《断交》一文在“数据分析”部分对各研究假设进行了说明，在“结论与建议”部分则采取了“纵向思路”的办法，对数据陈述部分的结论进行深入分析，从而解释为什么会出现那样的结果，以此来实现其理论意义。正是在这个基础上，文章提出了对现象进行解释的理论概念，如“从两国的综合数据来看，价值观同质性与面子顾虑都能显著预测用户在社交网站上的断交频率”等。这样，文章一方面具有了理论创新性，另一方面也与前文并无重复或脱节之嫌。

少数论文在“结论与讨论”之后还有“余论”等部分。《断交》最后一部分则是“研究的局限性”，提出了“研究结果的推论能力”“美国学生样本的代表性”“数据结果的陈旧性”三个方面的不足。这部分内容既是对该研究的客观反思，也为后续研究提供了思路。

第二节　实验法

在社会科学研究中，实验法是最接近自然科学研究方法的方法，也最能体现社会科学研究追求“科学性”的意图，因此我们将它作为讨论实证主义方法的起点。

一、概念与历史

关于实验法（experimental methodology），美国传播学者 P. 坦南鲍姆（Percy Tannenbaum）曾经下过一个严谨的定义：实验法，是指系统地操纵一至数个假定有关的自变量，并在客观状态下，以及在固定其他自变量的可能干涉影响的条件下，观测其对某些因变量的独立效应和交互效应的研究方法。①这个定义的可取之处在于指出了实验法的精髓，即控制一些不纳入考察的自变量，以便于分析所考察自变量与因变量之间的关系，因此实验法也被称为控制实验法。

在社会科学研究的方法中，实验法显得比较另类。其他方法多在自然情境下进行，如质性研究就明显地具有此特征；即使实证研究的其他方法如调查法和内容分析法，也是在自然情境中进行的。实验法不同，它采取了人工模拟场景的方式。自然科学中的实验法即是如此，如在生物实验室中模拟真实情境下的温度、湿度等；社会科学的实验法也是如此，以人工模拟社会场景的方式来

① 戴元光，苗正民．大众传播学的定量研究方法［M］．上海：上海交通大学出版社，2000：80.

进行研究。正是通过人工模拟实验场景，才可能对非考察变量（干扰变量）进行固化和控制，从而将考察变量的影响凸显出来。

现代科学实验法的认识论起源于弗朗西斯·培根（Francis Bacon）。他认为建立在实验基础上的归纳法才是从事物中找出公理和概念的妥当方法，也是进行正确思考和探索真理的重要工具。培根自己也是实验法的积极践行者，并因为科学实验而染病去世。他所开创的经验主义哲学对近现代的科学发展产生了巨大影响，使自然科学从从属于道德哲学与神学中解放出来，实验科学方法也从从属于思辨方法中解放出来，焕发出强大的生命力。可以说，近代物理学、天文学、生物学等领域的迅速进展，与这种认识论和方法论的变革有莫大关系。

孔德将自然科学的方法论引入到社会学中。他提出了获得实证知识的 4 种方法，其中包含了实验法，其他三种分别是观察法、比较法和历史法。因此，实验法几乎在社会学诞生的同时就成为一种主要的研究方法。不过，由于社会科学研究的是与人有关的现象，而人是具有思维与情感的，社会现象之间的关系远比自然现象之间的关系复杂，所以社会研究中是否适合运用实验法也受到一些质疑。[①] 其实，实验法作为一种研究方法，不宜局限于自然科学或社会科学。自然科学的方法不仅可以运用于社会科学，甚至可能适用于人文科学；反之，思辨的方法也可能在某些情境下适用于自然科学。重要的在于研究的方法是否适合于所研究的问题，而非从学科上来对方法做区分。

传播研究中运用实验法历史悠久，而且主要适用于效果分析，因为实验是一种人们寻求事物产生原因的有效方式。霍夫兰（Carl Hovland）是传播研究中运用实验法的先驱，他是耶鲁大学实验室的心理学教授，在二战期间担任了美国陆军部心理实验室主任，负责研究军队内电影对提高士气的影响，为此而开展了一系列心理实验。战后，他在耶鲁大学主持"关于传播与态度改变的耶鲁项目"，研究材料就主要来源于战时收集的资料，研究成果为《大众传播实验》一书，该研究开辟了传播研究实验方法的路径。

我国的传播研究中，实验法也有一定运用。所选的 100 篇文章中，运用实验方法的有两篇。笔者对其他 CSSCI 新闻传播期刊 2019 年运用此方法的情况进行了调查，以"实验"作为摘要关键词在中国知网搜索，并对结果作人工甄别，结果各刊和《新闻界》的情况大致相同：《新闻与传播研究》《国际新闻界》

① 赵雷，殷杰．社会科学中实验方法的适用性问题［J］．科学技术哲学研究，2018（4）：8－13．

《新闻大学》《新闻记者》各有 2 篇，《现代传播》1 篇，《当代传播》0 篇，一共 9 篇。也即，包括《新闻界》在内，当年共有 11 篇采用实验法的论文。不过，笔者在细读中发现其中一篇文章将调查法当作了实验法，因此实际上共有 10 篇文章。根据对 10 篇文章的观察，笔者归纳出实验法的一些特点：

一是全部属于量化研究。在传播研究中，实验法本来就属于量化研究，这是不言自明的。一般地，实验法在数据的处理中会用到 SPSS 软件。

二是全部运用了对比研究。对比分三种情况，一是前后对比，二是两组间对比，三是实验组与控制组对比。前后对比如唐嘉仪的《场景与对话：微信群讨论如何影响态度——基于对比实验的微观解释框架》（《新闻记者》2019 年第 11 期），作者设计了 360 个被试，又将其分成 60 个焦点访谈小组（每组 6 人），对每个被试都做了参加小组讨论前后的测试对比。作者设计如此多的焦点访谈小组，可以避免抽样偶然性和分组偶然性等因素的影响，研究方法是比较严谨的。两组间对比如韩婷和喻国明的《传播媒介对受众长时记忆的影响研究——基于认知神经传播学的研究范式》（《新闻大学》2019 年第 1 期），通过对比两个被试小组接受不同实验刺激后的效果，来考察不同媒介对受众记忆时间的影响。这种情况最常见，即大部分实验研究属于两组间对比。第三种情况需略详细说一下，实验组与控制组对比可能只有两个被试组，即一个试验组和一个控制组；也可能有多个被试组，即两个及以上试验组和一个控制组。如王晓虹和周楚的《医患纠纷报道在线评论与受众对医生态度关系研究》（《新闻大学》2019 年第 8 期）中，共有 5 个被试组，其中 4 个试验组和 1 个控制组。5 个组的被试都阅读同一篇关于医患纠纷的报道，但 4 个试验组增加阅读涉事评论：一个组阅读涉事医生的高质量评论，另一个组阅读涉事患者的高质量评论，再一个组阅读涉事医生的低质量评论，最后一个组阅读涉事患者的低质量评论。研究者将阅读不同评论后被试对医生和患者的支持情况与控制组对比，即可获得不同评论对于人们支持医生还是患者的态度是否有影响以及影响情况如何的结论。

三是基本上都属于效果研究。10 篇文章中有 8 篇属于直接的传播效果研究，涵盖的领域相当广泛，包括广告传播效果、网络媒体效果、对外传播效果、政治传播效果等，甚至还有对经典实验的再研究，如刘晓燕的《互联网时代下阿希从众实验在中国的探索性实证研究》（《现代传播》2019 年第 9 期）。只有两篇不是直接的效果研究，一篇是对影响人们传播意愿的因素的研究，即周懿瑾和周智盈等的《在线医疗口碑的再传播——关系强度、疾病严重性与性别的影响》（《国际新闻界》2019 年第 7 期）；另一篇是偏媒介社会学的研究，探讨网络游戏对亲社会行为的影响，即王璇和李磊的《有界广义互惠与社会认同：社交网络游戏对大学生群体亲社会行为机制研究》（《国际新闻界》2019 第 6 期）。运用实验法的论文多数以效果研究为目的，这可能与实验法的研究传统有关，霍夫兰开创实验法一途时就是用于研究传播效果的。此外，效果研究本来就需要较强的确定性，这与实验法便于结构化的操作和量化的手段正好一致，因此二者自然容易互相打通。

二、实验法的设计

实验法属于典型的实证研究方法，因此它的研究流程与本章第一节中介绍的实证主义研究流程基本一致，体现在文章结构方面大致是：引言—文献梳理—实验设计—研究发现—结论与讨论。由于其中的引言、文献梳理、研究发现、结论与讨论这四部分与实证主义其他方法的特点较为类似且在第一节中已经讨论过，因此这里不再赘述，而是重点分析实验法的方法设计。在第一节中，已经对实证主义范式的共性做了介绍，其中当然包括了实验法，因此这里重在讨论实验法设计的一些个性化特点。

实验法除了具有上文所说量化、对比和效果研究的特点外，还具有一个根本特点，即变量控制。因此在实验法设计中，最核心的要求就是进行变量控制，它可以说是整个研究成败的关键。如果变量控制不佳，就无法判断因变量的变化到底是由考察变量引起的还是由干扰变量引起的。比如，要考察某一篇报道对男性和女性读者的不同影响，那么就需要排除掉对效果产生影响的其他因素，如年龄、文化、收入、宗教等，才能凸显出性别对传播效果的影响。举一个更简单的例子，如果要研究地形对天气的影响，那么就要排除季节、经度、纬度等因素的影响。

那么如何实现变量控制呢？总的原则是将干扰变量的影响控制在最小或者固化下来，只让作为自变量的考察变量对因变量发生作用。本节后面将以张放、杨颖等人的《政务微信“软文”化传播效果的实验研究》（《新闻界》2020 年第 1 期，后文简称《软文》）为例来说明，因此先简要介绍该文的基本情况：

自新媒体兴起以来，政务机构也积极创办自己的公众号，发布政务消息和新闻等。政务微信显然也要追求更好的传播效果。人们通常认为“软文”化可以增强传播效果，媒体也常常发布“软文”或者将硬消息“软化”，这种在传统媒体时代就存在的行为，在新媒体时代，或者更具体地说在政务微信上会有更好的传播效果吗?《软文》一文就是要回答这个疑问，这就是它的研究问题。

《软文》一文分为六个部分：（1）研究问题；（2）文献回顾与理论假设；（3）自变量设置、因变量测量与研究假设；（4）研究方法；（5）实验结果；（6）解释与讨论。可以看到，就结构而言，该文章与实证主义文章通常所采用的结构基本一致。主要的差异在于，文章将研究假设作为单独一部分，也就是第三部分，由于这部分的内容相当复杂而且具有独立性，所以单独分出来也是可取的。另一个小的区别是在文献梳理后提出了“理论假设”：政务微信“软文”化会影响政务微信的传播效果。显然，这个“理论假设”就是通常所说的通过文献梳理确立的研究问题，不单独称之为“理论假设”也是可以的，因为它实际上属于提出的假设的一个组成部分。

《软文》的研究思路是在提出问题之后进行概念操作化定义。文章将“软文”化作为自变量，将传播效果作为因变量，分别转换成可以操作的更微观和更具体的概念。在文献梳理的基础上，从三个维度来判断政务微信文章的“软文”化特征：一是根据话题属性，将文章主题区分为软话题和硬话题；二是根据表达风格，将文章风格区分为活泼风格和严肃风格；三是根据标题设置，将文章区分为“标题党”和非“标题党”。话题属性、表达风格和标题设置这些概念都是易于观察和判断的，因此“软文”化概念的操作性就建立起来了，也就是解决了自变量的测量问题。同时，作者借鉴自己之前对微博传播效果的研究，提出从形象构建效果、信息传达效果及互动关系效果三个维度对政务微信传播效果进行评价，并设计了相应的量表。这样，作为因变量的传播效果也变成可测量的了。

前面已经提到，实验法全部采用的是对比研究，要么进行实验前后的对比，要么进行实验组间对比。《软文》一文采用了组间对比设计。作者根据话题属性、表达风格和标题设置这三个自变量形成了 2×2×2 的多因素组间方案设计（见表 3－2）。研究者选择了 240 人作为被试，将其分成 8 个小组，每组 30 人；再将不同的刺激材料提供给不同的被试小组，并要求被试在 10 分钟内阅读完毕，然后在 15 分钟内完成实验量表的填写；接着统计出不同小组的量表结果，并在不同小组之间进行数量对比和多因素相关性分析，就可以得到哪些因素在影响传播效果，以及影响程度如何的结论。

表 3-2　《软文》中 2×2×2 析因设计自变量分组

"标题党"式标题				非"标题党"式标题			
表达风格活泼		表达风格严肃		表达风格活泼		表达风格严肃	
软话题	硬话题	软话题	硬话题	软话题	硬话题	软话题	硬话题
第 1 组	第 2 组	第 3 组	第 4 组	第 5 组	第 6 组	第 7 组	第 8 组

我们曾在第一节说过，实证方法的设计中主要考虑三个方面的问题，而实验法中还要考虑变量控制技术，综合起来看，实验法设计需要考虑研究对象的获得、研究数据的获得、变量控制技术、信度与效度检验。现在就以《软文》为例，分析这四个问题。

1. 研究被试的获得

实验法中的研究对象被称为"被试"，因此实验法的第一个环节是研究被试的获得，也就是选择和确定参与实验的人员。

研究者如何获得实验参与人员呢？是否需要运用概率抽样，即是否需要先确定一个总体，再从总体中抽出样本来作为被试呢？作为严谨的研究，运用概率抽样技术当然是最理想的，但实验法中被试的获取会受到一定局限，所以未必非要运用概率抽样方式，多数情况下是方便抽样方式。

《软文》并没有说明 298 名参与者是通过概率抽样获得的，按照经验可能是采用了方便抽样的方式，因为研究者恐怕很难从一个更大得多的总体中抽取如此规模的样本。前述 10 篇运用实验法的文章均未采用概率抽样方式获得被试，其中 3 篇文章甚至未说明获得被试的方法，直接陈述有多少人，分成几个组；另外 7 篇文章都采取了方便抽样的方式，如通过论坛发布、小黑板发布等方式召集研究志愿者。

但要注意的是，通过这种方式获得的参与者很明显难以具备足够的胜任度和责任心，因此需要进行一定的样本清洗之后才获得最终被试，如《软文》中所做的那样，但是这样做的文章很少。此外，在为被试分组的时候，应该运用控制变量一致前提下的随机分配原则，即研究者在确保各被试组控制变量（如文化、性别、年龄等）一致的前提下，运用随机概率原则匹配每个小组的成员。

2. 研究数据的获得

如何从被试获得研究数据，获得什么样的数据，是实验过程解决的问题。在实验法中，一般由研究者向各被试组提供刺激材料，并通过被试回答问题来获得数据。通常有两种情形，一种是获得被试前测和后测的数据并进行对比分析，另一种是获得不同实验组对同一刺激材料的效果数据进行对比分析。

《软文》将 240 名被试平均分成 8 个小组，给每个小组提供不同的刺激材料，比如分别提供“标题党”/表达风格活泼/软话题、“标题党”/表达风格活泼/硬话题等阅读材料，然后对接受刺激材料后的被试进行量表测试，再计算不同小组的量表值，从而获得自变量的数据作为研究数据。采用前后测对比或者实验组与控制组对比的原理与此相同，均是通过运用量表问题来测试被试从而获得研究数据。

3. 变量控制技术

实验法成败的关键在于控制变量，即采取多种方式控制干扰因素，尽量使实验中仅由自变量对因变量产生影响。变量控制是实验法的思想精髓，也贯穿在方法设计的整个过程中。上述对《软文》研究方法的介绍，没有提到它的变量控制方法，实际上变量控制也是贯穿在整个方案设计中的，形成了方案的丰富的细节。辛格尔特里提出通过变量控制、统计控制、环境控制和抽样控制来避免干扰变量的影响。[①]下面结合《软文》的例子加以说明：

（1）变量控制。

指不同的被试接受不同的实验材料刺激，这些不同的实验材料实际上代表着不同的变量。在其他变量相同的情况下，不同的被试接受不同的刺激材料，这样产生的传播效果就反映了不同刺激材料所带来的结果。比如在《软文》中，8 个小组中每个小组阅读的材料不一样，分别代表不同的变量。比如阅读“‘标题党’—表达风格活泼—软话题”和“‘标题党’—表达风格活泼—硬话题”材料的两个小组，就意味着进行了软话题和硬话题的变量控制，对比结果便可以分析出不同话题对传播效果的影响。

（2）统计控制。

指在不同被试小组之间保持干扰变量的一致性，这样就排除或控制了干扰变量对因变量的影响。比如在《软文》中，240 名被试都是四川大学某个专业的硕士研究生，他们在很多方面具有一致性：年龄、文化、专业等。相反，假设一些被试小组为研究生，另一些被试小组为中学生，那么就难以保证变量在不同组别间的一致性。又如，将 240 名被试分成 8 个小组，每个小组男生 14 人，女生 16 人，也就尽量排除了组间性别差异作为干扰因素的影响。再如，实验之前未向被试透露实验目的，避免了被试的先入之见影响量表填写。这些都

---

① 辛格尔特里．大众传播研究：现代方法与应用［M］. 刘燕南，和铁红，译．北京：华夏出版社，2000：159－160.

是为了使不同组别间的干扰变量保持一致。

(3) 环境控制。

指控制实验条件之外的环境因素对实验造成的干扰。在这里可以借用辛格尔特里的例子：对两个班级进行阅读技巧实验测量，实验结果是日常读报班比日常不读报班的阅读技巧好，但这可能是因为前者的照明条件有利于阅读。这就是环境控制的一个例子，提醒研究者在方法设计中要注意避免环境因素对因变量产生影响。

(4) 抽样控制。

指按照随机概率原则将被试分配到各个小组。这样做的目的也是为了保持不同组别间干扰因素的一致性。比如《软文》将 240 名学生分配到 8 个小组中时，应该采用随机原则。但文中仅提出在性别匹配原则下将被试分配到 8 个小组，但未说明在满足性别匹配原则下是否采用了随机概率匹配方式。这是一个小的遗憾。

变量控制并不限于上述四个方面。研究者在设计时须全流程地贯彻这个理念，以保证研究的信度和效度。比如在《软文》中，除了上述四个方面的变量控制外，还有下面两个对变量施加控制的手段：

一是对被试的测试。研究者首先在 298 名参与者中进行了参与态度测试等，最终选择了 240 名被试。

二是对实验刺激材料的控制。这是《软文》变量控制的一个亮点。研究者为了避免现实中真实存在的政府机构或部门给公众留下的既定印象干扰实验结果，同时也为使推送话题范围不至于过于狭窄，将虚拟政府部门“成都青年服务中心”的政务微信公众号作为目标感知对象，并在改编“成都发布”（账号主体为成都市人民政府新闻办公室）、“微成都”（账号主体为成都市互联网信息办公室）等政务微信推送内容的基础上形成相应的实验刺激材料。也就是说，作者为了尽量避免被试受到现实中刻板印象的干扰，专门申请了一个微信公众号来进行实验，并按照自变量设计对真实的材料进行改造。这样能较好地实现变量控制的目的。

维曼和多米尼克也提出了控制干扰变量的方法，即随机概率分配、特征值匹配和将干扰变量设计到方案中三方面。[1] 第一方面与辛格尔特里所说的抽样

---

① WIMMER，DOMINICK. Mass Media Research：An Introduction［M］. 6th edition. 北京：清华大学出版社，2003：214－216.

控制是同一含义，第二个方面与辛格尔特里所说的统计控制是同一含义，唯有第三点是辛格尔特里未提到的。所谓将干扰因素设计到研究方案中，实际上就是将干扰因素设计成一个自变量。比如在《软文》中，假设性别属于一个干扰变量，则设计进方案的结果可能是：将 240 人分成 16 个组，每个组 15 人（增加男生被试的同时减少女生被试）；其中 8 个组为男生，8 个组为女生；相应地，2×2×2 研究就变成了 2×2×2×2 研究。可见，这种思路固然可行，但是会使研究的复杂程度大大地增加。

4. 信度和效度的检验

尽管信度与效度的量化检验只能在实证研究的某些或某个环节实施，但信效度控制的理念应该贯穿在研究的整个过程中，因为它是确保研究科学性的重要途径。因此，上述变量控制技术其实也是信度与效度尤其信度控制的重要组成部分。试想，如果变量缺乏控制或者控制不佳，那么一旦非考察变量对因变量产生了突出影响，自变量对因变量的影响就难以分辨了。

实验法中信效度控制的主要方式是在设计量表时对其进行检验。实验法研究中，一般不需要测量自变量，因为研究者只对变量的种类感兴趣，而不需要获得变量的具体数值。比如，《软文》研究政务文章不同风格对传播效果的影响，那么自变量就是“标题党”“表达风格活泼”等类别，这些概念也没有程度数值。但是，实验法中需要测量因变量的值，比如《软文》中就要测量不同刺激材料对被试“影响”的存在与否以及大小。用来测量对被试“影响”程度的工具就是量表，这时候就需要对量表进行信度与效度检验。关于量表的概念、设计以及信效度检验，可参见第一节。

5. 实验法中的术语

实验法涉及一些专门术语，研究者在论文中应该使用这些术语，而不能自己随意提出概念。这里进行简要介绍：

（1）被试：指在实验中被作为观察对象的参与者。比如在《软文》中，参加实验的 240 名学生就是被试。

（2）实验处理：指实验研究中对被试进行的控制行为，目的是分析控制行为对因变量的影响。实验处理又被称为实验刺激。比如在《软文》中，让被试阅读给定的材料就属于实验处理或实验刺激。

（3）刺激材料：指实验中用来对被试进行实验处理的材料。比如《软文》中提供给被试阅读的模拟微信文章就是刺激材料。

(4) 前测与后测：在实验处理之前对被试所做的观察或测量为前测，在实验处理之后对被试所做的观察或测量则为后测。通过对前测与后测进行对比，就可以分析出实验处理对因变量的影响情况。

(5) 实验组与控制组：在实验研究中，接受实验处理的一组或多组被试被称为实验组，不接受实验处理的一组或多组被试被称为控制组。控制组有时也被称为对照组。实验结束时，对比实验组和控制组的数据就可以分析出实验处理所产生的影响。

第三节 调查法

调查法是社会学研究中的一种常见方法。美国社会学家艾尔·巴比认为"问卷是社会调查的支柱"，我国社会学家风笑天将问卷视为"透视社会的艺术"。① 辛格尔特里则更生动地比喻道："调查研究是现代社会科学的坐骑，使研究者和从业者能够快捷有效地搜集大量资料，并且将资料应用于应用性或理论性研究问题上。"② 因此在传播研究中，它也是一种重要的方法。

一、概念与历史

所谓调查法（survey）或调查研究方法（survey research），是指通过问卷收集数据，采用数学模型分析数据的量化研究方法。有的研究者也称其为抽样调查法或统计调查法。

需要说明的是，"调查"这个词语在日常生活中的应用极其普遍，比如"没有调查就没有发言权"等，使"调查"作为一种工作方法深入人心。但是，社会科学中的调查研究方法与日常所说的"调查"有所区别。日常话语中的"调查"多指一种工作方式，是具体的实践活动。研究方法中的"调查法"则是一种获取知识的工具，需要遵守系统的设计、专业的操作规则和规范化的流程等。

调查法可以分为描述性研究（descriptive study）和分析性研究（analysis study）。描述性研究的目的在于勾画某个时间点的状态特征，不需要变量之间

① 戴元光，苗正民．大众传播学的定量研究方法［M］．上海：上海交通大学出版社，2000：109．

② 辛格尔特里．大众传播研究：现代方法与应用［M］．刘燕南，和铁红，译．北京：华夏出版社，2000：139．

的对比。比如学校对学生一学年学术成果的调查统计，媒体的读者或受众调查等。分析性研究的目的在于解释为什么会出现某种特征，通常采用两个或两个以上的变量去对研究假设进行检验，通过分析变量之间的关系来对现象做出解释。①比如，电视台通过市场调查来分析生活方式对收视习惯的影响，或者预测某一电视节目是否能获得市场成功等。就学术研究而言，绝大多数为分析性研究。描述性研究因其难以揭示现象背后的本质，因此作为工作性或业务性的研究比较合适。

与实验法相比，调查法反映出社会科学研究方法逐渐从自然科学方法中脱离出来的趋势。尽管都是实证研究，但实验法更加具有自然科学的特点，通过人工情境来控制变量；调查法并不控制变量，而是在自然的社会情境下搜集资料。自然科学研究无法采用调查法，因为它的研究对象是物的世界，而社会科学研究之所以可以采用调查法，是因为研究对象是人的世界，人可以回答调查问题。

调查法很早就在传播学研究中被使用。著名的二级传播理论就是调查研究法的成果。1940 年，拉扎斯菲尔德（P. F. Lazarsfeld）等人在时代-华纳公司的资助下，对美国总统大选中的宣传战进行了调查，以分析大众传播对选民态度的影响。他在 1944 年出版《人民的选择——选民如何在总统选战中做决定》一书，首次提出二级传播理论，认为大众传播只有通过“意见领袖”这一中介才能发挥作用。这是拉扎斯菲尔德等人在俄亥俄州伊里县选择了 600 名市民进行调查而得出的结论（因此史称“伊里调查”），也是传播学早期调查研究法的经典案例。

目前，调查法是一种常用的传播研究方法。从《新闻界》所选的 100 篇文章中，采用调查法的有 5 篇。5 篇论文中，有 1 篇属于实验法与调查法混合且以实验法为主，单独采用调查法的则有 4 篇文章。尽管 4 篇文章的数量不多，但仍可以从中观察出一些共同的特点：

一是全部属于量化研究。这是社会学调查法所固有的。

二是全部属于行为研究。这与实验法以效果研究为主有所不同。而且这些文章都是针对新媒体尤其是社交媒体下用户行为的考察，比如汪雅倩在《焦虑视角下强关系社交媒体不持续使用研究：以微信朋友圈为例》（《新闻界》2019 年第 10 期）中对社交媒体不使用行为的研究，强月新和肖迪在《作为中介的隐

① WIMMER，DOMINICK. Mass Media Research：An Introduction［M］. 6th edition. 北京：清华大学出版社，2003：161.

私关注：隐私知识、主动保护意愿对用户自我表露的影响机制研究》（《新闻界》2019 年第 5 期）中对自我表露机制的分析等。

三是全部为分析性研究。4 篇文章都对传播行为的原因进行了分析。比如熊慧、郭倩在《朋友圈中辍行为的影响因素研究》（《新闻界》2019 年第 10 期）中对用户不持续使用朋友圈的行为进行了分析，认为感知信息过载和上行社会比较与中辍行为呈负相关，而隐私忧虑与中辍行为不相关。李宗亚在《中美大学生社交网站“断交”行为之比较研究》一文中则对屏蔽（block）和删除（remove）社交媒体好友的行为进行了分析。一般地，分析性研究更具有学术价值，因为描述性研究局限于对事物或现象特征的勾画，对其背后的原因与关系的探究则有不足。一些投稿简单地调查了一些指标，然后描述了这些指标的统计学特征，却没有置身于传播的语境中进行分析，因此学术意义不大。

二、调查法的设计

调查法也属于实证主义研究方法，因此它的研究流程与实证主义研究流程是一致的，即文章结构大致是：引言—文献梳理—方法设计—研究发现—结论与讨论。其中的引言、文献梳理、研究发现、结论与讨论以及调查法的一般原则参见第一节中相关内容，本节将更为详细地讨论它的研究方法设计部分。

调查法的方法设计中同样主要包括研究对象的获得、研究数据的获得、信度与效度检验。在本章的概论一节中，读者已经对李宗亚的《断交》一文比较熟悉，而该文也正是运用了调查法，因此本节仍然以该文为例来展开分析。

（一）研究样本的获取

在调查法中，研究对象就是调查对象，即参与调查从而为研究提供数据的读者或受众等。那么，如何获得调查对象呢？调查法与实验法类似，如果能够运用概率抽样来获得调查对象当然是最好的，但现实往往有局限。调查法所面对的潜在对象可能过于庞大，或者不好确定边界，因此有时候也可以运用非概率抽样方式，或者概率抽样与非概率抽样相结合的方式。《断交》一文就是便利抽样与概率抽样方式结合的案例。它在选择中山大学时采取了便利抽样方式，但在选择全校的 6 个班级时采取了随机抽样方式。一般地，如果在可能的情况下，采用调查法的研究者应该采取随机抽样方法来选择调查对象。

随着计算机技术和网络技术的大规模普及，网络调查方式在社会科学研究中被广泛采用。4 篇文章中有 3 篇都采用了线上发放问卷的方式，只有《断交》

一文采取了线下调查的方式。这一方面是因为目前传播研究的问题均与网络传播有关，另一方面则反映出网络问卷在调查法中的普及程度。网络调查方式具有成本低和效率高的优势，而且调查对象的范围不受地域限制；它的缺点是不便于对调查对象进行选择。在传统的线下调查中，尽管也常常采取街头拦截等便利抽样方式，但研究者事实上可能对潜在调查对象进行了观察和选择，以确保后者符合研究要求。正是出于这个原因，研究者采用线上调查时需要关注调查对象的符合性并进行控制。

因此，调查法往往需要对样本进行清洗。一种办法是通过对答卷结果的观察对调查者进行选择。比如强月新等人的研究获得网络问卷 407 份，但是“通过筛查雷同答卷、检查填写速率和无效 IP 等多种方式剔除无效样本 3 份，本研究最终的有效样本量为 404 份（N＝404），满足题项数量的 10～15 倍范围”（《新闻界》2019 年第 5 期）。汪雅倩的研究也采取了同样的处理方式，研究初始获得调查问卷 642 份，“经筛查，剔除无效的回复，包括答题时间过短、对所有问题都有相同答案的回复，最后得到有效问卷 613 份”（《新闻界》2019 年第 10 期）。另一种办法是通过设置问题的方式来选择调查者，但在这 4 篇中文章中没有看到这种方式。总之，在非抽样情形而且线上随机获得调查者的方式下，对问卷质量的控制是一个需要注意的重要方面。

调查法与其他实证研究方法一样，当运用概率抽样时，可以选择的方法有简单随机抽样、分层抽样、整群抽样等。抽样方法的选择以及样本容量的确定，可以参见本章的概述部分。

（二）研究数据的获取

调查法的数据与实验法一样都需要通过测量得到，但与实验法不同的是，它往往需要同时测量自变量和因变量，而实验法往往只需要对因变量做测量。比如在《软文》中，研究者只需要对传播效果进行测量；而在《断交》中，研究者既需对作为自变量的社会心理因素进行测量，也需对作为因变量的“断交”行为进行测量。

在实验法中，研究者通过控制实验来测量数据；而在调查法中，研究者是通过让调查参与者回答问卷的方式测量数据。研究者将所研究的问题进行概念操作化，将其转变为可以测量的自变量和因变量，再设计出问卷对变量进行测试。因此，问卷作为测量工具在调查法中起着核心的作用，采用调查法进行研究时，必须将问卷设计作为非常关键的工作。

问卷可以按照不同的标准进行分类，最常见的分类方法是将其划分为结构型问卷和非结构型问卷。所谓结构型问卷，指研究者在每一个题干下都提供可以选择的答题项，调查对象只能在答题项中选择一项作为回答，而不能自己另外提供答案。所谓非结构型问卷，指研究者没有在题干下提供答题项，调查对象可以自由回答问题。借用通常的学生试卷进行说明，结构型问卷相当于全部由选择题组成，非结构型问卷则相当于全部由问答题组成。

结构型问卷的优势是便于量化分析，因为可以将回答项的频率进行统计，或者对各回答项进行赋值后进行统计，然后将统计值代入统计模型进行变量分析。非结构型问卷也有自己的优势，即调查对象可以自由地回答问题，有利于表达出更丰富的意见。

传播研究中的调查法大多数采用结构型问卷。不过，即使是结构型问卷，也往往会包含一些非结构型的问题作为补充。比如，一项针对生活方式对电视节目收视行为影响的研究中，很可能需要调查对象回答人口统计学方面的问题，如年龄、性别、学历、收入水平等。但是，就研究中的自变量和因变量而言，则往往需要被设置为结构型的问题，否则无法进行量化处理。

案　例

汪雅倩的论文（《新闻界》2019 年第 10 期）就采用了结构型与非结构型问卷结合的方式。研究项目中的自变量有四项：内容分享焦虑、隐私关注焦虑、互动焦虑和自我评估焦虑；因变量有一项：社交媒体不持续使用。研究的问卷设计包括两个部分，第一个部分是人口学变量，如性别、年龄、年级等，属于非结构型问卷；第二个部分是针对四个自变量和一个因变量的问题，属于结构型问卷。强月新和肖迪的论文（《新闻界》2019 年第 5 期）也采取了类似的问卷结构，即为隐私关注、主动保护意愿、隐私知识、真实隐私知识、自我表露 5 个变量设计了结构型问卷，为人口统计学变量设计了非结构型问卷。

研究者需要注意问卷与量表这两种工具之间的区别。问卷是调查法中独有的测量工具，量表则除了运用在调查法中外，也可广泛地使用在其他量化方法中，比如在实验法中也可以运用量表来进行测量。可以这样说，问卷与量表都是测量工具，但是量表更为严谨和结构化，因此属于问卷中的一个类别。一方面，量表的形式是比较固定的，无论 5 级、6 级还是 7 级量表均是如此，但是问卷的问题要灵活得多，甚至可以是非结构化的；另一方面，问卷和量表之间的一个很关键的区别在于，一张量表仅针对一个复杂的概念进行测量，而一张问卷则往往会对诸多事项进行测量。比如一张关于电视收视率的问卷可能会对收看的内容、时间、地点等事项进行调查。由此也可以看出，问卷既可以对概念进行测量，也可以对行为等方面进行测量，它的适用范围比量表要广泛。不过，比较起来，量表的严谨性一般超过问卷，因为研究者往往可以借鉴成熟的研究的量表而且量表便于进行信效度检验。前面说过，多数情况下结构化问卷和非结构化问卷是结合使用的，那么实际上也可以说是量表与非结构化问卷的结合使用。

案 例

汪雅倩的《焦虑视角下强关系社交媒体不持续使用研究——以微信朋友圈为例》（《新闻界》2019 年第 10 期）就属于将量表与非结构化问卷结合的情况。文中陈述的问卷设计的方法为：

我们以微信朋友圈作为研究平台，以大学生作为研究对象进行调查研究。问卷由两部分组成，第一部分为人口学变量，如性别、年龄、年级等；第二部分为各变量的测量题项。为了确保量表的内容效度，测量题项均改编自已有的成熟量表，根据本文的研究主题进行了适当修改。其中，内容分享焦虑、隐私关注焦虑、互动焦虑和自我评估焦虑均改编自 Alkis 等人的研究，采用李克特五级量表在 1（从不）到 5（总是）之间进行打分；持续使用意愿（discontinuous usage intention，DUI）改编自 Zhang 等、Maier 等和 Ravindran 等的研究，采用李克特七级量表在 1（非常不同意）到 7（非常同意）之间打分，每个潜在变量设置了 3～8 个测量题项，共 25 个题项。

问卷设计是以概念的操作化为前提的。概括来看，设计问卷的整体流程是：（1）明确研究的问题，也就是确定一个有价值的研究问题，如《断交》所要研究的问题是社会心理因素对社交媒体断交行为的影响。（2）确定所要考察的变量关系，作为将要建立的数学模型的基础，如《断交》中的变量关系是以社会心理因素为自变量，以社交媒体断交行为为因变量。（3）对变量进行操作化定义，使抽象的概念转变成具体的可观察、可测量的概念，而且要确保信度与效度，如《断交》把对社会心理的概念转换成对同质性、面子顾虑、隐私顾虑三个社会心理学变量的测量，把对社交媒体断交行为的测量转换成对社交媒体屏蔽行为和删除行为的测量。(4) 根据操作化定义后的概念设计问卷（或量表），如《断交》中对自变量和因变量所设计的量表与问卷。因此，问卷看起来仅仅是研究中的一个环节，但它是从研究问题开始环环相扣的若干个环节的自然延伸。如果没有这样丝丝入扣的严谨逻辑，问卷的设计很容易脱离研究问题，沦为随意提出几个问题的“大杂烩”。不少运用调查法的文章就出现了这样的毛病。(5) 对问卷或量表进行信效度检验，这一点在后文专门讨论。(6) 运用问卷或量表进行测量，也就是让参与调查者回答问题，从而获得研究所需的数据。

问卷设计中需要注意的问题大致如下：

第一，问卷的结构。一般地，一张完整的问卷，应该包括前言部分和问题部分。前言部分的任务是以非常简明得体的语言表明问卷和调查的目的，以及对参与调查者的感谢。如果参与者能获得报酬，也可以在前言中说明。

第二，问卷的长度。问卷的长度，指的是问卷需要回答者花费多长的时间作答。多米尼克等认为回答需要的时间根据回答方式的不同而不同：运用邮件或者小组调查的方式时最多不超过 60 分钟，一对一的面访也最多不超过 60 分钟，电话调查最多不超过 20 分钟，在购物中心等场所进行的访问最多不超过 10 分钟。[①]这个标准为国内较多的方法文献所借鉴，因此可以作为研究者的参考。

第三，问题的顺序。除前言外，非结构化的问题应该在前面，因为这样更便于灵活提问，尤其是提出关于参与者的人口统计学问题。问卷中的问题一般应该先易后难，将非结构化的问题设置在前面也体现了这一要求。同时，问题的顺序应该有内在的逻辑性，也就是同类的问题应被安排在相同的版块。

第四，语言的要求。参与调查者并非学者而且文化程度差异甚大，所以问卷的语言要简明。首要要注意简洁，这样可以节约参与者的时间，有利于参与者认真地回答问题。如果语言较为拖沓，则可能吸引不到参与调查的人，或者即使有人参与调查但并不耐心作答。其次是注意通俗易懂，避免使用学术性和

---

① WIMMER，DOMINICK. Mass Media Research：An Introduction [M]. 6th edition. 北京：清华大学出版社，2003：175.

专业性的概念，而是将这类概念转换成日常性的概念进行提问。否则的话，参与者如果模糊地理解了问题的含义，那么测量的质量就会受到影响。

第五，语义的明确。学术研究应该力求确定性，而不是含糊其词，因此问题中给参与者提供的回答依据也应该具有确定性。也就是说，参与者仅根据问题就能够确切地作答。比较常见情形如下：

您对某某报道的态度是：

A. 非常喜欢；B. 喜欢；C. 中立；D. 不喜欢；E. 很不喜欢

这是一个简单的5级李克特量表问题。这样设计问题的量表不在少数。问题在于，参与回答的人该如何判断“非常喜欢”和“喜欢”以及“不喜欢”和“很不喜欢”之间的区别呢？同样的情感强度，也许对于一个参与者而言是“喜欢”，但对于另一个参与者而言就成了“非常喜欢”。因此，研究者可以将这类问题转换成使参与者可以明确而客观地做出判断的问题。

获得回答的途径一般有现场面访、电话访问、邮件访问、在线调查等。现场面访，即调查者访问调查对象，当面提出问题；电话访问，即通过电话入户提出问题；邮件访问，即将问题通过邮件发给调查对象。还可以通过其他方式，如邮寄等方式获得研究数据。目前，尽管线上调查被越来越多地采用，但现场面访仍是一种主流的方式。关于面访对象的来源，可以通过在给定总体前提下的抽样方式获取，也可以通过街头拦截等方式获取。如果采用抽样方式，则需要运用统计控制技术，这一点可以参考前文概述中的相关内容。

（三）信度和效度检验

在调查法中，问卷或量表是测量的工具，因此它们的信效度会关系到研究质量的好坏甚至成败。与实验法一样，研究的信度与效度检验是至关重要的。调查法中的信度和效度检验也有两个层次，一个是贯穿于整个研究过程中的方案设计，即在调查法中依赖于统计控制技术来提高信效度，以至于辛格尔特里甚至认为“它所达到的统计控制程度使得实验法的应用毫无必要”①。这似乎有些偏颇，适用于实验法和统计法的研究问题还是有较大差异的。

信度和效度检验的另一个层次，是对测量工具即量表或问卷的检验。前面

① 辛格尔特里．大众传播研究：现代方法与应用［M］．刘燕南，和铁红，译．北京：华夏出版社，2000：139.

说过，量表构建有两个来源，一个是借鉴别人的研究成果，另一个是自己设计。借鉴别人研究成果的优点是量表比较成熟，但缺点是不一定完全适应当前的研究项目，所以很多时候需要进行适当的改造，并进行信度与效度检验。如果是自己设计的量表，则更需要进行信度与效度检验。

但是，对于非量表性质的问卷而言，如何保证其信效度是一个难题，笔者尚未见到关于这方面的讨论。事实上，作为学术研究的测量工具，调查问卷理应具有较高的信效度，也就是应该具有客观性等特征。但是，研究问题的不同以及调查问题的千变万化，带来了几乎不可能进行信效度检验的难题，而对这一问题完全视而不见则容易导致研究的随意性。相当数量的调查问卷几乎就是"拍脑袋"的产物，是随意提出几个问题并将它们拼凑起来的产物。这里笔者将为非量表性质的问卷的信效度控制提出建议：

一是效度控制。效度意味着所测量的概念可以反映所研究的问题中的概念。例如在《断交》中，对社交媒体断交行为的测量被转换成对"屏蔽"和"删除"两种行为的测量，后两种行为基本上是在社交媒体上断交所可以采取的全部行为，因此这样的测量是有较高效度的。相反，相当多的文章中的问卷并不能测量所提出的问题，也就是研究缺乏效度。

案　例

目前，研究农民工城市融入的文章较多。一篇投稿讨论"社交媒体使用与青年农民工城市融入之间的关系"。其中在对社交媒体进行测量时，测量的是青年农民工微信和QQ的使用频率。首先，"社交媒体使用"是一个很综合的概念，远远超过使用频率，比如还会包括使用的功能、场所、时间等等，那么用"使用频率"来测量"社交媒体使用"就存在第一个层次的效度不足的问题（如果将研究的问题改成"社交媒体使用频率与青年农民工城市融入之间的关系"就可以避免这个问题）。其次，目前运用范围最广泛的社交媒体是微信和微博等，QQ是即时通信工具而一般不被视为社交媒体（QQ空间可视为社交媒体），因此存在第二个层次的效度不足的问题。

二是信度控制。信度意味着可重复性，即无论是改变时间进行测量还是改变实施者进行测量，所获得的结果是一致的。由于调查法本来就是要观察自变量取值变化对因变量的影响，而调查的目的就在于发现不同参与者的数据，因此很难进行真正的重复性检验。理论上，只有完全重复地进行同样的调查才能检验其信度，这在现实中显然是不大可能实现的。因此，除了在整个研究方案设计中严谨地运用统计控制来确保信度外，似乎并没有别的有效方法来控制问卷设计的信度。这个问题也值得大家思考。

第四节　内容分析法

内容分析法与实验法、调查法一样是重要而历史悠久的实证研究方法。内容分析法是“回答大众传媒很多方面问题的有效工具”[①]，因此它的运用范围相当广泛。

一、概念与历史

关于内容分析法（content analysis），被广为引用的是贝雷尔森（Bernard Berelson）1952年在他的著作《内容分析：传播研究的一种工具》中给出的定义：内容分析是一种对传播内容进行客观、系统和定量地描述的研究方法。这个定义迄今仍为研究者所公认。定义中最为核心的是“客观”“系统”“定量”三个词，它们非常准确地描述了内容分析法的特征。这里借用祝建华教授对这三个词语的解释：

> 所谓“客观”，是指研究者必须从现存的材料出发，原始材料说了什么就是什么，绝对避免个人的主观好恶倾向。所谓“系统”，是要求按照一个前后统一的计划，对全部有关材料进行研究（research），而不能为了证明某个观点专门去搜集有用的资料（research for）。所谓“定量”，是用绝对数、百分比、平均值、相关系数等数量概念，把分析结果精确地表述出来。[②]

可以看出，内容分析法最直观的特征是属于量化研究。有人将以内容为对象的研究统称为内容分析，这是不恰当的。在传播研究中，内容分析法的概念

---

① WIMMER，DOMINICK. Mass Media Research：An Introduction [M]. 6th edition. 北京：清华大学出版社，2003：83.

② 祝建华 . 内容分析：传播学研究方法之二 [J]. 新闻大学，1985（10）：97 - 100.

是很确定的，特指对内容做客观、系统、定量研究的研究方法。一些不具有这三个特征的研究方法，即使以内容为研究对象，也不属于内容分析法。比如常见的对传播内容的非定量分析就有文本分析、话语分析等。在笔者所选取的100篇文章中，有一篇文章将话语分析法描述为内容分析法。这是一种误解。

内容分析方法历史悠久，可以上溯到20世纪20年代初李普曼（Walter Lippmann）的一项研究。他为了证实美国新闻界并非自己所标榜的那样客观真实，与一位朋友一起对《纽约时报》的俄国十月革命报道进行了统计分析，结果发现这些报道充满了偏见。现代意义上的内容分析法，即客观、系统、定量的内容分析法兴起和成熟于二战期间和二战后，主要的贡献者是拉斯韦尔（Harold D. Lasswell）和贝雷尔森。拉斯韦尔1927年出版了他的博士论文《世界大战中的宣传技巧》（*Propaganda Technique in World I*），提出了对内容进行精确量化分析的思想和方法。二战爆发后，他领导政府的“战时宣传实验部”，带领贝雷尔森等年轻学者对军事宣传品进行研究。战后，拉斯韦尔和贝雷尔森分别出版了有关内容分析法的专著，尤其是后者出版的《传播研究中的内容分析》（*Contents Analysis in Communication Research*）建立了系统的分析体系，使得这种方法成为传播学乃至整个社会科学中被广泛使用的研究工具。传播研究中内容分析法广受重视，美国杂志《广播与电子媒介》（*Journal of Broadcasting and Electronic Media*）在1977—1985年期间的报告表明，有20%以上的文章运用了内容分析法。①

内容分析法最早见于学者对报纸报道的分类研究，后来逐渐被运用到电视、广播、图片、杂志甚至信件、日记、谈话、互联网等领域。比如闫岩等在《失真的镜像：对优酷视频中“城管vs商贩”冲突的内容分析》中研究的对象就是视频（《新闻与传播研究》2015年第2期）。

如果说实验法是完全的自然科学方法，调查法是社会学的方法，那么内容分析法可以说是真正属于传播学的方法，或者说是由传播学者创立的研究方法。内容分析法不需要接触和影响研究对象，仅需对传播内容进行纯文本分析。内容分析法具体的做法是将文本简化为数字，即计算文本中某些元素出现的频数，然后运用统计模型对这些频数进行分析。内容分析法在传播研究中的应用主要体现在以下几个方面：描述传播内容的倾向性或特征、从信息内容推测信息传

① 戴元光，苗正民．大众传播学的定量研究方法［M］．上海：上海交通大学出版社，2000：68．

播者的态度、研究媒介内容的真实性、从媒介内容推论传播效果、建立媒介效果研究的起点等。

笔者选取的100篇文章中仅有一篇运用了内容分析法。

二、内容分析法的设计

内容分析法的流程与实验法和调查法类似：引言—文献梳理—方法设计—研究发现—结论与讨论。引言、文献梳理、研究发现、结论与讨论四个部分可参见本章第一节的概述，这里只讨论研究方法。

为了形象地说明问题，后文将主要以黄顺铭和刘娜的文章《逝后的性别差异：一个资本视角——〈人民日报〉讣闻报道的内容分析》（《国际新闻界》2016年第7期，以下简称《逝后》）为例。因此先对该项研究进行简要介绍。

媒介内容的性别问题是一个传统的研究方向。《逝后》试图分析《人民日报》的讣闻报道中是否存在性别差异或歧视。为了使分析具有理论性，文章引入了社会资本理论，以之为视角来分析传播内容中的性别差异或歧视。

文章的结构分为五个部分：第一部分是“引言”；第二部分是“文献回顾与研究假设”；第三部分是“研究方法”；第四部分是“数据分析”；第五部分是“结语”。这与通常的实证研究的流程也是基本一致的。

根据提出的研究问题，文章的研究思路是从《人民日报》中抽取500篇讣闻方面的报道作为样本，按照社会资本的四个子概念（文化资本、权力资本、社会资本、象征资本）对这些样本进行编码，然后通过归属于每个子概念中男性和女性被提及的频率来分析报道中是否存在性别差异或歧视。

接下来笔者将主要以《逝后》为例，对内容分析法的设计进行分析，依然是研究对象的获取、研究数据的获取、信度和效度检验等主要环节。

（一）研究文本的获取

上面两节提到，实验法通过抽样确定被试人员，调查法通过抽样确定调查对象，这二者均是对人进行抽样；内容分析法则不同，它不需要其他人参加研究项目，而是对符合研究条件的文本进行抽样，既可以采用概率抽样，也可以采用非概率抽样。

在内容分析法中，如果可以作为研究对象的文本的数量较大甚至很大，那么采用概率抽样是合理的，而不宜随意地确定样本。比如杨莉明和周睿鸣的《公共空间中的私人话语：传媒工作者的微博内容分析》（《新闻界》2014年第

19 期）中，因为将所有传媒人的所有微博内容都纳入研究范围显然是办不到的，所以作者进行了等距抽样。

有时，研究对象总体规模并不大，则可将总体全部纳入研究范围，省去抽样过程。比如常江和文家宝在《中国电视调查性报道的困境：基于场域理论对央视〈新闻调查〉（2009—2014）的内容分析》（《新闻记者》2015 年第 11 期）中，以央视《新闻调查》栏目 2009—2014 年的节目为研究对象，由于该节目每周播一次（遇到突发性事件时当周停播），6 年中共播出 278 期（含重复播放的 6 期），节目量显然并不大，因此作者将所有节目全部作为研究对象。

《逝后》对抽样的处理稍微复杂一些。研究者对《人民日报》1995—2014 年的文章进行标题关键词检索，获得文章 3 091 篇，然后经过样本清洗得到 2 444 篇。其中女性逝者仅 113 人，因此全部纳入样本；然后在剩下的2 331 篇中随机抽出 387 篇男性逝者的讣闻，组成一个共 500 篇的研究样本。也就是说，文章采取了整群抽样和概率抽样相结合的方法，对女性逝者的报道采取了整群抽样，而对男性逝者的报道采取了概率抽样。由此可见，研究者可以根据实际情况灵活运用抽样技术。

有时，研究者需要对抽出的样本进行清洗。《逝后》对抽样获得的文章进行了样本清洗，具体采取了如下方式：（1）只保留逝世被作为一种“事件”而非“纪念”的篇目；（2）只保留逝者身份为“大陆人”“港澳台人”和“其他海外华人”的篇目；（3）按照硬新闻优先或时间靠前的原则，每位逝者只保留一篇报道。这样清洗后获得前述所说的 2 444 篇文章。

（二）研究数据的获取

内容分析法中研究数据的获得是通过编码来实现的。这一方法最鲜明的特征就是编码，即通过编码来对内容进行分类，获得各个变量的频数等数据。可以说，如果说内容分析法中方法设计是核心的话，那么编码就是核心之中的核心。只有掌握和熟练运用编码技术，才算真正掌握了内容分析法。

所谓编码，也称类目构建，其实质是提出一套概念体系或类目体系（category system），作为对内容进行分类的标准，然后按照这个标准对内容进行分类和登记。所谓“类”指类型，是较大的范围；所谓“目”仍指类型，是较小的范围。由这个名称可见，类目构建往往有两个甚至多个层次。

类目构建不能仅随意地提出几个概念，而是要提出一个概念体系。不少投稿虽然声明采用了内容分析法，但在类目构建时仅泛泛罗列出体裁、篇幅、消息来源等概念，没有文献来源和理论意涵；然后简单地统计描述一番，既缺乏概念的学理性依据，也缺乏内在的逻辑结构，显得非常表面化。

可以说，类目的构建过程也是概念的操作化过程，类目一方面可以通过经验构建，但更主要的是通过理论与文献梳理构建。据笔者观察，类目概念主要有两类：一类是大众传播学赋予传播文本的概念，比如消息来源、报道类型、报道篇幅、报道版面、报道主题等，这类概念往往是直观的和描述性的；另一类是传播文本中所包含的情感、文化或意识形态等方面的概念，这类概念不是直观的，往往需要通过细读、分析才能获得。那么，具体到一项研究中，这两类概念就会有三种组合情况：

（1）全部为传播学文本的概念。这种概念体系，适合于对内容的特征做描述，比如某类报道的数量、时间趋势、消息来源等。但仅仅由这类概念组成的类目体系所具有的学术意义比较有限。

（2）全部为文本的情感等概念。《逝后》就运用了这样的组合。文章提出了传播文本的四种可能意义并将其作为类目概念，包括逝者的文化资本、权力资本、社会资本、象征资本。显然，这样的类目构建有利于引入其他领域的理论，如《逝后》就引入了社会资本的理论。这样的类目构建还有利于分析大众传播内容背后的社会因素等，理论探讨的空间要广阔得多。

（3）大多数情况下，类目中既有传播文本的概念，也有文本情感等的概念。比如黄河和康宁的《移动互联网环境下群体极化的特征和生发机制：基于“江歌案”移动端媒体文本和网民评论的内容分析》（《国际新闻界》2019 年第 2 期）中，除了文本概念外，还引入了情绪类概念“态度极端程度”等，对群体极化效应进行了考察。前述常江等人的研究中引入了“报道倾向”这样的情感类概念，分析统计文本的正面、负面或中性的三种态度，为后文运用场域理论阐释留下了空间。钟智锦和周志成的《“一国”与“两制”的工具性实现：对香港报纸的内容分析（1998—2016）》（《新闻大学》2018 年第 4 期）一文引入了“情感属性”的概念，为分析媒体对“一国两制”的态度提供了理论场景。

在类目构建时要注意以下几个因素：第一是类目要形成体系，概念之间不能是混乱、交叉甚至重合的，否则会导致无法按照类目进行编码。比如《逝后》构建了一个文化资本、权力资本、社会资本、象征资本这样从资本角度分类的体系，类目之间的区别与联系都是清晰的。第二是要在文献梳理等的基础上进行概念操作化，尽量提供类目编制的理论依据，保证学术研究的基本特质。第三是避免构建简单的文本特征类类目，这样的类目难以用于深度分析，很难从中探究出理论与学术价值。相当多的内容分析法文章仅罗列出体裁、篇幅、消息来源等特征描述性概念，然后进行统计，基本上局限于统计解释，不太具备学术研究所需的理论价值。在内容分析法中，并非不需要描述性类目，但是它们一般是用于描述研究中的样本特征，因而仅仅是研究的基础，真正的研究更多的是针对文本的情感特征等社会学意义方面。

编码工作完成后，还不能直接用于内容的分类，而是先要进行信度和效度检验。经过对编码的信效度检验后，就可以对内容进行分类了。所谓对内容分类，就是指将各个内容单元按照编码进行登记，最后统计不同编码之中内容出现的频率。内容的单元可以是一篇报道，也可以是报道的标题，还可以是一个段落等，需要根据作者的研究情境来设定。将各个类目概念下内容的频率登记完成后，就获得研究所需要的数据了。

（三）信度和效度检验

从理论上讲，所有研究都应该保证信度与效度，否则就谈不上科学性。内容分析法的编码环节要先进行质量检验，达到一定指标后才可以进行正式编码，也是这个道理。

不过，与实验法和调查法中对信度和效度的检验不同（它们都是对量表或问卷进行检验），内容分析法是对编码表进行信度和效度检验，检验的方法也有所不同。通常，类目构建后会由两个以上人员先对少部分内容试编码，然后看编码结果的一致性，一致性越高则信度和效度越高，达到一定要求后才可以进行正式编码。

信度和效度检验不达标的原因可能是编码员、编码准则、类目定义、分析单位等方面的问题。为了达到可接受的控制水平，维曼和多米尼克推荐了下面的三步骤法：（1）尽可能具体地对各类目进行界定；（2）加强对编码员的培训；（3）进行预研究，以修正类目以及判别编码员的胜任情况，甚至剔除不合格的编码员。[①] 检验达标后再对样本进行编码，编码完成后再进行样本检验，判断独立编码员编码的一致性程度。研究者通过这些措施提高编码的信效度，直到信效度达到要求后再对内容进行测量和登录。

---

① WIMMER，DOMINICK. Mass Media Research：An Introduction [M]. 6th edition. 北京：清华大学出版社，2003：151.

第四章　解释主义范式

解释主义是传播研究中非常主流的范式，不但运用广泛而且方法种类丰富，使传播研究显得生机勃勃。解释主义的研究方法同样分为数据搜集和数据分析两个阶段，但它搜集的一般是非量化数据，数据分析阶段也一般不采用量化模型。本章第一节是对解释主义方法共同特点的阐述，第二至十节分别讨论 9 种研究方法的不同特点与设计。

第一节　概　论

解释主义包含 9 种具体的研究方法，本节将介绍这些方法共有的特点。为了更好地理解解释主义，本节将与实证主义的概述部分进行比较。需要说明的是，解释主义诸种方法的结构性特征不如实证主义方法强，因此要提炼它们之间的共性有一定难度。这就更依赖后面各节来对不同研究方法的特征进行介绍。

一、解释主义的概念

学界一般认为解释主义范式的提出者是狄尔泰。他的方法论思想深受德国哲学家施莱尔马赫（Schleiermacher）的影响，并著有《施莱尔马赫传》一书。施氏认为，“作为理解艺术的诠释学并不存在，存在的仅是一种多元的（解释）”。[①] 狄尔泰采用了施莱尔马赫的解释学概念，并将其发展成社会科学的方法论。

有时候，我们也将解释主义称为诠释学。实际上，这两个概念虽然的确有着紧密的联系，但也有一定区别。上文中施莱尔马赫的表述中，就包含着“解释”与“诠释”的差异。不过，本书并不会去细究这两者之间的区别，而是把它们当成同一个方法论概念。

---

① 沃野．诠释学方法论的昨天和今天［J］．学术研究，1999（1）：3－5.

孔德将自然科学的研究方法引入社会科学，但是狄尔泰对自然科学的研究方法是否适合于社会科学深感怀疑。他将除自然科学以外的与人有关的科学称为“精神科学”，他的精神科学概念包括了我们现在称为人文科学与社会科学的领域，即“包括经济学、政治学、社会学、人类学、历史学、心理学、法理学、文学，甚至哲学”①。他提出的解释学方法论也就涵盖了今天的社会科学和人文科学的方法论。解释主义事实上也分为两种范式，一种是社会科学的解释主义范式，可以称之为狭义的解释学范式，即强调客观性的解释主义；另一种是保留在人文科学中的解释主义，可以称之为广义的解释学，强调对意义的解读。后者的解释学范围，甚至可以延伸得更广，有人认为自然科学也是一种“解释”。本书指的是狭义的解释主义概念，它作为一种社会科学研究的方法论，不同于自然科学的实证主义方法论，即不认为学术研究是对所谓客观“规律”的发现，而是研究者在研究情境中通过与研究对象互动或互相建构，对社会现象进行的意义解释或解读。

韦伯是为社会学研究建立解释主义范式的另一个重要的哲学家，他与马克思、涂尔干（又译为迪尔凯姆）并称为现代社会学的三大奠基人。韦伯反对实证主义传统，认为社会科学与自然科学在本质上存在差异，因为人类的社会行为过于复杂，不可能用自然科学的方式加以研究，而只能是“精神现象的移情理解”②。如果说，狄尔泰仅仅是提出了解释主义的概念，那么韦伯的功绩在于发展出了解释主义方法论的一套概念体系，使这种方法论在逻辑上更加自洽而且具有操作性。比如他提出的著名的价值中立学说，长期以来成为众多研究者所遵循的重要的方法准则。韦伯的方法论对迄今为止的社会科学研究产生了深刻的影响。他本人的研究领域广泛而且成就巨大，涉及政治学、经济学、宗教学、历史学等，因此解释学方法论几乎影响了后来全部的社会和人文科学领域。

二、解释主义的特点

解释主义最根本的特点，是不认为社会现象与自然现象一样地具有所谓“客观”规律，因此社会研究的方法论不是去寻找这种规律，而是对社会现象的意义进行理解与作出解读。它的理由是，社会现象是历史性的、偶然性的，也

① 狄尔泰．精神科学引论［M］．艾彦，译．南京：译林出版社，2012：5.

② 韦伯．社会科学方法论［M］．朱红文，等，译．北京：中国人民大学出版社，1992：70.

就是不重复性的，那么就不存在像自然现象那样具有普适性的规律。

由于解释主义方法论是与实证主义相对的，因此在研究方法的特点上也是相对的。我们可以与实证主义的4个特点做对比，更加具体地看看解释主义的特点。

（1）在客观性方面。上面说过解释主义与实证主义不同，它不认为有一个客观的普适的规律存在，因为社会现象与自然现象不同，社会现象都是历史性的、个性的。因此，解释主义不追求所谓客观的规律，而是希望对社会现象进行“理解”。

（2）在量化方面。实证主义因为坚信社会现象也是由客观的规律支配的，那么对这种规律进行发现和做精确表达的最佳方式无疑是数学模型，因此量化研究成为实证主义的具体技术。解释主义强调对社会现象的意义进行“理解”，“意义”本身是难以量化的，因此并不主张采取量化的技术。

（3）在研究假设方面。实证主义因为认为社会现象中存在“客观”规律，因此可以通过对规律进行证实或证伪的方式发展或改进理论，而研究假设正是将规律作为研究起点的方式。解释主义既然认为不存在“客观”的规律，那么假设的前提也就不存在了，而是直接对研究现象进行分析。

（4）在结构性方面。实证主义方法有较强的结构性特征，比如研究假设、量化模型、研究发现、结论与讨论等，其中的内容比如量化模型中的信效度检验等，都有具体的标准和程序，因此具有很强的可重复性特征。解释主义一般不完全是结构性的，有的研究方法有一定的结构性特征，比如扎根理论分析法也要求进行编码这样的程序，可以称为“半结构性”的研究；有的则完全不具备结构性特征或结构性特征很弱，比如话语分析法，基本上没有可以依据的程序或标准，可以称为“非结构性”的研究。

学术研究的客观性问题是非常重要的。解释主义追求的是“社会客观性”，那么如何实现这一目标？途径依然主要有两个，第一是从感性经验出发，第二是依靠客观性的方法。

首先，解释主义也是经验主义的，也就是从感性经验出发进行研究的，这是为了保证研究数据搜集的客观性。这一点与实证主义相同。经验主义不承认形而上学的方法论，比如对“上帝存在”这类根本无法验证的问题，拒不认为它是对知识的讨论。但是，社会科学的结论如何可以检验呢？它往往是抽象的，而且社会现象往往是偶发性的。解释主义解决这个问题，主要是通过将研究起点和过程外显化的方式。其中将研究起点外显化，也就是从感性经验出发进行研究，因为如何搜集经验材料是可以描述和评价的，人们可以以此判断一项研究是否客观。

解释主义中多数方法都有系统的资料搜集方法与过程，这就是确保研究客观性的必要程序。比如民族志方法中的田野调查、焦点小组访谈法中的访谈、案例法中的案例调查等等，都是获得感性经验的过程。甚至可以说，正是因为解释主义研究的结论难以验证，因此更加倚赖于对材料搜集过程的评价来判断研究的客观性。那么，很多论文没有材料的搜集过程，或者对过程的描述非常粗疏，是无法保证或体现出研究客观性的。

其次，解释主义的数据分析过程也是需要重视客观性的，也就是要有方法的依据。解释主义方法的标准化程度远不如实证主义，但是也并非毫无依据地随意得出结论。当然，如何实现解释主义方法中分析过程的客观性，也是远远没有解决的问题，但这肯定不意味着完全的自由想象，有一些方法和技术需要重视。比如在运用较多的方法完成数据搜集后，对数据的分析可以采用扎根理论分析法，这一方法是有一定的程序和标准要求的。又比如在民族志研究中，对数据搜集客观性的分析可以运用三角分析法，这也是为了保证研究的客观性。再如在一些解释主义研究中，要运用理论饱和度抽样来保证研究的客观性等。这些具体的方法，将在后文对相关方法的介绍时进行讨论。

三、解释主义的现状

我国传播学中引入解释主义的研究方法，应该从质性研究方法被引入算起。之前中国的传播研究尽管也属于“非量化”的方法，但是前面已经说过，非量化研究与质性研究是两个不同的概念。质性研究方法，包括民族志法、深度访谈法、焦点小组访谈法、扎根理论分析法等方法大致在 2000 年前后逐渐进入传播研究领域，并迅速成为研究的主流范式。

在《新闻界》的 100 篇文章中，解释主义占据了大多数，多达 58 篇，远远比实证主义和思辨研究范式多。实际上，观察新闻传播学其他的学术期刊，也是解释主义研究比实证主义研究要多。这可能反映了传播研究的学科特点。

四、解释主义的论文结构

解释主义研究的结构性特征比实证主义弱，反映在文章的结构方面也灵活一些，但是这并不意味着无规则可循。实际上，大多数运用解释主义方法的论文其结构与实证主义的比较接近，大致按照“引言—文献梳理—研究方法—研究发现—结论与讨论”这样的结构来安排。

前面说过，解释主义的 9 种方法中，扎根理论分析法、框架理论分析法、民族志法、深度访谈法、焦点小组访谈法属于半结构性的研究方法，因此它们的论文结构与实证主义方法论文的结构相当接近，大多采用了“引言—文献梳理—研究方法—研究发现、结论与讨论”的结构。这也反映出经验主义研究的共同特征，即除了引言和文献梳理这样必备的学术研究要素外，研究方法部分的功能均是对经验材料搜集与分析方法的描述，而研究发现、结论与讨论部分也是一般论文所应有的部分。9 种方法中，案例分析法、文献分析法、文本分析法、话语分析法这 4 种方法的结构性特征更弱，甚至属于无结构性的研究，因此反映在论文的结构上，即较少地呈现出上述 5 部分的安排。当然，这种划分也并非绝对的，有时候前面 5 种方法的论文也可能呈现出无结构性的特征，后 4 种方法中的个别论文也可能按照上述 5 个部分来组织论文，从而呈现出一定的结构性特征。

一般地，笔者建议运用扎根理论分析法等 5 种方法时，参考上文中的 5 部分的论文结构为佳，因为这样的结构能够较好地呈现出作者的研究思路，论文的逻辑也比较明晰，而且比较符合学术共同体的知识交流习惯。其他 4 种研究方法，也可以参考这 5 部分的结构，同样有助于使论文逻辑更为清晰。因此，下面讨论解释主义论文结构的时候，仍然按照 5 部分的结构依次进行。同时，这样的结构分析也有利于读者将解释主义的论文结构与实证主义做相应的比较。实际上，解释主义论文的 5 部分结构与实证主义论文中相对应的部分，在功能与要求方面多有相似，因此后文对相同之处仅做简要介绍，重点讨论不同之处，尤其是方法设计部分。

为了直观地说明问题，笔者将以胡杨、王啸的《什么是“真实”——数字媒体时代受众对假新闻的认知与辨识》（《新闻记者》2019 年第 8 期，以下简称《真实》）为例。数字媒体改变了新闻业，那么在这个环境下受众如何认识假新闻，如何辨识假新闻，是作者在该文中试图回答的问题。作者采用了焦点小组访谈法和网络问卷调查法，主要的方法是前者，因此可以用来作为解释主义方法的案例。《真实》一文的结构是：（1）引言；（2）文献综述；（3）研究对象与方法；（4）研究发现；（5）讨论与结语。其中“研究对象与方法”部分就是通常所说的“研究方法”部分，作者所谓的“研究对象”指的是焦点小组访谈的对象，它是可以包含在“研究方法”部分中的。

（一）引言

解释主义方法的引言与实证主义方法的引言的作用是一样的，主要的任务都是为了引出问题；如果需要运用理论工具，则可以在这部分提出理论视角。《真实》一文没有用到理论视角，因此引言的核心任务是引出问题，表明研究的目的和价值。在引言中，相关的主要表述是：

> “假新闻”（fake news）自 2016 年美国总统大选开始成为网络热词，假新闻本身亦成为热门话题，引发学界对于互联网环境下各类信息失序现象（information disorder）的再度关注……从受众认知的角度来看，数字传播技术迅速发展的背景下，人们对假新闻的理解相较过去已大有不同……长期以来假新闻的相关探讨由主流媒体、科技公司、政策制定者和专家学者所主导，而对新闻受众则较少关注。数字传播时代，受众以互动、对话、共创等方式积极融入新闻生产中，相应地，也成为假新闻传播过程中的重要一环……此外，国内关于假新闻的研究多以行业报告、案例解读或是政策建议的形式出现，实证资料相对缺乏，这也在方法层面制约了研究者对受众主体与假新闻互动关联的分析与解读。

上述表述中的省略号代表作者引用的文献。可以看到，作者的文献梳理是述评结合的，以“评”为骨架，以“述”为血肉。同时，作者从互联网环境下信息失序的角度提出了假新闻研究的意义，从两个方面（传者和学者主导、实证缺乏）指出了现有研究中受众研究的不足，从另一个角度提出了研究问题的意义。这种引言能够较好地达到目的。

（二）文献梳理

解释主义论文也需要进行文献梳理，且要求与实证主义是一致的，即应当注重文献梳理的针对性、分析性，注重文献的质量，注重文献梳理的目标性。具体的内容可以参考实证主义的概述一节。

解释主义文献梳理与实证主义的文献梳理的作用是一样的，都是为了通过对文献的回顾来反映所研究问题的研究现状、存在的不足，从而确立研究问题的价值，即“提出问题”。在对实证主义范式的分析中，还讨论了文献梳理时“概念操作化”和“提出研究假设”的任务。前面说过，解释主义并不进行理论假设，因此其文献梳理也就没有提出研究假设这一职责，但是它也需要概念操作化过程。这样，解释主义的文献梳理就有了提出问题和概念操作化两项任务。

1. 提出问题

与实证主义研究一样，解释主义研究的“提出问题”部分的功能在于提出具体的研究问题，并通过文献分析来确立其研究价值。一般地，通过文献梳理能够描述出研究的现状，指出既有研究中存在的不足，从而提出自己具体的研究问题并说明其研究意义。《真实》一文从“假新闻与变化的传播图景”“假新闻的概念化界定”“假新闻的辨识”三个方面进行了文献梳理。可以看到，这三个方面的文献是与研究的问题较为紧密地关联在一起的，“假新闻与变化的传播图景”分析的是新的传播环境对新闻和假新闻的影响，“假新闻的辨识”则是研究问题中的重要内容。

2. 概念操作化

在实证主义研究中，概念操作化的意义被广泛认识，因为实证研究需要将抽象的概念转化成可量化测量的概念。解释主义研究不需要量化测量，但是一般仍然需要概念操作化过程，只不过这种操作化是逻辑转换而非量化转换。解释主义研究中，提出的研究问题往往可能是宏大的、抽象的，难以进行直接研究。比如《真实》一文的研究问题主要是受众在新媒体环境下如何辨识假新闻，那么应从哪些角度来分析这一问题呢？文章提出了三个方面：一是从生产方面，即新闻生产的“情境”；二是从假新闻的特征方面，即对假新闻的认知“框架”；三是从依靠何种标准来判断假新闻方面，即辨识假新闻的“路径”。试想，如果没有这一将研究问题具体化的概念操作化过程，那么文章的分析框架就难以建立起来。

要注意的是，概念操作化中也要注意逻辑自洽的问题，也就是从理论上说，操作化之后概念的外延应该与所研究问题概念的外延相一致，至少应该大体一致；而且概念之间应该有逻辑联系。比如《真实》一文中研究问题是“对假新闻的辨识”，概念操作化是根据生产情景辨识、根据内容特征辨识和根据给定标准辨识，在外延上是比较一致的；而且，可以看到，作者大致是按照生产、内容、受众这样的顺序安排文章结构，是有内在的逻辑的。不少文章的并列部分之间逻辑混乱，彼此之间重复或交叉，很难说操作化前后概念的外延是一致的。这就严重影响到研究的信度和效度问题。

（三）研究方法

解释主义研究与实证主义研究在研究方法部分既有区别，也有相似性。在相似性方面，因为都属于经验主义研究，因此研究的起点都是感性经验，都需要经验材料的搜集过程，都需要对材料进行分析的方法，也都需要对研究质量进行控制的措施。在区别方面，实证主义更倾向于概率抽样和量化分析等，而解释主义则并非如此。不过，由于解释主义方法众多，内部的差异性甚大，因此各方法的设计详见本章第二节至第十节，本节将简要介绍它们的共性。

1. 研究对象的获取

一般地，无论是实证主义研究还是解释主义研究，除非进行全样本研究，否则都需要进行抽样。区别在于，实证主义研究更多地采用概率抽样，而解释主义则更多地采用非概率抽样。选择解释主义研究的作者要知道这一点，即并非解释主义研究就没有进行抽样，只不过通常在方法介绍中没有“抽样”这样的表述而已。是否明确地提出“抽样”并非关键，关键在于要有抽样意识，即对抽样方法和过程以及样本状况有必要的描述。比如运用焦点小组访谈法，那么对于如何选择访谈对象，如何组建访谈小组，访谈对象的画像等，都应当进行说明和解释，意在表明你的抽样是可以支持研究过程与结论的。如果仅含糊地说选择了多少人进行焦点小组访谈，就可能令人怀疑所选择的访谈对象是否合适。《真实》一文较为详细地介绍了焦点小组访谈对象的选择方式：

> 我们选取国内在校大学生作为考察对象，其原因在于：首先，社交媒体是假新闻产生和传播的沃土，而大学生群体能够较为熟练地使用不同电子设备活跃于各大社交平台，是社交媒体用户中的主力人群，对新兴信息传播技术也更为敏感；其次，身为互联网“原住民”的中国大学生往往具备多样化的新闻阅读与信息摄入习惯，这使得他们对于新闻和新闻业能够形成复杂且独特的感受和体验，从而为本研究从受众视角探究假新闻的认知与辨识提供多元声音，这也符合本文探索性研究的初衷……我们采用滚雪球抽样的方式，抽取来自广州和深圳 5 所高校的 4 组共 20 名大学生参与了访谈。访谈于 2018 年 4 月在广州和深圳两地进行。各组访谈持续时间为 50 至 90 分钟。

2. 研究数据的获取

在实证主义研究中，获得的研究数据主要是变量数据，其表现形式是量化的数字；但是，在解释主义研究中获得的数据远比实证主义广泛，除了数字外，还包括文字、实物等。比如在民族志法、深度访谈法、焦点小组访谈法等方法中，不仅都需要获得大量文字材料，而且有必要搜集实物材料，以及记录研究对象的表情、神态、动作等。

解释主义获得研究数据的方式，与实证主义也有很大区别，后者主要运用控制实验、调查等方法，而前者主要运用的是访谈、观察、参与式观察、调查等。访谈可能是深度访谈，也可能是一般性的访谈，甚至可能是随机性的对话；观察指的是作为旁观者对所见所闻进行的记录；参与式观察则指的是研究者作为被研究对象所在社区中一员而对所见所闻进行的记录；调查则指的是用口头提问或书面提问的方式获得研究数据。这里的调查与实证主义中严格的调查不同，不一定需要像后者那样进行严格的抽样、量表设计和对量表的信效度检验等，是一种更为简便的调查方法。

3. 信度和效度的检验

在实证主义研究中，控制质量的重要手段是信效度控制。对于质性研究中是否存在信效度控制以及如何控制，不同的学者之间有分歧。笔者认为作为学术研究，如果没有质量控制措施，那么研究结论就难以得到确认，事实上意味着研究方法的合理性易被怀疑。在解释主义研究中，无论是否被称为信度或效度检验，研究质量控制仍是有必要的。由于解释主义研究方法众多，各自对于质量控制的成熟情况差异很大，基本上那些建立了较好控制方式的研究方法，比如扎根理论法、框架理论法、民族志等都是比较成熟的方法，这也说明质量控制对于研究方法和学术研究的重要意义。

前面在分析解释主义方法的特点时，提到了其客观性的实现途径，其中有的内容就是关于研究的信效度检验的。整体上，解释主义的信效度检验远不如实证主义成熟，这与它非量化的特征有关。但是，一些研究方法中的一些操作性原则，在本质上就属于信效度控制手段。比较典型的有两种手段，其一是理论饱和度，其二是三角测量法。在扎根理论分析法中，理论饱和度是必要的环节。所谓理论饱和度，通俗地理解就是指在搜集材料时，如果新的材料中还能够提炼出新的概念，那么原来的材料就不是理论饱和的，就需要继续搜集新的材料，一直到新的材料中无法提炼出新的理论概念为止。很明显，理论饱和度是可以较好地保证研究的可重复性的，因此它实际上是一个信度检验标准。在民族志研究中，三角测量法也是一个常用的手段，它的作用是确保所搜集材料的可信度，因为它能够从多个角度去评价所获得材料的准确性。可见，三角测量法实际上是一个偏于效度同时也包含信度检验功能的方法。不同的方法所采用的信效度检验方式不同，因此将在后面对相关方法的解释中分别讨论。也有相当多的解释主义方法尚没有信效度方面的检验方法，那么如何评价这些研究方法的科学性，也是一个值得思考的问题。

4. 研究数据的分析

解释主义研究对经验数据的分析与实证主义不同，它不是量化分析方式的，而是概念分析方式的。这是两种研究范式最核心的差异。量化分析方式重在建立起变量，然后将代表传播现象的经验材料通过概念操作化转变成不同的变量，再分析变量之间的关系，从而得出结论。概念分析方式是将代表传播现象的经验材料转变成具有传播理论意义的概念，然后通过对概念的解读或者通过对概念之间区别与联系的分析，获得理论性的结果。《真实》一文采用了焦点小组访谈法和网络调查法，就焦点小组访谈法所获得的经验材料而言，作者表明其采用的分析方法是"对录音文档进行了转录，并反复阅读转录文本，对文本数据进行了归类提取和深入分析"。作者的说明不算充分和明确，因为"深入分析"不是一种方法，"归类提取"有一定的方法意义，但是如何"归类"则应当更加明确。作者如果对"归类"的方法进行较为清晰的说明，预先提出概念体系，那么与后面研究发现部分之间的衔接也会较为自然一些。

（四）研究发现

在实证主义研究中，研究发现部分一般是对数据的分析，因此理论分析或者构建理论的特征并不明显，理论建构一般放在结论与讨论部分。解释主义研究论文的结构与此类似，研究发现部分重在对经验材料进行直接分析，通过分析提炼出一些观点或概念。不同的是，实证主义要运用数学模型，而且需要对研究假设一一做出回应；解释主义则不运用量化方式，也不需要回应假设——因为本来就没有提出假设。由于没有数学模型的羁绊，解释主义的研究发现部分在表达方面可以较为自由。在相当多的解释主义研究中，比如民族志法、深度访谈法等方法中，研究者都较为强调对细节的描述，因此文章会表现出一定的叙事性色彩，增强了可读性。这是与实证主义有所不同的。

（五）结论与讨论

结论与讨论部分是文章的理论成果部分，这部分应该在研究发现的基础上提出理论改进的结论，或者提出改进实践的建议。这与实证主义研究是一样的。要注意避免的情形，依然是本部分与前面的研究发现重复，将已经表达过的意思换个角度再说一遍；或者与前文的内容脱节，也就是结论不是从经验材料中获得的，经验材料仅仅是做了个样子，结论部分完全是自说自话。解释主义与实证主义在这部分的目的与要求并无太大的差异，因此可以参考前文的相关内容，这里便不再赘述。

解释主义论文可以大致以 5 个部分为参考，当然也可以根据研究的问题和作者的习惯进行变化。比如有的文章可能增加第 6 部分提出对策建议等，或者指出研究的不足、进行研究的展望等。《真实》一文在结构上就有自己的特点，将对研究不足的思考放在了结论与讨论部分。在该部分的最后，作者写道：

> 最后需要说明本研究的不足之处。首先，本研究的研究对象限定在大学生群体，研究的外部效度会受到影响。我们提出的框架或许能够在一定程度上反映中国青年群体对假新闻的理解，但这一框架能否适用于更广泛的受众群体，则有待进一步检验。其次，基于西方语境的文献频繁提及政治认同（political identity）对受众所感知的新闻可信度的影响。由于研究方法的限制，我们未能在研究框架中充分考虑到政治认同的影响。但政治认同，以及其他的社会心理因素会如何影响受众对新闻真实性的判断，仍是值得进一步探讨的问题。最后，我们的考察局限在受众的认知层面，对于实际的行为则未给予关注。未来的研究可以借助实验法或计算传播学方法，来考察行为维度的变量，如受众对假新闻的确证或更正。对行为层面的考察将帮助我们更充分地了解假新闻及其背后的传播机制，亦可为专业媒体和其他机构介入对假新闻的干预提供实践性的参考。

第二节 扎根理论分析法

在解释主义研究中，扎根理论分析法是最接近实证主义的，因为它的结构性特征最为明显，这主要体现在它需要三级编码这一研究程序上。可能正是因为这一点，扎根理论分析法在社会科学和传播学研究中都是很重要的方法。

一、概念与历史

所谓扎根理论（grounded theory）分析法，是指通过对原始资料的分析，并在此基础上提炼出概念、范畴，最终形成理论的研究方法。可见，其中的“扎根”是指扎根于所获取的资料，从下往上生成理论。凯西·卡麦兹（K. Charmaz）也表达了类似的意思：“简单说，扎根理论方法包括一些系统而又灵活的准则，让你搜集和分析质性数据，并扎根在数据中建构理论。”[①] 因此，扎根理论学者在研究之前并不提出理论假设，这与量化研究方法不同，量化研究首先要提出假设，然后去对其证实或证伪。

值得注意的是，扎根理论分析法并不是一种独立的研究方法，而是一种资料分析方法。社会科学研究方法的命名大多数根据资料收集方式，比如实验法等实证方法和后面的民族志法、深度访谈法等解释性方法；有的根据资料分析方式，扎根理论分析法就属于此类，还有下一节的框架理论也是以资料分析方式命名的。也就是说，扎根理论分析法只能与其他搜集资料的方法联合使用，在搜集资料的基础上运用扎根理论来分析。从理论上讲，很多资料收集的质性研究方法都可以与扎根理论分析法衔接，比如深度访谈、焦点小组访谈、文献法等；甚至可以采用问卷调查法，不过发放的问卷是开放式问题，然后运用扎根理论分析法来分析问卷中的回答。

扎根理论分析法是由格拉泽（Barney Glaser）与施特劳斯（Anselm Strauss）两位学者于 1964 年在有关临终照护机构的研究中发展出来的，两人在 1967 年出版的《扎根理论的发现》（*The Discovery of Grounded Theory*）一书中，正式提出了“扎根理论”概念，意味着该理论作为系统的研究方法正式面世。在此基础上，1990 年，施特劳斯和科宾（Corbin）发表《质性研究的基础：形成扎根理论的程序与方法》，对扎根理论分析法再次进行整理和解释。扎根理论分析法在后来的发展历史中出现了不同的分流，甚至两位创立者之间也产生了分歧，但我们将略过这些细节，以免过度陷入对方法的评价之中。

总体上，在西方社会科学的质性研究范式中，扎根理论分析法是一种非常重要的方法：“从历史发展的角度看，扎根理论是除了民族志之外，最早且最具影响力的研究路径。其他路径都是晚近兴起的，而且（除了现象学研究）都可以将扎根理论作为一种分析资料的方法。”[②] 而且，扎根理论分析法是很有特点

① 卡麦兹．建构扎根理论：质性研究实践指南［M］．边国英，译．陈向明，校．重庆：重庆大学出版社，2009：3.

② 科宾，施特劳斯．质性研究的基础：形成扎根理论的程序与方法［M］．朱光明，译．重庆：重庆大学出版社，2015：6.

的一种质性方法，它虽然不是量化方法，但较强地体现了社会科学对自然科学研究方法的借鉴，以及对“科学性”的向往。它的这种特点体现在三次编码过程中对操作技术的具体规定，目的在于避免研究者的随意性和主观性。它对量化方法的借鉴还体现在根据材料中登录的概念反过来对材料进行分类，出现频率高的概念最终会被吸收到理论中。同时，它虽然不提及量化研究中效度和信度的概念，但是提出了理论饱和度的概念，一定程度上起到了前者的作用。因此，在所有质性研究的方法中，扎根理论分析法是最接近自然科学方法的方法。正如卡麦兹所说：“我们认为作为理论的扎根理论，不仅包括实证主义倾向，也包括解释主义倾向。”① 这个评价是非常中肯的。

国内较早介绍扎根理论分析法的是北京大学的陈向明教授，她较早在教育学领域使用这一方法，后逐渐将其推广到其他领域。在大众传媒研究领域，这一方法近年来得到了使用，但并不算广泛。在讨论研究方法的文献中，甚至极少提到它的名字，可见对这一方法的运用相当少。2019 年，见于中国知网的 CSSCI 期刊在摘要中标出运用扎根理论分析法的共有 294 篇，其中发表于新闻传播类期刊的有 4 篇，分别见于《现代传播》（2 篇）、《新闻记者》（1 篇）与《新闻界》（1 篇）。

二、扎根理论分析法的设计

前面提到，扎根理论分析法并非独立的方法，因为它并不用于获取资料，而是对资料进行分析的一种工具，因此它需要与其他方法联合使用。可与它联合使用的方法，如焦点小组访谈法、深度访谈法、文献法、开放式问卷调查法、田野笔记等，只要需要从资料中从下往上生成理论，都可以考虑运用扎根理论分析法。

扎根理论论文的结构大致是：引言—文献梳理—研究方法—理论模型阐述—结论与讨论。这个结构与实证主义论文的结构看起来类似，但实质上有较大差异，主要的差异是在研究方法部分，理论阐述、结论与讨论也与实证方法有所不同。因此，本节将略去对引言与文献梳理的分析，重点讨论研究方法的设计，也简要分析理论模型阐释等部分。

---

① 卡麦兹．建构扎根理论：质性研究实践指南［M］．边国英，译．陈向明，校．重庆：重庆大学出版社，2009：97.

后文将以姚曦和王佳的《国际品牌跨文化传播的影响因素模型与提升路径——一项基于扎根理论的探索性研究》(《新闻与传播研究》2014 年第 3 期，以下简称《品牌》) 为例说明。作者的意图是在跨文化传播活动日益频繁的背景下，“运用扎根理论探寻国际品牌跨文化传播过程中的影响因素”。文章的结构是：(1) 问题的提出；(2) 文献回顾与述评；(3) 研究设计；(4) 范畴提炼与模型建构；(5) 国际品牌跨文化传播影响因素的模型阐释；(6) 结论与建议。这种结构与五部分的论文结构仍是大致相同的。

(一) 研究对象的获取

扎根理论分析法不是数据获取方法，而是数据分析方法，因此在运用扎根理论分析法时一定会需要运用另外的方法来进行资料搜集。这时候便会涉及研究对象获取的问题。研究对象的获取可以采取概率抽样，也可以采取非概率抽样，在扎根理论分析法的资料搜集环节也是如此。《品牌》一文“采用了半结构化访谈和文本分析的方式”，实际上它采用的资料搜集方法是访谈法 (深度访谈法和焦点小组访谈法)。该文获取研究对象的方法是：“我们选择了 8 位在跨国公司工作的员工、4 位广告行业和媒体行业的从业人员和 12 位 22～40 岁受过高等教育的普通公众”，大致采用的是非概率抽样方式。

需要注意的是，如果运用扎根理论分析法，那么它会对与其联合使用的方法设计产生重要影响，具体来说就是要在抽样过程中设计理论抽样的方案。理论抽样设计是扎根理论分析法设计的核心，它对研究对象的获取、研究数据的获取、信度和效度的检验、研究数据的分析等都有重要的影响，因此接下来较为详细地介绍它。

理论抽样 (theoretical sampling) 是扎根理论分析法中特有的抽样方式，它的含义是在理论驱动下的抽样，或者说是在概念驱动下的抽样，而理论或概念来源于抽样之前从资料中编码出来的结果。理论抽样对于扎根理论分析法的重要意义在于，它是确保这一研究方法科学性的依据。可以说，如果不采取理论抽样，则扎根理论研究的科学性将难以被承认。

具体方法是，如果一项采用扎根理论分析法的文章以深度访谈作为资料搜集方式，那么在对第一位访谈对象进行采访后，按照理论抽样的方法，就应该对访谈所获得的资料进行开放式编码，根据编码的情况提出问题，决定下一位抽样的目标。下面看看理论抽样的操作：

案例

科宾等在《质性研究的基础：形成扎根理论的程序与方法》中，以一项对美国越战老兵的研究为例，对第一位老兵访谈的结果是老兵将对越战的体验描述为“不是太糟糕”，这引起了作者的疑问，因为以前听到的越战老兵和其他战争老兵自述的体验都是糟糕的。因此作者怀疑，是因为这第一位老兵不是“战士”而是一名护士吗？所以，作者将下一位抽样的目标确定为“战士”，“看看这在‘战争体验’中是否确实不同”。①

也就是说，除了首次抽样外，理论抽样总是建立在对之前资料的分析的基础上，依赖于分析中出现的新概念来提出问题，然后再次抽样来回答该问题。当然，在新的访谈中，并不完全局限于回答之前出现的新概念，也可能是对原来概念的细化，即从新的维度进行解释；以及提出新的概念，从而驱动新的一次理论抽样的发生。因此，扎根理论分析法对研究对象的影响主要是数量的确定，即一直到没有新的理论概念出现时才停止抽样。比如，如果某项研究已经抽取 10 个人进行访谈，但是访谈中仍有新的理论概念出现，那么就应该继续抽取 1 人甚至更多的人进行访谈，直到没有新概念出现。

然而，这里面仍然有难以避免的主观性，也就是新概念的出现在很大程度上依赖于研究者个人，不同的人可能从同样的资料中提出不同的新概念，从而驱动出不同的理论抽样路径。这种情形是扎根理论分析法难以克服的，且任何质性研究都难以完全克服主观性。扎根理论以保持内在的逻辑的方式尽量弱化这一点：“正是这些资料分析和分析中产生的有关概念问题决定了我需要收集什么样的资料以及我要注意这些资料中的哪些方面。其他研究者可能选择了另外一个方向，但任何阅读过我的分析的人都能理解我的逻辑。”②

理论抽样可以贯穿于研究的全过程，“甚至在撰写研究报告的时候，研究者又有了新的洞见，发现一些类属比其他类属发展得更加充分，或者发现整体逻辑上的断裂，需要进一步收集资料，这些都是很常见的”③。也就是说，在整个

---

① 科宾，施特劳斯．质性研究的基础：形成扎根理论的程序与方法［M］．朱光明，译．重庆：重庆大学出版社，2015：157.

② 同①158.

③ 同①160.

研究过程中，只要需要对概念体系或理论进行优化时，或者发现概念体系或理论不能自洽时，都可以或需要继续抽样以补充分析。这可以说是扎根理论分析法的一个优势，“扎根理论策略的优点是，你可以从最早的研究阶段就发现数据中的缝隙和漏洞”，然后“可以找到所需数据的来源，并去搜集它们了”。[①] 即在整个研究过程中可以不断地补充数据进来，而量化研究显然是做不到这一点的，它往往在研究之前就已通过抽样固定了数据，中途如果增加数据就会影响到研究的信度与效度。

（二）研究数据的获取

与其他研究方法一样，通过抽样确定研究对象后就进入了研究数据的获取环节。扎根理论分析法不涉及研究数据的获取，数据获取方法依赖于与其联合使用的其他方法。因此，在采用扎根理论分析法的论文中，除了介绍扎根理论外，还应该介绍数据的获取方法，一般地，与扎根理论分析法联合使用的深度访谈法、民族志法等方法中往往会运用访谈、观察（参与式观察）、调查等手段搜集资料。

（三）信度与效度检验

在解释主义范式下，或者更狭义地说，在质性研究中，研究者们对于是否存在信效度的概念有不同的意见，但在部分解释主义方法中，明显地存在在目标和功能上与实证主义相类似的手段，扎根理论中的理论饱和度概念就是一例。

前面提到扎根理论分析法需要运用理论抽样方法，那么理论抽样应在什么时候停止呢？扎根理论分析法提出了理论“饱和度”的概念，即抽样产生的理论达到饱和就可以停止，否则就应该继续抽样。所谓理论达到“饱和”，是指新抽样获得的资料中不再出现新概念，或者基本上不出现新概念，或者对原来概念的解释没有出现新的维度，就不需要进行下一步抽样了。比如上述科宾等人的研究中，如果继续对“战士”或“非战士”型越战老兵进行抽样，都不再有新的概念出现，他们表达出对那场战争的体验都是相同的概念体系，而且对概念类属的描述没有新的维度出现，那么抽样就可以结束了。卡麦兹对于理论抽样的概念、目的和方法均有生动的描述[②]：

---

① 卡麦兹．建构扎根理论：质性研究实践指南［M］．边国英，译．陈向明，校．重庆：重庆大学出版社，2009：62.

② 同①97.

> 假设你已经有了一些初步的——也许是尝试型的类属。在对数据进行初步比较时，你选择了一些聚焦代码，并撰写了关于这些代码的备忘录……快速浏览这些备忘录，你会发现：这些类属很有意思，但是很单薄。你还没有定义你的类属以及它们的属性。太多的内容仍然只是假设、仍然未知或存在问题。而你需要的是有力的类属，可以屹立不倒，而不是摇摇欲坠。你要做的是什么呢？……答案是搜集更多关于这个类属及其属性的数据。这个策略就是理论抽样，理论抽样就是指寻找和搜集相关的数据，来加工和完善研究中出现的类属。理论抽样就是通过抽样形成类属的属性，直到没有新的属性再出现。

另一种理论抽样和饱和度检验的方式是子样本模式，即在抽样时备有子样本，子样本专门用于饱和度检验。以深度访谈为例，假设某研究首批选择了 8 个人做深度访谈，然后整理访谈资料、分析资料，并从资料中提取出若干概念；再选择 4 人做深度访谈，同样整理资料和提取若干概念；最后将后来提取的概念系列与之前提取的概念系列进行对比，如果没有出现新的概念，或者很少出现新概念，就可以认为达到或基本达到了理论饱和，可以不再进行补充抽样和分析了。《品牌》一文也运用了理论抽样和理论饱和度的检验，作者的陈述是：

> 初始访谈提纲由 7 个问题组成……在接下来的访谈过程中，根据已收集到的资料进行不断的分析和比较，灵活加入新的问题，形成第二轮的访谈提纲，在进行一定数量的访谈后，再对资料进行整理和分析，一直到没有发现新的问题为止。

作者明确地提出了运用理论抽样，不过对理论抽样概念的理解和方案的设计似乎不是非常明确，因为“灵活加入新的问题”没有体现学术研究方法的严谨性和扎根理论分析法中理论抽样的要求——新一轮访谈中新的问题来源于上一轮访谈中出现的新概念；同时文中没有说明新一轮访谈是否增加了访谈对象抽样，这影响到对理论饱和度的检验。这是该文在方法设计中的小瑕疵。

（四）研究数据的分析

在获得了研究数据，而且在达到理论饱和度要求后，就进入了数据分析环节。扎根理论分析法数据分析最显著的特征就是编码方法，这是它保障研究科学性的另一个关键手段。按照科宾等人的定义，编码指“从原始资料中提取概念，并在属性和维度上发展这些概念”[①]。按照卡麦兹对作用的描述，“编码意味着对数据片段用一个简短的名称进行归类，同时也对每部分数据进行概括和说明。你的代码展现了你是怎样对数据进行选择、区别和分类，并由此开始对它们进行分析性说明的”[②]。扎根理论分析法的核心工作是编码，通过编码从原始资料中提取出概念，再在概念之间寻找联系形成范畴，最后构建以核心范畴为领契的理论模型。扎根理论分析法的编码分为先后的三个步骤，即开放式编码、关联式编码和选择性编码。

1. 开放式编码

开放式编码（open coding）是编码的第一步，是从原始材料中提取概念的过程。无论扎根理论分析法运用什么方法搜集资料，所获得数据的量都是相当庞大的，显然无法直接从浩大而杂乱的原始资料中生成理论，扎根理论的方法是循序渐进，首先从资料中提取出概念。我们知道，理论总是表现为一些表示概念之间关系的陈述句，因此提取出概念就搭建了原始资料通向理论的桥梁。

所谓开放式编码中的“开放”，是指研究者既不能有先入为主的个人成见，也不能受现有理论的影响，只能从材料本身中提出概念。这样做的目的，显然是为了保持研究的“客观性”。如何做到这一点呢？研究者应当以一种开放的心态，尽量“悬置”个人的“偏见”和研究界的“定见”，将所有的资料按其本身所呈现的状态进行登录。[③]

那么，内容分析的单位是什么？在扎根理论分析中，分析的内容单元可以是逐词、逐行或者逐个事件[④]，但更常见的是对每一个句子或每一个自然段的分析。研究者一般通过仔细阅读内容，提炼出其中的理论概念，并在相应的数据上做好规范的备忘录标签。标签是编码的重要工具，在每一个编码环节都要运用它来标注数据，以便编码结束时进行统计与分析。比如，在对新冠肺炎中媒体应急机制进行深度访谈后，按照一个句子提取一个概念的方式，如果受访者说“我们的手机 24 小时开通”，那么可以提取出与应急机制相关联的概念

---

① 科宾，施特劳斯．质性研究的基础：形成扎根理论的程序与方法［M］．朱光明，译．重庆：重庆大学出版社，2015：169.

② 卡麦兹．建构扎根理论：质性研究实践指南［M］．边国英，译．陈向明，校．重庆：重庆大学出版社，2009：56.

③ 陈向明．质的研究方法与社会科学研究［M］．北京：教育科学出版社，2000：332.

④ 同②64－68.

“手机畅通”，并采用备忘录标签进行标注。

用来编码的概念有哪些特点呢？卡麦兹提出了7方面的建议：（1）保持开放；（2）贴近数据；（3）使你的代码简单而精确；（4）建构简短的代码；（5）保留行动；（6）比较不同的数据；（7）迅速浏览数据。[①] 这7方面中，前两点反映了开放性的要求，第3和第4点是最核心的，反映了简短和精确的要求。有一点需要注意，代码一般尽量运用数据中的原始词语，比如在深度访谈中访谈对象提到的概念，就可以用来作为代码。这样能体现扎根理论分析法开放性的特征。

开放式编码的结果是产生了相当数量的概念，有的研究项目甚至会产生上百个概念。显然进一步分析这样大的数量的概念还是有困难的。解决的办法有两个。第一个办法是剔除，研究者可以对其中偶然性的概念进行剔除，比如对出现频率在2次以下的进行剔除。另一个重要的办法是对概念进行类属化，也就是对同类概念进行合并，生成更大的概念，有的人称这个更大的概念为范畴，有的人称之为类属或主题。比如，除了有的人提到手机畅通外，有的人提到“家里的座机呼叫转移到了手机”（家庭座机畅通），还有的人提到“办公室电话24小时有人值守”（办公室电话畅通），那么“手机畅通”“家庭座机畅通”“办公室电话畅通”三个概念合并起来便形成应急机制中“通信畅通”这个范畴。进行概念的范畴化或者类属化，主要是为了减少概念数量，便于下一步进行关联式编码。

《品牌》以对12人的深度访谈和对12人（分3个小组）的焦点小组访谈以及文本资料作为研究的数据，采取逐句编码的方式；而且“为了减少误差和人为的偏见”，作者“尽量使用受访者的原话和文本中的内容作为挖掘初始概念的母本”；同时因为初始概念非常庞杂，作者对有“交叉”的初始概念进行了范畴化，并剔除了出现频率低于3次的初始概念和前后矛盾的初始概念，最后得到22个出现频繁的初始概念和范畴。它们是：文化环境认知、文化适应能力认知、企业责任认知、行为效果认知、刻板印象、身份抵抗、空间贴近、领地保护、品牌的传播视角、品牌的传播内容、品牌的传播手段、产品利益认知、品牌情感认知、品牌意义认知、政策变更、政治冲突、商务冲突、资本变动、传播理念、战略眼光、传播品牌文化、危机意识。作者以列表方式呈现出这些概

---

① 卡麦兹．建构扎根理论：质性研究实践指南［M］．边国英，译．陈向明，校．重庆：重庆大学出版社，2009：63.

念与范畴，而且为每一个概念或范畴都选择了数条代表性的原始记录列在表内。这就是开放式编码的成果。

2. 关联式编码

第二步编码即关联式编码（axial coding），也被称为轴心编码。关联式编码的任务是对第一步中获得的初始编码进行分类，将同类的或关联的编码划分在一起。如果说在开放式编码中要避免主观性，那么在关联式编码中就要发挥主观性，通过主观性去发现概念或范畴之间的联系。前面说过，概念之间的联系才能形成理论，所以关联式编码使得研究向着理论生成更进了一步。

作为原始资料的数据本来是故事性的，但是在开放式编码的阶段，这些连续性的、叙事性的数据被打碎了，目的是为了获得“客观性”的代码。到了关联式编码阶段，需要将这些打碎了的数据再次组合起来，即“把数据再次恢复为连贯整体”[①]，从而形成新的故事。关联式编码就是重新形成故事的方式，代码在新的故事中起着骨架的作用，负责将整个故事串联起来。

准确理解轴心编码中“轴心”的含义，对于正确理解这个阶段的编码特点有重要意义。所谓“轴心”到底是什么？多数关于扎根理论的文献和著作并未直接说明，但笔者经过大量的文献阅读和论文分析后认为，它其实就是新的故事的主线、主题，也就是形成故事主线或主题的一个关键概念或范畴。因此，轴心编码的方法，就是把在开放式编码中获得的较多数量的概念或范畴分成内部相关联的几组，每个组内均有一个“轴心”概念，其他的概念都对“轴心”概念起着不同维度的描述作用。根据卡麦兹的说法，其他概念可以从“谁”“在哪里”“什么时间”“为什么”“如何”“结果”[②] 等维度来回答“轴心”概念，从而形成新的完整的故事流。

以《品牌》为例。作者分析了 22 个初始概念或范畴之间的关系，并对其归类，最终形成了 6 个二级范畴，即跨文化传播意识、文化冲突的强度、文化融合的主动性、消费者的认知、不可控因素、文化自觉的前瞻性。其中每一个二级范畴都对应若干个初始概念或范畴，而且该若干初始概念或范畴有着内在的联系。比如“跨文化传播意识”这一二级范畴就是由“文化环境认知”“文化适应能力认知”“企业责任认知”“行为效果认知”等四个初始概念或范畴提炼而

① 卡麦兹．建构扎根理论：质性研究实践指南［M］．边国英，译．陈向明，校．重庆：重庆大学出版社，2009：77．

② 同①．

来的，而且显然这四个概念之间有着内在的联系，也就是从不同维度描述了访谈对象等的“跨文化传播意识”情况。这就是关联式编码的成果。

3. 选择性编码

编码的第三步被称为选择性编码（selective coding)。选择性编码是研究者形成理论模型的阶段，因此格拉泽也称其为理论编码（theory coding)。

选择性编码就是选择核心类目，系统化地将所有其他类目与该核心类目建立联系，并证实这些联系，补充那些需要进一步发展和修订的类目的过程。因此，这一阶段也被称为核心编码，即选择出核心概念并围绕之进行编码。

选择性编码阶段有两项任务或者说两个步骤。第一步是发现核心概念或核心类属，它要能够将其他概念或类属联系起来，形成完整的故事。如果说在轴心编码阶段，形成的故事还是局部性的，那么在选择性编码阶段，形成的故事就需要完整性了，也就是所有的类属或概念都要被整合到一个故事框架内。科宾等人指出，整合就是“围绕一个核心类属将其他类属联系在一起并提炼和整理相应的理论概念的过程”[①]。研究者需要对每一个概念进行分析，考虑其作为核心类属的可能，并尝试将其作为核心类属来统领其他所有概念，直到获得最满意的结果。

第二步是正式完成叙事体系。作者以确定的核心类属为中心或塔尖，将其他类属作为对核心类属的描述、陈述或解释等。这时候，所有的类属都进入叙事框架，而且核心类属起到了关键作用，因为它“具有统领性，能够将大部分研究结果囊括在一个比较宽泛的理论范围之内”[②]。同时，要对框架的完善性进行检查和补充，因为由众多类属形成的理论框架可能还比较粗糙，这就是科宾等所说的检查“断裂”和进行“填充”的工作。他认为提出核心概念和形成初步的叙事框架后，首先要检查逻辑上的断裂，对似乎有断裂的地方要重新设计；然后开始运用已经撰写的和整理的所有备忘录来填充每个类属下面的信息。[③]通过检验与填充，选择性编码阶段的工作才告完成。

《品牌》在选择性编码阶段提出“可以将研究的核心确定为‘国际品牌跨文化传播影响因素及其作用机理’”，而没有说明经过轴心编码获得的 6 个二级类

---

① 科宾，施特劳斯．质性研究的基础：形成扎根理论的程序与方法［M］．朱光明，译．重庆：重庆大学出版社，2015：275.

② 陈向明．质的研究方法与社会科学研究［M］．北京：教育科学出版社，2000：334.

③ 同①283.

属中何者为核心概念，也没有阐明如何用核心概念来组织其他概念从而形成理论体系。事实上，该文章的理论结构图显示出文章是以 6 个二级概念中的“文化融合的主动性”作为核心概念的，那么在阐述理论模型时也应该按照这个结构进行，或者更加符合扎根理论分析法的要求。这是该文章在理论模型构建时的小瑕疵。

扎根理论分析法的编码中涉及一些术语，这里进行简要介绍。所谓“概念”，是指“代表一群或一类对象、事件和行动的词语，它们拥有某些主要的共同属性，虽然这（些）属性在维度上会有变化”；所谓“类属”，是指更高层次的概念，分析者将低层次的概念根据共同的属性组织在一起置于其下，有时也被称为主题（themes）；所谓概念的“属性”，是指概念的“特征或成分”；所谓概念的“维度”，是指概念的属性“在一个范围内的不同变化形式”。[①] 比如“人是具有语言并能制造和使用工具的动物”这一陈述中，“人”作为一个概念，有“具有语言”和“制造和使用工具”这两个属性。可以说，属性就是在哪些方面对概念形成了规定。又比如，关于人“具有语言”这个属性，可以从口语、书面语言、身体语言等维度来描述。理论抽样一般不局限于指向概念本身，而是包括概念的不同属性与维度，否则研究的结果可能会过于简约化和平面化，体现不出理论深度。

（五）理论模型与阐释

扎根理论分析法是理论性的研究，即研究的最后要形成理论。这种理论既可能是实证主义的，目的在于对现象进行分析并指出“为什么”；也可能是解释主义的，目的在于对现象进行陈述而指出其“是什么”。按照卡麦兹的说法即“大部分扎根理论是实质理论（substantive theories）”，但也有部分扎根理论“进入形式理论（formal theory）的范围”。[②] 更多的情况下则呈现出两种特征的混合，即扎根理论研究既对现象进行描述，也对现象进行解释。

无论是对现象进行描述还是进行解释，最后的论文都应按照理论模型来组织叙事结构。换言之，以核心类属为统领的概念体系是整个文章的框架。科宾以自己对越战老兵的研究为例，进行了专著撰写的结构示范。他经过编码提炼

① 科宾，施特劳斯．质性研究的基础：形成扎根理论的程序与方法［M］．朱光明，译．重庆：重庆大学出版社，2015：48．

② 卡麦兹．建构扎根理论：质性研究实践指南［M］．边国英，译．陈向明，校．重庆：重庆大学出版社，2009：10．

出了核心类属，即“在越南一段时间之后，尤其是与敌人进行战斗之后，那么出现的基本故事就是‘生存的故事’”；他同时将其他的概念“自我”方面的变化、“战争印象”和“回家”方面的变化作为对核心概念的描述或解释，形成了一个理论框架同时也是专著的叙事框架。他列举的专著的结构中，第一章“导论”对理论模型进行了阐述；第二章“战前时期”描述了老兵参战前的自我状况和对战争的印象，以及加入新兵队伍后对于生存威胁认知的模糊；第三章“战争时期或战斗体验”描述了参加战斗后切实感受到了生存威胁，生存成为战争体验的主要焦点；第四章“战后时期或回家”描述了士兵回家后受到战争阴影、反战情绪困扰以及为了生存而进行的自我调适比如建立“沉默之墙”；第五章“结论与启发”提出了帮助老兵克服战争阴影的建议。这个结构提供了一个如何用核心概念以及概念体系来建构研究成果的例子。

在结构确立以后，要形成完整的论文还需要大量的“填充”。作者通过“填充”的方式赋予这个框架以充分的细节性内容，生成既有理论密度又有经验材料质感的文章。“填充”的内容既包括对概念不同属性和维度的描述，也包括引用所获得的经验材料（比如访谈内容等），还包括作者的想象，以及与之前理论的对照等。其中“填充”经验材料是很常见的，当然并非随意的拼凑材料，而是为了对相应概念或概念属性的说明而进行的合理“引用”。卡麦兹即对此说明：“对于扎根理论家来说，一个故事并不只是故事本身。相反，我们要用故事服务于我们的分析。一篇文章的力量依赖于分析的范围、深刻性和有用性。”[①]这种警告不但对于扎根理论研究有用，也适用于其他类型的研究方法。有的文章包含大量的陈述甚至通篇都是介绍性的陈述，缺乏观点体系作为全文的骨架，其实并非研究性的文章了。

总之，采用扎根理论分析法的写作不能局限于仅仅对几个概念之间的关系作出解释，而是要回到研究的材料和场景，运用理论模型进行描述和分析，而分析则是提纲挈领的，描述是依附于分析的。只有描述的文章就不属于研究性文章，但是只有分析则会使文章缺乏经验材料的支持，而且行文干枯乏味。扎根理论分析法相当重视成果的可读性，卡麦兹一再强调文章的可读性，“简单的语言和直接的观点会使理论具有可读性”，“即使扎根理论家也没必要像干巴巴（dis-

---

① 卡麦兹．建构扎根理论：质性研究实践指南［M］．边国英，译．陈向明，校．重庆：重庆大学出版社，2009：219.

embodied）的技术员那样去写作”。[①]事实上，如何尽可能地提高学术写作的可读性，也是一个值得深思的问题。

第三节　框架理论分析法

在解释主义范式中，框架理论分析法与扎根理论分析法既有相似性也有很大区别。就相似性而言，两者都需要编码过程。就区别而言，扎根理论分析法需要三级编码，而且编码之前没有设定理论概念作为依据；而框架理论分析法只需要一次编码，而且在编码之前要设定概念体系。因编码过程的存在，框架理论分析法显得较为“客观”，因此也属于传播学研究的重要方法。

一、概念与历史

在传播研究中，对于框架分析（frame analysis）的概念，可以理解为它是一种针对特定的内容文本，通过编码方式来分析新闻报道突出了什么，如何突出以及为什么突出的研究方法。这是从内容特征的角度而言的，框架分析还可以分析传播内容的生产以及对受众的影响效果，但也是以内容特征为中心的，因此这个定义至少可以作为描述框架分析概念最重要的维度。

回顾框架理论的历史，它同大多数传播研究方法一样并非大众传播研究领域的原创，而是来源于其他学科。最早提出“框架”概念的是美国人类学家贝特森（G. Bateson），他在1955年发表的《游戏与幻觉的理论》（A Theory of Play and Fantasy）一文中提出了“元传播”（meta-communication）的概念，该概念指人们在传播中对所传递符号的定义及其诠释规则的约定。他把这个约定的诠释规则称为“框架”，并谓之“框架即元传播”。有人认为“元传播”是“关于传播的传播”，这一看法其实不很准确，应该说它是“为了传播而共享的规则”。

贝特森仅仅提出了框架的概念，而没有将其发展成系统的理论，因为对于框架“概念的论述甚至一开始就失之于仓促……关于框架的核心论述不超过2页”[②]，因此框架概念在当时并没有得到太多的重视。直到1974年美国社会学家

---

① 卡麦兹．建构扎根理论：质性研究实践指南［M］．边国英，译．陈向明，校．重庆：重庆大学出版社，2009：217－219.

② 王彦．沉默的框架：框架理论60年的时间脉络与空间想象［J］．浙江大学学报（人文社会科学版），2017（6）：206－224.

戈夫曼（Goffman）出版《框架分析：经验组织论》（*Frame Analysis：An Essay on the Organization of Experience*）一书，“框架”才作为一种理论被创立起来，并逐渐引起广泛的注意，“在大众传播、政治传播、科学传播、视觉传播、新闻学、社会运动、风险、宗教等各个社会科学领域迅速扩散”[①]。

框架理论此后历经多位学者的发展和完善，并出现了概念上的分歧，以至于被称为一个“破碎的范式”[②]。但笔者认为它并没有脱离原来的核心概念，正如研究者所说：“从戈夫曼到塔奇曼、吉特林，从框架到新闻框架，我们可以看到‘框架’的核心含义延续下来，那就是传播者经由主体认知对社会现实的建构。”[③] 这里的“主体认知”就是指某种框架。无论是贝森特之于泛意义上的传播，还是戈夫曼之于大众传播，他们赋予“框架”的含义都是一种对世界的认识方式，即主体认识客体时所依赖的一套内在的观念体系。世界是纷繁复杂、变动不居的，人们不可能在认识事物的时候从零开始建构观念模式，而是在很多时候采用既有的认知模式，这种模式就是“框架”。框架是如何形成的？戈夫曼认为它来源于个人过去的经验，后来的学者又补充加上了社会情境。

框架理论来源于人类学和社会学，因此秉承了经验研究的传统。但是，它属于质性研究还是量化研究？对于这个问题人们看法不同，当然也有人认为它是质性和量化混合的方法。从这一方法的起源看，无论是贝特森还是戈夫曼，他们在运用该方法的时候都是质性的。戈夫曼本人《框架分析》一书的“研究方法继承芝加哥学派以定性研究见长、注重对经验事实的过程进行探究的特色”[④]即可为证。到了坦卡特，他为了避免质性研究的主观性，尝试将框架理论发展成一种量化的方法。他将新闻框架分类列出 11 个指标，通过统计每个指标数量的多少来判断新闻框架，使框架分析派生出量化的取径。但是，这种量化的取径并非框架研究的主流，这是本书将框架分析作为解释性研究的原因。

框架理论的运用范围颇为广泛，涉及传媒研究的三个领域，即传媒的生产框架、内容框架、受众框架，其中最常见的内容框架是“框架分析的经典研究

---

① 王彦．沉默的框架：框架理论 60 年的时间脉络与空间想象［J］．浙江大学学报（人文社会科学版），2017（6）：206－224.

② ENTMAN. Framing：Toward Clarification of a Fractured Paradigm［J］. Journal of Communication，1993（43）：51－58.

③ 肖伟．论欧文·戈夫曼的框架思想［J］．国际新闻界，2010（12）：30－36.

④ 同③.

领域之一”[1]。生产框架与内容框架多是批判范式的，因此经常与具有批判色彩的话语分析结合使用；受众框架则多是行政研究，则“通常与议程设置（agenda setting）、启动效应（priming effect）相勾连”[2]。

框架理论出现以来，其概念和方法迅速扩散流行，已经成为西方社会科学和传播学研究中的重要方法，“一时之间几乎言必称框架”[3]。一项研究也表明，从 2001 年 1 月至 2004 年 5 月，六种一流英文传播期刊上所发表的文章中，出现频率最高、使用最广泛的方法就是框架分析。[4] 另一项研究指出，2014 年国际传播学会（ICA）、新闻与大众传播教育学会（AEJMC）的年会论文中，分别有 49 篇和 42 篇论文的题目中含有“框架”一词。[5]

国内也有对框架理论分析法的运用，但相对西方为少。2019 年 CSSCI 新闻传播期刊中，该方法见于标题的文章仅有两篇。一篇是叶淑兰等的《菲律宾媒体南海话语合法性的构建：基于甘姆森“诠释包裹”的框架分析》（《华东师范大学学报》哲学社会科学版，2019 年第 11 期）。另一篇是丁和根的《新闻传播研究中话语分析与框架分析之比较》（《当代传播》2019 年第 11 期）。这个数量显然不多，某种程度上反映了国内研究比较缺乏规范性，依然存在大量随感式的所谓“研究”。

二、框架理论分析法的设计

框架理论分析法也具有一定的结构性特征，因为它有编码的环节，因此框架分析论文也可采用 5 部分的结构：引言—文献梳理—研究方法—研究发现—结论与讨论。

框架理论分析法的设计也是颇有特色的，它需要编码过程，这一点与扎根理论分析法类似；它需要在介绍分析方法的同时介绍研究数据的搜集方式和处理方法，这也与扎根理论法类似，因为框架理论分析法也仅仅是一种数据分析方法；但框架分析法不需要三次编码过程，而只需要一次编码过程，这是其与

① 陈阳．框架分析：一个亟待澄清的理论概念［J］．国际新闻界，2007（4）：19－23.

② SCHEUFELE，TEWKSBURY. Framing，Agenda Setting，and Priming：The Evolution of Three Media Effects Models［J］．Journal of Communication，2007（57）：9－20.

③ 刘强．框架理论：概念、源流与方法探析：兼论我国框架理论研究的阙失［J］．中国出版，2015（8）：19－24.

④ 同①.

⑤ 同③.

扎根理论分析法的区别。

接下来将以王雪晔的《媒介话语动员：建构民族团结的一种策略——基于西北多民族报道的框架分析》（《新闻界》2017 年第 3 期，以下简称《民族》）为例。文章通过对 13 家报纸 624 篇报道的分析，试图解释媒体是如何构建民族团结话语的，并在此基础上提出建议。文章研究的结果是："本文发现，媒介话语在隐喻、范例、流行语、描述四个维度建构了'民族团结'的报道框架，并表现出强化多民族文化共通性、淡化民族差异性的特征。"文章开始是引言，之后分为四个部分：(1) 框架分析视角下的媒介话语研究；(2)"民族团结"报道框架的媒介话语实践；(3) 促进民族团结的媒介话语动员策略；(4) 结语。这个结构看起来与通常的论文结构有差异，但本质上还是有很多类同，因为研究者在引言部分提出了问题，第一部分介绍框架分析法，第二部分介绍研究发现，第三部分是对策，第四部分是结论与讨论。

（一）研究对象的获取

采用框架理论分析法时，研究的问题不同，抽样的对象和资料收集方法也不同。比如，研究媒体的生产框架，即研究媒体的报道框架有什么特点、如何形成的时候，一般以人作为抽样对象，采用深度访谈等方法；研究媒体的内容框架，即研究报道内容的特征是什么的时候，一般对媒体的报道文本进行抽样，收集文本作为研究资料；研究媒体受众的框架，也一般以人作为抽样对象，可以采用调查法等方法收集资料，用定量的方法来分析。

比较常见的是对内容特征的分析，因此相应地常见到对文本进行抽样的情况。对文本抽样时，一般先确定关键词，然后在相关的报刊数据库中搜索文章。如果文章数量不大，也可以不进行抽样；如果文章数量大，一般需要进行抽样，缩小研究范围。有时候，还要在抽样后剔除不符合研究要求的文章，比如广告类的非报道性文章；剔除后如果样本容量不够，则需要补充抽样直到符合研究要求。需要注意的是，抽样的文本单位可以是文章，也可以是段落等，要根据研究的问题和目的等因素确定。《民族》一文的第一部分实质上是研究方法介绍，其中对抽样过程的介绍是：

> 在媒介文本的选取中，本文以"民族"、"各族"等为关键词，筛掉指涉"中华民族"这一内涵的相关媒介报道，最终选取了 13 份大众报刊近三年（2013 年 9 月 1 日至 2016 年 8 月 31 日）有关西北多民族的 624 篇新闻

报道为分析对象。这 13 份大众报刊分别为：西北五省的省级党报和都市报——《陕西日报》《甘肃日报》《宁夏日报》《青海日报》《新疆日报》《三秦都市报》《西部商报》《新消息报》《西海都市报》《新疆都市报》，以及三份国家级报刊——《中国民族报》《中国社会科学报》《光明日报》。之所以选取这 13 份大众报刊，主要是因为它们分别从省级、国家级层面对西北多民族进行了相对全面、细致的报道，是研究媒介话语建构民族团结最具代表性的媒介文本。

（二）研究数据的获取

由于框架理论分析法的研究对象往往是文本，因此在对文本抽样后，研究数据要通过编码获得，这一环节见下文的“类目登记”部分。

（三）研究数据的分析

框架理论分析法数据分析方案涉及两个环节，一个环节是具体的框架理论，另一个环节是根据具体的框架理论进行编码。

1. 具体的框架理论

框架理论分析方法的设计除了上述的抽样介绍外，还需要介绍所运用的具体的框架理论。从操作的角度而言，框架分析其实是运用某一种“框架”来分析内容，这种“框架”其实是一个概念体系。那么，这些概念从哪里来的呢？从理论上讲有两个途径，一方面是研究者自己构建，另一方面是研究者根据别人的成果构建。笔者考察了近年来刊登于新闻传播学 CSSCI 期刊的所有主要论文（采用框架分析法的），发现自己构建新闻框架的极少，绝大多数研究者都是采用了臧国仁等人的框架，或者对其做了一定的修改后采用。事实上，研究者自己构建框架是有一定难度的，因为“迄今为止，我们还没有足够的研究积淀而形成完整的分类体系，也就是说，我们仍缺乏对架构这一社会实践动态的充分理论认识”[①]。因此，这里主要讨论有哪些学者提供了哪些可供研究者选择的框架体系。

第一种是荷兰学者托伊恩·A. 梵·迪克（Teun A. van Djik）提出的话语分析框架。戈夫曼并没有提出一个框架分析的概念体系，因此框架分析的规范性存在缺陷。梵·迪克则较早地努力弥补此方面不足，将新闻话语归纳为一系

---

① 潘忠党．架构分析：一个亟需理论澄清的领域［J］．传播与社会学刊（香港），2006（1）：17－46.

列的概念类别，在客观上与框架分析建立了契合之处。梵·迪克的新闻话语框架由 10 个概念构成，其中归属于摘要的有 2 个，即标题和导语；归属于正文的有 8 个，即主要事件、结果、境况、先前事件、历史、各界反应、期望、评估。笔者所见的大陆第一篇采用框架分析方法的文章，即陆晔的《香港中文报纸中的中国内地新闻：新闻文本的框架研究》（《新闻大学》1998 年夏）就是采取的这一框架，不过是仅仅选取了由对正文进行分析的 8 个概念组成的框架，而没有分析摘要中的两个概念。

第二种是台湾学者臧国仁提出的框架，大陆大多数学者运用了这个框架。他的框架分为三个层次，即“高层次指的是事件的抽象意义，或是主旨，通常难以辨识。中层次则由主要事件、历史、先前事件、结果、归因以及评估等几个环节组成，有些事件包含了所有上述环节。低层次指的是框架的表现形式，系由语言或符号组成，包括字、词、句，以及由这些基础语言所形成的修辞或比喻”[①]。这一框架与梵·迪克的新闻话语框架有较多类似之处，其中的中层框架结构与后者有较多的重合之处。不过，这个框架结构比梵·迪克的更加清晰，也更符合中国人的文本理解习惯（比如提出“主旨”框架），因此被广为引用。比如张克旭等人的《从媒介现实到受众现实——从框架理论看电视报道我驻南使馆被炸事件》（《新闻与传播研究》1999 年第 6 期）就采用了臧国仁的框架。

第三种是甘姆森（W. Gamson）提出的“诠释包裹”（interpretive package）框架。在框架分析的发展历史上，甘姆森的贡献有重要价值，他的“诠释包裹”理论被广泛采用。他将新闻框架分为两类，一类是“框架装置”，包括隐喻、描述、短语、论据以及视觉影像；另一类是“推理装置”，包含的元素有问题来源、后果或事件影响、责任归咎、解决方案、道德呼吁。[②] 刘佩的《“走出去”十年：中国企业海外危机——以甘姆森“诠释包裹”框架理论为分析路径》（《新闻界》2015 年第 11 期），王雪晔的《媒介话语动员：建构民族团结的一种策略——基于西北多民族报道的框架分析》（《新闻界》2017 年第 3 期）都采用了甘姆森的框架。

第四种是坦卡特的框架。坦卡特认为可以通过量化的方式确定新闻框架，因此他归类出 11 个新闻框架即新闻标题（包括主副标题）、新闻图片、图片说

---

① 臧国仁．新闻媒体与消息来源：媒介框架与真实建构之论述［J］．台北：三民书局，1999：51.

② GAMSON，LASCH. The Political Culture of Social Welfare Policy［M］//SPIRO，SE，YAARE. Evaluating the Welfare State. New York：Academic Press，1983：402.

明、新闻导语、消息来源、引语的选择、引语的强调、文章所属的系列、数据和图表、文章结论。但是，这种框架的使用率较低。笔者认为，坦卡特框架在内容特征的描述性上固然可以，但是作为理论分析的工具可能缺乏深度。

上述这些框架结构是目前框架分析中几个主要的概念体系。当然，其他学者也提出了一些框架，如瑟曼特克（Semetko）和沃肯伯格（Valkenburg）认为，媒体报道中存在冲突（conflict）、人情味（human interest）、经济影响（economic consequences）、道德（morality）、责任（responsibility）这 5 个“通用框架”，这些框架可以在不同议题、不同媒介形态、不同国家和地区的新闻报道中普遍存在，虽然这些框架可能并不会同时出现。[①]

研究者一般不会全部照搬这些概念体系，而是可能会对它们做一些增减，以更加适应自己的研究情景。值得注意的是，参考这些框架提出分析的概念体系并不难，难点在于确保概念内部的关联性，也就是研究者所选择的概念体系既要能涵盖所有的内容单元，彼此之间还要有逻辑联系。

框架分析研究者通常先从上述具体的框架中选择一种，然后运用其概念体系来进行分析。《民族》一文以甘姆森的“媒介话语包”（media discursive package）（即“诠释包裹”）作为分析工具。甘姆森的“媒介话语包”分为框架装置与推理装置两类，《民族》一文选取了框架装置。框架装置中包括隐喻、描述、短语、论据以及视觉影像，而《民族》一文采用了前四个概念，之所以没有采用“视觉影像”，是因为该文“着眼于大众媒介有关西北多民族报道的话语分析”。作者的这个解释可能并不很准确，视觉图像也可以进行话语分析，真正的原因可能是报纸的报道偏向于文字文本。这样，作者建构起的框架分析的概念体系是隐喻、描述、短语与论据。

2. 类目登记

确定了样本与具体的框架概念体系后，就可以进行实质性的分析了，这一工作被称为“类目登记”。类目登记的目的是“绘制”出内容的“新闻框架”并阐述其理由，它实质上是一个分类过程，即按照框架概念体系对文本进行分类并登记。这一工作也被称为编码工作，但是它与量化的内容分析法的编码不同，也与扎根理论分析法的编码不同。内容分析法中的编码是为了获得不同符码之

---

① SEMETKO，VALKENBURG. Framing European Politics：A Content Analysis of Press and Television News. Journal of Communication，2000（50）：93－109.

下的内容频数，以便对内容频数进行数学模型运算；框架理论分析法既可以采取与内容分析法相同的频数统计方式，也可以作为质性研究而不严格地进行数学模型运算。扎根理论分析法则由下至上要经过3次编码，也就是它的符码是通过原始资料层层浮现出来的；而框架理论分析法需要运用框架理论事先确定概念体系，然后根据概念体系对文本进行分类。

具体地说，框架分析研究者及其助手会对每一个内容单元进行分析，判断其归属于新闻框架中的哪一个概念，然后将其登录到该概念目下。在这里，如果是量化研究，需要在正式登录前做信度检测，即对编码人员进行培训，让其背对背地对同样的小规模分析单元进行编码，统计检验编码的一致性情况。当信度达到研究的控制要求时，才进行正式的编码和登录。这个工作要在论文中有简要的报告，尤其要声明量化研究的信度控制情况。《民族》一文采取了质性研究的路径，因此作者虽然没有进行编码的信度检验，但将框架概念与其相对应的部分“话语”列示于表中（见表4-1），一定程度上增强了说服力。

表4-1 关于西北多民族媒介话语的框架分析

框架工具	隐喻	团结花、和谐曲、常青树、石榴籽、生命线、家、血肉相连、手足相亲、连心桥、吸铁石、兄弟、兄妹
	范例	革命年代，毛主席与回族老人促膝长谈；抗日战争中回族教主洪寿林挽救了两名红军战士的生命；抗战时期，为了支援前线，新疆迪化78岁的老太太摘下自己唯一值钱的金耳环捐献，温宿县维吾尔族妇女阿提克汗捐出丈夫生前留下的27个金元宝，喀什一位贫寡妇女把自己一穗一穗捡来的一袋小麦送上献金台……
	流行语	加强民族团结同心共筑“中国梦”；汇聚民族团结的筑梦力量；同唱团结歌，共圆中国梦；民族大家庭同心共谱和谐曲；筑牢民族团结生命线；汉族离不开少数民族，少数民族离不开汉族，各少数民族之间也互相离不开；“五十六个星座，五十六枝花，五十六族兄弟姐妹是一家”；民族团结一条心，社区和谐一家亲；民族团结是发展和稳定的基石……
	描述	汉族的婚礼有回族乡亲参加，回族的节日上也会给汉族的群众送去烩菜和油饼；“回族人过开斋节、古尔邦节，我们也一起过；我们过春节，回族人也会来拜年，大家像亲人一样”；“‘5·22’暴恐案件发生时，受伤的维吾尔族大妈沙热古丽·沙依提被一个不知名的汉族的哥救起”；汉族军官何健13年如一日坚持照顾、资助回族残疾青年李少军一家，累计资助20多万元，6次动用准备结婚的钱，4次推迟婚期；宁夏海原县回族妇女马志英，多年来救助抚养了186名回汉贫困女童；维吾尔族儿子和汉族儿媳，簇拥在身着绚丽维吾尔族传统服装的古丽巴尔身旁，每个人脸上都洋溢着自信而幸福的笑容……

（四）理论阐释

框架分析论文的最后两个部分属于阐释部分，其中“研究发现”部分是对框架概念统计结果的报告，也就是主要陈述研究者在每个框架概念下发现的特征；“结论与讨论”则是在理论层面上的分析。

框架分析既可以做量化研究，也可做质性研究，因此其“研究发现”部分既可以与实证研究中理论阐释的特点相同，也可以是质性研究的阐释方式。如果属于量化研究，则一般对框架概念的统计结果进行横向比较，也就是对不同框架概念的出现频数进行对比，通过对“多”和“少”对比效果背后意义的发掘来建构理论。陆晔的《香港中文报纸中的中国内地新闻——新闻文本的框架研究》（《新闻大学》1998 年第 2 期）采用的就是典型的横向比较，在对不同框架的对比中发现理论并进行阐释。

如果做质性研究，则一般进行纵向分析，即通过对各个框架概念本身的解读来揭示理论意义，《民族》一文就属于这种情况。该文的第二部分实际上是研究发现部分，分别对框架装置中的四个概念进行了描述，通过四个小标题我们可以看出作者的理论取向：（1）隐喻话语：关注美学事物和身体；（2）范例话语：呈现“民族主义”语境；（3）流行话语：侧重表达主流价值；（4）描述话语：挖掘民族团结的故事和细节。也就是说，研究者选择了隐喻、范例、流行语、描述这四个框架概念，然后通过细读文本，观察所有文本在这四个概念下的特点。比如关于隐喻，研究者的结论是：

> 在 624 篇媒介报道的新闻标题中，有 80 篇涉及隐喻话语……“团结花”“和谐曲”“常青树”这些承载着美学想象且具有文化共通性的事物，是媒介隐喻“民族团结”时采用最多的话语……它们能够还原自然本身的和谐美好，为西北地区各族人民找到一条转向美学想象的途径，进而重建人与自然、人与人之间的和谐和睦关系……传递出一定的民族团结理念，更容易唤起各族人民安居乐业、和谐相处的心理共识。

《民族》一文不属于理论取向的研究，而属于应用研究，因此它的第三部分提出了增强民族团结的若干报道话语策略，但没有进行理论方面的建构。该文的“结语”部分也不是理论建构，而是对文章的第二和第三部分做了总结概述。框架分析可以用来生成理论，这时与量化研究中的情形一样，它要摆脱陈述性和描述性的方式，运用讨论式和概念化的方式，提出具有理论意义的概念或者结论。不过，传播研究中的大多数框架分析论文都是应用取径的，而且是描述性的，即目的在于描述“是什么”，然后提出一定的实践或政策建议。这可能与“框架”本身就是一种认知工具有关。

第四节　民族志研究法

民族志原是人类学的研究方法，后来被引入社会学，再后来被引入传播学研究，尤其是互联网兴起之后，虚拟民族志的较广泛运用，助推了民族志方法的运用。因此在传播研究中，运用民族志方法的文章虽然整体上不是很多，但有越来越受到重视的趋势。

一、概念与历史

民族志（ethnography）又称人种志，是建立在田野调查（field research）基础上的一种研究方式，通常用于在整体视角下对异族文化或社区文化的研究。民族志起源于文化研究的传统，即“试着尽可能详细地描述一种文化或一个社会群体”①。

有人将民族志方法称为田野调查法，其实没有民族志这一概念准确。因为田野调查只是民族志研究中的一个环节，即资料搜集环节，尽管它确实是最核心的环节。民族志不仅是一种资料搜集方式，也是一种写作方式，一种对研究对象文化的细节性描述方式，即通常所谓的“深描”。“深描和逐字引用是民族志研究的田野笔记、报告、文章和书籍中最突出的特点……其目的是传达感觉和描述所观察事件的事实。”②

因此，在社会学（传播学）的诸种研究方法中，民族志很具特色。如果说内容分析等方法最接近于自然科学方法，那么民族志却有一些处于科学性与文学性之间的特征。这句话不是否定民族志方法的科学性，而是说它具有一定的描述性气质。如有人所说，民族志“属于文学性表述，尤其最近几十年，民族志的‘文学性’（比如文学的隐喻法、形象表达、叙事等）影响了民族志的记录方式——从最初的观察，再到民族志‘作品’的完成，到阅读活动中‘获得意

① 费特曼．民族志：步步深入［M］．龚建华，译．重庆：重庆大学出版社，2013：21.
② 同①136.

义'的方式。"[①] 当然，民族志的目的并非完成文学作品，而是为了阐释理论的，它的描述都是为了理论建构的推进，但冷静的叙事、深入的细节描写等，使它具有一定的文学意味。这对于提高学术表达的可读性而言未尝不是好事。

民族志研究的文学性气质，或者与它的历史传统有关。在系统的民族志方法出现之前，西方和中国都有大量这种方法的雏形。古代西方社会，一些前往遥远外地的商人、传教士、探险家、官员等，会将当地所见所历甚至所闻的奇事异迹记录下来，这些记录自然是文学性的而非科学性的，甚至直接就是对民间文学的搜集。[②]所谓科学民族志是受到前民族志的启发而产生的，因此一定程度上继承了该特质。

科学民族志的创立者是马林诺夫斯基（Malinowski）。他是一位从波兰移民到英国的人类学家，因为受一战的影响，先后在1914—1915年和1917—1918年间滞留在新几内亚和特罗布里恩（Trobriand）群岛上，与当地人生活在一起，进行了持续的实地考察工作，写就《西太平洋的航海者》这部著作，此书被誉为现代民族志方法的创立典范。在书中，马林诺夫斯基创造性地提出并运用人类学田野工作的方法，对以特罗布里恩群岛为中心的库拉区域，进行了深入而细致的研究，揭示出当地土著社会巫术、宗教、贸易、日常生活之间的关系。这部书也奠定了人类学科学研究的基础，它在理论建构、田野工作方法、文本组织方式等方面的成就，使其成为后来追随者普遍奉行的具体操作规则的来源。此后的人类学家和马林诺夫斯基一样，运用田野调查方法开展研究，但面向的是文化的问题，因此也被称为文化人类学。

早期的民族志田野地点是在殖民地的异域文化，后来随着殖民地的消失以及对这种方法的批判，民族志转向对本民族甚至城市的社区研究。也就是说，研究者将情境的概念进行了扩展，使其并非局限于海默思（Dell Hymes）所认为的地理或语言"社区"，而是延伸到具有一定共同文化的群体。其实早在菲里普森（Gerry Philipsen）时，他就把民族志的社区概念发展成了"阶级和性别这样的东西"[③]。这就打破了民族志对地理概念的束缚，大大扩张了民族志方法的应用范围，也有利于该方法被引进到传播研究中。

---

① 彭兆荣．民族志"书写"：徘徊在科学与诗学间的叙事［J］．世界民族，2008（4）：34－41.

② 同①.

③ 常燕荣，蔡骐．民族志传播学的发展与贡献：克里斯汀、菲奇博士访谈录［J］．国际新闻界，2002（6）：60－64.

民族志方法与传播研究相结合，产生了民族志传播学。它被认为是从文化人类学和社会语言学中演化而来的传播学的一个分支，海默思则被认为是将民族志方法引入到传播学的最早者。[①] 1964 年，他在《美国人类学家》（*American Anthropologist*）的一期特刊上，首次提出了“民族志传播学”（ethnography of communication）这一术语。他认为民族志传播学有两个特征：第一是必须深入到具体的自然情景中去考察传播实践，这种置于情境中的研究获得的意义是单纯对语法、对人格、对宗教等的研究所无法达到的；第二是必须把社区作为语境，把传播习惯作为一个整体来考察。总的来说，海默思的思想，就是将民族志方法“平移”到传播研究中，尤其是传播实践和传播文化研究中。

菲里普森更加深入地勾连了民族志与传播研究之间的逻辑。他认为任何语言社区的传播实践都是模式化或者系统化的，因为它们受制于一定的行为规范和解释规范。这些规范和意义都会出现在人们的传播实践中，尤其是在他们的交谈中，这样，就可以通过观察他们的交谈来系统地研究那些规范的意义。观察交谈的有效途径是语境化，那么民族志显然就合法地进入了传播研究中。菲里普森的观点表明，传播民族志的理论基础是，社区的文化影响传播，因此观察传播就可以反过来研究文化。这与前面指出民族志通常用于文化和传播文化研究是一致的。因此，从研究的问题关怀而言，传播民族志与其说是传播学的，还不如说也是文化学的。正因为这个原因，有人认为传播民族志不但是一种方法，一种搜集资料的途径，而且是一种理论，是“一种观察和理解这个世界的视野”[②]。

那么，传播民族志的文化研究面向，与民族志文化研究有什么区别？两者的区别可以理解为，传播民族志的文化研究是基于符号学理论的，即交流符号在具体情境下的文化意义，这里的文化包括制度、风俗、宗教、饮食、服饰等；而民族志文化研究的理论则是文化学的，主要是伯明翰文化研究学派和法兰克福学派的理论，他们关注的是社会文化与权力操控之间的关系。

2000 年前后，大陆新闻传播学开始采用田野调查法，并有学者写文章介绍民族志方法在传播研究中的应用。从那时算起，这类研究在中国大陆的实践已

---

① 蔡骐，常燕荣．文化与传播：论民族志传播学的理论与方法［J］．新闻与传播研究，2002（2）：16－22，95.

② 同①.

经有20年的历史了。[①] 总体来看，民族志方法在传播研究中有逐渐增多的趋势。在笔者从《新闻界》所选出的100篇文章中，采用民族志（含田野调查、参与式观察、虚拟民族志）方法的有8篇。近年来，民族志学者又提出了自我民族志、多点民族志等概念，这些概念在大陆的传播研究中均有出现。在民族志研究中，对虚拟民族志的运用超过了传统的田野民族志。在前述8篇文章中，采用了虚拟民族志的就有6篇，可见互联网为民族志的改造和适用作出了很大的贡献。

二、民族志研究法的设计

一般地，民族志研究的论文结构大致仍然为：引言—文献梳理—研究方法—研究发现—结论与讨论。本节同样略去引言与文献梳理部分（相关内容可参见本章第一节的概述），而主要分析研究方法的设计，并简要分析民族志的书写。

这里依然从文章结构的角度来分析民族志方法的设计，以郭建斌和李加方的《"第四世界"中的"低端"媒介实践——非洲马拉维录像厅的田野考察》（《新闻界》2019年第12期，以下简称《录像厅》）为例。该文章的结构为：（1）引言；（2）相关背景；（3）文献和理论综述；（4）马拉维农村录像厅的"媒介实践"；（5）进一步讨论。就结构而言，文章如果把"文献和理论综述"放在第二部分，把"相关背景"放在第三部分也是可以的。下面将按照文章结构的顺序进行讨论。

（一）研究对象的获取

民族志研究对象的获取，也要通过抽样实现，当然抽样可以是随机概率的，更多的情形是非随机概率的。民族志研究中的抽样实际上有两个层次，第一个层次是选择研究的社区，第二个层次是选择社区中的人或事件等。

第一个层次是对社区抽样，因为民族志研究的本质是深入情境，在语境中阐释符号的意义，因此需要社区作为物理场所。当然，社区抽样并非概率抽样，一般地是目的抽样与便利抽样相结合。在《录像厅》一文中，根据研究者的介绍，采用的应当属于便利抽样方式。无论线下民族志还是虚拟民族志，文章都

① 郭建斌．民族志传播：一幅不十分完备的研究地图：基于中文文献的考察［J］．新闻大学，2018（2）：1-17，49．

应该对被抽样的社区做必要的描述。一些文章声称采用了虚拟民族志，但对虚拟社区的情况只字不提，这是不符合民族志写作规范的。《录像厅》一文的“引言”中就有专门一段对社区的介绍。文中的“社区”主要是马拉维 Kasungu 县的 Mtunthama 镇，作者也对其他的县镇进行了田野调查。下面是对主要田野场所的介绍：

> 本文的田野调查地点主要在马拉维 Kasungu 县（Kasungu District，以下称 K 县）Mtunthama 镇（Mtunthama Trading Center，以下称 M 镇）。M 镇位于马拉维中部，主要辐射周边 2 公里范围内的 French，Kapaizi 等 8 个村子及 Area1 到 Area5 五个社区，大概有 1 300 余户，9 500 左右人口。M 镇及其周边村子共有 13 个录像厅，其中 3 家于 2019 年 6 月开始营业，其余 10 家已经运营了 2～13 年不等。这 13 家录像厅中有 4 家位于镇子中心，另外 9 家分散在周边村子。

第二个层次的抽样是对人或事件等。第一个层次的抽样仅仅是提供了田野调查的场所，而要开展真正的田野调查，需要明确作为对象的人或事件等。在第二个层次的抽样中，一般仍以便利抽样或目的抽样为主，但有时候也可以采取概率抽样方式，比如进行问卷调查等方式的时候。

关于如何在田野的社区中抽样，费特曼提供了两种思路：第一种是采用排除法，即排除谁或什么是不用研究的；第二种是采用挑选法，即挑选出谁或什么是应该研究的。他并不排斥随机抽样，但认为民族志学者“通常采用非正式的策略来开始田野作业……最寻常的技巧是判断性抽样——也就是说，民族志学者依赖他们的判断，基于研究问题，来选择该亚文化或单位中最适合的人群”，因为如果“对被研究者没有一个基本了解，而又采取一种结构严密而随机的方案，则将导致研究者过早地缩小关注焦点，从而也许会将与研究有关的特定的人们或对象排除在外”。①

《录像厅》一文就采取了以便利抽样为主的方式，因为作者之一在该国支教，与当地村民熟悉，从而引发了研究设想。文章选择 K 县 M 镇的原因主要是就近和方便，还选择附近的“M 镇周边的多个乡镇及所属村子”，以及“多次沿马拉维 M1、M5 等主干道”走访了马拉维 28 个区县中的 13 个区县及其乡

---

① 费特曼．民族志：步步深入［M］．龚建华，译．重庆：重庆大学出版社，2013：40.

镇，也可能是便利抽样而非概率抽样。

（二）研究数据的获取

确定了田野场所和具体的研究对象后，民族志法进入研究数据获得阶段，也就是具体的田野过程或田野调查阶段。田野调查是资料搜集的阶段，也是民族志最核心且最能体现其特点的阶段，因此费特曼说“田野作业是民族志研究设计的核心所在”“田野作业是所有民族志设计最具特色的要素”①。

进入田野社区是进行田野调查的前提。一些研究者提供了手册般详细的指南，包括研究者如何进入田野社区、如何沟通等。这些知识固然可以传授与让读者了解，但它们并非学术研究的核心技术，因此这里不再赘述。

严格的民族志要求较长时间生活在研究对象的社区中，且一般认为时间不得少于半年，有的民族志研究时间跨度长达几十年。费特曼也认为“典型的民族志需要六个月到两年甚至更长时间的田野作业”②。一些民族志研究内容空洞，不完全是写作的原因，而可能与根本就没有进行深入的田野工作有关。蜻蜓点水般的所谓田野调查，既无法激发出研究问题的灵感，也难以提供充分的材料。《录像厅》一文的田野工作量如何呢？从文中有关这方面的描述，能够看出作者进行的田野工作是较为充分的：

> 本文的田野调查地点主要在马拉维 Kasungu 县（Kasungu District，以下称 K 县）Mtunthama 镇（Mtunthama Trading Center，以下称 M 镇）。除了以 M 镇为研究基地外，李加方还多次到访 M 镇周边的 Wimbe、Chilowa、Malomo、Chamama 等多个乡镇及所属村子。另外，作者还于 2019 年 3 月到 6 月多次沿马拉维 M1、M5 等主干道，走访了马拉维 28 个区县中的 Mzimba、Lilongwe、Blantyre 等 13 个区县及其乡镇，行程 2 000 多公里。到本文写作时，已经走访了马拉维全国 13 个区县 50 余个村镇的 130 多家录像厅，并完成了 30 余个小时的参与观察，50 余个小时的访谈，850 余份的调查问卷，以及收集了 430 余场次的放映记录。

田野工作中可以用来搜集资料的手段是多元的，包括参与观察、访谈、调查等。其中参与观察是非常重要的田野工作方式，它指长时间地在社区工作或生活，

---

① 费特曼．民族志：步步深入［M］．龚建华，译．重庆：重庆大学出版社，2013：29.

② 同①9.

从而融入社区的生活与文化。费特曼提出了参与观察的意义与主要要求：

> 参与观察是大多数民族志研究的特征所在，它对于有效的田野作业至关重要。参与观察不但要参与被研究群体的生活，还要保持专业的距离以便适度地观察和记录资料……理想状态的参与观察，是民族志学者在社区工作和生活 6 个月至 1 年或更长的时间，学习当地语言，反复地观察行为习惯……参与观察为施展更专门的技巧搭好平台——包括心理学投射技术和问卷调查。①

田野工作中另一种重要的资料搜集方式是访谈。访谈可以采取结构式、半结构式，但更多的是非结构式的即非正式的访谈。在整个田野过程中，交谈无处不在，因此甚至连访谈都不一定谈得上，更随意的交谈可能更符合民族志自然情境的要求，也更能提供丰富的田野材料。在参与式观察和访谈的基础上，可以选择一些重要的人物进行专门的访谈甚至深度访谈。费特曼称之为对“关键角色”的访谈：

> 关键角色是民族志学者极佳的信息来源和重要的宣传者……一位提供具体描述的关键角色要比满嘴抽象词语的人更能有所帮助……关键角色有助于综合田野作业者的观察……同时，民族志学者必须小心翼翼地判断关键角色的信息。②

田野工作中也可以进行调查以获得资料，以及通过其他的方式获得资料。除了文字或书面的资料，研究者还可随时搜集各种文化仪式和个人生活史的材料，如照片、族谱、图腾、装饰物、日记、信件等，一切带有意义——不论是传播意义还是文化意义——的事物都可以搜集起来。

《录像厅》一文采取的田野调查手段有走访、参与观察、访谈、问卷调查、搜集实物资料等：“走访了马拉维全国 13 个区县 50 余个村镇的 130 多家录像厅，并完成了 30 余个小时的参与观察，50 余个小时的访谈，850 余份的调查问卷，以及收集了 430 余场次的放映记录。”

随着互联网的兴起，人类学研究者们开始运用“虚拟民族志”，它“以网络虚拟环境作为主要的研究背景和环境，利用互联网的表达平台和互动工具来收

---

① 费特曼．民族志：步步深入［M］．龚建华，译．重庆：重庆大学出版社，2013：42.

② 同①56－59.

集资料，以探究和阐释互联网及相关的社会文化现象”①。一般认为，虚拟民族志在根本上没有脱离传统的民族志规则，比如较长时间深入社区，对观察等多种方法的运用等。但是，也要看到，传播民族志的精髓在于还原传播的语境，那么虚拟的社区到底是原生态的网络社区，还是线下社区在线上的呈现，两者可能是不同的。如果是后者，就面临从线下到线上语境的迁移，在这个过程中有相当多的符号和意义会丢失。这样说并非反对虚拟民族志，学术研究积极拥抱新技术是理所当然的，因为它会提高研究的效率，但关键在于研究者要直面不足，谨慎地完善方案设计，从而避免发生研究信度不足的问题。

（三）信度和效度检验

民族志与任何现代研究方法一样，都需要追求学术研究的科学性。当然它所追求的科学性不是实证主义范式下的科学性，而是解释性的科学性。在方案设计中必须足够重视民族志方法的客观性和科学性，而且在田野工作过程中严格实施。提高民族志研究信度和效度可以参考下面两种途径：

1. 三角测量

民族志不采用实证主义范式，也不采取编码的方法，那么如何保证它的客观性？民族志学者提出了三角测量的方法。按照费特曼的说法，“三角测量是民族志研究的基础。它是民族志研究中正确性的关键所在——检验一种信息的来源，去除一种可供选择的解释，证明一个假说”②。三角测量的实质是验证材料的真实性，提高资料的质量和研究结果的精确性。在这里可以用费特曼所举的例子来说明如何实施三角测量：

> 一位教员抱怨在资金中断时期，他的实验室在两次研究经费到位之间的空当中没有得到资助。于是我便查阅了一些以前的记录，和其他几位主要调查者面谈（了解他们对这种情况的看法），我还访谈了其他几位教员（想发现他们在过去的危机中做了些什么），综合表明该教员的担忧具有普遍性。资金危机的直接影响就是研究项目无法继续进行……这其实只是一个文书工作的问题。由于这样的官僚体制结构，导致教员们在申请研究经费时出现了延误，从而耽误了研究项目的进展。因此问题的症结是如何处理这些被延误的文书，而不是在于讨论缺乏拨款时该怎么办。

---

① 卜玉梅．虚拟民族志：田野、方法与伦理．［J］．社会学研究，2012（6）：217－236，246.

② 费特曼．民族志：步步深入［M］．龚建华，译．重庆：重庆大学出版社，2013：100.

从这个例子可以看出，三角测量最关键的是要采取多种途径去核实和验证每一个观点（角度 1），在验证的过程中原来的解释可能会被推翻或修正（角度 2），同时会浮现出新的值得研究的问题（角度 3）。

2. 理论饱和度检验

笔者认为，民族志仍然可以进行理论饱和度检验。其方法是，如果在田野过程中，当新的观点尚在不断地出现时，那么田野工作应该继续；一直到很少出现新的观点时，才可以结束田野工作。理论饱和度本来是扎根理论分析法中的检验手段，是可以借鉴到民族志中来的，尤其是在民族志中运用了较多访谈类资料搜集手段时。当然，作者要界定清楚研究的范围，即在一定的研究主题范围内开展研究，否则总是会不断地出现新的观点。

（四）民族志的书写

民族志的书写，指民族志工作完成后的成果撰写工作，一般指研究论文或专著的撰写工作。在通常的民族志论文中，可能前面三部分分别是“引言”“文献综述”“田野场所情况”之类，属于研究问题的提出、理论的介绍、工作的报告等；从第四到第五部分才是民族志书写。《录像厅》一文也基本上是这个结构。

因此，民族志书写实际上又分为两个部分，论文第四部分可以称为民族志描述，是对民族志田野中的发现进行细描和深描，回答“是什么”的问题；第五部分可以称为民族志分析或讨论，是以田野描述为基础进行的理论分析，回答“为什么”的问题。

1. 民族志描述

民族志的描述是民族志书写的第一部分，也是最基础的部分。研究者在田野工作中经过大量的调查，积累了大量的资料，在对这些资料进行分析的基础上，描述所研究社区的主要和重要特征。应该注意的是，民族志描述需要宏观与微观结合，在宏观的视角下，以细描和深描作为填充，体现出文化的整体感和质感。费特曼认为，“民族志学者在研究中采取一种整体论的视角以描绘社会群体全面而广阔的途径”，尽管“没有哪项研究能完整地捕获一种文化或一个群体”，但“整体论的定位促使田野作业者的观察要超越一个暂时的文化图景或文化事件”。[①] 另一方面，民族志的整体视角必须与直观的细节结合起来，后者既

① 费特曼．民族志：步步深入［M］．龚建华，译．重庆：重庆大学出版社，2013：21.

是佐证也是可读性的构成元素，同时也通过“情境”来展示了民族志研究的特点。这种“描述”是由叙述和描写结合起来的，前者可以推动故事线在时间维度上前进，后者则具有在特定时间点上的深度。

《录像厅》中有一段描述当地小孩蹭看录像的文字，既有叙事也有生动的细节描写，勾画出了很有地方意味的社会文化生活场景：

> 孩童蹭看影片是每一个录像厅的普遍现象。有的录像厅是用茅草或木板搭建的，缝隙很多，于是小孩就趴在录像厅周遭的缝隙里蹭看（如图5）。有时候工作人员很忙，影片开始后收一下费就离开了，中途没空再来收费，这样孩童就可以明目张胆地进入录像厅蹭看。而更多的情况是录像厅工作人员与孩童玩着心知肚明的猫捉老鼠游戏，即工作人员进去收费时把未付费的孩童赶出去（其实也就是拍拍孩童的肩膀示意一下），而一旦工作人员离开后，孩童又会溜进去蹭看，如此周而复始。而录像厅的第一排，一般已成为儿童蹭看影片的专座。事实上，在我看来，孩童蹭看影片已经成为马拉维农村录像厅的一种文化，因为工作人员从不会在录像厅门口把孩童拦住，而孩童在工作人员进去示意后也会自觉离开，他们从不会发生冲突，反而经常看到工作人员亲昵地把蹭看影片的孩童抱出录像厅的温馨画面。（2019 年 6 月 18 日田野日志）

2. 民族志分析

民族志的最终成果体现为学术论文或专著等，因此民族志书写的第二个环节是理论分析与阐述。费特曼认为，在民族志论文中，“作者将会简要地指出这篇报告对知识的发展、理论或方法论有怎样的贡献”[①]。因此，民族志书写第二部分的主要目标在于生成理论或者进行现象阐释。所谓生成理论，即在理论方面有所创新，比如对现有的理论有所补充或改进，甚至发展出全新的理论；所谓现象阐释，即运用一定的理论来分析现实或现象。《录像厅》属于现象阐释类的，文章的第五部分“进一步讨论”中运用“第四世界”和“低端全球化”解释了马维拉录像厅中放映全球录像节目的原因，认为“第四世界”通过“低端全球化”与全球体系紧密相连，“低端全球化”促进了媒体内容的全球流动。

---

① 费特曼．民族志：步步深入［M］．龚建华，译．重庆：重庆大学出版社，2013：130.

第五节　深度访谈法

传播研究中对深度访谈法的运用也相当广泛，它不但可以作为一种独立的方法，也可以与其他方法联合使用。当深度访谈法作为数据搜集的方法而与其他方法联合使用时，扎根理论分析法是最常见的合作伙伴。

一、概念与历史

深度访谈法（in-depth interview）是一种常见的质性研究方法。它是通过研究者选择关键少数甚至单个访谈对象，围绕研究问题进行一对一深入交谈的方式来搜集资料的研究方法。

作为单独研究方法的深度访谈与其他深度访谈不同。比如新闻报道中也运用深度访谈，但其目的在于揭示出更多隐蔽的事实；而学术深度访谈的目的在于揭示出新的学术观点或结论。民族志中也可以运用深度访谈，但是它并非被作为一种独立的研究方法，而是作为一种资料搜集方式，最后是按民族志的方式来写作论文的。

同时，深度访谈和访谈（interview）也是不同的概念，前者可以作为一种独立的研究方法，而后者仅仅是一种材料收集的手段，而且仅仅指一般性的交谈。在很多研究方法中都可用到访谈，比如调查研究法、民族志研究法等，但这些方法中不一定会用到深度访谈。就访谈的内容强度而言，深度访谈的对象少，但强度要大得多，需要较长时间地、从较多角度进行交谈；访谈的对象则较多，与每个人的交谈强度并不大，且并非多角度和有足够的深度。此外，深度访谈除了收集文字意义外，还可能收集动作、神态、表情等方面的信息，这些信息也是访谈一般不涉及的。

作为质性研究的深度访谈有两种类型，一种是对一个人进行的深度访谈；另一种是对多个人进行的深度访谈。比较而言，前者所包含的知识密度更大，因此论文较多地呈现出问答的原貌；后者所包含的知识密度要小得多，所以一般不呈现访谈问答的原貌，而是需要研究者采取一定的分析方法才能提取出理论成果，比如扎根理论分析法等就是常用的工具。

深度访谈类文章在新闻传播类学术期刊上并不少见，这可能与本领域与新闻采访密切关联有关。一对一的专门深度访谈文章，比如由常江博士在《新闻界》主持的“全球大师访谈”栏目，已经持续两年多每个月发表一篇文章。对多人运用深度访谈的文章，2019 年在新闻传播类 CSSCI 期刊上有 2 篇，即谢新洲、朱垚颖等人的《县级媒体融合的现状、路径与问题研究——基于全国问卷调查和四县融媒体中心实地调研》（《新闻记者》2019 年第 3 期）等，但该文章采用了将深度访谈与调查法联合使用的研究方法。

二、深度访谈法的设计

多人深度访谈论文的结构，从理论上而言与其他质性研究的结构相差不大，即也采用“引言—文献梳理—研究方法—研究发现—结论与讨论”这样的模式。不过，由于多人深度访谈的论文并不多，而且方法规范且单独作为方法的更是鲜见，所以实际的案例并不好找，因此这里将不结合案例进行分析。

（一）研究对象的获取

深度访谈法中获取研究对象，也就是确定深度访谈的对象。访谈对象的确定一般采取目标抽样方式，而很少采取概率抽样方式，因为后者很难实施。尤其在一对一访谈中，更是具有很明确的目标对象。确定访谈对象的原则，当然是以围绕研究问题能够提供数量越多、质量越高的访谈材料为佳。但实际上，这只是理想状况，很多时候理想的对象不一定接受访谈，因此无论是一对一访谈还是对多人的访谈，都是在可能的前提下确定最佳的对象。

深度访谈同样需要考虑结论的科学性，因此访谈对象人数的确定虽然要视情形而定，但仍然应该有一定的规则。多人访谈中人数太多固然耗费资源，但太少则无法确保研究的科学性。具体需要多少访谈对象则没有人给出建议，实际上也无法给出量化的确切建议。这里依然建议用理论饱和度来判断，围绕研究的问题，如果访谈对象没有新的观点出现或者出现很少，那么可以认为人数是充分的了，否则的话就需要增加访谈对象。研究者经常将深度访谈与扎根理论方法结合起来，也就是用深度访谈来搜集资料，而用扎根理论法来分析资料，采用这种方法时则更是需要用理论饱和度来决定理论抽样。具体操作方式可以参见扎根理论分析法一节。

（二）研究数据的获取

在深度访谈中获取研究数据，也就是获得研究的原始资料。它主要分为两个步骤，即撰写访谈提纲和实施访谈。

1. 确定主题与提纲

研究者在深度访谈之前要确定访谈主题与访谈提纲。访谈的主题，即整个访谈围绕什么样的核心问题进行，它显然就是所要研究的问题。在主题确定以后，要在此基础上形成访谈提纲，也就是访谈的问题清单。

深度访谈的问题是半结构化的，也就是既要有一定的明确的问题，同时每个问题的回答都是开放式的，访谈对象可以自由地回答与讨论。相对而言，一对一深度访谈的问题可以少而宏观一些，因为这样的访谈强度很大，如果问题较多则无法真正深入；对多人的访谈则可以将问题制定得多一些，尽可能做到对不同的人采取同样的提问，便于在后期的理论化过程中进行提炼。有学者认为深度访谈是无结构访谈，这并不准确，它一般需要在确定访谈的问题之后再进行访谈。与之相比，随意的交流才是无结构访谈。

访谈问题的设计对访谈的成功具有基础性的作用，如果提问没有深度，那么所谓的深度访谈就徒有其名。对于一对一的访谈而言，需要进行两个方面的扎实工作。一方面，研究者需要对与研究问题有关的理论有清晰的掌握，才能知道应该就什么样的理论问题提问，而不是仅就一些陈旧的表面的问题提问。比如针对访谈者过去已经发表过的观点，或者大家不关心的观点，那么提问的价值就不大。另一方面，需要对访谈对象的学术经历、主要成就等进行梳理，然后与研究的问题结合起来，才能设计好具体的提问。对于多人访谈而言，对个人知识和经历的了解仍然是有必要的，只不过往往不局限于学术领域，因为访谈对象很可能并非学术界人士。同时，多人访谈的问题主要是围绕研究的问题进行。

无论是一对一的学术访谈还是对多人的搜集资料性质的访谈，为了真正做到访谈的“深度”，所提问题在结构上应该有纵深感，而不是完全并列式的。也就是说，要就一个问题进行“追问”，甚至步步“追问”，这样才能把访谈对象潜意识里的知识、观点或见解激发出来，形成真正的深度讨论。当然，在正式的问卷中不一定会设计很详细的纵深感问题，而是需要访谈者在访谈时灵活地“追问”细节和一些较隐蔽的信息。

2. 实施访谈工作

深度访谈的实施对访谈人要求较高，因为这个过程是开放式的，有大量的双方互动，如果访谈人不具备专业能力和现场能力，那么可能难以调动访谈对象的交流积极性。可以说，在所有的研究方法的资料收集程序中，深度访谈是对研究者专业能力要求较高的，因为其他研究方法不一定需要研究者亲自操作，比如调查法中研究者可能只要请助手按照方案实施；或者其他方法不需要及时的反应，比如民族志的田野调查中有较多重复访谈的机会，或者更换访谈对象的机会，而深度访谈往往不具备这些条件。

在深度访谈时，访谈人不能局限于对着问题单进行提问，而是要善于“追问”，也就是不断就一个问题进行更为详细的讨论。这要求访谈人根据交流情境灵活地提出问题，它们往往是提纲中不必设计而由访谈人在现场临时提出的问题。这样才能体现出深度访谈半结构化的优势。文格拉夫（Wengraf）对于什么才是深度访谈，如何做到深度访谈做了论述，核心观点是要求提供“细节性”的知识和“复杂”的知识：

> “深度”了解某事乃是要获得关于它的更多的细节知识。“深度”指的是了解表面上简单直接的事情在实际上是如何更为复杂的；以及“表面事实”（surface appearances）是如何极易误导人们对“深度事实”的认识的。[1]

这些“细节性”的知识和“复杂”的知识，显然不通过周密的问题设计和现场灵活的“追问”是无法挖掘出来的。为了激发访谈对象的阐述积极性，要注意以下两个方面：

（1）悬置态度。

有学者借用现象学的概念，认为研究者在深度访谈的时候应该“悬置”自己已有的观点、概念、理论等。这一点值得借鉴，因为如果研究者做不到抛弃“成见”，则采访的客观性可能会受到影响。因此，“当我们进入访谈现场开始工作的时候，我们应该在抛掉前述‘成见’的前提下全神贯注地去感受访谈对象的各个侧面（包括外貌、衣着、神情、语言，也包括访谈进行中的环境……所有这些都是被访谈对象赋予了一定意义的），打一个通俗的比方，就好像是用一张白纸去‘印’访谈对象和场景，从而获得对访谈对象赋予访谈与场景的意义的感知和认识”[2]。

（2）渐进式聚焦法。

通常具有社交经验的人都知道提问需要技巧，其中一个重要方面是提问的

---

① WENGRAF. Qualitative Research Interviewing：Biographic Narrative and Semi-structured Methods. London：Sage Publications，2001.

② 杨善华，孙飞宇．作为意义探究的深度访谈［J］．社会学研究，2005（5）：53－68，244.

顺序。阿科瑟等人提出了"渐进式聚焦法"（progressive focusing），主张从访谈对象一般化地感兴趣的事物入手提问，尤其是从其生活史方面提问，再从这种一般化感兴趣的领域中发现更多感兴趣的话题，使交谈能够逐渐深入。[①]

（三）信度和效度检验

深度访谈如何提高研究的客观性？对多人访谈一般是为了获得"事实"，但是访谈对象所讲述的并非都是真实可信的，无论是出于主观还是非主观的原因。文格拉夫提醒，在真实的生活（lived life）与被讲述的故事（told story）之间存在差距，因此需要进行一系列的判断和分析。[②] 笔者建议借鉴民族志中的三角测量法，这种做法对事实的多渠道核实，对结论的谨慎提出，以及对新问题的提出都是有帮助的。

（四）深度访谈法的书写

对一人进行专访后形成的论文，往往重在体现访谈交流的原貌，也就是多数内容是以对话体的形式表现的。这样的好处是可以原样地保留双方的交流内容，同时具有较强的可读性。访谈者所要进行的工作，主要在于从大量的访谈内容中提炼出围绕主题的多角度阐释，尤其是那些访谈对象过去没有表达过的观点，或者对既有理论的反思，或者对现象的新解释等。因为一对一深度访谈的知识密度较大，因此当被访谈人的阐述呈现出一定新意时即为具有创新价值。

多人深度访谈的理论生成问题则需要采用另外的方式，它显然无法以对话体的形式展现，而需要进行另外的"加工"。一般地，为了保障研究的客观性和科学性，将深度访谈与扎根理论等分析方法结合起来使用是不错的选择。因此，多人深度访谈的分析与写作可参考扎根理论分析法部分。无论是一人深度访谈还是多人深度访谈，均会较多地引用访谈对象的话语，这一方面使文章具有更强的可读性，另一方面为理论概念增加了细节性的支持。这是深度访谈法写作的一个独特之处。一些声明运用深度访谈的文章缺乏对话语的引用，或者引用极少，或者引用的话语形同日常聊天而不具有学术意义等，都是深度访谈的写作甚至研究中难以自洽的表现。

---

① ARKSEY，KNIGHT. Interviewing for Social Scientists . London：Sage Publications，1999.

② WENGRAF. Betrayals，Trauma and Self-redemption? The Meaning of "The closing of the mines" in Two Ex-mines Narratives ［M］//Lines of Narrative：Psychosocial Perspectives. London and New York：Routledge，2000.

第六节　焦点小组访谈法

焦点小组访谈法在国内传播研究中的运用很少，然而它却是由传播研究学者首先创立并运用的一种方法。这种方法与深度访谈有一定的相似之处，即都是通过深度的交流来获得研究数据，都一般运用扎根理论分析法来分析数据。但是不同之处在于，深度访谈主要是将研究者与访谈对象之间的交流作为研究数据，而焦点小组访谈法主要是将小组成员之间的讨论作为研究数据。

一、概念与历史

焦点小组访谈法（focus group interview）指由经过训练的主持人以半结构的形式与小组成员交谈，同时小组成员之间也进行讨论，以此来搜集研究材料的研究方法。

传播研究中的焦点小组访谈法诞生于美国哥伦比亚大学。1940 年代，传播学先驱拉扎斯菲尔德在哥伦比亚大学建立应用社会研究局，主要采取量化的研究方式开展研究，也兼容其他的研究方法，焦点小组访谈法就是后者之一。焦点小组访谈法由应用社会研究局的成员默顿（Robert Merton）于 1941 年首先提出，并得到拉扎斯菲尔德的支持而在应用社会研究局中使用。

当时，默顿用这一方法研究政府宣传品的效果。他把具有相同社会身份的人聚在一起，请参与者就某类战争宣传品对自己和家人的影响进行讨论，通过观察来获得参与者各自的观点、看待问题的角度、相互纠正的机制以及人际互动的信息。其成果于 1946 年出版。1956 年默顿又出版另一项成果。这是一种效果研究的视角，只不过是非量化的效果研究，可以说是对拉扎斯菲尔德所开创的量化效果研究方法的一种补充。

尽管这种方法最早由学术研究者提出，但在随后的几十年内却主要被广泛运用于商业市场调查中，直到 20 世纪 70 年代末和 80 年代早期，这种方法才在社会科学中复兴，从而再次进入学术研究方法的版图。汉森（Anders Hansen）认为，这种复兴与传统效果研究范式的转向有密切联系：

> 受众研究在二十世纪八十年代和九十年代发生了转向，从研究媒介对受众行为和信仰产生的影响和效果转到了这样一些方面：受众如何理解、

认识、使用媒介以及如何与媒介发生互动的，以及如何产生媒介内容和技术之外的意义。[①]

根据汉森的说法，20世纪80年代，受众研究的质性特征相当明显：大多数受众“接收”研究都采用了焦点小组访谈法、参与观察法和相关人口统计分析法，这标志着对传统量化分析法深思熟虑后的有意识的摒弃。[②]

另一方面，焦点小组访谈法首先被运用于传播研究中，后来延伸到社会学的很多领域。如焦点小组访谈法发展历史上的重要人物摩根（David Morgan）在1988年曾经说：“仅仅在5年前，很少有社会科学家听说过焦点小组，但是现在，焦点小组在他们中间激起了广泛的兴趣。”[③] 这可能是很少见的由传播学向社会学输出方法的情况，一般地都是反向行之。传播学研究的焦虑之一是没有自己的方法，其实在历史上它有自己的方法，比如内容分析法等，所以它也并非一味地从社会学中借用方法。但问题在于，传播学是否持续地使自己发明出来的方法得到广泛使用，形成自己学科的独特方法和主要方法，这是应该反思的。

焦点小组访谈法目前在国内大众传媒研究中的运用很少，几乎没有什么案例，研究传播方法的文献也甚少对其做介绍，远不如其他社会学科对其重视。国外传播研究中对此方法是比较重视的，威默等人的《大众传媒研究导论》第六版在介绍定性研究方法时，就介绍了焦点小组访谈法。在所选的100篇文章中，仅有1篇运用了焦点小组访谈法；2019年的新闻传播CSSCI期刊中，《新闻大学》和《新闻记者》各有一篇运用了这一方法。不过，三篇文章均非独立地运用焦点小组访谈法，而是分别与民族志法、调查法、网络调查法配合使用，而且以后者为主。可见，焦点小组访谈法在传播研究中并未受到较大的关注。

二、焦点小组访谈法的设计

焦点小组访谈法虽然被称为“访谈”，但它与深度访谈中的“访谈”有很大

---

① 汉森，等．大众传播研究方法［M］．崔保国，金兼斌，童菲，译．北京：新华出版社，2004：303.

② 汉森，等．大众传播研究方法［M］．崔保国，金兼斌，童菲，译．北京：新华出版社，2004：304.

③ 莫里森．寻找方法：焦点小组和大众传播研究的发展［M］．柯惠新，王宁，译．北京：新华出版社，2004：17.

的不同，实际上是一种多人间的交叉讨论，因此在方法设计、记录和分析中都要重视这一点。有学者认为焦点小组访谈的步骤如下：(1) 定义问题/对研究问题做简洁陈述；(2) 确定样本结构；(3) 确定协调者，制定并预先检验访谈指南；(4) 征集参与者；(5) 进行小组讨论；(6) 分析并解释数据；(7) 撰写报告。接下来将对这种方法设计的主要环节进行介绍。

(一) 访谈对象的获取

焦点小组访谈法中访谈对象的获取并不一定甚至并不倾向于采用概率抽样方法获得，因为它对对象的要求不是随机的而是有较强针对性的。“执行焦点小组访谈的目的就在于从清晰界定的一类人群中得到一些特定类型的信息……焦点小组访谈不是在一群碰巧可召集到的人中进行的偶然的和随意的讨论；它是一种精心计划的研究行为，需要跟其他科学研究一样的仔细和严谨。”①

因此，焦点小组访谈法访谈对象的获取一般不采取概率抽样法，也不采用便利抽样法，而是采用目标抽样法。一般选择那些具有较强讨论能力、较为熟悉讨论问题、社会身份类似的人士作为参与者。这里的“社会身份类似”，即参与者的“同质性”，指个人背景和生活经历相同，或称之为社会地位与身份相同，因为具有同质性的参与者之间更易于沟通，异质性太强可能使参与者互相之间产生戒备心理，这种情况对在社会上处于弱势地位的人来说尤其明显。

(二) 访谈数据的获取

1. 焦点小组的组建

由于焦点小组访谈法的目的主要在于观察受众对媒体内容意义的解读情况，与通过对大量受众的调查来观察效果的调查法不同，因此它无法也不必召集较大规模的对象。如果每个小组人员过多，显然会影响交流的深度。绝大多数研究者认为，每个小组的人数在 6～12 人之间为宜。陈向明认为 6～10 人为宜，威默认为 6～12 人为宜，等等。②

一般地，研究者会组成多个焦点小组做项目，采用一个焦点小组的情形是非常少的。这样做的好处是可以对比不同小组之间结果的异同，避免抽样不当造成单个焦点小组代表性不足的问题。到底采取多少个小组？有的人认为 3～4

---

① 汉森，等．大众传播研究方法［M］．崔保国，金兼斌，童菲，译．北京：新华出版社，2004：309.

② WIMMER，DOMINICK. Mass Media Research：An Introduction［M］. 6th edition. 北京：清华大学出版社，2003：121.

个小组为宜，但合理的观点是根据理论饱和度来判断。摩根指出："小组的数目是不确定的，它需要根据另外的讨论是否产生了新的想法来决定。"利文斯通和伦特也提出，"焦点小组数目的决定原则是，一直到评论和范式开始重复，很少再有新素材产生出来"[①]。这里的"是否产生了新的想法""新素材产生出来"实质上就是理论饱和度检验，是质性研究中常用到的信度和效度检验方法。

2. 主持人的作用

所谓主持人，是指每个小组进行访谈时的话题引导者，有时也被称为协调者。焦点小组在讨论中必须集中于研究问题，因此需要由主持人提出讨论的问题，并负责激发大家的讨论兴趣。一般地，研究者亲自担任主持人是最合适的。但是，在讨论小组较多的情况下，比如有的研究设置了多达 52 个小组[②]，研究者恐怕很难亲自担任每个小组的主持人，有必要让研究助手甚至其他人员担任一些小组的主持人。

主持人对小组访谈的成败和质量有决定性的作用，因此如果聘请其他人做主持人时，需要对其进行培训，或者就问题手册与其进行充分的沟通。需要注意的是，此研究方法虽然称为"焦点小组访谈"，实际并不是通常意义上的"访谈"，而是一种小组讨论。也就是说，参与者并非只回应研究者所提出的问题，而是互相讨论、互动、影响，因此，有人把这种研究方法称为"焦点小组讨论"（focus group discuss），其实更加准确。

那么，在这种讨论中，主持人的角色是什么？首先，主持人要促进小组围绕问题进行讨论；其次，他要负责提出讨论的问题；最后，非常重要的是，他要推动气氛的形成，鼓励自由和积极的讨论，尽可能多和深地挖掘出参与者对问题的看法。总之，焦点小组访谈的本质是"控制下的小组讨论"（controlled group discussion）。研究者应该事先精心设计好讨论的问题，且它们都应是开放式的问题（unstructured discussion）。

3. 访谈指南的设计

访谈指南是对访谈问题的详细规划和说明，它由一系列开放式的问题及对其的说明组成。问题的体系对于这一方法的成功而言至关重要，因为在这种"自由"的访谈形式下，要想提炼出具有共性的理论，合理的问题结构是必要的

---

① 汉森，等．大众传播研究方法［M］．崔保国，金兼斌，童菲，译．北京：新华出版社，2004：313.

② 同①314.

条件。第一，所有的问题必须围绕着研究的问题，从多个维度来解释或回答研究问题，从而形成一个有机的体系。第二，每个小组所讨论的问题都要相同，顺序也要相同，才可以进行比较。第三，可以形成问题的纵深，也就是将整个研究问题划分成几个大的讨论问题，再将每个讨论问题划分为若干更小的提问问题。尤其在小组数目比较多的时候，这样的好处是使各个组之间的讨论问题能够尽可能相同，方可有助于对比观察不同小组的讨论结果。

访谈指南以问题为核心，但不是仅仅包含问题，而是对整个访谈工作和细节的规定，包括主持人在访谈中的注意事项，对不同问题的提问要求等。访谈指南也对工作流程进行了规定，可以参考汉森等人提出的所谓“标准流程”①：首先，让被访谈对象了解那些被选定的媒介内容（一个电视节目、一部电影、报纸上的某一部分等）；其次，提出一些没有指向性的笼统问题，并在协调者的指导下将讨论逐渐转移到一些特定的焦点、话题和问题上。

4. 访谈数据的记录

焦点小组访谈的核心任务是获得访谈资料，从而为研究提供用于分析的数据。焦点小组访谈的记录与采访记录有根本的区别，后者只需要对语言进行记录就可以了，前者却可以甚至需要对参与者的语气、神态、动作等进行记录，甚至需要对交流过程比如意见是如何提出的，如何影响到其他成员这类情况进行记录。总之，也许可以说，焦点小组访谈的记录方式一定程度上接近于田野观察的记录方式。

（三）焦点小组访谈法的书写

学术研究的目标在于生成理论，同时这个过程应该具有客观性，否则生成的就是观点而非理论。一般地，也要求对访谈资料进行编码，也就是进行分类分析。但是，它与内容分析法中的分类编码不同，因为不是为了计算频率而采用量化模型来研究，而是为了帮助在质性分析时建立一种逻辑体系。

在分析数据和撰写文章的时候，都要回到原来的问题，即回到研究的问题和访谈中提出的问题，尽可能按照这些问题构建编码分类的类目。这样做的好处在于，可以借助于问题体系的有机性对内容进行分类，还可以形成对问题的逐一回答。当然，这并非要求研究者完全拘泥于原来的问题体系，如果获得超

---

① 汉森，等．大众传播研究方法［M］．崔保国，金兼斌，童菲，译．北京：新华出版社，2004：321－322.

出问题的内容可以另外编码，但这种情况毕竟是少数。

有的研究中将焦点小组访谈法与扎根理论分析法结合起来，前者的职责是获得研究数据，后者的职责是提供分析方法，也就是用扎根理论分析法的三次编码方法对访谈资料进行分析。这样做的好处是可以直接借用扎根理论分析法比较成熟的分析方法，但不利的地方在于把内容做成了一种无差别的词语组合，无法区别其中更加丰富的意义和沟通的脉络。作为一种有限的弥补方式，有学者建议在对内容进行分类分析时，可以同时运用“类型”和“程度”这两个不同的标准。[①]当然，也可以运用计算机软件来对访谈内容进行编码分析，比如运用扎根理论分析法的软件，可以大大提高研究的效率。

第七节　案例分析法

在社会科学研究中，案例分析法是一种运用广泛的方法，尤其对应用性研究而言适用性较强。相当多的研究实际上都运用了案例分析法；同时在较多情形下，案例分析法会与其他方法联合使用。

一、概念与历史

所谓案例分析法（case analysis），是指研究者选择特定的对象作为研究场景，在真实情境中通过多种途径搜集资料来对现象进行分析的一种实证研究方法。这里所谓“特定的对象”即案例，它可以是个体、群体、机构或者事件，而研究者要从这些案例中尽可能多地获得资料和数据。

案例分析法属于实证研究，但在定量研究与定性研究方面则不一定，它既可能是定性研究或质性研究，也可能是定量研究。比如笔者硕士研究生的毕业论文选择了一个企业作为研究对象，可算是典型的案例研究；但文章搜集了该企业 41 个产品的供销数据并建立数学模型，因此也是典型的定量研究。不过，在传播学中，案例研究以质性研究为主。

案例研究最早起源于法学，1870 年兰德尔（Christopher Columbus Langdell）出任美国哈佛大学法学院院长开始倡导这一方法。案例法在法学领域的成

① 汉森，等．大众传播研究方法［M］．崔保国，金兼斌，童菲，译．北京：新华出版社，2004：327.

功，引起了教育和商业领域的关注。1908年，哈佛商学院开始引入案例法教育，商业案例的研究也逐渐开始。后来的商业研究中，尤其在工商管理硕士（MBA）教育中，案例分析法非常常见，可以说是商科中非常普及的教学与研究方法。案例分析法在相当多的学科中成了常见的研究方法，经常被用于“医学、人类学、心理学、管理学、历史学”①。

在大众传播研究中，案例分析法也是很常见的。我们经常看到标题为“以……为中心的考察”“以……为核心的分析”之类的文章，基本上都采用了案例分析法。在《新闻界》的100篇文章中，多达13篇文章运用了案例分析法——其中9篇作者做了声明，另外4篇由笔者判断得出——足见案例分析法运用之普遍。这些文章大多将案例分析法称为“个案研究法”。

较多时候，作者并没有意识到自己运用了案例分析法，或者并没有把案例分析法声明出来，这是因为案例法往往与其他研究方法同时使用，因此单独作为一种方法的特点反而不明显。比如，选择一个媒体研究它在新冠肺炎期间的报道特点，其实也是案例研究；但是可能同时采用了内容分析法之类的方法，因此一般就只提出内容分析法，而不提出案例分析法了。单独提出案例研究法一般是在文章的研究范畴偏媒体经济或管理时。比如，要研究媒体在新冠肺炎中的应急反应机制，当然可以采用其他方法，但选择一个或少数几个媒体深入探究，看看媒体的应急机制是何种状况，为什么会呈现出如此状况，以及是否与如何改进等会更好。

维曼和多米尼克认为，案例研究法有4个特点，兹录如下：

> （1）特定的：案例研究集中在特定的情况、事件、程序或现象上，使其成为研究实际情境中真实问题的好方法。
>
> （2）描述性：案例研究的最终成果是对所研究问题的详细描述。
>
> （3）启发性：案例研究有助于人们理解所研究的问题，新解释、新视角、新意义和新见解都是案例研究的目标。
>
> （4）归纳式：大多数案例研究依赖于归纳推理，也就是通过对数据的分析概括出一些原则或规律。很多案例研究的目的是试图发现新的关系，

---

① WIMMER，DOMINICK. Mass Media Research：An Introduction［M］. 6th edition. 北京：清华大学出版社，2003：124.

而不是验证现有的假设。[①]

都是以一个或少数几个客体为研究对象，那么案例分析法与民族志法、深度访谈法该如何区分？这个难度并不大。与民族志法的区别在于研究者是否需要融入被研究者们的社区生活。比如，研究新冠肺炎中媒体的应急机制，如果采用民族志法，那么研究者需要进入媒体，并“成为”他们中的一员工作和观察相当长时期；案例分析法则不必如此，研究者可能通过访谈、搜集相关资料等手段，获得足够的材料后即可开展研究。与深度访谈法的区别在于，案例分析法中的资料收集方法要丰富得多，可以包括深度访谈在内的很多手段，比如问卷调查、收集文件资料等，可以涉及很多人而非如深度访谈那样只涉及少数人。同样以新冠肺炎中的媒体应急研究为例，案例分析法可以采取多种形式，涉及很多人甚至媒体的全部人员，以此来搜集资料；而深度访谈就此而言是不现实的，也是不必要的，作者只需选择“少数”关键人员比如管理者、部分管理部门负责人等进行深度采访即可。

一般地，由于案例分析法不是单独的方法，因此作者需要在文中声明同时采用的其他研究方法，这是因为案例分析法仅仅是从研究对象的角度描述的研究方法，而在确定研究对象后，采取什么样的方式来搜集资料和分析资料仍是需要明确的，而且需要将这些信息告诉读者，才能让读者判断研究方法的合理性。在某种程度上，这是比确定研究对象更重要的信息。当然，一般地，案例分析法也最好标出来，但无论是否明确标出文章采用了案例分析法，对所选择对象（案例）的描述是必要的——如同民族志法中对田野调查的描述一样。对案例的描述，一方面是为后文的研究奠定基础，另一方面也为读者判定研究的价值和自洽程度提供了参考。有时候，案例描述还可以在一定程度上增加学术文章的可读性。

二、案例分析法的设计

案例法和其他研究方法一样，采用案例分析法的论文其结构从理论上说也应该先由引言引出问题，通过文献梳理回顾研究现状，之后才是研究方法、研究发现、结论与讨论。不过，在研究方法部分，案例分析法需要对案例进行比

---

① WIMMER，DOMINICK. Mass Media Research：An Introduction［M］. 6th edition. 北京：清华大学出版社，2003：124－125.

较详细的描述，这是这一方法的最主要的特征。

采用案例分析法的论文其结构也可以较为灵活，下文中将作为本方法案例的一篇文章就是如此。谭小荷的《加密经济重构媒体生态？区块链驱动下的新闻商业模式创新——基于 PressCoin 的案例》(《新闻界》2018 年第 6 期，以下简称《区块链》) 就是一篇采用案例分析法的文章。近年来传统媒体的危机日益深重，新出现的区块链技术是否可以为新闻业所用，帮助后者走出危机呢？《区块链》一文对区块链商业模式进行了研究，试图回答这一问题。由于区块链技术在新闻业的应用才刚刚起步，因此运用典型案例分析来做研究方法是合理的。文章第一段为引言，之后分为 4 个部分：(1) 新闻业危机深重，商业模式亟待创新；(2) PressCoin 的系统解决方案：加密经济＋区块链技术＋独立媒体辛迪加；(3) PressCoin 的现实问题与前景隐忧：商业模式与技术应用的双重不成熟；(4) 结语。

(一) 研究对象的获取

如何获取案例研究的对象呢？案例研究的对象是多种多样的，并非限于机构。比如进行新冠肺炎媒体应急机制研究，如果采用案例分析法，对象可以通过某个或几个媒体来获取，可以通过某个或几个团队，可以通过疫情中的某个或几个事件，等等，具体采用哪一种（几种）或哪一个（几个），取决于作者的研究目的和资源便利。所谓资源便利，即在作者可掌控的情况下能达到的资源获取能力。超出这个能力，研究的问题与方案再好也是实现不了的。在资源便利的范围内，对象的选择可以考虑两个维度，即对象所能提供资料的广度和深度。所谓广度，是指案例能够提供多方面的数据；所谓深度，是指案例在特定方面能够提供足够丰富的细节性数据。

以假设的新冠肺炎中媒体的应急机制研究为例。选择一个中央媒体为研究对象，还是选择一个县级媒体为研究对象，能够获得的资料广度是不一样的。中央媒体可能能够提供包括制度、团队、经费、文化等方面的数据与资料，但县级媒体可能缺乏一些方面，资料的广度差一些，导致一些方面无法研究，那么最后的结论的普适范围相对受限。另一方面，选择不同的案例可以获得的资料的深度不一样，换言之，能获得的与研究问题相关的“核心”资料的程度不一样。比如，前例中，选择中央媒体，可能难以接近核心人物，选择县级媒体，则得到的支持力度更大，管理层可能会亲自提供研究帮助。资料的深度对研究后期形成的理论的深度有直接影响，因为案例研究的特点和优点在于深描，如果缺少大量关键而细节性的资料，不要说理论的深度，研究能否进行下去、理论能否形成，恐怕都有疑问。

《区块链》一文选择 PressCoin 公司作为研究对象的理由是比较充分的。2017 年末，美国的一些独立新闻人联合起来，创建新闻界的加密货币并将其命名为 PressCoin。这一行动旨在摆脱传统媒体的广告商业模式，促进新闻业资金来源的多元化等。这一新闻业自身的新闻被广为传播，成为当年重要的行业新闻之一。同时，PressCoin 公司的资金募集活动也大获成功，到 2018 年 1 月时已募集到 2 480 万美元的众筹资金，号称“有史以来最大规模的新闻媒体众筹融资活动”。可见，从时间较早、影响较大、筹资规模较大这些因素来衡量，PressCoin 公司都是区块链新闻业的典型，以之作为研究区块链新闻业商业模式的研究对象是有说服力的。

（二）研究数据的获取

在确定研究对象后，面临的是如何获得研究数据的问题。这里的“数据”指一切可以收集和需要收集的资料，包括数字、文件、实物、音视频材料等。前面说过，案例分析法中获得资料的方式很多，比如可以对关键人物做深访，可以进行调查，可以收集文件资料甚至实物资料等。到底采用哪些方式，要根据研究目的和可能条件确定。但是要注意的是，资料要足够丰富到能够支持研究进行，所以一般地所收集到的资料会多于或远远多于研究中实际用到的资料。因为案例分析法集中于对一个或少数几个案例的剖析，而不是像其他一些研究方法那样采取抽样方法确定研究对象，因此这一方法具有说服力的关键就在于对案例的了解是否充分，表现之一就是关于案例的数据是否翔实和准确。就《区块链》一文而言，作者掌握的关于案例的数据是比较详细和准确的。这从文中对该公司的描述与分析中可以看出。

（三）研究数据的分析

案例分析法中对数据的分析，既可以采用一定的理论框架，也可以采用作者自己建立的分析框架。前者意味着作者将获得的数据放在某个理论框架下来分析，从而提出改进理论或改进实践的建议。后者意味着作者自己建立一套分析体系，从而同样对理论或实践的改进提出建议。需要注意的是，作者自己建立的分析体系必须具有系统性，如果分析体系内部的概念之间不能体现出一定的逻辑理由，那么这个体系通常容易受到怀疑。恰恰有相当多的案例研究的分析不成体系，显得相当的随心所欲，自然严重地影响到其学术性。

《区块链》一文从三个方面对 PressCoin 这一案例进行了分析，即加密经济、区块链技术和媒体辛迪加，这三个方面都以商业模式为分析目标。其中“加密经济”是对新商业模式中价值分配机制的分析，“区块链技术”则为新商业模式提供了技术保障，“媒体辛迪加”则阐释了新商业模式中的媒体生态。可以看到，从分配机制到技术支持，再到媒体生态，形成了一个较为完整的商业模式的概念体系，因此作者将此体系命名为“系统解决方案”基本上是成立的。

（四）案例分析法的书写

案例研究可以是理论研究，也可以是应用研究。作为理论研究，从开始设计研究方案，到具体的调查过程，再到成果撰写过程，都要明确地围绕着解决什么理论问题这个核心目标进行。从另一个角度说，案例研究如同其他质性研究方法一样，偏于提供所谓“中层理论”，甚至提供更加偏于微观的理论，因为这种方法提供宏大理论的内在能力是有局限性的，它考察的经验事实的数量很少。

案例研究更多地属于应用研究类型，也就是通过对案例的研究，得出改进实践的建议。这种研究类型，就是“实践-理论-实践”的公式所表达出来的模型，即通过案例研究总结出若干有新意的理论性结论，再依据结论提出实践的改进建议。因此，案例研究的阐释部分往往不是理论阐释，而是针对实务的分析，写作风格也与之相适应。比如《区块链》一文的第三部分“PressCoin 的现实问题与前景隐忧”就属于实务分析，而非理论建构。该部分从商业模式和技术应用两个方面分析了这种商业模式的局限，可以说从另一个角度为新闻业思考商业模式的重建提供了建议。

除了更加倾向于应用研究这一特点，案例研究写作时的另一个特点是结构性较弱。所谓结构性，即论文按照比较固定的结构呈现，典型的如前文中反复提及的 5 部分结构模式。案例研究法论文一般不会采取这种结构，《区块链》一文也是如此。当然，研究者运用案例分析法时采用常规的论文结构也无不可。

此外，运用案例分析法时文章的写作风格也可以较为活泼。我们看看作者在引言中的一段描述：

> 那么，区块链驱动下的加密经济能否为媒体商业模式创新提供路径与可能？乘区块链之东风而来的众多新闻初创公司（news startups）如何理解当下的新闻业危机？对之作出何种诊断？提出何种破局思路？如何描绘

其未来方向与愿景？又如何将宏观理念落实于具体操作？为此，本文从商业模式和技术逻辑的双重视角出发，以区块链新闻公司 PressCoin 为案例，窥探建立在区块链基础上的加密经济能否实现财务自由的新闻媒体生态系统。

在引言中，作者一连提出了 5 个问题，在其他研究方法的论文中，这样的写作方式恐怕是很难被认可的。因为一方面，假设运用实证研究方法，那么提出这么多问题后，该如何实施概念操作化？另一方面，实际上这些“问题”都没有用严格的学术话语来提出，而大多运用了行业内的日常话语。这样的问题提出方式之所以可以被案例分析法所接纳，是因为其与该方法的实务研究倾向相适应。

案例分析法偏于实务研究，其提出的问题和表达的风格，以及论文的结构都与实证研究或质性研究方法有所不同，那么如何体现和保障其学术性，而不至于使采用该方法的文章陷入议论性或者纯经验性呢？首先，案例分析法并不排斥以理论建构为目标，它并非没有理论建构的可能；其次，案例分析法也并不排斥结构性的论文呈现模式，其实它采用“引言—文献综述—研究方法—研究发现—结论与讨论”这样的结构也未尝不可，甚至可能具有某种更清晰的特征，只不过可能需将其中的“研究方法”用来介绍案例的情况；最后，案例分析法即使不以理论研究为目标，也不采用结构性的论文呈现模式，依然可以具有学术性，那就是分析的概念框架必须自洽。《区块链》一文第二部分从价值分配机制、技术保障等方面对 PressCoin 公司的商业模式进行了分析，第三部分则针对整个区块链新闻商业模式从商业模式本身和技术应用的成熟度两个方面来分析，概念之间的界限是清晰的，概念联系起来也基本上能够代表所分析的问题，因此可以认为是自洽的。

相当多的案例分析不能达到一定程度的学术性，这与所用来分析的概念体系不系统有关，即所用来分析的几个概念之间的逻辑关系是混乱的，遑论是否可以表征所分析的问题。此外，还有一个容易出现的缺点，就是案例与分析脱节，所谓分析出来的观点与案例之间完全是“两张皮”。其实，这样的误区不独在案例分析法中容易出现，在其他研究方法的论文中也容易出现，尤其是一些对策性研究的论文。相当多的作者在提出对策的时候，基本上完全抛开了前面的研究部分而洋洋洒洒地提出几条“建议”。对于这样的文章有个很简单的检验标准，即不看前面的研究过程也能提出那些所谓的“建议”来，那么前面的复杂的研究又有何用？出现这类失误的作者，其实不明白学术研究的结论是通过“研究”获得的，脱离了研究过程的“结论”不过是主观想象而已。

第八节　文献分析法

近来在传播学领域，研究者对于文献分析法是否属于研究方法颇有不同看法。实际上，文献分析法不但属于研究方法，而且是一种历史悠久且运用较广泛的研究方法。一些人之所以否认文献法是研究方法，是因为他们对“文献”这个基本概念的理解有误，进而混淆了采用文献分析法的论文与论文中的文献回顾，以及与综述性论文之间的概念区别。

一、概念与历史

所谓文献分析（document analysis）法，辛格尔特里认为它是“定性研究者试图了解事物对其他人意义”的一种方法，它“使研究者能够知晓过去事物被诠释或理解的方式”。[①]

在传播学领域，相当多的人认为文献分析法不是研究方法。曾经有一篇流传非常广泛的微信文章就秉持这一观点，其依据之一是英文中没有“文献分析法”的对应词语。我不知道作者如何检索的，辛格尔特里的《大众传播研究：现代方法与应用》中就介绍了文献法，英文名称是 document analysis。这本书是以介绍定量研究方法为主的，介绍的三种定性研究方法（参与观察、访谈和文献分析）似乎是作为“补充”，因此都不大详细，但无疑表明了西方的传播研究者也是认可文献分析法的。

传播学领域的不少人不认为文献分析法是研究方法，最根本的原因是对“文献”这一概念缺乏全面的理解。其实，在中文语境中，“文献”既包括学术文献方面的含义，也包括非学术性文献方面的含义。就后者而言，1984 年实施的中华人民共和国国家标准《文献著录总则》关于“文献”的定义是：“记录有知识的一切载体。”因此，这时的“文献”不仅包括文字记录，也包括图片、音视频，甚至雕塑等，它们可能是学术性的，也可能是非学术性的。这时候，“文

---

① 辛格尔特里．大众传播研究：现代方法与应用［M］．刘燕南，和轶红，译．北京：华夏出版社，2000：266.

献”对应的英文单词是 document。

中文语境尤其是学术语境中，“文献”还有一种含义，即专指已经公开的学术成果。这也可以被看作狭义的“文献”的含义。学术论文或著作中往往有“文献回顾”（也叫“文献综述”或“文献梳理”）部分，也就是对既有的学术研究成果的回顾和评论。这时，“文献”对应的英文单词是 literature，“文献回顾”部分因此被称为 literature reviews。

在学术功用的意义上，一般将文献分为零次、一次、二次、三次文献四类。零次文献是指没有经过加工出版的手稿、信札、数据和原始记录等文件。一次文献指创作的文献，如期刊论文、研究报告、专利说明书、会议论文、报刊文章、公司报告等，所谓的“二手文献”指的就是这类文献。二次文献是对一次文献进行加工整理后的成果，如书目、题录、简介、文摘等检索工具。三次文献是指对有关的一次文献、二次文献进行广泛深入的分析研究之后综合概括而成的产物，包括综述、专题述评、学科年度总结、进展报告、数据手册、进展性出版物以及文献指南等。我们通常所说的文献综述类文章，就属于三次文献。

反对文献分析法是研究方法者基本上都是将作为整个论文研究方法的文献分析法与仅仅作为论文中一个部分的文献综述弄混淆了，他们可能看到二者都有“文献”这个词语，但前面已经说过两个“文献”的含义相去甚远。反对者广为流传的说辞是，既然每篇文章都用文献分析法，那么文献分析法就不是一种方法——这显然是把论文的文献综述理解成研究方法了。其实两者之间的区别很明显：文献梳理仅仅是文章的一个部分，依赖的数据是一次文献中的学术文献，梳理的目的是为了厘清研究动态，建立研究问题的合法性；文献分析法则是针对整个文章的研究方法，依赖的数据主要是零次文献和一次文献中的非学术文献。

还有一种比较容易混淆的情况：文献分析法论文与文献综述性论文。（1）文献分析法的论文并不以对学术研究动态的梳理为目标，而是以原创性的研究议题为目标。（2）文献分析法运用零次和一次文献（一次文献中可以含有非学术性文献，如迈克尔·辛格尔特里所言的“私人日记、委员会报告、手稿、备忘录，以及各种形式的大众媒体内容”），其成果仍是一次文献即原创性的学术文章；文献综述文章只能运用一次文献中的学术文献，其结果是三次文献即动态类的描述文章。

可以说，文献分析法不但是一种研究方法，而且是一种历史悠久和运用广泛的研究方法。说它历史悠久，是因为可以说自有了学术研究以来，研究者就离不开对过去文献的运用；说它运用广泛，是因为可以说在历史、文学等领域都有着对它的运用。比如在历史学中，对文献分析法的运用非常普遍。傅斯年关于史学方法的名言是“史学即史料学”，他提倡史学研究应该重视考证与考古，其中的考证其实就多为对文献的辨析，这是典型的文献分析法。他分析了直接史料与间接史料、官家记载与民间记载、本国记载与外国记载等等不同文献的优劣，对文献作为研究材料的质量进行了详细的分析。他的著名的《夷夏东西说》是典型的文献法历史研究成果，通过对大量古代文献如《诗经·商颂》《论衡·吉验篇》《魏书·高句丽传》甚至朝鲜《旧三国史·东明王本纪》等的分析，综合得出中国古代的政治格局不是后来经常出现的南北划分或对峙，而是东西划分或对峙。可以说，离开了文献分析法，历史研究要失去大部分成就。

在传播研究中同样有文献分析法，比如相当多的新闻史或传播史研究都采用了文献分析法，只不过没有声明而已。除了历史研究，传播的其他研究中也存在文献分析法，有的是与其他方法结合使用，有的就是独立的文献分析法。国内有少数的方法研究著作介绍过文献分析法，不过比较遗憾的是，也存在将文献综述类文章当成了文献分析法文章的情况。在《新闻界》的100篇论文中，运用了文献分析法的有6篇，且均属于作者声明运用了该方法。

二、文献分析法的设计

接下来将以张洋的《当代中国调查性报道的兴起：话语与实践的历史考察》(《新闻界》2019年第1期，以下简称《调查性报道》)为例来分析文献分析法的设计。作者虽未明确地声明运用了文献分析法，但实际上已表达了这种意义。摘要的第一句就提出：“本文采用知识社会学的研究路径，运用各类文献材料考察了起源于美国的调查性报道导入中国的历史过程，关注这一过程中观念、实践与话语的互动机制。”其中“运用各类文献材料”表明了文章对文献分析法的运用。而且，在文章的第一部分即“研究问题与方法”中，作者更是明确地指出了所分析的文献“包括新闻奖的评价体系、新闻学教材的相关论述、媒体机构的培训内容和宣传口号、记者本人的采访手记、读者来信等众多类别的文本材料”。从这里我们也可以再次看到文献分析法论文与文献综述、论文中的文献述评部分的不同，它所用来分析的文献远远超出了学术文献的范围，甚至根本就不是以学术文献为主的。

《调查性报道》是一篇历史研究论文，这也印证了前文的说法，即非常多的历史研究其实都运用了文献分析法。当然，非历史性研究也可以运用这一方法。该文章的结构并未采用通常的 5 部分模式，而是分为如下 6 个部分：（1）研究问题与方法；（2）从“investigative”到“调查”：新闻观念的跨语际实践；（3）漂浮的观念与自发的实践：中国调查性报道的早期探索；（4）话语与实践合流：中国调查性报道的成熟；（5）植根本土与走向公共：调查性报道知识的社会建构；（6）总结：调查性报道导入与中国新闻业变迁。

（一）研究对象的获取

文献分析法所用来分析的文献不能通过抽样产生，因为在研究开始，对文献做收集时，根本就不知会收集到哪些文献和多少文献；文献收集来了，也应通过细读，将有用的作为材料，没有用的就放弃，而不能用抽样的方法。

（二）研究数据的分析

收集到文献后，需要进行细读，即从一篇文章，或者一本书等文献中寻找与研究问题有关的信息，并将其运用到研究中去。需要说明的是，这并非“概念先行”的研究方法，而是只有通过对文献细读、整理、分析之后才能得出结论。比如，笔者曾做过一项研究，其中包括对全球报纸付费墙发展的历史分期，这种内容在细读、整理和分析之前是无法确定的；但是细读过后，会发现美国、欧洲、日本等国家的报纸付费墙，几乎不约而同地在 2010 年前后出现转折，即由财经类报纸付费墙转向综合类报纸付费墙，这就形成了一个非常自然的历史阶段划分标志。也可以将文献分析法放在一定的理论视角下运用，也就是运用一定的理论工具来分析文献。《调查性报道》一文就运用了知识社会学的理论作为文献分析路径。

（三）信度与效度检验

文献分析法也并非不能检测研究的信度，即可使用理论饱和度的概念来测试——如果收集到的文献通过分析后已经足够支持结论的产生，那么就可以视为达到了理论饱和度，否则就要继续寻找文献类支持证据；如果始终无法寻找到足够支持结论的文献，那么该结论就要被放弃。在收集文献的过程中，要注意收集权威文献。当然，收集文献要带有很强的目的性，整个研究方向，研究问题中每个分解出的子问题，以及已经收集到的文献揭示出结论但需要强化证据等，都是收集文献的方向。

（四）文献分析法的书写

文献分析法也不属于结构性很强的研究方法，即它的研究程序和论文结构都较为灵活，比如《调查性报道》的结构就没有采用 5 部分的模式。但是，与案例分析法比较类似，文献分析法论文要体现出学术性，至少要满足两个条件：其一是观点或结论要来源于对文献的分析，而非自己主观的想象和议论；其二是分析的概念框架要有系统性，能够体现出清晰的分析逻辑。《调查性报道》的分析和写作框架整体上是历时性的，即以概念的引入、早期的实践、报道的成熟作为核心结构，在这一核心结构的前面安排了概念阐释部分，在其后则安排了调查性报道知识的社会建构部分，使得全文逻辑清晰而且学术意涵饱满。

第九节　文本分析法

文本分析法也是一种运用较广泛的方法。不过，文本分析法和后面的话语分析法一样，它们实际上很难被称为研究“方法”，因为你很难归纳出某种程序、技术、手段等具有“方法”特征的元素。因此，对这两种“方法”的分析，主要的任务就是介绍它们运用了哪些理论路径作为分析工具。

一、概念与历史

所谓文本分析法（text analysis），是指通过对特定文本的深读或者在不同文本之间建立联系从而挖掘出理论意义的研究方法。这里的“文本”有狭义和广义之分。狭义文本仅仅指书面文字记录；广义的文本则包括图画、视频等，总之是一切能够被记录下来的有意义的符号。文本分析法中的“文本”是指广义的概念。

文本分析法与“对文本的分析”也不同，前者可以作为一种研究方法，后者则泛指所有以文本作为研究资料的研究方法，比如下一节介绍的话语分析法也可以说是以文本为研究资料的，因为“它从所有可能的视角研究文本和谈话或语言运用”[①]。但文本分析法与话语分析法有所区别，前者的目标在于挖掘出其中的意义，后者则要广泛得多。下一节讲到话语分析时，将具体分析它与文

① 迪克．作为话语的新闻［M］．曾庆香，译．北京：华夏出版社，2003：25．

本分析法之间的区别。

实际上，“对文本的分析”有着非常广泛的运用。巴赫金指出，人文科学理解的基础是文本，“文本是这些学科和这一思维作为唯一出发点的直接现实（思想的和感情的现实）。没有文本也就没有了研究和思维的对象”。“我们所关注的是表现为话语的文本问题，这是相应的人文科学——首先是语言学、语文学、文艺学等的第一性实体。”“当文本成为我们认识的客体时，我们可以说这是反映之反映。理解文本也就是正确的反映之反映。通过他人的反映达到被反映的客体。”[①] 这些论述表明，文本分析法在整个人文科学中都可适用。前面说过传播实践也具有一定的人文意义，所以也自然可以运用文本分析法来做研究。

文本分析法与内容分析法也不同，尽管都是以文本作为研究资料。前者以文本的意义为分析的基础甚至最终目标，而后者以文本可量化的特征为分析基础。文本分析法属于解释性研究，而不属于通常所谓的质性研究；内容分析法属于实证性研究，并属于通常所谓的定量研究。文本分析法不需要编码过程，而内容分析法需要编码过程。

文本分析法与文献分析法之间的差别更大，前者在于“深读”文本，后者在于通过对众多文本之间相互联系的分析来生成知识。前者是对特定文本的意义的理解，后者是对不特定文献的意义的综合。比如以文本分析法对《红楼梦》进行研究，则研究之前的文本范围是确定的即小说本身；但是，如果以文献分析法研究《红楼梦》的某个主题，则研究之前并不清楚有哪些文献，只有等到搜集整理之后才知道。

文本分析法的核心是挖掘意义，因此它也可以归结到诠释学的源流。诠释学（hermeneutics）的名称来源于古希腊的信使赫尔墨斯（Hermes），因为他负责传递宙斯的旨意，那么在传递中就避免不了进行解释，因此神话传说表明诠释学的方法至少在古希腊就已经产生了。“Hermes”意为“神之消息”，古希腊人已把如何将隐晦的神意转换为可理解的语言的研究看作一门学问。

从古希腊人解释荷马的史诗和其他诗作开始，欧洲的古典学者就有注释古代文献的传统。中世纪后期形成了有关《圣经》经文和法律条文解释的“古典注释学”和考证古代典籍的文献学。中国古代也有注释经典的传统，著名的例子如历史悠久的训诂学，清代阮元主持的十三经注疏等。近代《红楼梦》研究

---

① 钱中文．人文学科方法论问题刍议［J］．南京大学学报（哲学社会科学版），2009：45－53，143．

中的“索引派”，实际上也是采取了文本分析的路径。

如果用质性研究的标准来衡量，文本分析法不属于质性研究，因为它没有“亲征”的过程，同时也缺乏具体的经验情境或场景。因此，它属于解释主义范式但不属于质性研究。

随着计算机技术普遍地运用到学术研究之中，经常听到的“文本分析”还可能是计算机文本分析。计算机文本分析技术是指通过算法技术进行文本挖掘和信息检索，搜取文本中的特征词来描述内容特征，从而快速判断文本的含义和情感方向的方法。计算机技术的优点是快速处理海量的文本，但是不足之处在于：一方面语言的含义极其复杂，计算机并非都可以准确地进行识别；另一方面只能作简单的性质分析，比如一段文本的“正面”“中性”“负面”这类情感识别，目前还难以进行深入的含义挖掘。因此，计算机文本分析方法是不能替代人工的文本分析研究的。

文本分析法的特点和优点在于能够通过深读来发掘隐秘的意义，即通过观察和阐释所选取文本的句型措辞等内容，达到深层次说明文本意义的作用。显然，这样的深读并不适合针对大量的文本进行，因此它非常适合语言和文学研究领域。文本分析方法不但是传统语言文学研究的方法，也是现代语言文学研究中重要的方法。比如《当代作家评论》2013 年 7 月刊出的《当代文学中的创伤记忆——〈沉默之门〉的文本分析》等。文本分析法也可以运用在哲学、政治学、法学、经济学等领域，哲学方面比如《中国人民大学学报》2011 年第 1 期刊登的《对马基雅维利的重释：基于〈曼陀罗〉的文本分析》；政治学方面比如《中共党史研究》2013 年 4 月刊出的《马克思主义在中国早期传播的特点——以〈新青年〉月刊为主的文本分析》；法学方面比如《法律科学》（西北政法大学学报）2008 年刊出的《宪法文本分析：一种解释方法》等。

传播研究中对文本分析法的运用，比如《七家网站隐私声明的文本分析与比较研究》（《国际新闻界》2017 年 7 月），《镜像苏州：市民参与和话语重构——对 UGC 视频和网友评论的文本分析》（《新闻与传播研究》2016 年 8 月）等。笔者所选取的 100 篇文章中，自己声明运用了文本分析方法的有 4 篇，文章没有声明研究方法而笔者判断其方法为文本分析法的也有 3 篇，另外有 2 篇的作者声明运用内容分析法但实际上是文本分析法，另有 1 篇作者声明运用话语分析法实际上也是文本分析法，因此一共有 10 篇文章用到了文本分析法。不过，单独运用文本分析法的文章非常少，多数文章将文本分析法与其他研究方法并用。比如周海燕和吴晓宁的《作为媒介的时光博物馆："连接性转向"中的记忆代际传承》（《新闻界》2019 年第 8 期），冯剑侠的《发声作为一种抗争：#metoo 运动中的情感劳动》（《新闻界》2019 年第 10 期），这两篇就是文本分析与深度访谈、虚拟民族志等方法同时运用的。这表明文本分析法更多地被作为了一种辅助方法，用以增强其他方法的解释力。

二、文本分析法的理论取径

文本分析法并非一种结构化的研究方法，甚至也不像扎根理论分析法那样具有编码等半结构化的特征，因此就研究的流程而言并无较为程序化的设计，不同文章体现在结构上也并不一致。因此，在此并不介绍其结构化的方法设计，而是介绍几种理论取径——后面一节的话语分析法也将采取这种方式。这里将介绍文本分析法常用的三种理论路径。

一是"新批评"法。新批评法是现代英美文学批评中最有影响的流派之一，兴盛于 20 世纪四五十年代，后来渐趋衰落，但仍然是文学批评的一种基本方法。新批评法提出了"语境"的概念，所谓"语境"指某个词、句或段与它们的上下文的关系，正是这种上下文确定了该词、句或段的意义。新批评法的具体方式就是"细读"，通过细读来捕捉词句中的言外之意、暗示和联想等，其操作过程大致分为以下三个步骤：首先是了解词义，然后是理解语境，最后是把握修辞特点。传播研究中文本分析法的关键就在于"深读"出隐藏的意义，也可以说有受到"新批评法"影响的原因。一些研究者对深层次意义的挖掘，就是对文本细读挖掘出"言外之意"的结果。

二是叙事学方法。叙事学（narratology）产生于 20 世纪 60 年代，于 1985 年被引入中国。它可分为"经典"与"后经典"两个不同派别。经典叙事学旨在对叙事作品的构成成分、结构关系和运作规律等展开科学研究；后经典叙事学则将注意力转向了结构特征与读者阐释相互作用的规律，关注作者、文本、读者与社会历史语境的交互作用。[①] 一定程度上，就传播研究而言，后经典叙事学的旨趣已经与后面将要讨论的话语分析有部分重合了。按照叙事学对叙事的定义，新闻文本属于叙事文本，因此也适用于叙事学研究。

传播研究中的叙事学取径，主要是对新闻文本结构之间关系的分析，以及

---

① 申丹．叙事学［J］．外国文学，2003（3）：60－65．

读者对文本的接受等方面，因此与“新批评”法偏于对微观的“深读”或“细读”有明显区别。叙事学理论很多，其中罗兰·巴尔特的文本分析理论较为常用。他提出了三个描述层的范畴：功能层、行动层、叙述层。功能层简单来说就是主要情节的组成方式；行动层就是故事中主要人物的行为、在行为中刻画出的人物形象和性格；叙述层是为使功能层中的情节与行动层中人物的行为完美融合而采用的叙述手段。叙事学方法的研究，比如常媛媛和曾庆香的《新型主流媒体新闻的身份建构：角色展演与道德规训》（《新闻界》2019 年第 2 期）、许向东的《转向、解构与重构：数据新闻可视化叙事研究》（《国际新闻界》2019 年第 11 期）、胡杨和王啸的《作为报道工具的新闻摄影：从荷赛数字叙事竞赛（2011—2018）看新闻摄影的变革》（《新闻界》2020 年第 1 期，以下简称为《摄影》）等都属于这种研究路径。

三是符号学方法。符号学发端于索绪尔，到 20 世纪 60 年代开始兴盛，其影响几乎遍及所有人文社会学科。符号学中的“符号”指“携带意义的感知：意义必须用符号才能表达，符号的用途是表达意义”[①]。早在 1982 年中国传播学尚处于萌芽阶段时，符号学就随传播学逐渐进入研究者的视野。[②] 由于符号学具有方法论的作用，因此其与传播学结合起来涉及的研究领域相当广泛，可以说涵盖了几乎所有的细分领域，尤其是广告学、电视研究等，形成了颇为壮观的“传播符号学”。[③]丁和根将传播符号学的研究覆盖范围归纳为三个方面：一是研究大众传播中符号与符号的组织关系，如大众传播语言组织规律，文本和话语的结构，语言符号和非语言符号的搭配等；二是研究大众传播符号的意指作用，能指与所指关系的发生即意义的生成和传达等问题；三是研究大众传播符号与符号使用主体之间的关系，着重探讨媒介话语背后所隐含的社会认知和意识形态因素。[④] 王亿本、蒋晓丽的《伴随文本框架下新闻文本的意义生产研究——以中美女主播越洋对话为例》（《新闻界》2020 年第 1 期）就属于第二种情况。

上文中提到的胡杨和王啸的文章就属于文本分析法的一个案例。该文以 2011—2018 年荷赛获奖作品以及评奖机构的阐释性文本作为分析资料，描述了

---

① 赵毅衡．重新定义符号与符号学［J］．国际新闻界，2013（6）：6－14.

② 李彬．批判学派在中国：以传播符号学为例［J］．新闻大学，2007（3）：68－73.

③ 丁和根．中国大陆的传播符号学研究：理论渊源与现实关切［J］．新闻与传播研究，2010（6）：79－84，112.

④ 丁和根．论大众传播研究的符号学方法［J］．新闻与传播研究，2002（3）：81－86，96.

在数字化浪潮下荷赛标准随着业界变革而不断调适的历史，从而得出结论：内容形态的跨媒介表达和团队职能的多重分工是评审端和表达端站在各自的功能主义立场对“数字叙事”这一概念作出的解读；清晰而有节奏感的故事脉络与各类媒介元素的有机结合已成为优秀数字叙事作品的必要条件；技术、创意与成本投入等方面的变化并不能掩盖视觉故事与静态影像的恒久价值。

之所以认为《摄影》属于文本分析方法，原因之一是它针对的是特定文本，即2011—2018年荷赛叙事竞赛奖获奖作品的文本，文献分析法显然不会这样针对特定的文本，内容分析法也不会针对特定文本而且范围很大（通常需要抽样）。不过，文章将对文本的分析置于技术变革的宏大背景之下，深入地展示了数字技术对传统摄影观念的影响以及新闻摄影的叙事方式如何在技术变化的洪流中保持自身的价值，因此并非简单地局限于文本叙事的框架之内，也许可以称之为一种新闻叙事社会学的研究视角。

文本分析来源于诠释学，而对诠释学最早的运用是在语言文学范畴。与语言文学尤其是文学比较起来，新闻的文本要简单得多，如陈力丹所说新闻“是较为简单的文体”①，并没有太多可以“深读”的空间。因此，在文学等领域的“新批评法”在新闻文本分析中未必有意义。符号学的文本分析则要么偏于琐碎的语法分析，要么走向宏大的意识形态分析，后者与批判路径殊途同归。归纳起来，文本分析法欲创出新意，取径社会学也许是选择之一，如《摄影》所呈现出来的那样。

任何的研究方法都要考虑科学性，那么文本分析法如何证明自己是一种“科学”的方法，而不是主观的臆想呢？由于其针对的是特定的文本范围，因此质性研究中所采用的理论饱和度检验无法适用。笔者认为，它的科学性只能来自于对文本的充分“阅读”，无论是通过对文本的“深读”来发现意义也好，还是将不同文本联系起来发现意义也好，甚至是将文本分析与社会结构联系起来也好，文本是否真正体现出了研究者在文章中所呈现出来的“意义”，是判断文本分析论文科学与否的标准。这样说似乎并未解决“标准”本身的科学性与客观性问题，然而作为一种并非结构化与半结构化的研究方法，暂时的确还没有能够对它进行精确判断的方式。

① 陈力丹．深刻理解“新闻”：读梵·迪克《作为话语的新闻》[J]．新闻大学，2004（4）：89－90.

第十节　话语分析法

话语分析法与文本分析法一样，它们所谓的“方法”其实是理论取径。不过，传播话语分析有赖于梵·迪克和诺曼·费尔克拉夫（Norman Fairclough）等人建构的话语分析理论，因此这一方法比文本分析法的操作性稍强一些。

一、概念与历史

传播研究中的话语分析法迄今似乎仍是一个模糊的概念。要厘清这个概念，不但需要从“话语分析”的概念入手，甚至要从“话语”的含义入手，因为“话语”是核心意涵。各种对话语分析概念的模糊理解，是对“话语”概念的模糊所致。

那么，什么是“话语”？1952 年美国结构主义语言学家哈里斯（Zellig Harris）在 *Language* 杂志上发表的题为“Discourse Analysis”的论文，标志着话语分析作为语言学分支的诞生，话语也作为一个学术概念被提出来。但是，话语的概念长期存在一定的模糊性，目前较多的界定是通过语言单位的大小来描述的，如通常认为话语是大于句子的语言单位，是一种社会实践，是体现为书面形式和口语形式的语言。这样的界定依然是模糊的，因为“通常”“大于句子的语言单位”这样的描述仍然是不确定的。

梵·迪克是第一个将话语分析的理论引入传播学的学者，他试图将其作为传播研究的一种方法。他丝毫不隐藏他的这种目标，声称要运用话语分析为分析新闻提出一种新的理论框架，他认为这种对新闻进行定性分析的方法具有包括文本语言学、叙事结构分析、文体学或修辞学等话语分析这门新学科各种分支的典型特征。

那么，我们可以从梵·迪克的阐述中来观察“话语”的概念。在梵·迪克的话语分析理论中，话语其实指的是一种表达方式或交流方式。也就是说，话语并非主要通过语言单位的大小来区别，而是从一种表达或交流方式与另一种表达或交流方式的不同的角度来区别的。从他对新闻话语方法的界定中，可以看到他对“话语”概念的理解：

> 这种话语分析应能回答与其他话语类型相比新闻结构所具有的特性这个重要问题。例如，我们用“新闻故事”（news story）这一术语，这意味

着新闻可能是一种特殊的叙事结构。但我们也知道它有别于日常谈话、儿童读物或小说中的故事。因此，我们必须详细说明新闻故事为什么和如何不同于别的故事。同样，报纸新闻是大众媒体话语中的一种特殊类型，如社论、广告的同类相似性（family resemblance）。[①]

他还指出：话语研究的最初研究对象只是屈指可数的几种话语类型，譬如谈话、故事等，现在也已经扩展到各种各样的话语类型，譬如法律、官方话语、课本、访谈、广告以及新闻话语等等。可见，“话语”是类型比较意义的而非语言单位意义的。同时，话语并非仅指书面语言，而是包括口头语言。因此，如果局限于书面语言范围内，那么话语实际上可以理解为文本类型，新闻话语也就可以理解为新闻这种文本类型。

事实上，梵·迪克明确指出新闻话语就是新闻文本，他将话语和文本的意义等同起来。比如他将新闻的概念定义为三种内涵：（1）关于事件、事物或人的新信息；（2）一种播报新闻的（电视或广播）节目类型；（3）新闻稿，如广播、电视或报纸上发布的最近发生的事件的最新信息的文本或话语。他明确指出话语分析的对象是“第三种涵义”，是“一种文本或话语类型”。[②] 按照“第三种涵义”，新闻稿通常不是一个句子或一个段落，而是完整的报道，因此有人认为话语分析就是语篇分析是有一定道理的。梵·迪克在1988年出版的《作为话语的新闻》（*News as Discourse*）中的例子，也大多是对整篇报道的分析，比如主题、图式等都是如此。

在上述对话语概念分析的基础上，可以尝试对新闻话语的特征进行描述。它有两个特征：（1）新闻话语指与其他文本相区别的报道新闻事实的一种文本类型；（2）就文本单元而言，新闻话语指的是新闻语篇，或者说整篇的报道，陈力丹称之为叙述或重构新闻事实的“口语或文字作品”[③]。

20世纪90年代，作为话语分析新阶段的批判话语分析发展起来，并显示出很大的活力。批判话语不仅将话语作为一种沟通与交流工具，而且将其看作既是社会权力结构建构的途径，也是社会权力结构建构的结果。费尔克拉夫（Fairclough）是批判话语的重要人物，他在1989年出版《语言与权力》一书，

① 迪克．作为话语的新闻［M］．曾庆香，译．北京：华夏出版社，2003：1.
② 同①3.
③ 陈力丹．深刻理解“新闻”：读梵·迪克《作为话语的新闻》［J］．新闻大学，2004（4）：89-90.

奠定了批评性话语分析的基石。费尔克拉夫提出了批评性话语分析的三大论点：

> (1) 语言是一种社会实践（social practice），它是社会秩序的一种永恒的介入力量，从各个角度反映现实，通过再现意识形态来操作、影响社会过程。(2) 在社会文化环境中，语言与价值观念、宗教信仰和权力关系之间是一种互为影响的关系。(3) 语言的使用可以促使话语的改变和社会的变革。Fairclough 承认批评性话语分析并非“毫无激情而纯客观的”社会科学，批评性话语分析家都是带着激情和强烈的责任感而投入工作的。①

因此，话语分析不再局限于语法、语义、语用的分析，而是成为对社会权力和意识形态建构进行分析的一个新的路径，成为社会批判与变革的有力工具。实际上，梵·迪克的话语分析理论已经带有一定社会批判的色彩，陈力丹称他为“批判学派的温和派”②。梵·迪克认为媒体从本质上说就不是一种中立的、懂常识的或者理性的社会事件协调者，而是在帮助重构预先制定的社会形态。③可以说，话语分析从一开始就具有批判分析的色彩，而费尔克拉夫则突出了批判色彩并完善其体系。

话语分析在 80 年代开始受到追捧。根据学者德波拉·席弗（Deborah Schiffrin）的归纳，20 世纪 90 年代已经涌现出言语行为理论（speech act theory）、互动社会语言学（interactional sociolinguistics）等 6 种分析方法。④ 批判进路方面也出现了以梵·迪克为代表的社会-认知流派，以费尔克拉夫为代表的辩证-关系法流派，以沃达克为代表的语篇-历史法流派等。⑤

大陆传播研究中也有对话语分析的运用。笔者对新闻传播 CSSCI 期刊论文摘要中包含话语分析方法的文章进行检索，结果发现，2019 年采用此方法的文章有 8 篇，每种期刊平均大致 1 篇。《新闻界》的 1 篇为李敬的《媒介话语中的社会道德研究——基于知识考古学的框架》（《新闻界》2019 年第 10 期）。

文本分析法与话语分析法颇容易混淆，相当多的研究者将文本分析法声称为话语分析法。两者的区别在于：(1) 文本分析法仅就文本本身进行分析，而

---

① 纪玉华．批评话语分析：理论与方法 [J]．厦门大学学报（哲学社会科学版），2001 (3)：149－155.

② 陈力丹．深刻理解“新闻”：读梵·迪克《作为话语的新闻》[J]．新闻大学，2004 (4)：89－90.

③ 同②.

④ 马博森．话语分析及其方法（概述）[J]．外语与外语教学，1999 (3)：3－5.

⑤ 沃达克，奇尔顿．(批评) 话语分析的新议程理论、方法与跨学科研究 [M]．北京：北京大学出版社，2016：4.

且主要是进行含义的分析也就是语义分析，一般不涉及社会批判；话语分析法尽管也涉及对语义的分析比如主题提取，但主要是以话语分析为桥梁通向社会分析即对社会文化和权力的批判分析。（2）文本分析法运用的方法和理论主要是“细读”法、叙事学理论、符号学理论等；话语分析法运用的理论主要是梵·迪克的话语分析理论、费尔克拉夫的批判话语分析理论等。不少人从分析资料单元的大小来区别这两种方法其实很难说清楚，比如有人认为话语是大于句子的单位，但是文本分析中以整篇文章为分析单位的也不少见，话语分析中也有不少对被梵·迪克称为“微观结构”的分析；而且梵·迪克也是将话语和文本的概念等同的，他经常将这两个概念用“或”连接起来并列式地使用。所以，从两者的理论旨趣和理论工具来区分文本分析法和话语分析法则更为清晰。

二、话语分析法的理论取径

话语分析法也不是结构化或半结构化的研究方法，因为它仅仅是一种理论视角，也就是运用话语分析理论框架和概念体系来分析传播现象的一种方法。因此，对话语分析具体方法的介绍，如同对文本分析具体方法的介绍一样，只能介绍其主要的理论框架与概念体系。

话语分析法诞生之后，出现了相当多的理论流派，开辟了话语分析丰富的路径。上文中提到的德波拉·席弗总结了 6 种路径：言语行为理论（speech act theory）、互动社会语言学（interactional sociolinguistics）、交际人种学（ethnography of communication）、语用学（pragmatics）、会话分析（conversation analysis）、变异分析（variation analysis）。另有学者总结出批判话语分析的流派主要包括：以梵·迪克为代表的社会-认知流派（social-cognitive approach），以费尔克拉夫为代表的辩证-关系法流派（dialectical-relational approach），以沃达克为代表的语篇-历史法流派（discourse-historical approach），以玛格丽特·韦斯雷尔（Margaret Wetterell）为代表的拉夫堡学派（Loughborough school）的话语心理学（discursive psychology）学派，以冈瑟·克雷斯（Gunther Kress）和西奥·范·鲁文（Theo van Leeuwen）为代表的社会符号学（social semiotics）等。[①] 总之，无论是运用话语分析还是批判话语分析，都呈

① 沃达克，奇尔顿.（批评）话语分析的新议程理论、方法与跨学科研究［M］. 北京：北京大学出版社，2016：4.

现出多种理论视角下的丰富选择。

我国传播研究中最为常用的是梵·迪克的话语分析和费尔克拉夫的批判话语分析，尤其是前者。在《作为话语的新闻》中，梵·迪克不但建立了话语分析的具体理论体系和概念框架，而且举了大量的例子来示范，为他的理论赋予了操作性。这可能是他的分析方法被运用得更广泛的原因。梵·迪克把对新闻话语的分析分为三个领域：一是新闻结构分析，二是新闻制作分析，三是新闻理解分析。下面分别介绍：

（一）新闻结构

所谓新闻结构，是指新闻这种文本作品的共同组成特征。与句子语法研究句子的组成结构类似，新闻结构也就是新闻话语的语法分析。梵·迪克认为，新闻作品与句子一样具有普遍性的结构性特征："正如句子一样，话语可能显示出具有系统性、规则性的结构，然而——还是像句子一样——话语也可能显示出非常类似的独特性，并且与语境紧密相关的特征。"[①]也就是说，新闻话语不但具有结构性的特征，而且这种特征与语境紧密联系在一起。

梵·迪克的分析理论中，最具操作性的就是对新闻结构的分析，因为他构建了一个分析的概念体系，其中的核心是对新闻话语的主题结构、新闻图式的分析。他认为主题是话语中最重要、最中心，或主导的概念，是话语的纲要、主旨、要点或最重要的信息，通俗地说就是我们所说的某篇文章到底讲了什么问题。他认为一篇新闻话语通常具有一个主题，而篇幅长的话语则可能有几个主题。他分析了如何推断出新闻的主题，以及新闻主题的若干特征：（1）新闻话语的主题经常以标题的形式表现出来，起着概述的功能；（2）可以通过删除不相关的信息推出主题；（3）如果某一信息涉及更大新闻事件的发生条件或组成部分，则可以被归属到更大新闻事件的主题中；（4）新闻报道中可能包含不属于其中心主题的信息，我们称之为独立的次主题。

新闻图式也是话语分析学者常用的分析框架。所谓新闻图式，在梵·迪克的分析理论中，指新闻报道各部分的功能协调成一个整体的结构图。按照这个结构图，新闻报道分为概述和故事两个范畴，而概述又分为标题和导语两个部分；故事又分为情境和评价两个范畴，情境和评价又可以分为不同的范畴，如此类推到最后故事包含了主要事件、后果、环境、以前事件、历史、

---

① 迪克．作为话语的新闻［M］．曾庆香，译．北京：华夏出版社，2003：25.

口头反应、预测、评价八种范畴（见图 4－1）。也就是说，任何新闻报道或者至少大多数新闻报道中的各个内容组成部分（比如段落）都可以归属于这八种功能类别。

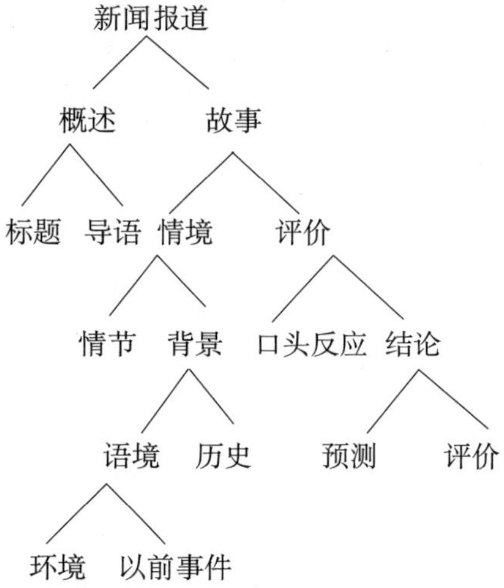

图 4－1　新闻图式结构

此外，梵·迪克还从微观结构、话语风格、话语修辞方面讨论了新闻结构，不过这些方面缺乏具体的概念体系，在研究中因可操作性不强而运用得并不多，在质量较高的论文中极少见到。

（二）新闻制作

所谓新闻制作，在话语分析理论中，指的是新闻话语或者新闻作品是如何被生产出来的。话语分析关心的新闻生产，不是新闻社会学方式的研究方法，后者关注新闻如何作为社会结构的产物，而前者关心的是这种文本是如何形成的。梵·迪克提出了新闻话语形成的两个来源，即一方面来源于新闻工作者可以直接感知的事件，另一方面来源于各种各样的源文本。

记者可能直接到达新闻事件，他们会在事件中进行观察、了解和采访，形成一个主观但又受社会监控的新闻认知模式。但是，梵·迪克认为这还不是新闻话语形成的主要来源，主要来源是记者根据新闻话语图式来解释和搜集新闻，也就是以新闻话语复制形式对社会事件进行加工而获得新闻。

另一个新闻话语的制作来源，是对大量各种各样源文本的加工。梵·迪克所说的源文本，指大量其他作为新闻来源的话语类型，比如“著名政治家的声明，一份重要报告或一本重要书籍的发表等”，而且他指出“大多数新闻的信息来源于话语”。新闻工作者就是采用选择、复制、概述、局部改写、风格和修辞的（再）表述等策略来加工这些源话语，从而生产出新闻话语。

（三）新闻理解

所谓新闻理解，指新闻话语的读者或受众如何认知新闻报道的内容以及回忆再现的问题。梵·迪克认为，新闻理解不仅是个人的行为，也就不仅是个人的认知行为，而是与社会认知有着密切联系。他解释道：

> 如果考虑到大众传播过程中需要读者的参与，考虑到这些过程是以大量的社会知识和信念为前提条件这两个因素，就不难明白新闻的理解和再现同时还是社会行为。而且，新闻是在社会的情境中阅读和理解的，以全社会共享的规范、价值体系、目标和利益为其自身的特征。人们阅读新闻通常并不只是为了更新其个人对这个世界的认知模式，而且还因为这些认知模式可能和进一步的社会互动发生相关联系，而不是仅仅为了谈论新闻中的话题。[①]

因此，梵·迪克将新闻理解与社会认知心理学和社会文化等联结起来，新闻话语分析就不仅局限在文本分析的狭窄空间内，而是打开了一个通向更具理论性的空间的窗口。他提出新闻理解的几个重要步骤：（1）感知和注意；（2）阅读；（3）解码和解释；（4）事件记忆中再现；（5）形成、使用和更新情境认知模式；（6）使用和改变一般性、社会知识和信念（框架、草案、态度和意识形态）。这些步骤中，如果说前面 4 项还局限于对话语意义的分析的话，那么后面两项就与社会心理学和社会互动联系起来了。

除了梵·迪克的新闻话语分析理论外，费尔克拉夫等人的批判话语理论也被较为广泛地运用。批判话语分析并不仅仅将话语作为一种沟通与交流工具，而是将其看作既是社会权力结构建构的途径，也是社会权力结构建构的结果。如前所述，费尔克拉夫于 1989 年出版《语言与权力》一书，以之奠定了批评性话语分析的基石。此处不妨重申他关于批评性话语分析的三个论点：

> （1）语言是一种社会实践（social practice），它是社会秩序的一种永恒的介入力量，从各个角度反映现实，通过再现意识形态来操作、影响社会过程。（2）在社会文化环境中，语言与价值观念、宗教信仰和权力关系之

---

① 迪克．作为话语的新闻［M］．曾庆香，译．北京：华夏出版社，2003：144.

间是一种互为影响的关系。(3)语言的使用可以促使话语的改变和社会的变革。[①]

因此，在批判话语的理论中，文本不再是主要的角色，话语实践占据着重要地位。所谓话语实践，指的是话语建构的社会活动，具体指新闻文本的生产、分配和消费。也可以看出，生产、分配和消费这些概念具有一定的马克思主义的特征，表明了批判话语的思想来源；另外，这些概念与社会文化和意识形态联系起来，展示出了话语分析更宏大的理论抱负。

① 纪玉华．批评话语分析：理论与方法［J］．厦门大学学报（哲学社会科学版），2001（3）：42－48．

第五章　逻辑思辨范式

逻辑思辨范式与其他两种范式比较，根本的区别在于它不是从经验出发的研究，而是从形而上出发的研究，即依靠逻辑推理来生产新知。因此，思辨范式论文并没有数据的搜集过程，也不陈述如何分析数据的方法，而是直接进入概念、判断、推理过程。

第一节　批判性研究

在传播研究中，与行政研究相对立的是批判研究，后者又分为文化批判取向和政治经济学取向。两者的区别在于，前者倾向于关注社会结构与传播之间的互动关系，运用的是文化社会学的理论资源；后者倾向于关注不同阶级或阶层的传播不平等和所有权等对传播的控制等，运用的是政治经济学的理论资源。

一、文化批判

传播文化批判的理论资源主要来源于两条路径，即霍克海默等人领衔的法兰克福学派和威廉斯等人领衔的伯明翰学派，其共同渊源可以进一步上溯到卢卡奇开创的西方马克思主义，追根溯源则属于马克思主义的资本主义批判理论。

法兰克福学派开始于20世纪30年代，依托于德国法兰克福大学的法兰克福社会研究所。该所创建于1923年，1930—1958年期间，霍克海默担任所长。法兰克福学派的代表人物除了霍克海默，还有阿多诺、马尔库塞、哈贝马斯等人。法兰克福学派一方面继承了马克思主义的批判性，认为批判理论凌驾于一切哲学之上，并与每一种哲学对立；这种批判否定一切事物，同时又把关于一切事物的真理包含在自身之中。另一方面，他们反思了马克思主义，放弃了无产阶级具有强大革命潜力的信念，转而分析无产阶级意识形态中的消极作用。法兰克福学派历时较久，是大师云集的庞大思想体系，但一般可以认为其理论的立足点是对文化行业“工业化”的批判。霍克海默、阿多诺、马尔库塞等人认为，资本主义发展到最后将可以拥有抑制使其崩溃的力量，也就是说，可以将资本主义转化为社会主义的革命时期已经过去了。原因在于资本主义将文化变成了机械复制的工业，文化不再具有个性而是成为消费品，大众成为单向度接受信息的人，工人阶级失去了斗争的意识形态。法兰克福学派分析文化时常用到卢卡奇的"物化"概念，以及更早的马克思的"异化"理论来描述这种状态。因此，法兰克福学派不认为阶级斗争是改变社会状况的手段，也不认为经济分析可以解决现实的理论需求，而是强调争夺意识形态领域的霸权。这样，文化批判学派就从马克思的阶级斗争和经济分析转化为文化批判和社会分析。法兰克福学派有大量关于媒介的研究，也基本上都是秉持着对媒介作为"工业"进行批判的路径。

1964 年，英国伯明翰大学成立当代文化研究中心，先后由霍加特、斯图亚特·霍尔、理查德·约翰逊等人担任主任。与法兰克福学派聚焦于"文化工业"不同，伯明翰学派聚焦于对"大众文化"的研究，涉及大众文化以及与之相关的大众的日常生活，研究的对象包括电视、电影、报刊、广告、畅销书、儿童漫画、流行歌曲等广泛的大众媒介和文化内容。伯明翰学派并不像法兰克福学派那样悲观，不认为大众文化会让大众失去反抗的精神，而是认为在大众文化中潜藏着反抗和颠覆资本的有力武器，因为大众内部并非铁板一块，受众也并非简单地接受信息。因此，伯明翰学派积极地评价大众文化，主要从文化的意义以及与社会的互动中展开研究，开辟出民族、种族、性别等领域的文化研究以及青年等亚文化研究等。

在研究方法论方面，文化批判研究显然不认同行政研究的范式，因为他们认为后者只不过是在预设资本主义合理性前提下为使其完善而进行的技术性努力。文化批判学派要通过文化研究，更具体地说是通过对文化被作为意识形态麻醉剂的研究，来揭开文化背后权力控制的真相。这样宏大的描述，是无法采用行政研究的实证主义技术手段的，因此文化批判学派反对经验主义的研究范式。文化批判不认同研究的价值中立，而是提出对西方社会学进行价值重估。所以，该学派从创立之日开始就明确反对实证主义研究范式，而是采用了人文主义的研究方法路径。从 20 世纪 50 年代末到 60 年代中，以阿多诺和哈贝马斯为主的文化批判学派与以帕森斯为主的结构功能主义进行了长时期的论战，内容包括了社会科学的方法论问题。这次论战被认为是对社会科学中实证主义和反实证主义两种方法的总结，对社会科学研究方法的影响非常深远。

二、政治经济批判

传播政治经济学发端于20世纪40年代，是马克思政治经济学与传播研究结合的产物。1948年，斯迈兹（Dallas W. Smythe，也译为斯迈斯）来到伊利诺伊大学传播研究所任职，首次在美国开设传播政治经济学课程，课程名为“传播经济学”；1957年，他发表“受众商品论”的观点，传播政治经济学渐趋成熟。斯迈兹因而成为公认的传播政治经济学的奠基人。之后的1969年，赫伯特·席勒（Herbert Schiller）出版了著名的《大众传播与美利坚帝国》一书，引起了广泛的关注，当然也引来不少的批评。在斯迈兹、席勒的带领下，北美的传播政治经济学慢慢发展起来，并逐渐延伸到欧洲。① 20世纪70年代末，欧洲的默多克和戈尔丁开始采取传播政治经济学的分析路径。其他地区包括印度等发展中国家也出现了传播政治经济学研究者。中国学者在21世纪初开始关注这种研究取径，2001年，郭镇之发表文章介绍斯迈斯（即上文的斯迈兹）和传播政治经济学②，该文是笔者见到的最早的相关文献。

传播政治经济学与传统的行政研究取径不同，它对后者进行了直接的批判，认为行政研究是把社会的合理性尤其是政治合理性作为理所当然的前提，但实际上资本主义的政治结构仍然包含着不平等的和剥削性的因素。在传播政治经济学看来，传播形塑着社会权力，而社会权力又深刻地影响和支配着传播，因此脱离社会权力来考察传播是远远不够的，不过是为政府、媒体和大企业或者他们的同盟效力而已。因此，在政治经济学的主张里，传播仅仅是一个观察的窗口，要通过对传播的研究来发现社会权力的问题并推动变革。这样，政治经济学从传播研究出发，指向的目标是推动社会结构主要是政治结构的改变。可以看到，相对于行政研究而言，传播政治经济学也是偏向宏观的范式——与文化批评类似。

传播政治经济学与文化批判学派也不一致。尽管在传播政治经济学的早期，两者一度形成默契，共同批判行政学派，但两者在研究旨趣方面差异明显。尽管文化批判学派也把传播与社会权力联系起来，但该学派不认可通过经济分析和阶级分析的路径，而是采取社会文化分析的路径，尤其是意识形态霸权等来

---

① 莫斯可．传播政治经济学［M］．胡春阳，黄红宇，姚建华，译．上海：上海译文出版社，2013：120.

② 郭镇之．传播政治经济学理论泰斗达拉斯·斯迈斯［J］．国际新闻界，2001（3）：58－63.

实现批判。文化批判学派批评政治经济学是一种经济决定论和简约化的理论，因此主要关注性别、种族等社会结构之间的传播研究。也可以看到，相对于传播政治经济学而言，文化批判是偏于中观的。

总体来看，就研究方法而言，传播政治经济学与文化批判学派一样构成行政研究的对立面。经验研究追求价值中立，但是批判研究恰恰提倡研究者要有鲜明的态度。尤其传播政治经济学不但强调价值与态度，而且强调行动者立场，致力于用研究去推动社会的结构性改变。比如斯迈兹和席勒不但是学者，也是非常活跃的社会实践活动家。传播政治经济学明确自身研究的四种价值取向，或者也称之为原则，比较鲜明地反映了这个范式的研究特点：

一是历史分析。传播政治经济学认为，解释社会变革依然是研究者探究的中心问题，而在信息化时代（信息资本主义社会）需要分析传播变革对资本主义权力结构带来的影响，比如是否导致资本主义质变甚至分崩离析。

二是社会整体性。政治经济学研究传播时，始终将其置于社会的整体结构中考察，这个结构包括政治、经济、社会和文化等方面，正因为如此，对传播的研究才可以与对整个社会权力的批判联结起来。

三是道德哲学。政治经济学并非价值中立者，而是一种具有态度和价值选择的研究，它提倡通过研究来实现在政治、经济、社会和文化领域的民主、自由、平等等目标。

四是社会干预。政治经济学者不但要进行研究，而且要把研究与广泛的社会实践联系起来，甚至直接参与和干预社会实践，促进理论理想的实现。这与经典马克思主义的社会干预立场是一致的。

传播政治经济学虽然已经历经大约 80 年的发展，但其研究的进路相当稳定，即商品化、空间化和结构化。也就是说，所有政治经济学取向的研究，几乎都在这三种具体的研究路径之中。

商品化。所谓商品化，即研究传播内容、劳动和受众是如何被转变成商品的。马克思认为，商品是资本主义经济和生产方式的最基本元素，也是体现其制度特征的基本单位，因此传播政治经济学也需要研究传播中是否存在商品，以及传播作为商品的生产、流通与消费是如何运行的。这其中最著名的是斯迈兹的受众商品理论，该理论奠定了政治经济学的基石。1977 年，斯迈兹发表《传播：西方马克思主义的盲点》（Communications：Blindspot of Western Marxism）一文，宣告受众商品理论的诞生。他的研究认为，大众媒体出售的主要商品不是内容信息或广告，而是受众，媒体通过内容吸引受众，再把受众打包销售给广告商，从而实现了将受众商品化的过程。在这一过程中，受众看起来是在闲暇时间里进行娱乐，但实际上他们在劳动并创造了价值，同时因为没有获得相应的报酬而为资本创造了剩余价值。这种研究路径很明显是循着马克思商品剩余价值学说的经典理论行进的。它招致了不少的批评，主要集中在指责其将意识形态降低到经济基础层面，将积极的受众降低到被动接受信息的机器等方面。

空间化。所谓空间化，即研究传播企业如何通过资本、信息技术等优势跨国或跨地区扩张，实现“以时间消灭空间”的。研究的视角可能是全球化、技术推动、资本流动、产权兼并，甚至内部的业务整合等，结果是要表明传播领域或传播导致的剥削方式在更广的范围内延伸，以及信息不发达地区对信息发达地区的文化依附。这其中最著名的是赫伯特·席勒对美国传媒业扩张的研究。1969 年，席勒出版《大众传播与美利坚帝国》一书，开辟了传播政治经济学的空间化研究一途。席勒考察了美国电子传播行业的情况，认为政府、军事部门和媒体部门一起形成联合体，不但使媒体获得了强大的全球扩张能力，建构了全球的商业化体系，而且对发展中国家的传播业形成“包围”，民族的、本土的、部落的文化面临被“灭绝的威胁”。[①] 他因此对第三世界的传播提出了民族自卫的建议，并呼吁改变美国的文化帝国主义倾向，实现全球传播秩序的民主化重建。

结构化。所谓结构化，即研究社会不同结构在传播中的地位，从而揭示传播在不同阶级之间不平等的现实。传播政治经济学的研究认为，在传播领域存在持续的阶级不平等，尤其是利用传播手段的地位的不平等，以及这种不平等在社会机构中的再生产。在经典马克思主义理论中，阶级分析在劳动分析中运用得非常普遍，因此传播政治经济学也在劳动中分析结构化的不平等状况。不过，政治经济学研究已经不再简单地以阶级来划分社会结构，而是包含了性别、种族等维度，甚至扩张到“包罗万象的社会运动”。[②]这种研究进路的调整，实际上是对传播政治经济学被质疑为简单的阶级决定论的回应，但也使得它在一定程度上呈现出与文化批判研究合流的特征。

---

① 席勒．大众传播与美利坚帝国［M］．刘晓红，译．上海：上海世纪出版集团，2006：104.

② 莫斯可．传播政治经济学［M］．胡春阳，黄红宇，姚建华，译．上海：上海译文出版社，2013：22.

传播政治经济学于2001年被介绍进来后，大陆一些学者逐渐关注到这一研究路径。在《新闻界》所抽样的100篇文章中，有4篇属于采用政治经济学路径的研究。

大陆传播政治经济学研究也遵循商品化、空间化和结构化的具体进路，但是主要集中在商品化和结构化方面，尤其以结构化方面的研究较多。因为信息产业的迅猛崛起，传播越来越深刻地转向数字化，数字化的传播反过来推动了社会结构的剧烈变化，因此为结构化的研究取径提供了广阔的空间。

但是，一个明显的不足是，在传播政治经济学研究中，主要的文献仍是对经典著作的引进和介绍，以及对政治经济学理论的评介，在政治经济学研究与其他研究进路之间对比等，真正根植于本土实践的原创性研究并不多。传播政治经济学继承马克思实践面向的特点，一方面依靠实践获得研究的基础，另一方面对实践提出改革意见，这是其研究方法的生命力所在。斯迈兹长期在美国电信和广播电视行业的实践与观察，席勒对美国电子传播业的深入观察等，均是采取了马克思的实践研究路径。尽管政治经济学反对经验研究学派，但它反对的其实是逻辑实证的经验研究方式，也就是量化的研究方式，而并不是反对将实践作为研究的起点。只不过，批判研究一般并不在文献中将实践的过程呈现出来，而是直接切入理论分析，在适当的时候引用实践。从这个意义上说，政治经济学研究具有间接的经验主义的成分。

政治经济学的研究方法与实证主义的范式不同，它不追求量化的研究方式；甚至，它也与文化研究更倾向于社会结构分析不同，更多地采取了历史-制度分析的取径。这种思辨性的研究方式难免受到其他研究方法，尤其是实证主义的质疑，认为其属于"观点先行"，不具有科学研究的客观性。实际上，如前所述，政治经济学本来就是价值非中立的研究取向。或者，传播政治经济学并不认为自己是一个学科，而认为自己是一个跨学科的研究领域，因此并不需要固定的研究方法。如果说存在方法的话，那就是糅合政治学、经济学和社会学的跨学科研究方法。①

但是，并非说政治经济学研究是随心所欲的想象。传播政治经济学的研究始终是在它的历史分析、社会整体、道德哲学、实践干预的理念下，主要沿着

---

① 姚建华，李兆卿．重返历史的起点：刍议传播政治经济学的学科化：格雷厄姆·默多克（Graham Murdock）教授学术访谈［J］．国际新闻界，2017（12）：22－28．

商品化、空间化、结构化三个具体研究进路展开，尤其重要的是立足于对实践的深入观察，揭露传播背后权力不平等的现实，实现其改革社会结构的理想。

第二节　思辨性研究

思辨研究（speculative research）指运用概念、判断、推理的思维方式来进行学术研究的范式，因为纯理论、纯概念演绎的原因，它也被称为理论研究（theoretical research）。在英语中，"speculative"是推测或推断的意思，由此可见，逻辑推断在思辨研究中起着核心作用。逻辑思辨是人类最早的研究方法，从某种程度上说自从有了人类就有了这种方法，因为逻辑推断是人类的本能。人类早期的知识正是来源于这种研究方式，甚至这是主要方式。

有时候，思辨研究也被称为"人文研究"[①]。"人文研究"这样的称谓能表明这种方法更多地适用于人文科学领域，但是不便于表明这种方法依赖逻辑思辨的特征，因此将"人文研究"更具体化地称为思辨研究为宜。

与批判研究一样，思辨研究无法像实证研究那样被证实或证伪，正因为这个原因，逻辑思辨作为研究方法就完全依靠逻辑推理的严密性。比如，在最常用的三段论推理中，如果大前提不成立，或者小前提不成立，或者推理逻辑出现问题，都会导致结论不正确。但是，逻辑是否严谨同样不容易判断，或者说不容易确立判断的标准，因此很难验证结论的可靠性。这正是思辨方式受到其他研究方法质疑的主要原因。

思辨研究具有什么特点呢？我们可与其他的研究范式进行比较，从研究的起点、研究的对象物即研究材料、研究的过程、研究的结果来分析。

从研究的起点而言。实证研究和解释研究都是从感性经验出发，也就是从搜集社会情景中的数据开始；其中一些研究方法比如文本分析、话语分析等虽然搜集到的不是社会情景数据，但可视为社会情景的间接数据。也就是说，实证研究和解释研究都是从社会情景数据（的搜集）开始研究的，这是社会科学研究的经验主义特征的体现。但思辨研究不然，它不从实在物出发而是直接从概念出发进行研究。也就是说，思辨研究不必搜集经验资料，甚至连文本搜集都不需要，是以概念作为研究的起点。

---

①　卜卫．传播学方法论引言［J］．国际新闻界，1996（4）：32－38．

从研究的材料而言。实证研究、解释研究中的材料都是由经验搜集而成的数据与资料等，文本分析和话语分析等研究中的材料则是文本，总之这些研究中的材料都是实在物。但是思辨研究中没有经验材料或文本搜集的过程，也不会去做这样的工作，因为研究的范式不一样，因此它在研究过程中所使用的“材料”是概念，即通过对概念网络的构织来推进研究。卜卫将其称为“概念操作”[①]，说的也是这个意思。换句话说，实证研究和解释研究中加工的“原材料”是经验数据，而思辨研究中加工的“原材料”是概念。

从研究的过程而言。实证研究是结构性的，解释研究是半结构性的，但思辨研究不具有结构性或半结构性的特征。这种非结构性的特征体现在过程方面，即思辨研究没有固定的研究流程，因为它的流程就是思维过程，是难以描述和在论文中报告的；体现在论文结构方面，思辨研究论文也不会呈现出实证主义和解释主义那样 5 部分的相对固定的模式，而是随着作者的不同而颇为灵活多变。

从研究的结果而言。科学主义认为研究的结果应当具有可验证性，如果以此为标准，则实证研究的可验证性最强，解释研究的可验证性次之，思辨研究的可验证性最弱。甚至可以说，思辨研究在很多情形下是无法验证的。这正是思辨研究的一个特点，它的对象是人文学科，比如哲学、文学、艺术等，均涉及高度抽象的概念和伦理价值，得出的结果是无法进行经验验证的。它的科学性也不依靠可验证性来衡量，而是依靠逻辑的严谨性来衡量。

在传播研究中，尽管实证主义和解释主义逐渐兴起并成为主流，但是思辨研究仍然占有一席之地。《新闻界》抽取的 100 篇文章中，有 22 篇属于思辨性研究。实际上，或者因为人类认知的局限，思辨研究不仅在人文科学中仍然属于主流范式，即使在属于社会科学的传播学中也有其合理性，因为并非所有的知识都可能以实证或经验主义的方式获得。在传播研究中，下面的情形里往往以思辨研究为常见：

一类是前沿的探索性研究。比如喻国明等在《未来传播学科的发展范式：基于技术“微革命”的思考》（《新闻界》2019 年第 6 期）中，对未来 5G 时代传播范式可能出现的变革进行了研究。由于 5G 技术在传播中的运用还不多，可供研究的经验非常少甚至没有，但是进行前瞻性的探索性讨论显然是非常需

---

① 卜卫．传播学方法论引言［J］．国际新闻界，1996（4）：32－38．

要的，因此比较适合以思辨的方式进行研究。再如朱春阳的《县级融媒体中心建设：经验坐标、发展机遇与路径创新》（《新闻界》2018 年第 9 期），因为当时县级融媒体中心建设刚在国家最高层面提出，也是并没有太多的经验性材料可供研究者进行实证研究，因此也是适合于进行思辨性研究的。

另一类是学科哲学研究。比如杨保军在《论当代中国新闻学科层面几个主要概念之间的关系》（《新闻界》2020 年第 1 期）中，论述了党报理论、中国特色社会主义新闻学、马克思主义新闻观等几个重要概念的含义以及它们之间的关系。这些概念虽然经常用，但都是作为自明性的概念在使用，所以对其进行厘清是有必要的，但是显然无法用实证主义或经验主义的研究方法，而用哲学思辨的方法是比较合适的。类似地，刘芳儒在概念史梳理的基础上对公益传播游戏化从理论逻辑、心理逻辑、技术逻辑三个方面进行了理论分析（《新闻界》2019 年第 11 期）；丁方舟对传播物质性的研究，认为在数字媒体时代传播由过去的重视文本转向重视物质的基础设施等（《新闻界》2019 年第 1 期），均属于学科哲学的研究，而非对具体问题的研究，也以思辨研究方式为宜。

再一类是对经典理论或其他理论的评述。比如胡翼青的《智媒体时代我们如何理解媒介——与麦克卢汉的断片式对话》（《新闻界》2019 年第 9 期），从麦克卢汉的媒介时空观、内容和生产者等概念引申出对当下 5G 智能媒体时代媒介与社会文化的形塑可能。这类研究涉及对过去理论的评价，以及对现实状况的理解，也是无法用实证研究范式的，因此思辨方式就发挥了其优势。张卓等人的《媒介效果研究：“假设”还是“理论”——基于经验学派与批判学派的考察》（《新闻界》2019 年第 1 期）等文章也属于这类研究。

第六章　计算机研究方法

近三十年来，随着计算机技术和网络技术的兴起，科研领域广泛地运用新技术新手段，大大地提高了工作效率。依托于新技术而发展起来的新的研究方法相当多，本章将介绍在传播研究中较为常见的两种方法，即社会网络分析法和文本情感分析法。

第一节　社会网络分析

近年来，因为计算机分析技术的迅速发展，社会网络分析作为一种分析理论和研究方法得到社会学领域的日益重视。在传播研究中，也有较多的学者关注到这一方法并进行了尝试。

一、概念和历史

首先要解释社会网络的概念。社会网络分析理论认为，社会由各种各样的行动者组成，比如个人、社会组织甚至社会事件等都是行动者，但它们并非孤立地存在，而是通过不同的关系联结形成网络。“一个社会网络是由有限的一组或几组行动者及限定他们的关系所组成的。”[①]社会网络分析法就是分析这种网络结构，通过分析网络结构来进一步揭示社会关系的一种方法。

社会网络分析的思想最早可以追溯到迪尔凯姆等人的社会结构观，而把社会结构作为关系来研究的则是德国社会学家格奥尔格·齐美尔（Georg Simmel），他把社会视为相互交织的网络关系。20 世纪二三十年代计量社会学的出现，以及社群图的提出，为社会网络分析提供了技术性工具。尤其其中的社群图也就是社会网络图，是传播研究中经常用到的图式。所谓社群图（Sociogram）是由

① WASSERMAN，FAUST. Social Network Analysis：Methods and Applications. Cambridge：Cambridge University Press，1994：20.

莫雷诺（Jacob Moreno）提出的，他用“点”来代表行动者，用“线”来代表行动者之间的社会关系，这样就形成一个直观的社会关系网络图。

社会网络分析法成熟于“新哈佛学派”，其中有两个重要事件：一是1977年“国际社会网络分析网络”（INSNA）成立，全球社会网络学者有了交流平台；二是INSNA于1977年创办《联络》（*Connection*）作为会刊，1978年林顿·C. 弗里曼（Linton C. Freeman）创办《社会网络》（*Social Network*），2000创办电子期刊《社会结构学刊》（*Journal of Social Structure*）。社会网络分析的交流和学术平台完善起来，大大地推动了理论和方法研究的进展。

“新哈佛学派”中怀特（Harrison C. White）对社会网络分析的发展做出了重要的贡献。有人认为，如果没有他的贡献，“当代的社会网络分析就永远不可能出现”①。怀特的突出贡献在于与其学生一道“发表了一些用数学方法研究社会结构与社会关系的成果，从而使社会网络分析方法在技术上成熟起来”②。另一位作出重要贡献的学者是格拉诺维特（Mark Granovetter），他提出了强关系和弱关系理论，认为区分关系强弱有四个维度即互动频率、情感强度、亲密程度、互惠交换，而强关系主要维系着群体、组织内部的联系，弱关系则主要维系群体之间和组织之间的联系。

20世纪90年代以来，社会网络分析得到进一步发展，西方学者提出了更多具体的理论和概念，其中比较著名的有结构洞理论和社会资本理论。1992年，美国社会学者伯特（Ronald Bert）在《结构洞：竞争的社会结构》中提出结构洞理论，将社会网络中没有直接联系的节点之间的关系称为“结构洞”，那些离这些结构洞近的节点则拥有更多的社会资本，从而占据竞争优势。

社会资本理论起源于布尔迪厄（Pierre Bourdieu），他认为社会资本就是“实际的或潜在的资源的集合体，那些资源是同对某些持久的网络的占有密不可分的。这一网络是大家共同熟悉的，得到公认的，而且是一种体制化的网络，这一网络是同某些团体的会员制相联系的，它从集体性拥有资本的角度为每个会员提供支持，提供为他们赢得声望的凭证”③。科尔曼（James S. Coleman）

---

① FREEMAN. The Development of Social Network Analysis：A Study in the Sociology of Sciece. Vancouver：Empirical Press，2004：39.

② 林聚任 . 社会网络分析：理论、方法与应用［M］. 北京：北京师范大学出版社，2009：13.

③ 布尔迪厄 . 文化资本与炼金术：布尔迪厄访谈录［M］. 包亚明，译 . 上海：上海人民出版社，1997：202.

认为行动者可以全部或部分被控制，蕴含着行动者利益且可以相互交换的社会关系称为社会资源，而这种社会结构资源就是个人的社会资本，个人的社会资本与物质资本和人力资本之间可以互相转换。

社会网络分析的应用也大为扩展。根据对美国《社会学摘要》1974—1999年间所收录的社会网络分析论文摘要数进行整理后的统计图，20世纪90年代后社会网络分析方面的论文数量迅速增加；同时，社会网络分析跨越了传统的学科界限，其应用已不限于社会学、人类学等少数领域，而是广泛扩展到了几乎所有的人文社会科学领域及科学技术领域。[①] 可以说，社会网络分析已经成为一种相当成熟的理论和方法。

国内引入社会网络分析开始于20世纪90年代末期。在CSSCI文献中，最早运用社会网络分析的文献出现在1998年。同样在CSSCI期刊中，以“社会网络”为摘要关键词在中国知网搜索的结果显示，1998年有6篇，到2019年已经有654篇，反映出这一方法的运用呈现出较快增长的趋势。早期的社会网络分析主要在经济和管理领域，近年来则较多地用于图书情报领域。

传播学领域开始运用社会网络分析大约在这一方法引进10年之后。2007年，彭兰在《WEB2.0在中国的发展及其社会意义》（《国际新闻界》2007年第10期）中提出了社会网络的概念。2008年罗建辉的《社会资本理论视角下的传媒角色解读与利益补偿分析》（《国际新闻界》2008年第5期）是较早运用社会网络理论进行分析的文章。2009年薛可等人的《基于社会网络的品牌危机传播“意见领袖”研究》（《新闻界》2009年8月）也运用了社会网络分析法。2019年，新闻传播类核心期刊文章摘要中含有社会网络分析的论文共计10篇，也表明本领域对这一方法的运用在逐渐增多。在《新闻界》的100篇文章中，运用了社会网络分析法的有两篇，其中单独运用这一方法的是王炎龙与刘叶子的《基于社会网络分析的公益微博信息传播网络研究》（《新闻界》2019年第8期）。该文以公益微博之间的相互关注关系构建社会网络，旨在分析公益信息传播网络的结构和特征。

二、社会网络分析方法设计

社会网络分析的理论和方法虽然早在20世纪70年代就已经成熟，但真正

---

① 林聚任．社会网络分析：理论、方法与应用［M］．北京：北京师范大学出版社，2009：18，28.

广泛使用起来却是在计算机技术发展起来以后，因为其中涉及大量繁琐的数学计算，如果没有计算机算法的支持是很难完成的。因此，有人评价社会网络分析法极大地得益于计算机技术和专门统计软件的广泛应用，没有计算机就没有这个领域的发展。很早的时候，研究者就试图运用计算机手段来进行社会网络分析。20 世纪 50 年代，科尔曼等人就进行了尝试；后来，雷恩哈德开发了 SOCPAC I 程序；稍后，怀特等人开发了 BLOCKER 程序等。目前，运用于社会网络分析的软件主要有 NetMiner、UCINET、ORA Pro 等，这些软件的应用大大减少了研究的工作量，也大大促进了社会网络分析法的广泛使用。

社会网络分析法虽然主要采用计算机技术，但在方法的基本原理和步骤方面与传统的方法也是比较一致的，同样分为数据搜集和数据分析两个阶段。文章的结构也与通常的结构较为一致，同样先后体现为 5 个部分：引出问题—文献梳理—方法设计—研究发现—结论与讨论。

以下主要以韦路等人的一项研究为例。韦路和丁方舟的《社会化媒体时代的全球传播图景：基于 Twitter 媒介机构账号的社会网络分析》（《浙江大学学报》人文社会科学版，2015 年第 6 期，以下简称《图景》）运用社会网络分析法，对全球媒体在 Twitter 上开设的 187 个英文认证账号形成的社会网络进行分析，意在描述社会化媒体时代全球传播的关系链条与影响力结构。该文的结构为：（1）引言；（2）国际化、全球化与跨国化；（3）社会网络分析视角下的国际传播研究；（4）研究方法；（5）研究发现；（6）结论与讨论。可以看到，社会网络分析论文的结构与实证主义和解释主义论文大致保持一致。

（一）社会网络数据的获取

社会网络分析法同样首先面临如何搜集数据的问题，因为数据是研究的基础。需要注意的是，在分析中所要搜集的数据，不是关于行动者本身的数据，而是行动者之间的关系数据，也就是社群图中由“线”所代表的数据。

1. 社会网络分析中的抽样

在进行社会网络分析时，如果群体的规模不大而且相对封闭，则可以将整个群体作为研究的对象。比如赵红艳在《中心性与权力体现：基于社会网络分析法的网络媒介权力生成路径研究》（《新闻与传播研究》2013 年第 3 期）中，以“7·23”甬温线特大事故中“天涯杂谈”的一个帖子为样本，对参与讨论的各主体的中心性指标进行分析，意在研究网络媒体中的权力分布特征。由于这一个帖子下参与讨论的节点数为 56 个，也可以说有 56 个人参与了讨论，参与人数并不算很多，因此作者将整个群体作为研究对象。

但是，社会网络分析在多数情形下要进行抽样，因为群体的规模较大或者界限不明确，无法实现对整群的研究。《图景》一文描述了自己的抽样过程以及样本清洗方法：

> 我们首先运用目的性抽样方法，在 worldpress. org 网站提供的全球媒介机构列表基础上，逐一搜索这些机构在 Twitter 上开设的英文认证账号，并运用 Twitter 的同类账号推荐功能来完善抽样样本，由此形成包含 187 个全球媒介机构在内的社会网络样本。对于开设多个 Twitter 账号的媒介机构，我们只选择其被关注数最高的一个账号，但该媒介机构在他国（地区）开设的分支机构账号仍一并包括在内，因为这将有助于考察该媒介机构的跨国化程度。

再比如上述王炎龙等人的文章以公益微博账号为节点进行研究，而公益微博账号的数目是很庞大的，因此作者以获得认证的 974 个机构账号作为样本，然后也对不符合研究要求的账号进行样本清洗：

> 笔者以新浪微博作为获取数据的主要平台，以“公益＋机构认证”为条件在搜索栏进行检索获得 974 名微博用户。利用爬虫爬取这些微博用户的名称和粉丝量，最后通过粉丝量、活跃度、内容相关度对微博进行筛选，剔除三种类型的微博用户：一是粉丝数低于 2 000 人；二是 2018 年 1 月后未发布微博；三是内容相关度低于 50%。在此基础上，最终确定 526 个样本。其筛选条件有：一是必须是机构认证的公益微博，保证了研究对象的真实性和客观性；二是保证一定的活跃度和知名度，粉丝数比较靠前和近一年较活跃的用户；三是从事公益传播的公益机构，剔除与公益不相关的用户。

2. 社会网络数据的测量

在确定研究对象之后，便要从研究对象中获得数据。从理论上讲，网络分析法获得数据的方式，与其他研究方法的方式相同，即可以采用问卷调查法、实验法、观察法等。在对小型网络的分析中，运用传统的方法即人工方法搜集数据是可能的，比如运用调查法搜集数据。但是，在对稍微大一点的网络进行分析时，人工方法就难以胜任了。比如，即使是几十个节点的网络，代表节点之间关系的线条数也将是一个庞大的数字，这时就需要借助于电脑才能完成如此复杂的计算。这也是计算机技术兴起后社会网络分析法才真正受到重视的原因。基本上，社会网络分析的数据获得都是依靠计算机，《图景》一文也运用了计算机技术抓取关系数据：

> 我们利用 NodeXL 软件对该网络的全部链接关系、节点属性等进行了数据抓取，抓取时间为 2015 年 1 月 20 日。再运用 NodeXL 的可视化功能，对这一社会网络的规模、链接关系、中心点等进行了可视化呈现。

（二）社会网络数据的分析

社会网络分析法与其他研究方法一样，方法设计的第二步是如何分析数据。社会网络数据分析一般采用的分析工具有两种，即图式形式和矩阵形式，又被称为图式表达式和矩阵表达式。所谓图式形式前文中已提到过，就是用“点”和“线”构成的网络图；所谓矩阵形式，就是用一个对称矩阵来描述行动者之间相互关系的社会网络表示形式。在列出表达式的基础上，传播研究一般通过对社会网络中心度指标等方面的讨论来进行传播结构分析、社会资本分析、社会支持分析等。至于如何进行图式分析或矩阵分析，可参考相关的高等数学知识，它不在本书的讨论范围内。

因此可以看出，社会网络数据分析实际上有两个环节，也可以说是有两个方面的内容。第一个方面，需要对网络特征进行描述，也就是计算出网络中心度等方面的指标，指出该网络的特点，比如哪些和什么样的节点的中心度更高等。第二个方面，需要在第一个方面的基础上分析出这样的网络特点的传播学意义，比如为什么会形成那样的高中心度的节点，对传播的结构或权力等方面有何影响等等。大多数的网络分析论文均过于偏重于对第一方面的刻画，反而是对第二方面的阐释显得比较薄弱。究其原因，对社会网络特征的刻画可以依赖于计算机较为轻松地完成，而意义分析则需要相当强的理论功底。但是，如果社会网络分析仅仅是罗列了洋洋洒洒的网络特征，那么它就只不过是计算机输出的成果，是简单描述性的，而不是理论解释性的。这显然会削弱文章的学术气质。

在社会网络分析中，经常分析到网络的中心度、子群、位置与角色三个方面，因为这三个方面最能反映网络的特征。下面将分别介绍这三类特征，并分析它们各自可能蕴含着的传播学意义。

1. 中心度分析

社会网络研究者最常用到的是网络中心度分析，它包括节点中心度、紧密中心度和间距中心度。它们从不同的角度刻画网络节点的特征，其指标可以由计算机自动算出。

所谓节点中心度，是指行动者在社会网络中的位置状况，也就是某一节点直接与其他节点之间联结数的多少的情况。可见，行动者的中心度高，则表明其在网络中占据较高的中心度位置，换言之就拥有较多的资源优势。节点中心度的计算方式，就是计算出某节点直接联系其他节点的数量，换言之，在图式表示中某节点与其他节点连接的“线”的条数，即为该节点的中心度，而中心度最大的节点就是该网络的中心。

在传播研究中，中心度分析可以帮助研究者刻画出信息传播网络中不同媒体的影响力情况。比如以全国的媒体为一个社会网络，那么根据常识可知《人民日报》、中央电视台等媒体的节点的中心度会远远高于地方性媒体。《图景》的研究表明，在 Twitter 上最有影响力的 15 家全球媒介机构分别是 BBC、美联社、《纽约时报》、路透社、《华盛顿邮报》、《华尔街日报》、CNN、《经济学人》、《卫报》、《时代周刊》、《赫芬顿邮报》、CBS、《新闻周刊》、Slate 及半岛电视台。这就是运用网络中心度分析来判断媒体影响力的一个例子。

所谓紧密中心度，是指某节点与其他所有节点的距离的总和。在一个社会网络中，紧密中心度越小的节点就越是网络的中心。紧密中心度不但可以反映传播网络的结构，而且可以反映整个网络内信息传播的密度情况。紧密中心度又可以分为行动者紧密中心度和群体紧密中心度两个维度。《图景》一文表明，Twitter 全球媒介机构处于最中心位置前 15 位的媒体机构是 BBC、路透社、美联社、《卫报》、《金融时报》、《纽约每日新闻》、《华盛顿邮报》、《纽约时报》、澳大利亚第九新闻台、《印度快报》、CNN、《悉尼先驱晨报》、《华尔街日报》、《外交杂志》、《经济学人》。可见，在社会网络中节点中心度和紧密中心度指标排序并不完全一致，但也大致相同。就传播的意义而言，它表明在传播网络中直接影响其他媒体越多，则越可能在传播网络中居于中心位置。

所谓间距中心度，是指一个节点在网络中多大程度上是其他节点之间的“中介”，通过该节点连接起来的节点越多则该节点的间距中心度越高。间距中心度在传播网络中的意义在于，它可以反映一个媒体对信息流动的控制情况，也就是说一个媒体的间距中心度越高说明它在传播中起着越发关键的纽带作用。《图景》中分析了间距中心度，结果表明发达大洲的媒介机构更有可能在 Twitter 上成为其他媒介机构之间的中介点。有的研究者也将这种分析称为社会网络的“结构洞”分析。

2. 子群分析

所谓子群，是指社会网络中某一部分行动者之间相似度较高，而与其他行动者相似度相对较低的子网络。按照社会网络理论，一个网络尤其是较大和较复杂的网络内部并非均质的，而是可能形成若干个子群。子群又被称为凝聚性子群，它指“这样一些行动者的子集，他们之间具有相对较强的、直接的、高度的、经常的或积极的联系”①。凝聚性子群分析有四个维度：(1) 关系的互惠性；(2) 子群内成员之间的接近性或可到达性；(3) 子群内部成员之间的关系频次；(4) 子群内部成员之间的关系密度相对于子群外部成员之间关系的密度。子群分析主要在于对传播网络的更深入的分析，也就是一个整体网络的内部是如何构成的，这些构成具有什么样的特征以及如何影响到传播行为。可以这样理解，如果说对整个社会网络的分析属于宏观分析的话，那么对子群的分析就可以被视为中观分析，而后面的对位置与角色的分析则可被视为微观分析。

比如，如果以全国的媒体为一个社会网络，那么可能中央媒体、省级媒体、市级媒体会各自组成子群，也可能不同的省（自治区、直辖市）内的媒体会形成子群，这取决于研究的目的和指标类型的选择。《图景》一文进行了子群分析。作者运用 NodeXL 自带的 Clauset-Newman-moore 指数对网络进行子群分类，根据这一指数计算出来的子群之间连线较少，但子群内部却联系紧密，最终获得了 6 个子群。在对子群特征描述的基础上，作者解释了其中的传播学意义：

> 这一结果表明，加拿大和大洋洲的媒介机构可谓自成一体，各自形成紧密连接的内部社会网络；亚洲和非洲的媒介机构由于在全球经济和传播格局中的相似地位而更易形成连线关系；美国和英国的媒介机构的全球化和跨国化程度较高，因而在多个子群中均有分布。

3. 位置与角色分析

在社会网络分析中，位置指的是那些同等地处于关系网络中的个体所形成的集合体；角色则指两个行动者或两个位置之间存在的关系模式。对社会网络中位置和角色分析的目的在于：(1) 分析作为行动者集合体的社会位置，这些

① WASSERMAN, FAUST. Social Network Analysis: Methods and Applications. Cambridge: Cambridge University Press, 1994: 249.

行动者在与他人的关系方面是相似的；（2）对行动者或位置之间存在的作为关系系统的社会角色模型化。①不过，比较起中心度分析和子群分析，位置与角色分析要少得多，与传播研究的结合也有待更多的探索，因此这里不作过多的阐述。

常见的传播社会网络分析正是上述这三种主要内容，即通过对网络节点中心度或子群的分析，或者通过对节点的位置与角色的分析，来讨论现实中的传播关系。这样的研究基本上是局限于传播本身的，即尚未将传播与社会关联起来。一些研究则更进一步，以媒介社会学的视角来分析传播的社会网络，试图在更大的视野内来解释传播现象，比如运用社会资本、社会支持、文化批判甚至政治经济学批判等理论路径。

刘于思和杨莉明的《记者微博使用与职业群体社会资本：社会网络分析的视角》（《新闻界》2013年第21期）就属于社会资本方面的研究。作者通过对295名记者的微博链接形成的社会网络的分析，考察作为社会化媒体的微博对记者职业群体的社会资本支持情况。结论是“从个体网层面来看，记者在职业群体微博链接网络中的强联系大多为紧密型社会资本，而弱联系大多为跨越型社会资本；将社会资本操作化为网络规模资本和中间位置资本后，经验数据的分析结果显示，以微博为代表的社会化媒体使用对记者在职业群体中建立社会网络、增加社会资本具有积极效果”。

另外，它可被用来研究媒介使用者的社会支持。陈韵博的《新一代农民工使用QQ建立的社会网络分析》（《国际新闻界》2010年第8期）一文即属此类。文章通过抽样法获得研究对象，并对农民工进行了深度访谈和网络参与式观察，然后运用社会网络分析法得出结论，认为农民工使用QQ可以实现一定程度的自我赋权，从而帮助他们在谋生的过程中获得官方或非官方的支持。

社会网络分析还被用来分析媒介权力，包括国际的和国内的。韦路和丁方舟的《图景》一文涉及这方面的内容。研究表明“中国在Twitter上的跨国化媒介机构账号数量已经位列全球第三，但在整体的社会资本上仍处于弱势地位”。赵红艳的《中心性与权力体现：基于社会网络分析法的网络媒介权力生成路径研究》（《新闻与传播研究》2013年第3期）则讨论了网络中社会资本对传播权力的影响，认为“网络媒介权力的生成主要源于网络媒介链式传播模式下

① 林聚任．社会网络分析：理论、方法与应用［M］．北京：北京师范大学出版社，2009：156.

主体间互动的顺畅进行”。

社会网络分析中常见两个方面的误区。第一个是局限于对网络特征的描述，缺乏对网络特征所包含着的传播学意义的阐释。一些文章满篇都是关于网络特征的内容，比如中心度、子群等，运用了很多的社会网络概念来描述特征，再加上可视化技术的呈现，似乎内容非常丰富，但是因为没有揭示出其中的传播学意义，也就是既与传播无关，更是缺乏学术内涵。需要提醒的是，社会网络分析仅仅是一种方法，也就是说它仅仅是一种桥梁性质的工具，传播研究应当从问题出发，然后通过网络分析的方法回到问题。

第二个误区是用来分析的社会网络概念过多，反而显得阐释不深入。比如，一些网络分析的文章既运用了中心度分析，也运用了子群分析等。在中心度分析中，又几乎运用了所有的概念，罗列出中心度、中心势、紧密度等，以为运用的概念越多，越显得文章有学术含量。其实，罗列一大堆的概念指标却没有目的性，没有与传播研究的问题联系起来，就是没有多大意义的。比较恰当的做法是针对提出的研究问题，有目的性地运用相关概念进行指标分析，重在分析的深度而非广度，这样才更符合学术研究的特点。

第二节 文本情感分析

文本情感分析是随着社交媒体的兴起而迅速发展起来的一种研究方法，在很多社会科学领域都有应用。传播研究中进行的文本情感分析，主要是文本情感类别和情感立场的分析。

一、概念与历史

什么是文本情感分析？这里借用伊利诺伊大学芝加哥分校刘兵的定义：

> 情感分析，也称为观点挖掘。这一研究领域的目标是从文本中分析出人们对于实体及其属性所表达的观点、情感、评价、态度和情绪。这些实体可以是各种产品、服务、机构、个人、事件、问题或主题等。[①]

文本情感分析中的“文本”指网络文本，而非印刷文本，因为互联网兴起

---

① 刘兵．情感分析：挖掘观点、情感和情绪［M］．北京：机械工业出版社，2018：1.

之后，自媒体时代大量的用户生成文本（UGC）为文本情感分析提供了源源不断的素材。比如在营销中对客户评价文本的情感分析，在政策制定中对社会反响文本的情感分析，在舆论评价中对网民意见文本的情感分析等等。

从上述刘兵的定义中可见，文本情感分析中的“情感”与我们通常所说的“情感”有所不同，它是一个含义相当丰富的概念，既包括了日常所说“情感”的含义（可称为狭义的情感分析），还包括文本中的观点。所谓观点，指的是中立的陈述，是一种判断；所谓情感，指的是表明或爱或憎或支持或反对的态度。比如说“今天天气很热”就是一种观点，而说“今天天气太热了”就是一种情感。

文本情感分析在现实中应用广泛，尤其是在商业营销中，可以用于判断消费者的评价等。在CSSCI文献中，最早出现文本情感分析的文章是2008年的《网络环境下中文情感倾向的分类方法》（《语言文字应用》2008年第2期）。早期的文本情感分析主要用于图书情报领域，2012年新闻传播学出现了文本情感分析类文章，即冯江平等人的《网络社会事件发展过程中的舆情心理分析——以“躲猫猫”事件为例》[《云南师范大学学报》（哲学社会科学版）2012年第4期]。不过，总体上我国传播研究中运用文本情感分析的文章并不多，2019年综合性核心学术期刊上运用文本情感分析的文章有3篇，而专业性核心期刊上只有1篇——陈安繁与金兼斌等人的《奖赏与惩罚：社交媒体中网络用户身份与情感表达的双重结构》（《新闻界》2019年第4期）。

二、情感分析法的设计

情感分析类研究的结构仍然和其他方法研究的结构相同，一般也可以按照“引言—文献梳理—研究方法—研究发现—结论与讨论”的结构来组织论文的写作；不同点主要在于研究方法的设计。因此，下面将重点分析情感分析方法的设计。同样地，情感分析方法也要解决数据的搜集和数据的分析两个环节的问题。

这里将以陈安繁与金兼斌等人的《奖赏与惩罚：社交媒体中网络用户身份与情感表达的双重结构》（《新闻界》2019年第4期，以下简称《奖赏》）为例。在社交媒体时代，个体在网络上的发言极其方便，但是由于个人心理、社会环境以及控制因素的存在，人们在网络上并非完全自由地表达情感。该文章聚焦于身份对发言文本的情感的影响。所谓身份，作者将其区别为个体身份与机构身份，现实身份与网络身份。前一组身份对应关系比较好理解，而现实身份则指发言者在现实生活中的身份，网络身份则指发言者并非以现实身份发言。研究的结果是：（1）用户情感表达的“积极主导”，即社交媒体中网民的情感表达以正面为主；（2）双重效应：网络用户的线下身份抑制、线上身份推动情感表达，网络用户的机构身份抑制、个人身份推动情感的表达；（3）线上身份的消极情感表达和线下身份的积极情感表达：明确表露线下身份的网络用户表达更多的积极情感，而明确表露线上身份的网络用户则表达更多的消极情感；（4）舆论领袖（黄V）的负面情感和消极、夸张修辞偏好，其情感表达的强度大于机构用户（蓝V），在情感表达的修辞上其使用了更多的消极词语和程度副词；等等。文章的结论是，微博用户的线上身份鼓励而线下身份抑制情感的表达，个人身份释放而机构身份约束情感的表达，呈现出一种双重结构的状态。文章各部分分别是：（1）研究背景；（2）网络身份与情感表达；（3）研究设计；（4）研究发现；（5）结语。

（一）情感数据的搜集

在社会网络分析中所要搜集的数据是关系数据，而在文本情感分析中所要搜集的则是情感数据。前面说过，文本情感分析中的“情感”主要包含通常的“情感”含义和“观点”含义。不过，在传播研究中，对观点的挖掘比较少，主要研究文本的态度或立场倾向，也就是通常的“情感”含义。因此，一般地，传播研究的文本情感分析主要有两类任务：一类是情感类别分析，比如高兴、愤怒、悲伤等等；一类是情感立场分析，比如支持、中立、反对。研究者的任务，就是要从传播文本中观察和测量出某种或某几种情感的数据，作为进一步研究的基础。

1. 研究文本的范围

首先要确定研究文本的范围。文本情感分析面对的是大量甚至海量的网络文本，因此一般需要进行抽样，而非将符合条件的所有文本都纳入分析范围。抽样的方法同样可以运用概率抽样，也可以运用非概率抽样。

《奖赏》一文就采取了随机抽样方法。文章以话题文本作为情感分析的材料，选择了百度搜索公布的2017年度18个领域的180个热点话题，再加上新浪微博热搜平台当年前100个热搜话题，形成了280个话题的抽样总体，然后从中随机抽取29个热点话题作为研究的样本。

2. 建立文本情感词典

研究文本确定后，接下来是抽取文本情感数据。如前所述，传播文本情感分析可以分为狭义的情感分析与立场分析两种研究任务，因此文本情感数据的获取也分为狭义的情感数据与立场数据两类。它们的基本原理都是运用计算机技术抓取文本中的关键词，然后通过对这些关键词进行情感判断、赋值和加总等，来获得文本的情感类别或立场。

那么，应该抓取哪些情感关键词呢？这就涉及文本情感分析中的情感词典建立问题。所谓文本情感词典，可以理解为情感分析中的赋值工具书。从文本中抓取哪些词语，抓取出来的词语如何赋值，程度词等如何赋值等，都需要一个依据或者标准，而情感词典就是这个标准。情感词典包括如下几种类型：

（1）情感本体词典。

本体词典中的词语本身能反映情感的极性和强度。所谓情感极性，指褒义、中性还是贬义；所谓情感强度，指情感的程度情况。比如，同样是表明同意，用“赞赏”就比用“同意”的强度大。

（2）程度词典。

在文本中，情感词语前面经常有程度副词，它们对情感的强度有直接的影响，因此情感值计算时要进行加权。比如，将“极其”“最”“最大”等的权重设定为5，将“很”“非常”等的权重设定为4，将“比较”“更加”等的权重设定为3，等等。

（3）否定词典。

文本中的否定副词会起到相反情感的作用，因此对否定词语也要进行反向赋值，即赋值为“－1”。

（4）连接词典。

在文本中，不同的连接词反映出不同的情感偏向或侧重。比如在总结性的句子中，总结分句的情感比较重要；而在转折性句子中，转折前后两个分句的情感可能相反。连接词典的作用就在于识别出有哪些连接词以及它们对情感产生何种影响，并在对情感的赋值中体现出来。

可见，情感词典的建立在文本情感分析方法设计中具有很核心的地位，因为它关涉测量的对象与指标，也就是说抓取哪些含有情感的词语并如何对它们赋值，都是要依赖情感词典的。因此可以说，在文本情感分析中情感词典的建立相当于其他类型研究方法中的概念操作化过程，只有通过这个过程才能将研究的问题转变为可测量的问题并通过测量获得数据。

建立情感词典主要有三种途径：人工方法、基于词典的方法和基于语料库的方法。人工的方法需要大量的精力与时间，传播研究中几乎没有人采用，人们主要运用的还是基于词典的方法和基于语料库的方法。所谓基于情感词典的方法，指的是依据已有的情感词典来建立自己的情感词典。具体方法是，首先搜集一组已知褒义或贬义倾向的词语作为词典建构的种子词，然后在 WorldNet 等在线词典中搜寻这些词的近义词或反义词扩充到种子词集合中，又以扩充了的种子词集合开始下一轮迭代，一直到找不到新的词语时才停止。所谓基于语料库的方法，主要运用于以通用的情感词典生成一个领域内情感词典的场景，比如运用通用的情感词典建立基于某个媒体语料库的情感词典就属于这种情况。一般地，即使采用基于情感词典或基于语料库的方法，也需要对建立起的词典进行人工检查，剔除掉其中的错误成分，从而提高研究的准确性。《奖赏》一文就是采用了基于情感词典的方法：

> 本研究采用的是基于词典的方法来进行微博文本的情感分析……首先，应用大连理工大学中文情感词汇本体库提出的七分类（高兴、喜欢、愤怒、哀伤、恐惧、厌恶和惊讶），再加上无情感这个类别，总共有八类。并结合中国知网构建的情感词典 Hownet、台湾大学 NTUSD 简体中文情感词典，将用于分类的情感词典进行拓展，这部分是基础情感词典；其次，部分包含情感的网络用语，并未被包括在基础词典中。例如“洗地”一词表达了“替坏人作坏事后的收尾工作”，一定程度上表达了愤怒和抗议，但是并未包含在基础情感词典中。为了适应微博情感表达的特征，本研究搜集了博客、论坛、微博等社交媒体中的情感词语并对其进行了标注，构建了网络情感词典。通过以上两个步骤构建的基础情感词典和网络情感词典共同组成本研究用于分类的情感词典。

3. 确定文本分析的粒度

在文本情感分析中，分析粒度指进行分析的文本的单元。无论什么样的网络文本甚至非网络文本，都可以划分为整篇、段落、句子或词语这四种类型，因此文本分析的粒度也有这四种类型。以整篇为分析粒度，就是分析整篇文章的文本情感，其他三种类型的粒度分析与此类同。

不过，无论是哪种分析粒度类型，都是以词语情感分析为基础的，因为词语是构成句子和篇章的最基础单位，因此对词语情感的分析就成为所有文本情感分析方法的基础。由于词语往往表示对实体的属性的情感，因此对词语粒度的分析也常被称为属性分析。

我们一般以句子作为分析粒度。这就涉及句子划分的问题，一般以标点符号作为划分句子的标记。对于复杂的句子，涉及情感转折之类，研究者也可以调整划分。《奖赏》一文是以微博为单位进行的分析，可以视为以篇章粒度为单位的情感分析，不过实际上是对句子情感分析结果的加总：

> 首先对单条微博进行文本预处理，并以标点符号为分割标志，将单条微博分割为n个句子，提取每个句子中的情感词。以上两步的处理均以句子为处理单位；第二步在情感词表中寻找情感词，以每个情感词为基准，向前一次寻找程度副词、否定词，并作相应分值加权计算，随后对分句中所有情感词的得分加总；第三步判断该句是否为感叹词，是否为反问句，以及是否存在表情符号。如果是，则分句在原有分值的基础上加上或减去对应的权值；最后对所有分句的分值进行累加，获得该条微博的最终得分。在获取每条微博情感值以后，如果情感值大于0则将其情感极性判定为正面，等于0情感极性为中性，小于0则情感极性为负面。

到此，文本情感数据的提取可以说完成了。可以看到，这一过程对计算机的依赖性很强。因为文本数量非常庞大，比如《奖赏》一文中抽样获取的29个热点话题下的微博就高达20余万条。同时，情感词典的建立，情感数据的抓取等，都必须依靠计算机强大的运算能力。

（二）情感数据的分析

比较起情感数据搜集，文本情感数据的分析反而并不复杂，因为文本情感分析作为描述性研究，一般并不分析变量之间的关系，而是重在阐述文本中情感的特征。文本情感分析往往描述两个方面的特征，也就是通常有两种分析路径，其一是情感的类别，其二是情感的立场。

1. 情感类别分析

文本情感类别分析就是辨别文本总体上属于哪一种情感。情感类别分析的粒度依然分为篇章、段落、句子或词语。一般地，情感分类采用情感词典方法，即根据文本中出现的情感词来进行加总从而获得整个文本某类情感的数值。

2. 情感立场分析

文本立场分析可以看成是文本情感分析的一个子领域，即分析文本中赞成、中立或反对的立场，有的研究者也称之为情感极性。比如《奖赏》一文对微博的情感立场进行分析的结果是：

> 在研究搜集的有关 29 个热门话题的 223 315 条微博中，表达了正面、中性情感的分别有 143 336 条（占比 64.18%）和 74 977 条（占比 33.58%），而表达了负面情感的只有 5 000 条（占比 2.24%），正面情感和中性情感主导了微博用户在 29 个网络热门话题上的情感表达。

文本情感分析总体上偏于描述性，也就是描述文本的情感特征。但是，往往地，描述性的分析难以达到更强的理论深度，为了挖掘出文本情感特征背后的理论意义，需要作者进行进一步的理论阐释，即从“是什么”推进到“为什么”。《奖赏》一文在两个层面体现出了理论特征：第一个层面，在文本情感特征与微博主之间建立了变量分析关系，因此分析出了不同微博主身份（普通、黄 V、蓝 V）所表现出来的不同文本情感特征；第二个层面，进一步对不同微博主为什么表现出该种情感特征进行了分析，比如蓝 V 微博主为什么正面情感比例最高？文章认为这些博主具有强机构和强线下身份的特征，这些特征对负面的情感有一定的抑制作用，“因为他们受到更多现实规范的约束因此在情感表达以及修辞方面更为中性和保守，从而避免引起争议”。这样的一个分析思路，使文章脱离了简单的描述，具有了一定的理论贡献。

实际上，文本情感分析是一种非常实用，应用也非常广泛的研究方法，尽管分析的技术还远远谈不上成熟，但它在相当多的领域都发挥出了重要的作用。大量的电商想知道顾客对于自己产品或服务的评价，政府想知道民众对于某项政策的看法时，都经常运用文本情感分析。正因为如此，知名的科技公司如 Google、Microsoft、HP、Amazon、eBay、Oracle、Adobe 和百度等都开发了自己的文本情感分析应用。但是，在传播领域采用这种研究方法还比较少见。在传统的新闻报道中，因为强调报道的客观性，情感分析可能并无太大的意义。但是，在社交媒体时代，大量自媒体的内容，以及社交媒体上对各种媒体内容的评论都带有较为强烈的情感色彩，不但是进行文本情感分析的丰富资源，而且对这些文本进行情感分析可以揭示出媒体内容的特征，甚至勾连媒体内容与社会之间的互动关系。

第三部分

如何规避方法设计不足：80 篇未刊稿观察

大多数作者都犯着大致雷同的错误，未免让人唏嘘感叹。如何从别人的失误中得到警示，从而使自己避免“重蹈覆辙”？本章选择了 80 篇经过隐匿性处理的投稿文章，并归纳出这些文章中较为常见的不足，希望给研究者一些借鉴。

第七章　对 80 篇文章的观察

研究方法是学术研究的核心，但是整个研究以及论文的写作不限于研究方法，因此本章按照论文的结构顺序依次归纳出 80 篇文章在论文各部分出现的不足，旨在对初涉研究者做提醒。当然，研究方法设计部分的不足也在其中，而且是最主要的部分。

第一节　对 80 篇文章的说明

同样因为便利，笔者选择了《新闻界》的 80 篇未刊登文章进行分析。笔者对这些文章进行了隐匿处理，或者换掉标题中的关键词，或者模仿另拟标题等，总之在不泄露原作者信息的前提下尽量反映原标题或原文的特征，以便分析。

《新闻界》从 2012 年开始实行对部分栏目匿名审稿，2017 年进一步扩大到全部匿名盲审（约稿除外），即编辑部对投稿文章进行审核后选出质量较好的一部分送出外审，结果自然是有的文章被审稿专家建议采用或修改后再审，另一部分则被专家建议不采用。这里选择了 30 篇送出外审但最终未采用的文章，也就是说这些文章的质量在投稿中属于中上者；另外选择了 50 篇没有送出外审的文章，它们更能代表投稿的一般情况，也更能反映投稿中存在的普遍性不足。两类文章的选择均以 2020 年 1 月底为起点，按时间倒序抽取。将这两类文章结合起来讨论，更能反映出投稿的真实情况。

前面几章对研究方法的讨论中，仅仅是按照论文正文部分的结构顺序进行的，即按照“引言—文献梳理—研究方法—研究发现—结论与讨论”这样的结构和顺序进行分析。这种分析关注了论文的主体部分，但是作为完整的论文写作还有一些要素没有讨论到，比如标题和摘要等，所以这里将以更完整的论文结构要素来讨论。当然，这部分内容与前文也有相当大的重合，比如对于引言、文献梳理等，前面的各章节中已经有相当多的分析。不过，前面的内容侧重于“应当如何”，而本章的讨论则侧重于“应当避免如何”，所以也并非简单的重复。

一篇结构比较完整的论文，一般应包括标题、摘要、关键词、文献标识码、作者简介、引言、文献梳理、理论工具、研究方法、研究结论、参考文献、注释等部分。为了简便，这里只讨论在标题、摘要、引言、文献梳理、理论工具、研究方法、研究结论 7 个方面应当避免哪些误区，而略去关键词、文献标识码、作者简介、参考文献、注释等 5 个方面。

如何反映所选择文章存在的不足呢？笔者逐篇对这些文章进行了分析，列出每篇文章存在哪些方面的不足，然后进行分类统计。自然地，有两个方面需要说明，其一是这里面有很强的主观性，甚至列出的不足可能是错误的；其二是一篇文章可能有多方面的不足，因此最后统计出的不足的总频次会远远超过 80。尤其是对于前者我们需要注意的是，这并非一个"客观"的学术研究，而是一个基于个人经验的分析。

文章的作者来自中国大陆和中国香港、澳门、台湾地区，以及美国、德国等国家的 58 所大学、科研机构和媒体等（见表 7-1，限于表格位置，很多机构用了简称），同一篇文章的作者人数最多为 4 人，80 篇文章的作者共计 121 人次。作者的身份涵盖了从本科生到教授的各个职称或学历层次，其中以副教授为最多（见表 7-2）。文章的篇幅从 5 000 余字到 24 000 余字不等，其中以 10 000 余字为最多（见表 7-3）。

表 7-1　作者所出现的机构及其频次

机构	人民大学	传媒大学	复旦大学	清华大学	上海交大	武汉大学	暨南大学	北京大学	华东师大	上海大学
频次	2	6	6	5	2	7	4	1	1	2
机构	浙江大学	四川大学	河北大学	郑州大学	中山大学	深圳大学	山东大学	华南理工	兰州大学	北京师大
频次	4	2	2	4	1	2	2	2	1	5
机构	西安交大	北京工商	上海师大	华中师大	云南大学	电子科大	贵州大学	山东师大	南京邮电	中南财经
频次	5	2	1	1	3	4	1	1	1	1
机构	南京林大	海南师大	广东外语外贸	上海社科院	华南师大	首都经贸	山东女子	浙江财经	重庆文理	成都理工
频次	1	2	2	1	1	1	3	4	2	1
机构	河海大学	内蒙古大学	江汉大学	广东海洋	贵州民族	吉林师大	哈医大	浙江农林	广东财经	江西省委党校
频次	2	1	2	1	3	1	1	1	1	1
机构	新华社	某法院	香港城大	澳门科大	台湾世新	台湾辅仁	南加州大学	科隆大学		
频次	1	1	1	1	1	1	1	1		

表 7-2　作者的职称或学历层次出现的频次

职称/学历	教授	副教授	讲师	博士生	硕士生	本科生
频次	15	25	17	30	27	7

表 7-3　文章不同篇幅的频次

篇幅区间	5 000 字以上	7 000 字以上	8 000 字以上	9 000 字以上	10 000 字以上	11 000 字以上	12 000 字以上	13 000 字以上	14 000 字以上	16 000 字以上	17 000 字以上	19 000 字以上	24 000 字以上
频次	6	2	12	11	14	6	8	5	7	4	2	2	1

第二节　80 篇文章中的发现

本节将分析一篇完整的论文从标题开始到结论结束各部分中比较容易出现的写作问题，在写作问题的背后则是研究者的理论功底和实际研究的问题。由于标题和摘要两个部分在前面没有分析过，因此对它们“应当如何”与“应当避免如何”都会进行讨论；对于其他部分比如引言等，则重在讨论“应当避免如何”。

一、标题

标题对于文章的重要性是不言而喻的，对于学术文章也没有任何例外。它是一个最重要的窗口，第一时间将文章最重要的信息呈现给读者，很多时候还会影响到读者是否想要进一步阅读。而标题所能提供的信息是有限的，因此拟一个简洁清晰和重点突出的标题，对于论文而言是非常重要的。

这里的“简洁清晰”指标题文字干净，逻辑明晰，使读者便于理解。学术文章的标题往往比较长，如果作者不注意斟酌，很容易出现文辞冗长而佶屈聱牙的情况。这里的“重点突出”不是要像商业文章那样博眼球，而是要把文章的精华元素醒目地展示出来。很大程度上，标题不但能反映出研究者的学术水平，也能看出作者的文字功底。

如何起一个好的标题？什么样的标题才是一个好的标题？这些问题都需要结合论文的目的来看。论文最根本的意图是告诉别人你的研究成果，那么很显然研究了什么和结果是什么最重要，因此显然这两点是所有标题都应该呈现出来的。

因此，多数情况下，学术文章的标题是问题与结论的组合，因为尽管学术研究的结论才是最重要的，也是读者最关心的，但是标题中如果不呈现出所研究的问题，则别人无法判断你是针对什么问题得出的研究结论，也就无从判断结论的创新性。所以，较常见的标题结构是将结论放在最显眼的位置，然后才是所研究的问题。比如《成名的想象：中国社会转型过程中新闻从业者的专业主义话语建构》，“成名的想象”是结论，被放在标题中前置位置，得到了非常突出的处理；标题后半部分则是所研究的问题。这是结论与问题结合的典型标题。这样的标题结构目前很常见。

当然，并非所有的论文标题中都需要同时标出研究的问题与结论，不少情况下仅仅提出研究的问题也是可以的。比如陈昌凤和林嘉琳的《批判性思维与新冠疫情报道的伦理问题》（《新闻界》2020 年第 5 期）就是以研究问题作为标题。同样地，刘涛的《从生产逻辑到生成范式：后新冠疫情时代的风险文化及其批评转向》（《新闻界》2020 年第 5 期），一望而知其也是以研究的问题作为标题。

有的文章将研究方法放在主标题或者副标题中，虽然也无不可，但是如果比较起研究的问题和结论而言，前者显然次要一些。而且，如果研究的问题文字比较长，则加上研究方法就会使标题显得臃肿。一般地，民族志研究者喜欢将方法呈现在标题中，这可能与早期民族志法是一种新方法有关。但是，现在民族志法的使用较多，可以斟酌是不是要在标题中呈现。

还有的作者喜欢将“理论”在标题中呈现出来。如果确实有新意也未尝不可，但是比较起标题的前述三个元素来说，理论的重要性更弱一些。而且与方法相同，理论也会在文中得到较为详细的介绍的。至于在标题中提出一些大而不当的理论，则更加应当避免，如常见的“在……视域下”如何如何，或者“基于……的视角”等等。这些“视域”或“视角”往往是过于宏大的理论，因而显得空泛，或者根本就不是理论分析视角。前者比如“传播学视角下”“后真相视域下”，后者比如“人工智能视域下”等。而且，理论比研究方法的含义更加复杂，最好不在标题中呈现而是在正文中进行具体阐释。

80 篇文章中，标题存在不足的情况有 18 处，分为三种类型，按照出现频次从多到少依次为：研究问题模糊（8 处）、概念含义费解（8 处）、表达含有语病（2 处）。

（一）研究问题模糊

所谓“研究问题模糊”，指标题对所研究的问题呈现得不清晰，无法知道论文具体在研究什么。这并不是说标题没有呈现出研究问题，而往往是问题过于宏大或概念含混。比如有的标题是"……的科学传播"或"……的传播"等，"传播"是一个很大的概念，就一篇期刊论文而言，作者不可能对传播的方方面面做深入研究，因此这样的标题是不具体的、含混的，事实上相当于没有告诉读者你在研究什么。前面说过，标题是展示研究问题和研究结论的宝贵窗口，一个新颖的问题或结论会引起读者强烈的阅读兴趣。所以，标题一定要把研究的具体问题呈现出来，不能仅套一个空泛的概念，反而浪费了标题这个窗口的重要作用。

（二）概念含义费解

所谓"概念含义费解"，是指标题虽然告知了研究的问题甚至结论，但是过于冗长复杂，或者对概念的使用不准确，导致标题不好理解。新闻传播研究者应该有传播效果的意识，在保持学术特征的前提下，尽量使标题容易理解和传播。有的标题本来就是采用了主标题＋副标题的结构，其中主标题还要分为结论与问题两部分，如果不注意精心构思就很容易冗长费解。一般地，主标题以 20 字左右为宜，太长了就最好要斟酌凝练。另一种令人费解的标题是概念不清晰、误用概念、生造概念、逻辑失当等。比如有两篇文章，一篇以某行业报告中的一个提法作为标题中的理论"视角"，这个提法不是学术性的；另一篇以某个国外学者曾经提出、但几乎没有什么影响力的生僻概念作为理论"视角"，使人不知所云。不是不可以用一些小众的理论或概念来分析，但是否在标题中呈现是需要加以思考的。

（三）表达含有语病

所谓"表达含有语病"，比较好理解，就是标题中有语法或逻辑问题。与相当多研究者正文中的表达不流畅或频现语病一样，也有相当比例的标题中有这种情况。

二、摘要

如果说标题是论文的第一个重要窗口，那么摘要就是论文的第二个重要窗口，尽管它的位置处在标题后面，但是它与标题相比更能详细地介绍文章，因此也是非常重要的窗口。尤其在审稿和文献检索时，摘要对读者的影响是很大的。

摘要对于论文的意义、作用或功能，在于用简洁的语言向读者介绍文章的研究问题、研究原因、研究方法、研究结论、研究价值等。当然，不是每篇文章中的摘要都要全部罗列这些因素，而是将最有价值的部分呈现给读者，简单地说就是要把论文的创新价值展示出来。一般地，作为学术论文，研究的结论才是其价值所在，而结论又是相对于研究问题的，所以研究的问题和结论是摘要中必备的因素，也就是要告诉读者你研究了什么问题，得出了什么结论——这是最基本的要求，以便于让别人评价问题和结论的创新程度。至于研究方法、研究原因、研究价值等虽然可以呈现，但并非摘要中完全必需的内容。

论文摘要有一些基本的特点：

一是它的自明性。也就是说摘要自身就可以反映整个论文的研究概貌，尤其是论文的创新价值所在。因此，摘要中的关键要素要齐全，不能让读者结合全文阅读后才知道你做了什么研究，得出了什么结论。简单地说，摘要可以说是一篇完整的极简版的“论文”，研究问题、结论、方法甚至研究的目的等都应有。

二是它的人称。对于摘要的人称问题，说法向来不一，有人认为应该用第一人称，有人认为应该用第三人称。以前在文献学领域，为了便于检索，一般由专门的检索人员编写摘要，当然不能用第一人称；但是现在学术论文的摘要普遍是由作者撰写的，用第一人称也似乎有一定道理。不过，国家标准《GB 6447—1986 文摘编写规则》要求使用第三人称，因此不少学者支持第三人称。但在实际刊发中，大多期刊并未严格按照第一人称或第三人称的要求。笔者觉得，现在期刊论文的摘要实际上都是由作者撰写，且为了更好的阅读体验，采用第一人称可能反而更佳。

三是它的篇幅。一般认为摘要以不超过 300 字为佳，因为它毕竟属于文摘性质，如果篇幅过长就显得不精练了。事实上，如果研究者认真推敲文字，300 字左右是足以展示出论文的精华的。

四是它的形式。摘要一般有以下要求：尽量以文字形式叙述；不出现图表、数学公式等；不出现注释或参考文献；不分段；不用简称与代号等。这些要求是由其简洁性和自明性决定的。比如，如果分段等则可能影响其简洁性；如果加入注释或参考文献则其自明性就会受到影响。

在 80 篇文章中，摘要有所不足的有 28 处，再将这些不足具体分为 4 种类型，按照出现的频次从高到低依次为：摘要篇幅偏长（10 处），摘要中缺乏结论（10 处），摘要表达形式不当（7 处），摘要中问题不清晰（1 处）。

（一）摘要篇幅偏长

所谓“摘要篇幅偏长”，笔者将其字数设定为超过 350 字。前面说过，摘要的特征之一就是精练，这里不再赘述。

（二）摘要中缺乏结论

所谓“摘要缺乏结论”，是指摘要中没有告知读者得出的结论是什么。学术研究的目的在于创新性的学术结论，因此最需要告诉读者的也是结论，它是摘要中的必要元素。但是很遗憾的是，一些论文摘要中没有这方面的内容。这些摘要往往把研究什么问题、研究的方法、研究问题的意义等做了较为详细的陈述，但就是不说明研究的结果，实为没有把握住摘要的主要意图。

（三）摘要表达形式不当

所谓“摘要表达形式不当”，是指它的内容结构或者文本形式等不符合规范。比如有两篇摘要基本上就是引言的第一段或其中的某一段，这种摘要无法展示全文的概貌；有的摘要的写法类似于工作要求，更是脱离了学术写作的特征；还有的摘要运用了提问方式，甚至一连提出 5 个疑问，却并没有做出回答；有一篇文章甚至将摘要分为两段，其实摘要很短小精练，没有分段的必要。

（四）摘要中问题不清晰

即摘要中没有表明研究的问题，而是对文章所运用理论视角的意义做了解释，接着对文章的论述结构进行了说明——在摘要中说明文章的结构是没有必要的。摘要中既没有说明研究的结论，也没有说明研究的问题，完全失去了其作为摘要的作用。当然这样的例子是极少出现的。

三、引言

引言是正文的开始，前面说过它的作用是通过背景交代，或者通过文献概述的方式引出研究问题。引言部分不受字数约束，研究者可以根据实际需要确定。就期刊论文而言，短的引言数百字，长的引言两千字甚至更多的也有，没有一定之规。

在 80 篇文章中，引言部分有所不足的有 41 处，按照出现频次从高到低依次分为 4 种类型：引出问题不严谨（15 处），引出问题平面化（10 处），包含内容芜杂（10 处），没有引出问题（6 处）。与后文中的缺失文献梳理或研究方法部分的文章不同，此处所有的论文的引言都在形式上具备了引言部分的要素，只不过质量差异甚大。

（一）引出问题不严谨

所谓“引出问题不严谨”，是指引出问题的逻辑要么不成立，要么比较牵强。由于引言部分还没有进入研究方法的阶段，因此内容的推进要依靠逻辑思辨，如果随意下结论，或者逻辑不严密，那么引出问题的理由就可能不充分甚至不成立。主要有以下两种情况：

随意下结论。这是一种较常见的情况，一些作者为了表明自己的研究有价值，就在没有文献等依据的情况下模糊地提出“大多研究认为”“国内理论界没有很好回答”，在某方面“研究不够”等。由于这时候还没有进行系统的文献梳理，除非引用别人经过系统研究后得出的结论，否则是不能做出这些判断的。

逻辑上不衔接。作者的描述本身有逻辑缺陷，不足以推导出研究问题的意义。比如，通过微信群民族志研究来观察特定人群的日常生活，那么就要解释线上与线下生活的勾连是否合理等；如果没有这方面的阐述，则对研究问题的引出就会很牵强。

（二）引出问题平面化

所谓“引出问题平面化”，是指引言虽然引出了问题，但是问题本身的质量不高，要么是随意的自设自问，要么是经验性或常识性的问题，要么是陈旧的问题等等，都没有学术研究的价值。这和前面标题问题模糊的情况比较呼应，往往标题空泛和大而不当的文章，在引言中也提不出具体的和有学术想象空间的问题。主要有下面几种情况：

口语式的自设自问。比如某文章研究疫情中的危机事件的传播，以口语化的语气提出一系列问题，包括“危机信息在新媒体环境下如何传播、信息流通中有哪些风险”。这样的提问显得很随意、很空泛，并没有提出真正具体的研究问题。

经验性或常识性的问题。也就是根本不用学术研究，而是根据直观就可以发现结论，或者依据常识推理就可以得出结论。这些其实是“伪”学术问题。比如，某文章的引言提出文章是要研究国庆期间媒体报道后，是否大多数受众都表现出了爱国情感，这其实不用做复杂的研究，凭借经验可以判断即使平时也是这样。

陈旧的问题。指已经有同样的研究，甚至还不少，而作者又没有提出新的问题，相当于重复别人的研究问题。当然，不是说过去的问题不能研究，关键在于结合后文看并无新的结论，那么问题就失去了意义。比如，相当多的文章喜欢研究西方媒体对某个事件的报道存在意识形态偏向——已经有非常多的同类研究了，如果结论还是表明“存在”这种状况，那么研究问题本身的意义就值得斟酌。又比如，一些文章通过游戏等来研究数字劳工问题，结论是游戏者既有作为“劳工”的特征，又有娱乐享受的满足感，那么就与已有的研究没有什么区别，甚至与常识没有区别。这些问题都属于没有新意的问题，表明研究者缺乏问题发现能力。

还有一种情况，也可以算作引出问题平面化，不过是就写作方式而言的。大多数人都有一个常见的写作习惯，即喜欢从一些宏大但表面的事实开始研究，与研究的问题的距离过于遥远，思维方式比较套路化。比如，只要研究与互联网有关的问题，就不由自主地从中国互联网信息中心（CNNIC）最新发布的网民数据开始。实际上，我们完全可以运用更加直接和有针对性的背景来引出问题，研究者却停留在浅表思维层面而没有努力去思考和寻找。

（三）包含内容芜杂

所谓“包含内容芜杂”，是指就常规的结构而言，引言包含了一般不在引言中呈现的内容。比如，有的文章将文献梳理放在这部分，而文献梳理通常以专门介绍为佳；有的文章在引言中将研究假设提出来，一般地研究假设以在文献梳理之后提出为宜；有的在引言中介绍研究方法，一般地研究方法以在文献梳理后介绍为宜，而且通常以单独的部分介绍；有的文章将预研究放在引言中介绍，而预研究以放在研究方法部分介绍为宜等。一般地，论文各部分有各自的任务，互相不混淆才能使文章逻辑清晰。前述情况表明研究者对论文结构的一般性规律还认识得不够准确。

（四）没有引出问题

所谓“没有引出问题”，是指引言失去了其根本目标，没有点出最需要的内容。情况各不相同，比如有研究青少年数字游戏沉迷的文章，在引言中描述完数字游戏的普及性就结束了；有研究虚假视频传播机制的文章，描述了一大段虚假视频的发展历史就结束了；有研究突发性公共卫生事件报道框架的文章，介绍了公共卫生事件的概念就结束了；等等。这些情况的出现，很大程度上可能是作者不明白引言部分的作用所致。

四、文献梳理

前面说过，文献梳理部分有三大主要作用：一是回顾研究动态，发现研究空白或不足，从而提出研究问题并表明其价值；二是为概念操作化提供依据，也就是借鉴别人的研究成果将抽象的研究问题转化成具体的可操作性概念，甚至借鉴别人的操作工具比如量表等；三是提出具体的研究问题，在量化研究中则进一步体现为提出研究假设。其中，提出研究的问题是最核心的任务，这里只讨论在提出研究问题时应当避免出现的失误。

在 80 篇文章中，文献梳理有所不足的情况有 61 处，按照出现的频次从高到低依次有下列 9 种情况：文献针对性差（14 处），提出问题无意义（12 处），文献范围泛化（9 处），文献质量差（6 处），文献梳理缺失（5 处），包含内容芜杂（5 处），文献不充分（4 处），没有提出问题（3 处），其他（3 处）。

（一）文献针对性差

所谓“文献针对性差”，是指文献与所研究问题的关联性不强，即文献往往是与更大层面的问题关联，或者与相近的研究问题相关联，甚至与所研究问题完全无关。一些文章对研究问题的意义而不是对有关问题本身研究进展的文献进行了梳理；一些文章对研究问题中的概念体系进行了梳理，但是仍然缺乏针对问题本身的梳理；一些文章对问题的一个方面进行了文献梳理，但是缺乏整体的梳理（比如有文章研究人工智能对新闻生产的影响，仅仅对人工智能新闻的概念、特点、历史等方面的文献进行梳理，就是缺乏对人工智能如何“影响”新闻方面文献的梳理）；还有文章在文献梳理中不是对研究动态进行梳理，而是对所采用研究方法进行文献梳理，论述运用该方法的合理性，显然作者不清楚文献梳理的目标和作用；也有文章对所运用的理论的相关文献进行了梳理，包括理论的发展过程、含义、价值，就是缺乏对研究问题相关文献的梳理，也属于作者不清楚文献梳理的目标和作用的情况。

文献梳理一般要求直接针对问题，而不是“旁敲侧击”地做“外围”工作，那样会使人觉得是在隔靴搔痒。有时候，适当扩大文献梳理的范围也是必需的，因为理论的发展有一个历史和逻辑脉络，但是相关问题的文献不宜占主角。如果某方面的问题比较新，或者已有的文献确实比较少，那么可以做相关问题的文献梳理，但依然要尽可能进行研究问题直接文献的梳理。

（二）提出问题无意义

所谓“提出问题无意义”，指提出的问题不太具有研究价值。能否提出有意义的问题，不但是研究者的基本功，也是非常考验研究能力的，一个好的研究问题是宝贵的研究资源。从对 80 篇文章的分析可以看到，研究者提出问题的能力贯穿在整个过程中，在标题中提出问题比较差的，往往在引言中也无法有效地引出问题，在文献梳理时也难以提出高质量的问题，文献梳理也就往往比较散漫。提出问题不佳大体又分三种情形：一种是论证逻辑比较牵强，比如蜻蜓点水地罗列几条文献后，就得出之前的研究“缺乏系统性、科学性、全面性”这样含混的结论；另一种是没有任何的综合分析，罗列一大堆文献之后就生硬地“基于上述分析，提出下面的研究问题”云云，上下文其实是脱节的；再一种就是提出的问题不具有研究价值，而是重复研究或者是经验性、常识性的问题。

（三）文献范围泛化

所谓“文献范围泛化”，是指文献从范畴而言上溯得太远了，与所研究问题的关联性并不大。比如有文章研究公共卫生事件中的危机传播，就从“危机”这一概念的文献开始梳理；有文章研究民族主义思潮的传播，就从梁启超关于“思潮”的文献开始梳理，其实梁本人也并没有给出学术概念；有文章研究青少年的媒体形象，就从李普曼的拟态社会的概念开始；有文章研究媒体人的社会资本，就想当然地从马克思、亚当·斯密的资本概念开始——且不说政治经济学和社会学家关于资本的定义简直有着云泥之别，即使是同属一个范畴，是否上溯那么远也需要斟酌。可能研究者觉得文献上溯得越根本，越能体现出研究的水平，这其实是一种误解。必要的文献上溯是可以的，但一定要考虑相关性，相关性不强的文献不但会使文章切入过慢，而且对于突出相关性强的文献也是不利的。

（四）文献质量差

所谓“文献质量差”，是指文献的学术性和权威性不足。研究者应该有文献质量的意识，严谨的研究者会尽可能阅读权威的文献。在收到的论文中，一些研究者不明白文献质量的重要性，大量引用一些非学术性的文献来作为学术观点。还有个别研究者用查询百度词典后得到的结果作为学术概念，或者用百度搜索结果作为引用文献，这些都属于不清楚文献质量的区别和重要性。

研究者要有区别高质量文献和低质量文献的能力，要有区别学术文献和非学术文献的能力。非学术期刊上的文章并非学术文章，可以作为材料引用，但不宜作为至少不宜过多地作为学术概念或观点引用。即使是学术期刊上的文章，也未必都是高质量的，如果研究者不善于分辨，那么很容易被不规范的“论文”误导。

（五）文献梳理缺失

所谓“文献梳理缺失”，当然是指文章中根本就没有文献梳理这一部分。固然，思辨性研究可以不要专门的文献梳理部分，而是直接进行论述，但是一些非思辨性研究的论文，也缺少专门的文献梳理部分。比如有的文章在引言后，直接进入研究方法部分；有的文章在引言后，直接进入对民族志田野场所的介绍；有的文章在引言部分后直接提出研究问题，且提出问题时并无对研究动态的梳理等。尽管说，论文的写法与结构有其灵活性，但对于学术研究的逻辑而言，独立的文献梳理部分还是有必要的，它有利于系统地分析之前研究中的空缺或不足，从而为研究问题的价值提供充分的佐证。很大程度上可以说，缺乏文献梳理的论文的作者可能对研究问题并不清楚，其“研究”基本上都是浅层的议论。

（六）包含内容芜杂

所谓“包含内容芜杂”，是指文献梳理部分包含了与本部分作用不相关的内容，或者将文献梳理混杂到了其他部分中去。比如有文章将文献梳理放在引言中，另有文章在文献梳理中放入研究方法，还有文章将本来应该在文献梳理后提出的研究问题放在引言中提出等。这主要是研究者对论文的结构逻辑不大清晰所致。当然，文章结构并非一定之规，但在一般情况下，还是以遵循常规为佳。尤其是初涉研究者，最好将文献梳理作为一个单独的部分，而且要花力气去做好。

（七）文献不充分

所谓“文献不充分”，是指文献量太少。其实，文献数量的多少，是不可能有绝对数的定规的，有的问题的研究文献本来就不多，那么很难量化地要求一项研究需要多少文献。问题在于一些研究比较充分的问题，研究者梳理出的文献很少，连主要的文献都没有阅读到，或者所评述的文献无法形成支持研究问题成立的逻辑链条。比如有 3 篇文章在文献梳理时一个方面列出一条文献，形如举例说明而非脉络描述，这种情况显然表明作者的文献阅读量不够。那么，如何衡量文献是充分的？有三个方式可以参考：一是主要的文献要阅读到；二是能够形成评述的逻辑链条；三是充分支持研究问题的成立。

（八）没有提出问题

所谓“没有提出问题”，是指文献梳理没有实现其根本目的。文献梳理的一个重要作用，是在引言引出问题的基础上，通过对研究动态的分析提出具体的研究问题并阐明其价值。如果起不到这个作用，它就在很大程度上失去了在论文中存在的意义了。这些没有提出研究问题的文献梳理都在做什么呢？有的是罗列了一堆文献，但是没有进行综合评述并与研究问题联系起来，表明研究者根本不知道文献梳理是干什么的；更有一篇文章对文献进行了述评，但就是差“临门一脚”，即延续着述评顺理成章地提出研究问题，这种功亏一篑的情况表明作者对文献梳理的作用也是不清楚的。

（九）其他

另有 3 种其他情形，一种是没有以“文献梳理”等作为小标题名称，而是直接以文献梳理所围绕的问题作为名称，比如“人工智能对新闻生产的影响”，这显然也是不符合常规的；一种是将小标题称为“文献梳理与研究评述”，显然其中的两个概念是一回事，因为文献梳理其实就是对之前研究的述评，因此一般称为“文献梳理”就可以了；还有一种是在文献梳理中将传播政治经济学称为研究方法，但其实它是一种理论取向。

五、理论工具

在学术研究中，理论是一个经常被提及的概念，无论是理论性研究还是应用性研究，都与理论有着密切联系。前面提到，作为学术研究，凡是对于实践的分析（理论-实践模型）都应该运用理论工具，否则就成为纯粹经验层面的讨论了。很多所谓的文章最多属于业务交流、工作感想等，就是因为缺乏理论视角。同时，很多从实践中提炼理论的研究（实践-理论模型）也会运用到理论工具。

理论工具的提出既可以在引言中，也可以在文献梳理部分，而以在引言部分提出来较好，因为它是统摄全文的；如果放在文献梳理中，一方面会显得统摄全文的作用不足，另一方面会影响文献梳理部分的独立性——这两者之间的差异甚大。将理论放在引言中，则在文献梳理时就可以结合理论对文献进行搜集和评述了。如果偏爱放在文献梳理部分，则以放在文献梳理之前为佳，且分别独立设置为“理论视角”和“文献梳理”两部分为宜。在刊登出来的文章中有这样的处理方式。

在 80 篇文章中，在理论运用方面有所不足的情形有 18 处，分为四种类型，按照出现频次从高到低依次是：理论适用性不强（8 处），理论与研究脱节（6 处），细节性错误（3 处），将理论视为“方法”（1 处）。

（一）理论适用性不强

所谓“理论适用性不强”，是指理论与所研究的问题并不是很匹配，而是显得比较牵强。试举几个例子，如有研究者用博弈论来分析危机传播的效果，认为政府和公众之间是围绕信息的博弈关系，这显然是滥用了经济学方面的理论；还有研究者用公共领域理论来分析网络谣言的传播，那么网络空间是不是公共领域呢？另有研究者用波特模型来分析媒体市场竞争，但是该模型是一个市场分析的简单工具，是市场营销工作中的分析框架，根本就不是学术的理论或概念，如何可以用来做学术分析的理论工具呢？还有研究者借鉴自然科学的理论，但是没有充分说明是否适合，而是将概念削足适履地套用过来。这些情形，看起来很有“创意”，其实令人啼笑皆非。它反映出研究者对于运用什么样的理论缺乏判断力，并没有考虑理论的适用范围，而是抓住一些表面上的“共同点”就异想天开地套用一气。因此，理论的选择虽然可以创新，但需要注意其适合性，否则就会出现生拉硬扯的情况。

（二）理论与研究脱节

所谓“理论与研究脱节”，是指尽管提出了理论视角，但是在真正的研究过程中却把理论抛诸一旁，完全离开了理论的概念体系信马由缰地议论一通，这就是通常所说的“贴标签”式学术研究。论文既然提出了理论视角，那么就应该在该理论的框架内来研究现象或者发展理论，包括运用理论的逻辑框架和概念框架。换句话说，理论框架应该是整个研究论文的骨架与脉络，草蛇灰线或明或暗，理论始终要“在场”。比如现在流行“后真相”，有一篇文章以之为理论视角来分析网络谣言传播，但是在具体的分析过程中，文章的主体部分中一部分是数据统计，另一部分尽管是分析，但看不到任何后真相理论的影子，反而是零星地运用所谓认知社会学的概念进行分析，显然与“后真相”无关，而且文章的逻辑颇为混乱。这种“贴标签”的文章不在少数。

（三）细节性错误

这 3 处是一些表述方面的不足，比如有两处均提到“以某某理论为指导”，这是把政治话语与学术理论混淆了，政治领域可以“指导”，学术领域只有研究——如果已经有“指导”了，就不需要学术研究了。

（四）将理论视为“方法”

有 1 篇文章将理论放在方法介绍之下，作为其中的一个部分，可能研究者认为理论也是“方法”。广义地讲，这种观点也有一定道理，理论毕竟也是分析工具，但是理论作为“方法”和通常所说研究方法中“方法”的概念有很大的不同，不能混为一谈。前者指的是系统性的知识，表现为概念体系；后者指研究中搜集资料和分析资料的程序、技术、工具等。两者在学术研究中的作用不同，完全不是一回事。

六、研究方法

如果没有研究方法，那么学术文章便无法与其他类别文章相区别，比如业务类、工作类等文章。前面各章节对各种具体方法进行了讨论，这里便分析研究方法中容易出现的问题。在 80 篇文章中，方法有所不足的有 113 处，按照出现的频次从高到低的 7 种类型依次是：对方法说明不充分（49 处），方法概念混淆（33 处），方法运用不当（16 处），方法类型混杂（5 处），研究方法缺失（5 处），方法部分内容芜杂（3 处），方法脱离研究过程（2 处）。

（一）对方法说明不充分

所谓“对方法说明不充分”，是指研究者对研究方法的说明不够详细，读者无法了解其方法的关键要素，包括为什么采用这种方法，为什么这样设计该种方法，方法中的关键细节的原因是什么等。这是研究方法中最常见的不足，在 80 篇文章中出现的频次高达 49 处。这里面的情况也多种多样，既有比较宏观的也有非常细节性的方面，很难去再做一个分类，因此将其罗列如下：

（1）没有解释案例选择的理由。有一篇文章以美国的人工智能新闻业为例来研究受众对机器人新闻的接受程度，但是没有解释以美国为例的原因。尽管美国的人工智能可能是最发达的，但是仍有简要说明的必要，因为一方面读者可能主要在国内，另一方面理论研究的意义是不局限于美国的，那么就需要解释这种研究的结论可以推及多大范围。另有一篇文章通过某款游戏进行二次元文化研究，但是不解释这款游戏是否适合所研究的问题，比如这款游戏是否很流行，它是否是二次元文化的典型等。这种情况是相当常见的，即选择一个案例来分析某个问题，但是不对选择做任何解释。

（2）数字表述不确切。比如一篇文章抽取微博内容进行文本分析，描述获得的文本条数是“8 000 多条”，显然作者应该告知读者确切的数字。学术研究应该避免模棱两可的计量描述，比如差不多、大约、估计等。

（3）不交代方法的细节。比如一篇文章声明采用自然语言法进行文本情感分析，但没有说明具体是如何操作的，比如如何选择文本，如何清洗样本，如何分析文本等，致使研究方法如同一个“黑箱”，研究者直接端出来了结果。

（4）对虚拟民族志的场地不做介绍。比如一篇文章通过对 5 个微信群进行虚拟民族志调查来研究科技传播的情况，但是没有对这 5 个群最基本的特征进行描述，更没有说明这些微信群是否适合该项研究。另有一篇文章也以微信群作为虚拟民族志的场所，但是都没有介绍微信群的人数，研究者缺乏学术的严谨性可见一斑。

（5）解释研究方法的意义而不对设计和实施进行介绍。比如一篇文章采用虚拟民族志法对融合报道进行研究，花了很多篇幅论述民族志法的意义，但是对于如何实施民族志，比如调查手段、对象、时间等，均不着一笔。这说明研究者根本不清楚论文研究方法部分应该介绍什么。

（6）在方法中进行自我评价。有一篇文章对英国新闻业的新媒体生产进行民族志研究，作者在方法部分的主要内容是详细说明自己具有进入该项民族志研究的各种优势。这些内容可以呈现，但要简洁，而重点应该是如何进行田野调查，因为对自己研究优势的介绍并不那么重要，更不是必要的。

（7）内容分析法没有编码过程。内容分析法的程序中需要编码，要根据编码对内容进行分类，再考察各类别之间的数量关系，因此没有编码是不规范的。有 3 篇文章声称自己运用了内容分析法但是缺乏编码过程，表明研究者对该方法的特征和流程不够熟悉。

（8）对时间段的起始原因不做说明。有研究广告中的女性形象的文章，时间段选择了 1980 年到 2016 年，但是为什么从 1980 年开始，又为什么到 2016 年截止？作者都没有说明理由。简要地交代原因会显得研究更严谨，也是有必要的。

（9）对量表中的指标未做说明。有两篇文章均涉及调查受众对媒介使用的频率，设计了“从不”“偶尔”“经常”等指标，但是对于如何才算“偶尔”“经常”等，却没有说明。在实际调查中恐怕参与者不好回答这样的量表。

（10）对抽样方法的说明不充分。抽样方法是实证研究中常用的技术，但也是比较严谨的技术。有 9 篇文章在抽样方法方面存在不足。有的是对抽样方法缺乏解释，比如有一篇采取了便利抽样法，另一篇采取了滚雪球抽样法，这些抽样方法不同于概率抽样，其效度容易受到质疑，则更需要对其加以解释。有一篇文章声称发放了若干份问卷，但是调查对象通过何种渠道获得，是否通过抽样方法获得等均没有介绍。还有一篇文章声称从 10 个大学抽取了若干人参加调查，但也没有说明是如何抽样的。有一篇文章将一个时间段的文本全部作为样本，而对另一个时间段的文本进行概率抽样，这样做的理由是什么？也没有解释。这些问题都显示出研究者对抽样的严谨性缺乏认识。

（11）没说明半结构化访谈的理由。一般地，采取半结构化访谈都有一些特殊的目的，即把结构化的访谈和深度访谈结合起来以实现某些研究目的，那么研究者最好对这种做法予以说明，否则读者不清楚为什么要采用混合方法。有两篇文章有这方面的不足。

（12）对二手数据的使用没做解释。目前，有少数文章用二手数据做研究材料，这也未尝不可，但是需要必要的解释。有研究网民公共卫生新闻接受习惯的文章，采用别人 2016 年的一项研究中的调查数据，这种使用行为是否获得了授权，是否适合于本研究？这些问题都需要必要的解释，而不是直接说使用某某的数据就可以了。另外有一篇文章采用了中国综合社会调查（CGSS）2011 年的数据，显然过于陈旧了，但是研究者没有做任何解释。

（13）不说明访谈对象的情况。深度访谈是常见的研究方法，但是需要对访谈对象作必要的说明，以表明对这些人的访谈可以作为研究资料。有一篇研究社交媒体倦怠的文章，只说明对多少人进行了访谈，但是访谈对象是如何确定的，他们有什么特征？这些内容却没有，那么读者便无法判断访谈对象的情况，也就无法判断研究的信度效度等。

（二）方法概念混淆

所谓“方法概念混淆”，是指研究者没有掌握不同方法的区别和特征等，从而出现误用的情况。在 80 篇文章中，方法概念混淆的情形共有 32 处，仅次于方法解释不足的情形，表明方法基本功的掌握情况并不乐观。这里仍然将它们罗列出来并稍加分析。

(1) 参与式观察不宜写成“观察法”。一篇文章实际上采用了参与式观察法搜集资料，但是写成了“观察法”。在社会科学的研究方法中，“参与式观察”是一个专门的称呼，指民族志方法中的一种资料搜集方式，其特点是研究者成为社区中的一员。“观察法”则不一定需要研究者完全成为社区的一员，以旁观者的身份进行研究也是可以的。

(2) 将方法称为“范式”。一篇文章将某某研究方法称为某某研究范式，这是不妥的，因为范式的概念比方法大得多，两者根本不是一回事。研究者要克服随心所欲使用术语的习惯。

(3) 话语分析与文本分析混淆。相当多的研究自称是话语分析，实际上是文本分析。文本分析是对文本的意义、类别等进行的分析，而话语分析是要在社会语境中解释的，批判话语分析更要与社会权力结合起来，所以两者有明显的区别。比如有一篇研究媒体素养的文章声明使用话语分析，但实际上是对内容进行了主题归类，其实就是简单的文本分析。也有将话语分析与框架分析混同的，比如一篇文章声明使用了话语分析法，但是方法中出现了编码过程，就属于与框架分析混同的情况。还有一种情况，一篇文章对媒体的所谓“主流话语”进行了议论，就声明运用了话语分析法，但问题在于“主流话语”与“话语分析”中的“话语”是两个概念，前者没有清晰的学术含义，后者则是有清晰定义的学术概念。这种将非学术性词语当成学术性概念的情况也不少。

(4) 对研究方法部分的命名过于随意。有两篇文章列出单独一部分叫“研究过程”，细读之下发现其实是对研究方法的介绍。另一篇文章将研究方法部分的小标题称为“研究方法与资料搜集”，其实只需要“研究方法”就可以了，因为研究方法包含了资料搜集，而且很多时候主要就是在介绍资料搜集方法。

(5) 将调查对象称为“被试”。一篇文章采用了调查法，但是把参与调查的人称为“被试”，“被试”是实验法中对参与实验人员的称呼，因此该称呼是不准确的。另一篇文章对实验法中前测和后测的理解有误，该研究采取的是深度访谈法，却把访谈分为两个阶段，前一个阶段称为“前测”，后一个阶段称为“后测”，这是滥用了实验法里面的专有概念。

(6) 在框架分析中声称采用量表。框架分析是不需要量表的，因为它就是研究者对文本内容进行编码的分析过程，而量表是调查法等量化研究中对被调查人员进行问卷调查时的测量工具。一篇文章声明运用框架分析，但是后面出现李克特量表设计等，实际上是在采用调查法。可见，研究者对框架分析和调查法的理解均有误。

（7）民族志与访谈混同。民族志法中要运用多种方式搜集资料，其中包括访谈法，尤其是深度访谈法，但是民族志法远远不止这种手段，它还可以采取观察、实物搜集、调查等手段。一篇文章声明运用了民族志法，实际上仅是做了一些访谈。这可能是对民族志法的误解，也可能是在方法方面敷衍的态度。

（8）套用 SWOT 分析法。偶尔会收到采用所谓 SWOT 分析方法的稿件，这其实是对研究方法的不理解。所谓 SWOT 分析方法是管理学中的一个实践分析工具，根本不是理论研究的方法，针对任何问题我们都可以列出优势（strengths）、劣势（weaknesses）、机会（opportunities）、威胁（threats），因此这样的万能“方法”是没有意义的。这与前面提到运用所谓波特五力分析法是一样的，研究者不明就里地以为自己运用了新颖的方法，其实那根本就不是学术方法。

（9）扎根理论程序的顺序颠倒。扎根理论分析法的根本特点是从下到上，也就是从材料中循序渐进地生成理论，否则就不是“扎根”研究。有一篇文章先给出若干概念，再按照给定的概念对材料进行分类，这样就恰恰与扎根理论的程序颠倒了。因为先给出概念再分类，就失去了由原始材料中发现概念和综合成理论的意义了，这反而类似于框架理论分析法的程序。另有一篇文章将扎根理论分析法称为量化研究，其实它是编码类型的研究，概念之间的联系是具有逻辑性的，而不是量化方式的，所以不是量化研究。

（10）一些细节性的概念不准确。在研究方法介绍等内容中，表达不严谨或错误的地方不少。比如一篇文章声明运用文本分析法，却把对报道主题分类称之为“议程设置”，把研究方法称为“理论方法”等。

（三）方法运用不当

所谓“方法运用不当”，是指方法实施有瑕疵。有的研究中的方法选择可能是适当的，但是由于实施不当，也会影响研究的效果。这里同样罗列一些主要的情况。

（1）民族志的运用。一篇文章运用民族志法，将研究问题分为 5 个小问题，然后就每个小问题分别对一个田野地点进行调查，那么为什么不是就每一个小问题都对 5 个田野地点进行调查？即使是多点民族志——这当然是可以的，至少也需要说明理由。另一采用案例分析的文章有类似的不足，用两个案例分别分析两个不同的问题，没有说明为什么不用两个案例对两个问题都进行分析。还有一篇研究乡村公共卫生传播效果的文章采用了民族志法，但是访谈的主要对象是乡村干部，而不是村民，这种做法显然颇值得斟酌。

（2）虚拟民族志的运用。一篇研究二次元文化的文章，以微信群作为虚拟民族志的田野场所，但是研究者声明大多数的群友没有回应，那么这个群是否适合作为研究的田野场所，研究者是否应当选择专门的群进行该项研究？值得斟酌。

（3）深度访谈的运用。一篇研究网络新闻生产的文章，采用了深度访谈的方法，但是五个研究发现中仅有三个引用了访谈内容，且每个发现中引用一段，不但引用与阐释脱节，而且其他两段不涉及访谈内容，那么该如何体现深度访谈的“深度”？还有一篇文章与之类似，对 6 个人的深度访谈，得出的每个观点中分别引用不同访谈对象的一段话。这样的“研究”是非常不严谨的。

（4）调查法的运用。问卷设计过于简单，基本上一个变量就设计一个问题，这样的“研究”过于平面化和简单化，很难保证信度和效度。何况问卷中的问题也是随意设想的，缺乏学理性的依据，类似于一个随心所欲的小调查。

（5）扎根理论的运用。扎根理论分析法在三次编码的基础上，要形成理论模型，即在选择性编码环节后，要在所得概念之间建立联系从而形成理论。有一篇文章没有理论模型建构这个环节，在选择性编码环节后直接进行理论阐释，逻辑和结构上均有断裂，也不符合扎根理论分析法的一般性流程。

（四）方法类型混杂

所谓“方法类型混杂”，是指运用了多种方法，但是没有使它们有机地协同，而是各自为政或者突然出现。一篇文章中当然可以运用多种方法，但需要在“研究方法”中均进行系统地介绍，而且不同方法之间要有协同效应，而不是随意地拼凑在一起。主要情况如下：

（1）将一些不是研究方法的“方法”混合进来。研究者不知道有哪些方法，因此把自己想象出的一些“方法”提出来，并与真正的方法混在一起。比如一篇文章声称运用了语料库分析法，此外还自称运用了其他 5 种“方法”，其实后面的 5 种“方法”有的是语料库分析的另一种提法，有的是自己“创造”出来的“方法”。这样众多的“方法”混杂在一起，使文章逻辑显得相当混乱。

（2）方法之间没有协同效果。一篇文章运用了焦点小组访谈法和调查法，前者属于质性研究方法，后者属于量化研究方法，协同起来有一定难度。研究者并没有将这两种方法协同起来针对共同的问题进行研究，而是不同的方法针对一个子问题进行分析，并且缺乏对子问题分析结果的综合，那么这样的两种方法就是割裂的。

(3) 突然出现的“研究方法”。规范的学术研究，在“研究方法”部分应该对所运用的所有方法都进行系统介绍。有一篇文章在前文中介绍自己采用的是内容分析法，大部分篇幅也在按照内容分析法进行，但在后面的研究发现中突然出现了运用符号学概念的分析，让人觉得颇为突兀。

（五）研究方法缺失

所谓“研究方法缺失”，是指文章中缺乏专门对研究方法进行介绍的内容，而并不一定没有运用方法。当然，思辨性研究是不用专门提出研究方法的，但实证主义研究和解释主义研究应该规范地提出研究方法。在 80 篇文章中，有 5 篇未提出研究方法，其中 3 篇为思辨性的文章，有 2 篇属于质性研究。2 篇文章中的一篇属于运用了语料库研究方法，但是研究者大量地介绍了该方法的特点，却没有对如何设计方法进行介绍，实际上研究方法是缺失的；另一篇运用了行动网络分析法，但是也仅仅是提到而已，同样缺乏专门的一部分内容来对该方法的设计进行介绍。

（六）方法部分内容芜杂

所谓“方法部分内容芜杂”，是指研究方法中包含了一般不放在该部分的内容，或者研究方法介绍被置于了文章的其他部分中。一般地，规范的学术论文均有研究方法部分，以便系统地介绍方法。在 80 篇文章中，这种结构性不当的情况有 3 处。一篇文章在文献梳理中提出研究方法，另一篇文章在方法介绍部分提出了研究结论，还有一篇文章在引言中介绍研究方法。一般地，研究方法是文章中非常核心的内容之一，因为是它支撑起了研究结果，它也是读者非常关注的内容，所以按照常规在文章中单列一部分是更加适当的。

（七）方法脱离研究过程

所谓“方法脱离研究过程”，是指作者提出了研究方法，但是在研究过程中并没有真正运用该方法。这实际上是因为研究者不熟悉该方法如何具体使用，使方法成为了一个“标签”而已。在 80 篇文章中，有两篇出现了这种情况。一篇文章声明运用了深度访谈法，但全文没有看到一句来自访谈资料的话，甚至间接的引用都看不出，完全是作者的主观议论。另一篇声称运用了深度访谈法、焦点小组访谈法和案例法，但是全文也看不到运用访谈资料或案例来支撑观点的情况。这表明作者要么是没有实施真正的研究过程，要么是实施了但是不知道如何运用资料。

七、研究结论

研究结论，即论文研究的结果，有的是理论性的结论，即对现有理论的发展或改进；有的是应用性结论，即对实践提出改进的建议，包括一些对策性的结论。这里的研究结论，包括了大多数学术论文中的两部分，即“研究发现”（有的称为“数据分析”）和“结论与讨论”。之所以将这两部分合并起来分析，是因为它们都是在研究过程之后的结果，而且二者之间有着极其密切的联系，很多研究者都处理不好二者之间的关系。

学术研究的最终目的在于知识创新，或者说获得知识（这里把实践改进也看成“知识”），因此论文的结论部分至关重要。文章前面的所有过程，尤其包括文献梳理、研究方法等都是为结论的获得而服务的。

当然，研究结论看起来是最后的成果，但大多数情况表明，它的质量其实在论文的一开始，以及在全文中都已经被决定了。一般地，提出问题质量不佳，那么在文献梳理、研究方法设计时往往显示出研究者受到的学术训练也比较差，研究结论自然好不起来。所以，一定程度上而言，单纯讨论研究结论好不好是没有意义的。但是，毕竟要对论文的每一个部分进行分析，而且前面已经对结论之前的文章结构单元进行了分析，因此这里权且把研究结论视为一个单独的单元，在不考虑前面各部分质量的前提下来讨论它。

在80篇文章中，结论有所不足的有77处，它们分为6种情形，按照出现频次从高到低依次是：局限于感性认识（25），局限于常识（17处），属于重复研究（11处），研究分析前后脱节（9处），结论部分内容芜杂（8处），研究分析内容重复（7处）。可见，研究结论停留在感性认识的情况是最多的。现将6种情形罗列如下，并分别稍加阐释。

（一）结论局限于感性

所谓“结论局限于感性”，即结论是感性知识的，而非理性知识的，感性知识不是学术研究的目标。比较常见的情况，是研究者对报道内容进行了分类，比如按照报道主题、题材、信源等，有的更进一步，按照所谓情感（正面、中立、负面）等进行分类，这些分类的学术意义并不大。有一篇量化研究类型的文章，通过对美国媒体的报道来研究我国的国家形象，在描述了报道数量的趋势后，对报道的主题和情感两个方面进行了分类；另一篇文章对新媒体上危机事件的传播进行研究，也是对报道数量、点赞数、评论数等方面进行了分类描述；还有一篇语料库研究方法文章，对词频、共词等进行了统计描述等。这些对数量、主题、体裁、情感、词频等方面的分类或统计描述不是不可以，但它们一般仅仅是研究的第一步，因为这些结论明显是感性的，通过对内容的直接观察就可获得，不需要经由概念、逻辑、判断这些思维方式。而学术研究应该在这些结果的基础上再进一步，提炼出一定的理性知识。

（二）结论局限于常识

所谓“结论局限于常识”，是指一些文章虽然经过复杂的研究但没有获得有新意的结论，所获得的不过是常识而已。所谓“常识”，就是正常的成年人依据生活阅历就可以得出的知识。有一篇文章通过复杂的研究后得出结论之一是受教育水平高的人用新媒体更多，另有一篇文章经过复杂的研究得出的结论之一是社交媒体使用是一种休息的方式，还有一篇文章的结论之一是报道中某作家的形象以小说家为主，更有一篇文章研究的结论是出租司机通过使用微信群可以交流信息、互相帮扶、情感交流等。这些结论都是非常常识性的，根本不需要通过研究来证实。这种情况表明研究者缺乏寻找研究问题的能力。

（三）属于重复研究

所谓“属于重复研究”，即研究的问题与结果均没有新意。试举几例，一篇文章认为数字劳工受到了资本的剥削，还有一篇文章认为美国的《纽约时报》等媒体对中国新冠肺炎疫情的报道有意识形态偏见，另有一篇文章则通过对数百篇文章的分析认为所有海外媒体尤其是西方媒体对中国的危机事件报道有偏见等等。通常地，这样的重复研究可以被描述为用一个理论来分析一下现实，或者用现实去证实了某个理论成立，至于对理论的创新或对实践的意义则全无涉及，实际上它既没有提出新问题也没有获得新结论。

（四）研究分析前后脱节

所谓“研究分析前后脱节”，是指“研究发现”和“结论与讨论”之间彼此无关联，甚至这两部分与前面的经验材料都无关联。在量化研究中，比较容易出现第一种情况，即“研究发现”和“结论与讨论”之间的脱节，尤其是当结论属于对策分析时。在提出了对策的文章中，多数存在对策与前面内容没有联系的情况。换句话说，面对这样的文章，读者即使不看前面的研究过程，也可以提出类似的结论或对策来。出现这种情况的原因在于，作者的理论性结论或对策性建议都不是真正从研究过程中获得的，而是脱离了研究过程凭空想象出来的。

（五）结论部分内容芜杂

所谓“结论部分内容芜杂”，是指研究结论中内容芜杂，包含一些不是很适合在此部分中出现的内容。笔者在 80 篇文章中发现了这样的情况：有的文章在研究结论里面重复介绍研究方法、研究目的、研究意义等，这些内容其实都应该在论文前面的相关部分中介绍；有的文章在结论里面对研究假设进行回答，但其实应该在研究发现里面逐一回应假设。还有几处是研究结果的小标题比较随意，比如称为“总结与余论”“综合与总结”等，由于这些提法不全是学术语言，因此应以较为规范的学术用语为宜。

（六）研究分析内容重复

所谓“研究分析内容重复”，是指“研究发现”和“结论与讨论”两部分的内容重复。一般地，学术研究的结果可分为两个部分，前一部分是对数据的解读等，常被称为“研究发现”，有的被称为“数据解读”；后一部分常被称为“结论与讨论”。这两部分的功能是不同的，前一部分重在对研究结果的数据或材料进行直接解释，后者重在理论阐释。但是，相当多论文在这两部分没有明确的差异，在结论部分又重复地叙述一遍研究发现里面的内容。比如，一篇文章在研究发现里按照不同的主题对内容进行了分类，又在结论里面也按照不同主题分类再次叙述了一次，只不过更简略而已。又比如，一篇文章在研究发现中对数字代沟的形成原因和弥补方法两方面进行了分析，在结论中虽然不是完全按照前面的结构，但也不过是变换角度描述了一遍，实际上还是重复的。这类情况不少，它表明研究者没有把两部分的功能分清楚，结论应该比研究发现有更高的抽象性。一般地，研究发现可以是感性和理性混合的而以感性知识为主，结论则主要是理性知识的。

附录

部分案例论文

中美大学生社交网站“断交”行为之比较研究 / 243

作者李宗亚，载于《新闻界》2019 年第 7 期

运用调查法

政务微信“软文”化传播效果的实验研究 / 255

作者张放、杨颖、吴林蔚，载于《新闻界》2020 年第 1 期

运用实验法

媒介话语动员：建构民族团结的一种策略

——基于西北多民族新闻报道的框架分析 / 273

作者王雪晔，载于《新闻界》2017 年第 3 期

运用框架分析法

加密经济重构媒体生态？区块链驱动下的新闻商业模式创新

——基于 PressCoin 的案例 / 281

作者谭小荷，载于《新闻界》2018 年第 6 期

运用案例分析法

奖赏与惩罚：社交媒体中网络用户身份与情感表达的双重结构 / 291

作者陈安繁、金兼斌、罗晨，载于《新闻界》2019 年第 4 期

运用文本情感分析法

中美大学生社交网站“断交”行为之比较研究

李宗亚

摘　要　本研究旨在对比分析中美两国大学生在社交媒体上的“断交”行为。研究侧重点有二，一是探究以同质性（homophily）、面子顾虑（face concerns）、隐私顾虑（privacy concerns）为代表的社会心理因素是否会对社交媒体使用者的“断交”行为决策产生影响；二是上述因素与“断交”之间的关系是否存在跨文化差异。研究结果显示，中美两国大学生社交媒体用户的“断交”行为机制确有差异：中国大学生会因顾虑双方面子而降低“断交”频率，美国大学生则会出于保护隐私的考量而增加“断交”操作。此外，中国大学生还会为了维系社交圈的同质性而做出“断交”决策，这一影响因素在美国大学生群体中则并不显著。

关键词　断交；对比研究；同质性；面子顾虑；隐私顾虑

中图分类号 G206　文献标识码 A

作者　李宗亚，香港中文大学新闻与传播学院博士研究生，香港 999077

一、引言

友谊对于维系人们的社会网络，构建自我认同都至关重要，因此一直被认为是人际关系的核心类型之一。[1]过去许多研究探讨了面对面友谊的建立、维系与瓦解。[2][3]近十几年来，随着社交媒体的发展与普及，网络友谊，也即线上友谊（online friendship）开始引起学者的关注。[4][5]

有关线上友谊的研究，大多数集中在探讨网络友谊的构建与发展，维系与持久，鲜有研究探究网络友谊的瓦解与终结。然而，友谊并非深根固柢的存在，而是充满了流动性与不确定性，因此，割袍断义即便在社交网站上也时常发生。社交媒体的出现并没有改变人际交往的本质，而是对我们日常社交所做之事起到了“加强”效应。[6]这种“加强”主要体现在社交媒体技术使得交友更加简单、快速且精准，与此同时，这种“加强”也让断交易如拾芥。在 Facebook 等社交媒体平台上，终结友谊只需一步操作，即点击“取消关注”按钮，对方便会消失在你的关注列表中。如果觉得这一操作不够彻底，只是单方面的断连，还可以通过“移除粉丝”或者将对方拉入黑名单等操作来“双向取关”，实现彻底断交。通过上述操作与线上好友在社交媒体上断交被称为“Unfriend”。

“Unfriend”，这里笔者翻译为“断交”。作为社交媒体语境下的衍生词，虽然在学术界还未获得充分的研究，但在人们的日常生活中却并不陌生。作为嵌入在社交媒体上的一项基本技术功能，“Unfriend”最初是由名为 LiveHournal 的博客在线社交网络首创，后来被 Facebook 推广开来。作为文化流行语，“Unfriend”一词凭借其在全球 12 亿社交媒体用户中的流行性与普及度，于 2009 年被《新牛津美语词典》评选为年度词汇。

皮尤研究中心（Pew Research Center）2012 年的一项调查显示，63％的社交媒体用户曾将某人从自己的好友列表中删除，高于 2009 年的 56％。与此同时，年龄在 18～29 岁之间的年轻人中，有 70％的人声称他们曾在社交媒体上与好友断交，而 30～49 岁的用户中有 63％的人，50～64 岁的用户中有 56％的人，65 岁及以上的用户中有 41％的人在社交网站上进行过断交操作。由此可见，断交在社交媒体上并不少见，尤其是在年轻人当中。

尽管断交在社交媒体上非常普遍，相关的研究却很有限。仅有的研究主要是通过大数据观测网络节点连接与断裂的动态变化，或者通过小规模的访谈展开定性分析，基于大规模的问卷调查研究寥寥无几，对比研究更是寡闻少见。[7][8] 相关的大数据研究与定性分析对于探究由于某一突发事件导致的友谊终结很有价值。然而，这些以事件争端为导向的研究忽略了断交这一操作的日常性。一时之间爆发的激烈冲突容易导致友谊的崩塌，但更多情况下是日积月累的矛盾与摩擦逐渐磨灭了双方的友谊。也就是说，人们通过一个复杂的认知过程，考量了各种感性与理性的因素后，做出了断交的决策。因此，本研究更倾向于探索断交的日常性，关注影响这一决策过程的日常因素，而不是任何突发事件或冲突。换言之，本文关注的问题是在社交媒体上促使人们做出断交决策的因素有哪些？而阻止人们做出断交决策的日常因素又有哪些？

为了回答上述问题，本研究试图通过问卷调查的方式，探究社交网络的同质性（homophily）、面子顾虑（face concerns）以及隐私顾虑（privacy concerns）这些社会心理因素是否能够解释用户在日常生活中，而非在特定冲突事件下的断交决策。除此之外，本文也试图探究这些因素与“断交”行为之间的关系是否存在跨文化差异。

二、文献综述

（一）社交网络上友谊的终结

“断交（Unfriend）”一词衍生于社交媒体语境之下，《新牛津美语词典》（New Oxford American Dictionary）将其定义为动词，意思是在 Facebook 等社交网站上将某一用户移除出好友列表。[9] 从技术角度来看，一些研究者将社交网站上的断交定义为用户有意识地通过移除两节点之间的连接来终止双方之间的关系。[10]

尽管社交媒体的初衷是通过一系列“社交性”功能来帮助用户建立、维系与增强人际交往，但其在发展的过程中，也努力开发出各种“非社交性”功能来帮助用户实现回避社交的愿望。几乎每个社交媒体平台都提供不同种类与程度的“非社交性”功能，来帮助人们回避某些用户与信息。在这些非社交性功能中，取消订阅、隐私设置和分组功能等被认为是相对柔和的，它们使回避行为较为婉转和间接，没有彻底斩断双方的连接且操作不易被对方察觉，从而减少伤害。与此同时，也有很多较为生硬的非社交性功能，例如屏蔽、取关，以及拒绝请求、删除好友等，这些功能的生硬性体现在操作易被对方察觉，从而造成伤害。[11]

在较为生硬的非社交性功能中，“屏蔽（Block）”与“删除（Remove）”是两个较为常见的操作。通过屏蔽，用户可以过滤掉对方的所有信息但没有彻底断连。双方的动态更新都会在彼此的时间线上消失。也就是说，屏蔽提供了一种过滤的功能，在用户与其屏蔽的对象之间竖立起高墙，帮助用户过滤不想看到的人及信息，也可以有效避免被屏蔽的人来窥探用户的动态更新，但这一功能并没有彻底切断两者之间的双向连接，而是创建了一个隐形的朋友。在这种情况下，尽管两者之间的物理连接还存在，但互动的可能性几乎为零，友谊名存实亡。[12]友谊的破裂往往不在一夕之间，而是一个逐渐瓦解的过程。因此，在本文中，屏蔽也被归类为断交行为之一。它更像是线下友谊中因长时间不联络而关系变得疏远，久而久之，友谊慢慢被磨灭。相比之下，“删除（Remove）”是一种更生硬彻底的断交行为，因为它是直接从好友列表中删除某人，这意味着连通性的完全崩溃，双方连接的彻底切断。综上，本文所探讨的社交网站断交行为包括屏蔽与删除两种操作。

与线下友谊之维系与瓦解密切相关的社会心理学因素，如关系强度（strength of ties）、嵌入性（embeddedness）、社会地位、年龄、性别和性格特征等在之前的研究中被发现与社交媒体上的友谊有着千丝万缕的关联。[13]在过去研究的启发之下，本文决定选取同质性（homophily）、面子顾虑（face concerns）、隐私顾虑（privacy concerns）三个社会心理因素为自变量，来探究它们对社交网站用户断交行为决策的影响。

（二）社交网络的同质性

早期的研究发现，在大学与社区中形成的社会团体，成员之间往往有很大程度的同质性。[14]后来，学者发现这种同质性原则并不局限于因物理接近性而形成的社会团体中，也同样适用于多种类型的社会关系网络，例如婚姻关系、友谊关系、合作伙伴关系、信息交换关系、社会支持关系等。

McPherson 等人认为同质性指的是相似的人之间的接触频率高于不同的人之间的接触频率。[15]专注于社交媒体关系研究的学者将同质性定义为个人倾向于与自己相似的人建立并维持关系。中国古语中的“物以类聚，人以群分”正是对同质性这一社会交往原则的总结。

Lazarsfeld 与 Merton 区分了两种类型的同质性。身份同质性，也称为背景同质性

(background homophily)，这里的相似性是基于非正式的、正式的或先赋的身份，包括主要的社会人口维度，例如社会地位、居住地区、财政状况等。价值同质性（value homophily），指的则是基本的价值观，人生态度与信念上的相似性。[16]从经验上讲，当个体对自己与他人的相似之处做出判断时，首先倾向于对身份背景的同质性进行判断，因为这是相对固定和与生俱来的。价值同质性通常是第二个维度，因为它往往是社会地位的衍生物。

同质性在线下友谊的形成、发展、维系与瓦解中扮演着重要角色。[17][18]个体倾向于与那些和自己相似的人建立友谊，而这种基于同质性而建立的关系也会在来回往复的互动交流中变得更加持久。[19][20]相似的兴趣促使人们参与共同的活动，从而更加增强了他们已有的相似态度与信念。此外，参加相同的活动增加了双方进行社会交往的频率与持续时间，因此友谊也更容易维持。[21]总结来说，社会交往中的同质性倾向会帮助个体创建一个更稳定、团结、和谐的社交网络。

也有研究指出，同质性对于网络友谊的维系同样重要。[22][23]人们在网络上仍然更喜欢与拥有相似价值观和背景的用户进行互动，更高的同质性可能会产生更高的可信度，加强现有的社会联系，稳定双方的友谊关系。[24]

大量研究证实了同质性对于友谊建立与维系的促进作用，然而，鲜有研究探讨同质性与友谊终结之间的关系。在社交媒体上，人们仍然倾向于建立稳定且干净的关系网络，在那里，人们只想听到与自己相似的声音，而不想看到极端的，不符合自己价值观的观点。[25]要满足这种需求，就必须消除差异，将与自己“三观不合”的用户从好友列表中删除。有学者发现，在2014年以色列加沙冲突事件中，社交媒体用户会在发现其线上好友持有与自己不同观点，或者是过于偏激的观点后，选择与其断交，以此来维持自己社交网络的干净与和谐。[26]据此推断，倾向于在社交媒体上维持同质性关系网络的用户更有可能为了保持所处社交环境的安定与和谐而做出断交的决策。综上，我们提出以下假设：

假设一：越倾向于维持社交网络背景同质性的用户在社交网站上进行断交操作的频率更高。

假设二：越倾向于维持社交网络价值观同质性的用户在社交网站上进行断交操作的频率更高。

（三）面子顾虑

面子这一概念源于中国。Goffman是最早研究面子的西方学者之一，他对于面子的定义深受中国传统文化的影响。Goffman认为面子是一种积极的社会价值，是一个人在交际中呈现、扮演以及保持的个人形象，这种形象需内外一致，并且得到其他参与者的支持与认同。[27]

在Goffman的面子理论以及Levinson等人的礼貌理论基础上，Ting-Toomey等人提出了面子协商理论，试图整合不同文化语境下对于面子的认识。[28]面子协商理论认为，面子代表了一个人在社会交往中需要维持的积极形象感与自尊感，它可以被保存、赋予、失去与争取。[29][30]在所有文化中，对于面子的关注与重视都有助于维持和谐的社会关系，避免尴尬，缓解冲突。

线下友谊终结和线上友谊瓦解的一个显著区别在于，线下友谊的结束可能是模糊含蓄的，很可能不存在友谊终结的明确节点；与之相较，社交媒体上的友谊终结则是公开透明的，且有着明确的终止符。[31]由于社交网站上的关系网络往往是公开透明的，用户可以随时查看自己与他人之间的连接是否还在，也可以通过点进对方主页等方式查看自己是否还有访问对方的权限。与此同时，这种公开性甚至是面向全网的，也就是说，第三方也可以对这些关系网络进行查看。因此，社交媒体上的断交是公开决策，而不是个人隐秘性行为。双方连接的断裂不仅能被被断交者察觉，也能被任何想看到的人看见。因此，被屏蔽或删除的人往往会因这种公开性而感到面子受损。当考虑到对方在得知被取关后可能受到的负面情绪困扰，在意他人感受的个人往往会顾虑双方的面子而避免断交。[32][33]

面子协商理论划分了三种类型的面子：一是自我的面子（self-face），关注的是个人自我呈现出积极的社会形象；二是他人的面子（other-face），指的是他人积极的社会形象；三是双方的面子（mutual-face），关注的是关系双方的积极社会形象。[34]在本文的语境中，断交这一操作一旦被察觉，双方的面子均会受损。单纯从自我的面子或他人的面子进行分析都过于单薄，不足以充分解释人们的行为动机。因此，对于双方面子的顾虑是本研究要考量的主要维度。根据面子协商理论，顾虑双方面子的个体为努力保持关系和谐，维护双方的面子，会尽量减少在社交媒体上与好友断交。[35]据此，我们提出以下假设：

假设三：面子顾虑越强的人在社交网站上进行断交的频率越低。

（四）隐私顾虑

作为一个弹性概念，隐私的定义一直在不断变化发展中。Altman 和 Westin 提出的两种隐私理论，为理解隐私这一概念提供了基础。[36][37] Altman 认为隐私是“对自我访问的选择性控制”，而 Westin 则强调信息隐私（information privacy），认为隐私是“一种个人的权利主张，用以确定关于自己的哪些信息可以为他人所知”。[38][39]之后层出不穷的隐私定义，基本都是在这两种理论的基础上，根据不同的社会环境和上下文情境延伸与发展而来。

为了使这一复杂概念更加清晰，一些学者试图对隐私进行维度划分。例如，Leino-Kilpia 等人认为隐私可以分为四个维度，即信息隐私（informational privacy）、社会隐私（social privacy）、心理隐私（psychological privacy）和物理隐私（physical privacy）。[40]在社交媒体使用中，隐私不仅是自我与他人之间的一种“灵活的屏障（flexible barrier）”，更是人与信息之间的边界动态管理。[41][42]之前的研究也表明，大多数用户在使用博客和社交网站时，认为最容易受到威胁的是信息隐私。[43]因此，信息隐私这一维度是本文研究的重点。

从技术开发的角度来看，隐私保护一直被认为是交互技术最基本的关注点之一。[44]而从用户的角度来看，社交媒体是一把双刃剑，它鼓励更紧密的社会联系，但同时也威胁着人们的信息隐私。隐私顾虑（privacy concerns），或者更进一步而言，隐私担忧（privacy worries）成为个人在使用社交网站进行决策时的重要考量因素之一。

“窥阴癖（voyeurism）”是一些用户在社交网站上维持大量好友的重要动机之一，也就是说，用户想要监视他人的欲望促使他们维持巨大的社交网络。[45]反过来讲，庞大的朋友数量也会增加用户对于其线上隐私的担忧。为了缓解用户的这一担忧，社交媒体提供了各种隐私设置功能来帮助用户管理在线隐私，例如分组、信息访问权限设置、加密，以及屏蔽、删除好友等功能。尽管社交网站为用户提供了灵活的隐私管理功能，屏蔽与删除好友仍然是最受青睐的做法。[46][47]这一观点在 Sibona 和 Walczak 的研究中得到了证实，他们发现一些用户进行断交的原因不是因为对方任何不当的行为，而是出于对自己隐私的保护。[48]换句话说，人们通过删除好友来管理自己在社交媒体上的隐私界限，避免被不想看到的人看到。基于以上分析，我们做出以下假设：

假设四：隐私顾虑越强的人在社交网站上进行断交的频率越高。

（五）社交网站断交行为的中美对比分析

尽管断交行为在社交网站上普遍存在，但这种行为机制本身及其背后的动机存在明显的跨文化差异。例如，与美国的 Facebook 用户相比，以色列的用户更少在 Facebook 上与好友断交。[49]又如，Sibona 的研究发现，美国社交网站使用者更倾向于取关那些经常发布极端观点与不合宜信息的好友；而在韩国，Kwak 和他的同事则发现，人们通常会与不能为其提供更多有用资讯的朋友断交。[50][51]由此可见，社交网站上的断交行为存在显著的文化差异。

与此同时，人们对于同质性的倾向以及对于面子与隐私的顾虑也存在明显的文化差异。[52]例如，与受个人主义文化熏陶的人们相比，长期生活在集体主义文化环境中的个体更倾向于与拥有相似兴趣、信仰和价值观的人建立友谊，更倾向于保持社交网络的同质性。[53]因此，与美国大学生相比，中国大学生社交媒体使用者更有可能出于维持社交网络的同质性的需求而进行断交。据此，本文提出以下假设：

假设五：与美国大学生相比，同质性倾向更能预测中国大学生在社交网站上的断交频率。

集体主义文化中对于面子的强调远大于个人主义。因此，中国大学生很有可能为了维护双方的面子而避免在社交网站上与好友断交。过去有关面子的研究发现，西方社会中，人们倾向于将面子作为交往过程中支持和约束主要目标的次要目标；而在集体主义文化中，例如中国，面子往往是社会交往中的关键问题，是超越首要目标的存在。因此，在处理人际冲突时，美国大学生更倾向于采取简单直接的方式来解决问题，比如断交；而中国大学生则很有可能为了保全双方的面子而采取较为间接婉转的方式来缓和冲突，避免尴尬，例如采取消极的不回应策略等。[54]也就是说，与美国大学生相比，中国大学生更有可能出于较强的面子顾虑而避免在社交网站上进行断交操作。据此，本文提出以下假设：

假设六：与美国大学生相比，面子顾虑更能预测中国大学生在社交网站上的断交频率。

个人主义文化熏陶往往使得人们隐私保护意识更强。因此，用户在社交网站上更有可能出于保护隐私的考虑而采取断交操作。Sibona 和 Walczak 的研究发现，一些美国用户在社交网站上进行断交的原因并不是因为对方有任何不当的行为，而只是出于对自己隐私的保护。[55]也就是说，与中国大学生相比，美国大学生更有可能由于较强的隐私顾虑而倾向于在社交网站上进行断交。据此，本文做出以下假设：

假设七：与中国大学生相比，隐私顾虑更能预测美国大学生在社交网站上的断交频率。

三、研究方法

（一）抽样及问卷调查

本研究采用问卷调查法来探讨社会网络同质性，面子顾虑，以及隐私顾虑对中美两国大学生在社交网站上进行断交的影响。过去的调查显示，由于大学生是社交网站的最主要使用者，也是最常在社交网站上进行断交操作的用户群体，因此本研究选择以中美两国大学生为母体展开问卷调查。在两组独立调查中分别使用了两种语言（中文和英文）的标准化问卷。通过使用反向翻译法来确保问卷翻译的准确性。

中国部分的问卷调查在广州中山大学展开，选取这一学校的原因主要出于地缘性考虑，方便研究者直接到现场施测，能够及时了解受访者与访员的疑虑与误解，提供及时协助，且有效把握问卷质量与回收率。在中山大学进行的问卷调查是以通识课为抽样单位。鉴于通识课程由所有院系的学生自由选修，因此每班通识课的学生均可能包括来自各系及各年级的学生。因此我们根据中山大学的通识课课程表，随机抽出六个通识课的班级。在征得授课教师同意后，由受过训练的访员在抽选的班级中进行自填式问卷调查。

出于便利性与可行性考虑，美国部分的问卷调查在 Amazon Mechanical Turk（AMT 或 M Turk）——一个在线众包系统上展开。M Turk 拥有超过 50 万注册用户，主要来自美国和印度。研究者在平台发布任务并设置筛选标准，平台帮其招募合适的志愿者完成任务，再为每项完成的任务支付报酬。近年来，M Turk 在学界的接受度与认可度越来越高，尤其是在商科、心理学以及教育学等领域，已有越来越多的研究者在此平台展开问卷调查或实验，相关论文被高质量期刊，例如 SSCI，录用的概率也在稳步提升。[56]基于本文的研究需求，我们在 M Turk 上筛选志愿者的标准主要有三项：首先，受访者必须是美国居民；其次，受访者必须是大学在读状态；第三，受访者必须是社交网站的使用者。

问卷调查在 2016 年 4 月进行，耗时一周。回收的问卷总量为 681 份，其中中国 365 份（53.6%），美国 316 份（36.4%）。在中国大学生样本中，有 248 名女生和 116 名男生，平均年龄为 20.27 岁（SD=2.16）。在美国大学生样本中，有 147 名女生和 169 名男生，平均年龄为 25.72 岁（SD=5.05）。

（二）研究变量与测量方法

1. 同质性。同质性的测量方法，参考过去的相关研究，询问受访者在使用社交网站时，将以下群体加为好友的倾向性（回答方式从“非常不愿意”=1 分，到“非常愿意”=5 分）。[57]这些群体分别为：（1）和我的思维方式相似的人；（2）和我的价值观相似的人；（3）和我有很多共同点的人；（4）和我的想法及理念相似的人；（5）和我所处的社会阶层相似的人；（6）和我的背景相似的人；（7）和我的经济状况相似的人。

通过 KMO 和 Bartlett 球形检验以确定同质性量表是否适合做因子分析。检验结果显示，KMO 值为 0.81，Bartlett 球形检验值为 1 508.62，在概率水平 0.001 水平上达到显著，因此，同质性量表适合做因子分析。主成分因子分析结果显示，这七个题项呈现两个面向，共可解释 65.96%的变异量。第一个因子可解释 36.72%的变异量，包含前四个题项（eigenvalue = 2.57；Cronbach's alpha = 0.82），我们把受访者在这四个题项上的得分加总除以 4，建构“价值观同质性”指标（Mean = 3.73；SD = 0.69）。第二个因子可解释 29.24%的变异量，包含后三个题项（eigenvalue = 2.05；Cronbach's alpha = 0.76），我们把受访者在这三个题项上的得分加总除以 3，建构“背景同质性”指标（Mean = 3.46；SD = 0.69）。

2. 面子顾虑。面子顾虑的测量方法也参考过去的研究，询问受访者是否同意下列陈述句（回答方式从“非常不同意”=1 分，到“非常同意”=5 分）：（1）我希望双方互相尊重；（2）关系和谐对我来说很重要；（3）在我们的交往中保持一种和平对我很重要；（4）和平解决冲突对我很重要。[58][59]

通过 KMO 和 Bartlett 球形检验来确定面子顾虑量表是否适合做因子分析。检验结果显示，KMO 值为 0.77，Bartlett 球形检验值为 695.24，在概率水平 0.001 水平上达到显著，因此，面子顾虑量表适合做因子分析。主成分因素分析结果显示这四个题项呈现一个面向，共可解释 59.75%的变异量（eigenvalue = 2.39；Cronbach's alpha = 0.78）。因此，我们把受访者在这四个题项上的得分加总除以 4，建构“面子顾虑”指标（Mean = 4.09；SD = 0.63）。

3. 隐私顾虑。隐私顾虑的测量参考了 Stutzman 的身份信息披露量表和 Dinev 与 Hart 的隐私关注量表，询问受访者是否同意下列陈述句（回答方式从“非常不同意”=1 分，到“非常同意”=5 分）：（1）对我而言，保护自己的身份信息很重要；（2）我很在意分享自己的身份信息所产生的后果。[60][61]

通过 KMO 和 Bartlett 球形检验来确定隐私顾虑量表是否适合做因子分析。检验结果显示，KMO 值为 0.50，Bartlett 球形检验值为 284.01，在概率水平 0.001 水平上达到显著，因此，隐私顾虑量表适合做因子分析。主成分因素分析结果显示这两个题项呈现一个面项，可解释 79.28%的变异量（eigenvalue = 1.59；Cronbach's alpha = 0.74）。因此，我们把受访者在这两个题项上的得分加总除以 2，建构“隐私顾虑”指标（Mean = 4.12；SD = 0.84）。

4. 人口变量。本研究测量的人口变量包括：性别，年龄与年级。过去的研究显示，这些变量可能会影响用户在社交网站上的断交行为决策，因此，本文将此三组变量列为控制变量。[62][63]

5. 社交网站上的断交行为。受访者在社交网站上的断交行为是通过分别测量他们在不同社交网站上的屏蔽与删除好友操作来实现。具体而言，在中国，分别询问受访者在新浪微博、腾讯微信以及其他社交网站（例如 QQ，豆瓣）上屏蔽他人与删除好友的频率；而在美国，则分别询问受访者在 Facebook，Twitter，以及其他社交网站（例如 LinkedIn，Google+，以及 Instagram）上屏蔽他人与删除好友的频率。受访者回答方式为 5 分量表（回答方式从“从未”=1 分，到“总是”=5 分）。

通过 KMO 和 Bartlett 球形检验来确定断交行为量表是否适合做因子分析。检验结果显示，KMO 值为 0.80，Bartlett 球形检验值为 1 874.09，在概率水平 0.001 水平上达到显著，因此，断交行为量表适合做因子分析。主成分因素分析的结果显示，这六个题项呈现一个面向，共可解释 60.02%的变异量（Mean = 2.74；SD = 1.00），因此，我们把受访者在这六个题项上的得分加总除以 6，建构“断交行为”指标（eigenvalue=3.60；Cronbach's alpha=0.87）。

四、数据分析

为了验证本文的研究假设，我们进行了三组阶层回归分析，表 1 呈现了回归分析的全部结果。在回归分析中，第一阶层输入人口变量，包括性别、年龄以及年级；第二阶层输入同质性，包括背景同质性与价值观同质性；第三阶层输入面子顾虑；最后一个阶层输入隐私顾虑。因变量为社交网站上的断交行为。

本研究发现，人口变量中的年龄（$\beta=0.22$，$p<0.001$）与年级（$\beta=-0.10$，$p<0.05$）可以显著预测两国大学生受访者在社交网站上的断交频率。在控制人口变量后，价值观同质性可以显著预测用户在社交网站上的断交频率（$\beta=0.10$，$p<0.05$）。也就是说，倾向于在社交网站上和与自己价值观相似的人结交的用户进行断交的频率更高。因此，研究假设二获得支持。回归分析的结果显示，面子顾虑能够显著预测用户的断交频率（$\beta=-0.16$，$p<0.001$）。顾虑双方面子的用户在社交网站上进行断交操作的频率更低。因此，研究假设三获得有力支持。回归分析的结果还显示，隐私顾虑对于断交行为频率的预测力也接近显著（$\beta=0.08$，$p=0.05$）。也就是说，重视隐私保护的用户会更频繁地在社交网站上与好友断交。

本研究还发现，价值观同质性能显著预测中国大学生在社交网站上的断交频率（$\beta=0.13$，$p<0.05$），但并不能显著预测美国大学生在社交网站上的断交频率（$\beta=0.00$，$p>0.05$）。也就是说，与美国大学生相比较，中国大学生会为了维持交际圈的价值观同质性而在社交网站上采取断交的操作。因此，研究假设五获得支持。与此同时，回归分析的结果显示，顾虑双方面子的中国大学生在社交网站上进行断交的频率较低（$\beta=-0.32$，$p<0.001$），而面子顾虑并不能显著预测美国大学生受访者在社交网站上的断交频率（$\beta=-0.01$，$p>0.05$）。因此，研究假设六也获得有力支持。最后，回归分析的结果还显示，隐私顾虑较强的美国大学生更频繁地在社交网站上与好友断交（$\beta=0.15$，$p<0.05$），然而，隐私顾虑并不能显著预测中国大学生在社交网站上的断交频率（$\beta=0.05$，$p>0.05$）。因此，研究假设七也获得了有力支持。

表 1　预测社交网站上断交行为之阶层复回归分析

自变量	社交网站上的断交行为		
	两国综合	中国	美国
第一阶层：人口变量			
性别（男性=1；女性=0）	−0.03	0.02	0.01
年级	−0.10*	0.19	−0.08
背景同质性	0.03	0.05	−0.03
价值观同质性	0.10*	0.13*	0.00
Incremental adjusted R2	0.01	0.00	0.00
第三阶层：面子顾虑			
面子顾虑	−0.16***	−0.32***	−0.01
Incremental adjusted R2	0.02	0.08	0.00
Incremental adjusted R2	0.01	0.00	0.02
Final adjusted R2	0.08	0.08	0.03
	$N=681$	$N=365$	$N=316$

注：(1) 表内数据为标准化回归系数。(2) *** $p<0.001$；** $p<0.01$；* $p<0.05$，# $p<0.08$。

五、结论与建议

本文旨在通过问卷调查的方式，探究影响中美两国大学生在社交网站上做出断交行为决策的社会心理因素，试图解释在非冲突环境下的日常生活中青少年们的非社交性行为动机。与此同时，通过中美两国数据的对比来探寻文化差异对青少年非社交性行为的影响。

从两国的综合数据来看，价值观同质性与面子顾虑都能显著预测用户在社交网站上的断交频率。由于很少有研究将同质性与社交媒体上的非社交性行为建立联系，本研究探索性地发现了同质性作为断交行为预测因素的价值。倾向于同质化社交网络的人，为了保持社交圈的干净与和谐，减少噪音，更有可能取关与自己观点不同，甚至两极分化的朋友。也就是说，人们倾向于与持有不同世界观或价值观的人解除朋友关系，从而避免在自己的社交圈子里看到相互冲突的观点。[64] 与此同时，背景同质性也与断交频率正相关，但结果并不具有显著性，因此，本研究发现价值认同比背景同质性更能影响个体在社交媒体上断交的频率。

两国的综合数据还显示，面子顾虑对社交媒体上的断交频率预测力最强。也就是说，更在意双方面子的用户会较少在社交媒体上取关他人。很多情况下，线下友谊的终结可能没有明确的行为标志或时间节点，而是在双方疏于联络的情况下慢慢淡去。然而，社交媒体上通过屏蔽或删除等功能实现的断交是一个公共决策，断交操作本身与行为结果是对任何人可见的。[65]这种公开性使得断交成为会令当事双方陷入尴尬且面子受损的行为。因此，面子意识较强的用户可能会尽量避免在社交网站上与朋友断交，努力维持表面上的和谐，避免在公众面前尴尬。[66]

在对比中美大学生受访者时，本研究发现面子顾虑是预测中国大学生断交频率的最有力变量，但却不能显著预测美国大学生的断交频率。虽然美国受访者的面子意识也很强（Mean = 4.01），仅略低于中国受访者（Mean = 4.15），但美国大学生在社交网站上进行断交操作时，面子顾虑并不构成障碍。究其原因，首先是两种文化背景下的冲突处理方式差异造成的。在个人主义文化中，人们倾向于用直接的方式解决冲突，而在集体主义文化中，冲突解决往往采用一种缓和的方式。[67]当双方起冲突时，美国大学生通过屏蔽或删除好友这种直接的方式解决问题，而中国大学生则是以间接的方式来处理争端，例如设置访问权限，故意不回复对方的信息等。

另一个原因在于两种文化对于面子的理解与认知存在差异。过去有关面子的研究发现，西方社会的人们倾向于将面子作为交互过程中支持和约束主要目标的次要目标，而在集体主义文化中，例如中国，面子往往是社会交往中的关键问题，是超越首要目标的存在。[68]因此，对于美国受访者来说，虽然他们也很顾虑双方的面子，但在处理问题时仍然更加关注解决冲突这一首要目标，因此采取直截了当的方式。保全双方的面子不过是次要目标，因此可能被忽略。

两国的综合数据显示，用户的隐私顾虑与社交网站上的断交频率呈现正相关关系。中美对比的研究结果表明，隐私顾虑不能显著预测中国大学生的断交频率，却是预测美国大学生在社交网站上进行断交的最有力变量。与美国受访者直接的行为方式相比，中国受访者更喜欢平和婉转的方式来管理在线隐私。为了规范隐私边界，避免被不想看到的人"监视"，中国大学生社交网站使用者选择了一些柔和的"非社交性"功能，例如对他们的好友进行分组，并针对分组调整资料公开程度。当他们需要一个完全干净的环境时，创建马甲账号（小号）也是一个普遍的选择。美国大学生可能会出于保护隐私的可能，直接果断地选择取关对其隐私造成威胁的用户，这与之前的研究结果一致。例如，Sibona 和 Walczak 的研究就发现，一些用户在社交网站上进行断交的原因不是因为对方任何不当行为，而只是出于对自己隐私的保护。[68]

六、研究的局限性

本研究的主要限制之一，是研究结果的推论能力。本研究以大学生为研究对象，大学生作为社交网站的最主要使用者，社交网站的使用强度与断交的频率普遍高于一般民众。因此，本研究的结果并不一定能推论至一般民众。未来的研究应把一般民众纳入考查范围，才能使研究结果更具普适性。

本研究的另一局限是美国学生样本的代表性。美国受访者是从 M Turk 平台上随机招募的，虽然我们通过设置筛选问题保证了样本符合条件，但因这一系统的使用者可能会呈现出某些固定特征，从而使得样本的代表性有待商榷。例如，M Turk 按件计酬的平台机制更多地是吸引了经济状况一般的任务执行者。也就是说，M Turk 上的样本并不能代表所有美国大学生，而是更能代表经济条件较差的美国大学生。因此，本研究结果并不一定能推论至整个美国大学生群体。

本研究的第三个局限体现在数据结果的陈旧性上。由于本文的问卷调查是于 2016 年展开，时至今日，线上断交行为及其影响机制或已发生变化。因此，本文的分析结果及推论的适用性有待商榷，对于现实的指导意义也有所削弱。

参考文献略

政务微信“软文”化传播效果的实验研究1)

张放　杨颖　吴林蔚

摘要　政务微信已成为政务新媒体矩阵中不可或缺的重要组成部分，然而近年来其在内容建设上出现了“标题党”式标题和“花絮文”增多甚至直接推送商业广告等“软文”化的趋势，引起了不小的争议。研究使用 2×2×2 多因素设计控制实验，探索了话题属性、表达风格与标题设置三种与“软文”化倾向高度相关的内容策略要素对政务微信形象构建、信息传达、互动关系等三个层面传播效果的影响，发现了“微软效应”的存在，并在此基础上提出了相应的优化对策建议。

关键词　政务微信；“软文”化；传播效果；控制实验

中图分类号 G210　文献标识码 A

作者　张放，四川大学新闻学院教授、博士生导师，四川成都 610064；杨颖，四川大学新闻学院博士研究生，四川成都 610064；吴林蔚，四川大学新闻学院硕士研究生，四川成都 610064

1）基金项目：四川省哲学社会科学青年项目“政务微信传播效果测评及优化策略研究”(SC15C014)。

一、研究问题

自 2014 年微信公众号诞生以来，政务微信公众号（简称“政务微信”）已成为政务新媒体矩阵中不可或缺的重要组成部分，承载着信息发布、公共服务、政民互动等功能，与政务微博一起构成了最主要的政务新媒体内容创作平台。[1] 然而近年来，政务微信在内容建设上出现了“软文”① 化的趋势，不仅“标题党”② 式标题③ 屡见不鲜，与本单位（部门）政务服务项目无关的各类“花絮④ 文”（如天气预报⑤、餐饮美食⑥、游玩攻略⑦ 等）也俯拾即是，更有甚者直接推送商业广告⑧，颠覆了传统政务服务与信息公开的“路数”，也引起了不小的争议。

然而在笔者进行本项目调研的过程中，发现绝大多数受访的中、基层政务微信公众号运营负责人均对这些做法表现出高度期待，如有的认为“只推送那些政策文件信息肯定不够的，还是要多多嘘寒问暖，……拉近我们和关注者的距离嘛，比如介绍点养生食谱，推荐些网红景点啊，大家才会有兴趣”⑨，有的则谈到“我还是要花些时间钻研那些爆款文章的，那些表情包、网络流行语就是‘风向标’来的……要学会蹭热点，大家才不会觉得你过时，而且网上还有很多教怎么起标题的模板，套用起来也很方便”⑩；还有的提到“我们也很为难啊，我们还是想尽办法要提高阅读量和关注度的嘛，这都是跟那些商业账号学的，很多政务号都这么搞”⑪。可以看到，尽管主管部门三令五申对政务微信公众号的一些商业色彩过浓的做法予以限制和引导，甚至还出台了《国务院办公厅关于推进政务新媒体健康有序发展的意见》（国办发〔2018〕123 号）但由于在相关工作人员的心中这些做法已经成了提升传播效果的“神药”（magic key），因此所谓的“引导”更多地体现出在价值规范层面“被强制”遵从的意味，而非基于客观事实而发自内心的认同。

这就为管理者提出了一个无法回避的问题：这些“软文”化策略的实际效果究竟如何，是否真是不少工作人员心中所期待的“神药”？通过相对科学、客观的实证研究来回答这个问题，将会是把工作人员的“被动遵从”转化为“主动认同”的关键，这正是本研究的缘起。

二、文献回顾与理论假设

从现有相关研究来看，国内外学者对政务微信公众号的研究应当首先纳入视野。但笔者发现，国外目前暂无学者对政务微信这一具有中国特色的政务社交媒体平台展开研究，故笔者将国外对主流社交服务平台上的政务 Facebook 账号与政务 Twitter 账号进行的相关研究纳入考察，以作为本研究的参考。

近年来，国内关于政务微信以及国外关于政务 Facebook、政务 Twitter 运营模式的类型划分主要归纳为单向发布模式（推送模式[2]、管理模式[3]）和双向互动模式（吸引模式与联结模式[4]、咨询与参与模式[5]）两类，前者的具体策略包括信息公告策略[6]、权威与中立策略[7]、时效性策略[8]、视觉化策略[9]多媒体化策略[10]和符号化策略[11]，后者主要包括服务策略[12]、促进参与（卷入）策略[13]和人性化（拟人化）策略[14]。其中涉及“软文”化的策略主要是人性化（拟人化）策略，但提及该策略的研究中也仅有简短的定性描述[15]。此外，尽管部分研究关注了政务微信的标题使用（标题内容、标题字数、标题设置等）及其对传播效果的影响，[16]但均未提及“标题党”的问题。研究现状表明，政务微信运营中“软文”化策略的实际效果，确实亟待进行较为系统的实证研究。

考虑到控制实验法对于传播效果研究具有能够确定因果关系且便于考察多策略叠加效果的优势，本研究拟采该方法对政务微信“软文”化倾向中的主要内容策略对其传播效果的影响进行实证，进而提出相应的对策建议，以便为改善政务微信的运营、监管提供参考。根据以上研究目的，实验的理论假设提出如下：政务微信“软文”化会影响政务微信传播效果。

三、自变量设置、因变量测量与研究假设

（一）自变量的设置

从文献回顾中可以看到，相关研究主要涉及话题类型、表达方式和标题设置等内容要素。

在话题类型方面，现有研究对政务微信、政务 Facebook 账号和政务 Twitter 账号发布的常见话题类型进行了归纳总结。国内郑磊研究团队发现由于政务微信相对政务微博在时效性上的劣势和信息容量上的优势，其更多地以发布服务类信息（如天气预报、应急防灾小贴士、旅游攻略等）为主，而政务类、社会新闻类、活动推广类信息同样为政务微信内容的重要类别；[17]类似地，也有学者发现政务微信偏好于对生活类资讯（饮食健康、节气信息、活动宣传、日常技巧、安全常识等）的推送。[18]吕文增等通过词云对政务微信标题关键词进行分析，发现最受政务微信用户欢迎的话题主要与民生信息相关。[19]国外 Bellström 等将政务 Facebook 账号的发布内容划分为公民教育、政府相关事件营销、政府无关事件营销、政府形象推广、服务推广、向市民征集信息、向市民寻求协助、服务信息、市政维修服务信息、Facebook 使用指南和 Facebook 自动发布等 11 种类型。[20] Bonsón 等提出了政务 Facebook 账号常见的 16 种话题类型（包括公共工程与城市规划、环境、市民关怀、市民参与、社会服务、市民保护与安全、公共交通、就业与培训、医疗健康、教育、文体、住房、治理问题、财务报告、城市推广和其他），发现西欧政府账号倾向于发布文化活动、体育运动和城市推广相关话题，但公众更偏好休闲活动相关话题。[21] Reddick 等也划分了政务 Facebook 账号的 11 种话题细分类型（包括公告、活动提醒、知识科普、倡议、小贴士、经典语录、庆祝、问候、反馈征集、赠品提供和知识竞赛），发现仅有后三种是互动性话题。[22] Cho 等发现韩国政务部门的 Twitter 账号倾向于发布寒暄、活动推广等内容，而并不重视公共政策信息的提供。[23] Gruzd 等将哈利法克斯港大桥改建工程的相关推文内容划分 4 大类：信息告知、社区维护（致谢、信息回复、响应请求等）、活动参与（活动推广、募捐、销售、招聘、游说与宣传等）、其他（怀旧照片发布、逸事趣闻发布），发现 Twitter 上的社区维护类内容占比最大。[24] Sobaci 等则梳理出了土耳其市长们的 Twitter 账号 11 种话题类型（信息与新闻分享、位置与活动分享、节假日问候、市民交流、公务人员沟通、公共服务信息反馈、自我营销、活动推广、政见与生活感悟发布、政民互动活动邀请、其他），发现信息与新闻分享的推文数量高居榜首。[25]

在表达方式方面，图文结合的视觉化倾向和“网言网语”的使用受到了研究者们的关注。国内王芳等认为提高表达的有趣性是未来政务微信建设需要考虑的问题；[26]郭泽德和李勇等指出政务微信的发布形式正走向多元化，而图文结合已成为最常用的信息呈现形式；[27]郑磊等提出可通过政府面孔的“人性化”和“接地气”的网络用语的使用来增进政务微信的

政民互动。[28]国外有研究者指出 Facebook、Twitter 的多媒体特征能促进政府与公众互动效果，[29]一定程度上揭示了“多媒体化”和“视觉化”策略对于传播效果的提升作用。此外，Lee 和 Cho 将美、韩两国政务 Facebook 和 Twitter 账号使用情况进行了对比，归纳出“权威发言人”（authoritative spokesperson）、“主动参与”（initiative participatory）、“信息发布中立”（information dissemination）三种发布策略，并发现第三种最为常用。[30]

在标题设置方面，由于标题并非政务 Facebook 账号、政务 Twitter 账号内容发布的必选项，因此并未受到国外研究的关注；而政务微信采用公众号推送方式，故国内研究对此关注较多。段尧清等指出政务微信标题长度与点赞率呈反比；[31]秦少康等对标题顺序与点赞数的关系进行了研究，并指出政务微信标题呈现“重点、主题前置”、“创新感增强”、“标点符号使用频率高”的特点；[32]类似地，王玲宁等也注意到了政务微信标题大量使用带有感情倾向的词语、标点符号，呈现出摆脱传统标题生产规则的趋势。[33]而闫奕文等却发现政务微信标题新颖性易受其他因素影响，并非信息传播过程中的关键。[34]

可以看到，话题类型、表达方式和标题设置是政务微信、政务 Facebook 账号以及政务 Twitter 账号最为主要的内容策略要素。故本研究中控制实验的自变量分别设置为政务微信推文的话题属性（软话题/硬话题）、政务微信推文的表达风格（活泼风格/严肃风格）和政务微信推文的标题设置（“标题党”式标题/非“标题党”式标题）。

（二）因变量的测量

本研究的因变量是政务微信公众号的传播效果。现有研究中的大部分直接使用了阅读数作为政务微信传播效果评价指标，[35]也有部分使用了点赞数[36]、转发数[37]和评论数[38]。这些评价指标具有相对客观且易于统计的特点，但也存在不够全面的问题。因此本研究在笔者先前提出的政务微博传播效果测评方案[39]基础上形成了一个相对完善的政务新媒体传播效果测评量表（见表 1），从形象构建效果、信息传达效果及互动关系效果三个维度对政务微信传播效果进行评价。为保证该测评量表对本研究的适用性，将使用本次实验的数据对其进行信度与效度检验。信度检验结果显示，除形象鲜明度和形象好感度为单一指标评价外，信息认知度与信息认同度的克朗巴赫 α 系数分别为 0.855 和 0.776，互动亲密度与互动信任度的克朗巴赫 α 系数分别为 0.846 和 0.831，均大于 0.7，具有较高的测量信度；效度检验结果显示，KMO 值为 0.803，Bartlett 的球形度检验结果具有显著性（sig. $=0.000<0.05$），表明测评量表对本研究适用程度较高。

表 1　政务新媒体传播效果测评量表

效果维度	因变量	测量指标
形象构建效果	形象鲜明度	形象突出程度
	形象好感度	形象正面程度

续前表

效果维度	因变量	测量指标
信息传达效果	信息认知度	信息相关程度
		对信息卷入程度
		对信息记忆程度
	信息认同度	认可度
		兴趣度
		偏好度
互动关系效果	互动亲密度	喜欢互动程度
		认可对方程度
		关系趣味程度
	互动信任度	相信对方程度
		解决问题可参考程度
		向他人推荐意愿程度

（三）研究假设

根据自变量设置方案与因变量测评量表，本研究提出以下 3 组共 6 个研究假设：

H1.1：政务微信话题属性、表达风格和标题设置共同影响其形象鲜明度。

H1.2：政务微信话题属性、表达风格和标题设置共同影响其形象好感度。

H2.1：政务微信话题属性、表达风格和标题设置共同影响其信息认知度。

H2.2：政务微信话题属性、表达风格和标题设置共同影响其信息认同度。

H3.1：政务微信话题属性、表达风格和标题设置共同影响其互动亲密度。

H3.2：政务微信话题属性、表达风格和标题设置共同影响其互动信任度。

四、研究方法

（一）实验设计

为了验证研究假设，本研究采用 2×2×2 多因素组间设计。以话题属性（软话题/硬话题）、表达风格（表达风格活泼/表达风格严肃）、标题设置（非“标题党”式标题/“标题党”式标题）为自变量进行搭配（见表 2），通过多因素方差分析（ANOVA）判定自变量取值水平变化对因变量（形象鲜明度、形象好感度、信息认知度、信息认同度、互动亲密度、互动信任度）的影响，并在必要的情况下使用独立样本 t 检验（t-test）进行简单效应分析。

表 2　2×2×2 析因设计自变量分组

“标题党”式标题				非“标题党”式标题			
表达风格活泼		表达风格严肃		表达风格活泼		表达风格严肃	
软话题	硬话题	软话题	硬话题	软话题	硬话题	软话题	硬话题
第 1 组	第 2 组	第 3 组	第 4 组	第 5 组	第 6 组	第 7 组	第 8 组

（二）目标感知对象与实验刺激材料

为了避免现实中真实存在的政府机构或部门给公众留下的既定印象干扰实验结果，同时也使推送话题范围不至于过于狭窄，本研究采用虚拟政府部门“成都青年服务中心”的政务微信公众号作为目标感知对象，并在改编“成都发布”（账号主体为成都市人民政府新闻办公室）、“微成都”（账号主体为成都市互联网信息办公室）等政务微信推送内容的基础上形成相应的实验刺激材料。

出于尽量模拟微信公众号真实界面的考虑，本研究通过申请微信公众号形成实验刺激材料，并以长图片形式向被试呈现（自变量取值水平及操作定义见表3）。

表3 自变量取值水平及操作定义

自变量取值水平	操作定义
软话题	文娱体育、社会花边和“生活鸡汤”等话题
硬话题	与党政方针和本单位政务服务项目紧密相关的话题
活泼表达	除呈现一张新闻图片外，还使用网络用语及两个卡通表情
严肃表达	仅呈现一张新闻图片，无网络用语，无卡通表情
“标题党”式标题	夸张且与内容无关或关联不大的文章标题
非“标题党”式标题	与内容联系紧密的文章标题

由于标题可以不依赖于其他两个自变量而独立呈现，故其无论取值水平为“‘标题党’式标题”还是“非‘标题党’式标题”，都不会影响其与另外两个自变量的搭配。预测试（N＝30）结果表明，设置为“标题党”式标题的实验刺激材料被判定为“标题党”式标题的正确率和设置为非“标题党”式标题的实验刺激材料被判定为非“标题党”式标题的正确率均为100％。

话题属性和表达风格取不同取值水平相互搭配，将产生以下四种情况：

一是活泼表达的软话题。对应实验刺激材料以“年轻人爱自拍”、“阿根廷流行假婚礼”等软话题为主题；表达上除呈现一张新闻图片外，还使用一种以上的网络用语和两个以上的卡通表情。

二是严肃表达的软话题。对应实验刺激材料以“青奥会17岁游泳冠军猝死”、“邓亚萍受聘中国政法大学兼职教授”等软话题为主题；表达上仅呈现一张新闻图片且不使用网络用语和卡通表情。

三是活泼表达的硬话题。对应实验刺激材料以“人民币加入SDR”、“驾考制度改革”等硬话题为主题；表达上除呈现一张新闻图片外，还使用一种以上的网络用语和两个以上的卡通表情。

四是严肃表达的硬话题。对应实验刺激材料以“东郊记忆互联网产业园启动”、“四川省出台公车改革补贴标准”等硬话题为主题；表达上仅呈现一张新闻图片且不使用网络用语和卡通表情。

以上每种情况均呈现了4类不同内容的实验刺激材料。感知“软文”化程度测试（N=120）显示，设置为“软话题”和“硬话题”的实验刺激材料仅对话题感知“软文”化程度存在主效应（F=99.705，sig.=0.000），而设置为“活泼的表达风格”和“严肃的表达风格”的实验刺激材料仅对表达感知“软文”化程度存在主效应（F=111.044，sig.=0.000），两种情况下二者均不存在交互效应（F=0.031，sig.=0.861；F=0.547，sig.=0.461）。

（三）被试选取与实验程序

本研究按照控制实验研究通用的同质性抽样原则选取被试。考虑到实验刺激材料的感知对象为面向青年群体的政务微信，为避免因个人对此类政务微信的极端态度倾向对实验结果产生干扰，首先组织四川大学某非新闻传播学科硕士研究生共298人参与被试态度测试，筛选出符合基本条件的候选被试291名，再从其中选取240人（含男性112人、女性128人）成为正式实验被试。为保证实验的内部效度，实验前不透露实验目的，只告知被试按照实验指导员的指示完成相应程序。在保证被试对被实验刺激材料没有任何接触的前提下，将被试按照性别匹配的方式分入8个分组，每组由14名男生和16名女生组成，共30人/组。

实验中由主试者及实验助理分别将各组的刺激材料传送给各组被试，要求被试在10分钟内阅读完毕，并在15分钟内完成实验量表的填写。量表填写完毕后，将回收的量表分组归类录入数据并使用SPSS 23.0进行数据分析。

五、实验结果

（一）形象构建效果：形象鲜明度、形象好感度

形象鲜明度的实验结果表明，话题属性与表达风格之间以及表达风格与标题设置之间存在显著的二次交互效应（F=15.590，sig.=0.000<0.001；F=174.337，sig.=0.000<0.001，见表4），且话题属性、表达风格各自呈现出主效应（F=512.063，sig.=0.000<0.001，$M_{硬话题}=17.717$，$M_{软话题}=13.275$，sig.=0.000<0.001；F=50.269，sig.=0.000<0.001，$M_{严肃}=14.800$，$M_{活泼}=16.192$，sig.=0.000<0.001，见表4）。绘制线图（图1、图2）分析其二次交互效应并使用独立样本t检验进行验证后发现，仅当话题属性为硬话题时，采用活泼表达风格才能提升形象鲜明度（$M_{硬话题与严肃}=16.633$，$M_{硬话题与活泼}=18.800$，sig=0.000<0.001，见图1实线）；同时仅当表达风格活泼时，采用“标题党”式标题才能提升形象鲜明度（$M_{活泼与非标题党}=15.067$，$M_{活泼与标题党}=17.317$，sig=0.000<0.001，见图2虚线）；而当表达风格严肃时，采用“标题党”式标题反而会降低形象鲜明度（$M_{严肃与标题党}=13.333$，$M_{严肃与非标题党}=16.267$，sig=0.000<0.001，见图2实线）。

表 4　政务微信形象构建效果影响因素的三因素方差分析结果

	形象鲜明度	形象好感度
话题属性	512.063***	61.824***
表达风格	50.269***	16.130***
标题设置	3.030	28.878***
话题属性 * 表达风格	15.590***	3.920*
话题属性 * 标题设置	3.333	0.029
表达风格 * 标题设置	174.337***	4.381*

a 表中数据为三因素方差分析的 F 值

b * 表示在 0.05 水平上显著，** 表示在 0.01 水平上显著，*** 表示在 0.001 水平上显著

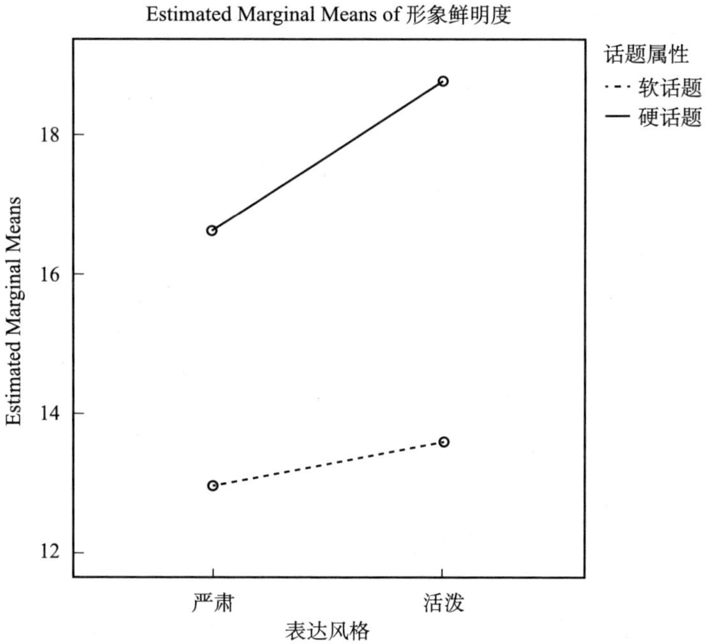

图 1　话题属性与表达风格对形象鲜明度的交互效应

形象好感度的实验结果表明，话题属性与表达风格之间以及表达风格与标题设置之间存在二次交互效应（F=3.920，sig.=0.037<0.05；F=4.381，sig.=0.049<0.05），而话题属性、表达风格与标题设置三项内容要素各自对于形象好感度的主效应也呈显著水平（F=61.824，sig.=0.000<0.001，$M_{硬话题}$=0.725，$M_{软话题}$=−0.433，sig.=0.000<0.001；F=16.130，sig.=0.000<0.001，$M_{严肃}$=−0.150，$M_{活泼}$=0.442，sig.=0.001<0.01；F=28.878，sig.=0.000<0.001，$M_{非标题党}$=0.542，$M_{标题党}$=−0.250，sig.=0.000<0.001，见表 4）。绘制线图（见图 3、图 4）分析其二次交互效应并使用独立样本 t 检验进行验证后发现，仅在话题属性为硬话题时，采用活泼表达风格才能提升形象好感度（$M_{硬话题与严肃}$=0.283，$M_{硬话题与活泼}$=1.167，sig=0.000<0.001，见图 3 实线）；同时当表达风格严肃时，采

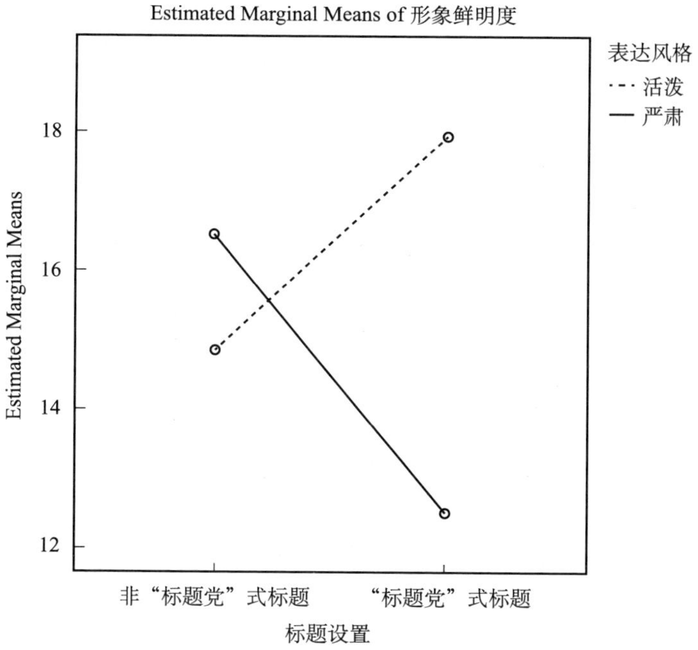

图 2　表达风格与标题设置对形象鲜明度的交互效应

用“标题党”式标题反会降低形象好感度（$M_{严肃与非标题党}=0.400$，$M_{严肃与标题党}=-0.700$，sig=0.000<0.001，见图 4 实线）。

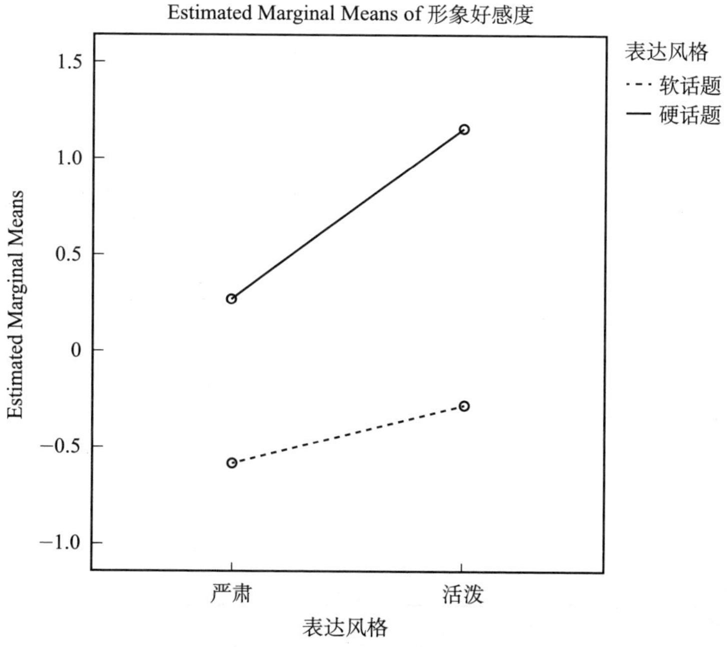

图 3　话题属性与表达风格对形象好感度的交互效应

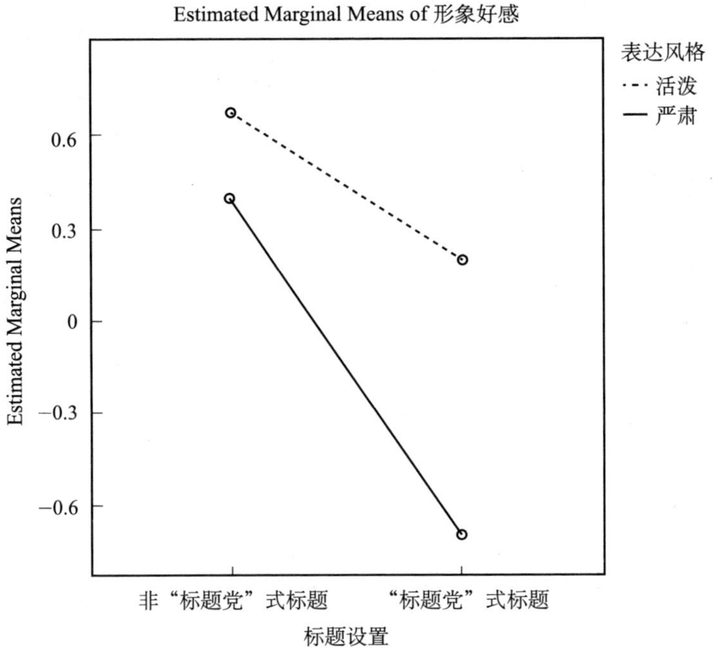

图 4　表达风格与标题设置对形象好感度的交互效应

(二) 信息传达效果：信息认知度、信息认同度

信息认知度的实验结果显示，话题属性和表达风格之间存在二次交互效应（F=5.094，sig.=0.025<0.05，见表 5），而话题属性、表达风格则分别呈现出对认知度显著的主效应（F=127.360，sig.=0.000<0.001，$M_{硬话题}$=11.850，$M_{软话题}$=10.267，sig.=0.000<0.001；F=17.287，sig.=0.000<0.001，$M_{严肃}$=11.350，$M_{活泼}$=11.767，sig.=0.001<0.01，见表 5）。绘制线图（见图 5）分析其二次交互效应并使用独立样本 t 检验进行验证后可见，当话题属性为软话题时，采用活泼表达风格反而会降低信息认知度（$M_{软话题与严肃}$=10.717，$M_{软话题与活泼}$=9.817，sig=0.000<0.001，见图 5 虚线）。

表 5　政务微信信息传达效果影响因素的三因素方差分析结果

	信息认知度	信息认同度
话题属性	127.360***	88.248***
表达风格	17.287***	21.849***
标题设置	0.000	19.378***
话题属性 * 表达风格	5.094*	4.549*
话题属性 * 标题设置	0.508	0.101
表达风格 * 标题设置	1.411	5.357*

a 表中数据为三因素方差分析的 F 值

b * 表示在 0.05 水平上显著，** 表示在 0.01 水平上显著，*** 表示在 0.001 水平上显著

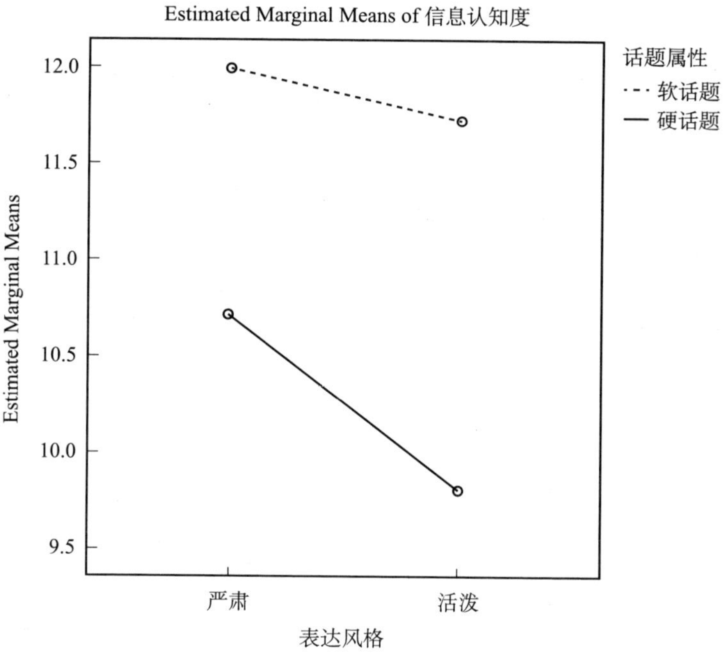

图 5 话题属性与表达风格对信息认知度的交互效应

信息认同度的实验结果表明，话题属性与表达风格之间（F＝4.549，sig.＝0.034＜0.05，见表 5）以及表达风格与标题设置之间（F＝5.357，sig.＝0.022＜0.05，见表 5）分别呈现出二次交互效应，且话题属性、表达风格与标题设置三项内容要素对于信息认同度的主效应也呈现出显著水平（F＝88.248，sig.＝0.000＜0.001，$M_{硬话题}$＝10.108，$M_{软话题}$＝8.383，sig.＝0.000＜0.001；F＝21.849，sig.＝0.000＜0.001，$M_{严肃}$＝8.817，$M_{活泼}$＝9.675，sig.＝0.000＜0.001；F＝19.378，sig.＝0.000＜0.001，$M_{非标题党}$＝9.650，$M_{标题党}$＝8.842，sig.＝0.000＜0.001，见表 5）。绘制线图（见图 6、7）并使用独立样本 t 检验分析其二次交互效应发现，仅当话题属性为硬话题时，采用活泼表达风格才能提升信息认同度（$M_{硬话题与严肃}$＝9.483，$M_{硬话题与活泼}$＝10.733，sig＝0.000＜0.001，见图 6 实线）；而当表达风格严肃时，采用"标题党"式标题反而会降低信息认同度（$M_{严肃与非标题党}$＝9.433，$M_{严肃与标题党}$＝8.200，sig＝0.000＜0.001，见图 7 实线）。

（三）互动关系效果：互动亲密度、互动信任度

互动亲密度的实验结果表明，话题属性与表达风格之间存在二次交互效应（F＝30.824，sig.＝0.000＜0.001，见表 6），且话题属性、表达风格分别呈现出对互动亲密度的主效应（F＝62.423，sig.＝0.000＜0.001，$M_{硬话题}$＝9.600，$M_{软话题}$＝8.367，sig.＝0.000＜0.001；F＝411.517，sig.＝0.000＜0.001，$M_{严肃}$＝7.400，$M_{活泼}$＝10.567，sig.＝0.000＜0.001，见

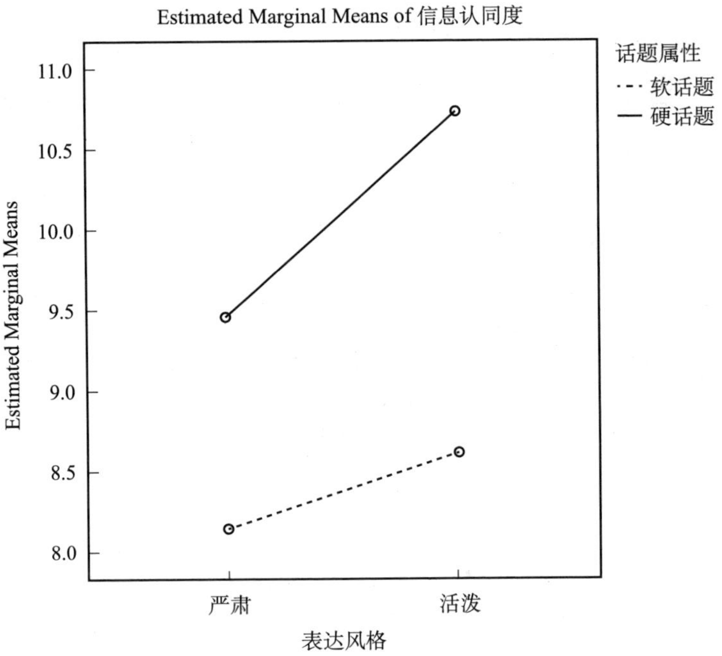

图 6　话题属性与表达风格对信息认同度的交互效应

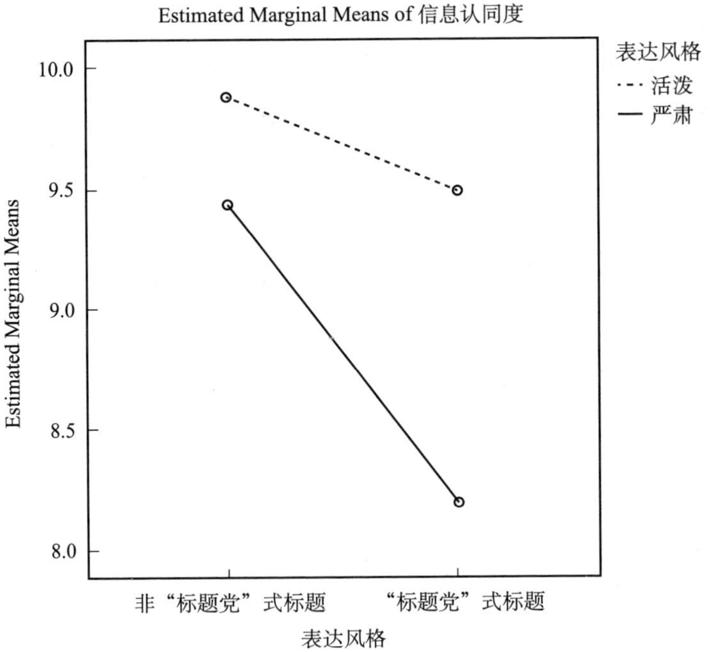

图 7　表达风格与标题设置对信息认同度的交互效应

表6）。绘制线图（见图8）分析其二次交互效应并使用独立样本t检验进行验证后发现，无论话题属性为硬话题或软话题，采用活泼表达风格均能提升互动亲密度（$M_{硬话题与严肃}$ = 7.583，$M_{硬话题与活泼}$ = 11.617，sig = 0.000 < 0.001，见图 8 实线；$M_{软话题与严肃}$ = 7.217，$M_{软话题与活泼}$ = 9.517，sig = 0.000 < 0.001，见图8虚线）。

表6　政务微信互动关系效果影响因素的三因素方差分析结果

	互动亲密度	互动信任度
话题属性	62.423***	112.856***
表达风格	411.517***	1.393
标题设置	0.285	130.195***
话题属性 * 表达风格	30.824***	0.155
话题属性 * 标题设置	0.103	5.842**
表达风格 * 标题设置	1.379	0.534

a 表中数据为三因素方差分析的F值

b * 表示在0.05水平上显著，** 表示在0.01水平上显著，*** 表示在0.001水平上显著

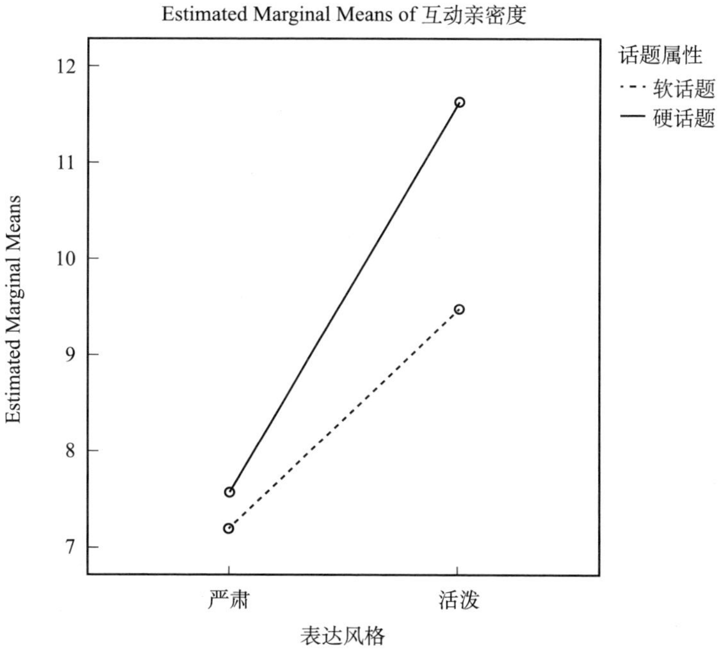

图8　话题属性与表达风格对互动亲密度的交互效应

互动信任度的实验结果表明，话题属性与标题设置之间呈现出显著的二次交互效应（F=5.842，sig. =0.016<0.05，见表6），且二者分别对互动信任度呈现出主效应（F=112.856，sig. =0.000<0.001，$M_{硬话题}$ = 13.400，$M_{软话题}$ = 11.825，sig. =0.000<0.001；F=130.195，sig. = 0.000 < 0.001，$M_{非标题党}$ = 13.458，$M_{标题党}$ = 11.767，sig. = 0.000 < 0.001，见表6）。绘制线图（见图9）分析其二次交互效应并使用独立样本t检验进行验证后

发现，无论话题属性为硬话题或软话题，采用“标题党”式标题都会降低互动信任度（$M_{硬话题与非标题党}$ = 14.067，$M_{硬话题与标题党}$ = 12.773，sig = 0.000 < 0.001，见图 9 实线；$M_{软话题与非标题党}$ =12.850，$M_{软话题与标题党}$ =10.800，sig=0.000<0.001，见图 9 虚线）。

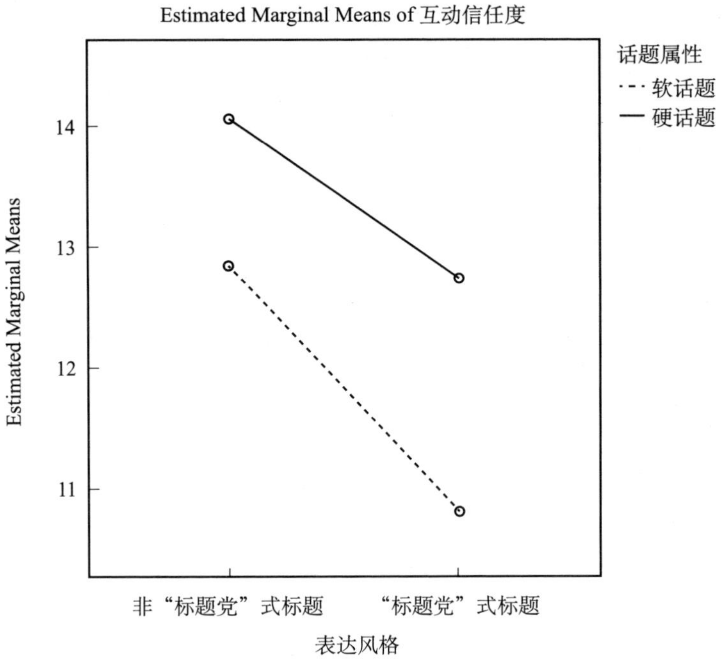

图 9　话题属性与标题设置对互动信任度的交互效应

六、解释与讨论

（一）“软文”化对政务微信形象构建效果的影响

对于政务微信的形象构建效果，实验结果表明“硬话题＋活泼表达＋‘标题党’式标题”的策略组合能够同时提升形象鲜明度和形象好感度，达到形象构建效果的最大化。尽管之前尚未有研究对政务微信的形象鲜明度效果和好感度效果展开研究，但可想而知，政务微信作为发布权威政务信息的平台，与自身政务项目高度相关的推送话题毫无疑问是最好的形象识别标识，而在此基础上对表情包、“网言网语”的运用所呈现出的新媒体表达风格亦能凸显出政务微信独具个性的立体形象和面向用户的亲和力，从而得以同时提升自身形象鲜明度和好感度。

无论话题属性如何，在表达风格严肃的情况下，采用“标题党”式标题会同时降低政务微信的形象鲜明度和好感度，可见若讯息呈现风格不一致（传统新闻表达风格与典型网络标题风格），会削弱自身的辨识度，其相互之间的抵触和冲突也会影响其面向用户的亲和力。

（二）“软文”化对政务微信信息传达效果的影响

对于政务微信的信息传达效果，实验结果表明若在推送软话题的同时采用活泼表达风格，会降低信息认知度。事实上，话题属性本身就决定了政务微信效信息含量显然比与本单位（部门）政务相关的内容要有限得多，因此带来对信息的卷入程度、记忆程度等信息认知度降低的效果便有其必然性，一定程度印证了Gruzd等的逸事趣闻（软话题）平均评论数低于公共信息（硬话题）平均评论数这一发现。[40]相比之下，在推送硬话题时采用活泼表达风格则对信息认知度无显著影响。Bonsón等研究了关于各种政务话题的包含视频、图片、文本、超链接的等几种发文类型与点赞数、评论数和转发数等效果指标之间的相关性，发现并非表达形式越多媒体化，相应的效果指标就一定越高。[41]类似地，Marino等发现了具有多媒体特征（包含图片或视频等）的推文对并不能吸引用户转发。[42]如果将评论数和转发数视为信息认知度中卷入度指标的相近指标，那么该研究的发现与本研究的结果并不冲突。同时，这也挑战了Fung等提出的具有多媒体特征（包含照片或视频等）的推文将获得更多转发数的结论。[43]

而“硬话题+活泼表达”的策略组合在提升形象构建效果之外再次成为提升信息认同度的“利器”，这一结果不妨可以被视为形象好感度效果的延续，因为对具体信息产生兴趣并予以认可毫无疑问很大程度上需要建立在留下正面印象的基础上。这支持了姚玉芹等所提出的政务微信以漫画、动画短片等活泼、开放、坦诚、接地气的形式进行的政治信息传播更能激发受众兴趣的观点[44]，也佐证了Hofmann等、Lappas等关于具有多媒体特征（包含图片或视频等）的政务话题推文能获得更多包含正面情绪的评论[45]及点赞[46]和Bonsón等关于包含图片的政务话题发文在平均每千人点赞数[47]上遥遥领先的发现。至于采用严肃表达风格的同时采用“标题党”式标题会降低信息认同度的实验结果，同样也是由于出现了讯息呈现风格不一致（传统新闻表达风格与典型网络标题风格）的情况，从而产生了与该策略组合作用于形象构建效果相类似的影响。这一实验结果也再次印证了建立正面形象（提升形象好感度）是对所传达具体信息产生认同的重要基础的结论。

总体而言，“硬话题+活泼表达”的策略组合能够整体提升政务微信的信息传达效果，这在大致趋势上与Hofmann等关于包含图片或视频的政务话题发文能获得更高信息接触度（即点赞数与评论数）[48]的结论，以及Lev-On等关于带有图片的推文其总接触度指数（overall engagement index，粉丝数、点赞数、评论数、转发数与评论点赞数相加之和）最高[49]的发现是相吻合的。

（三）“软文”化对政务微信互动关系效果的影响

对于政务微信的互动关系效果，实验结果表明无论话题属性为硬话题还是软话题，采用活泼表达风格均能提升互动亲密度，而同时若采用“标题党”式标题则会降低互动信任度，因此提升互动关系效果的最优策略组合是“活泼表达风格+非‘标题党’式标题”。之前有研究认为政务微信应该以接地气的网络用语、多样化的传播手段提升透明度、打造公信力,[50]应当说得到了一定的验证。可见，以吸引注意力为唯一目的并一定程度上放弃了标题的信息提示功能的“标题党”式标题由于过分夸张和空洞，与政务微信的官方权威身份产生了巨大的冲突，从而会影响到用户对与政务微信进行互动的信任程度。此外，Cho 等提出的过多软话题不利于公众信任培养的猜想,[51]也得到了本研究实验结果⑫的支持。

七、研究结论

通过对实验交互效应分析结果的归纳，可以梳理出影响政务微信传播效果的内容策略组合（见表 7），前文所列的 6 个研究假设均在一定条件下得到支持。

表 7 影响政务微信传播效果的内容策略组合

传播效果	提升效果内容策略组合	降低效果内容策略组合
形象鲜明度	硬话题＋活泼表达＋“标题党”	任意话题＋严肃表达＋“标题党”
形象好感度	硬话题＋活泼表达＋任意标题	任意话题＋严肃表达＋“标题党”
信息认知度	无	软话题＋活泼表达＋任意标题
信息认同度	硬话题＋活泼表达＋任意标题	任意话题＋严肃表达＋“标题党”
互动亲密度	任意话题＋活泼表达＋任意标题	无
互动信任度	无	任意话题＋任意表达＋“标题党”

可以看到，与业界奉行的“神话”恰恰相反，并不是全面“软文”化就必然能改善政务微信的传播效果：不仅增加软话题对于提升传播效果的作用微乎其微，“标题党”式标题也反而会在不少情况下降低传播效果。结果显示，“硬话题＋活泼表达”是相对最能提升政务微信传播效果的内容策略组合，而“严肃表达＋‘标题党’式标题”则是降低政务微信传播效果的“杀手”。

交互效应分析展现了多个自变量不同取值水平组合对传播效果的影响，为最佳内容策略组合提供了依据；为了进一步更清晰直观地把握每一种内容要素对政务微信传播效果的单独影响，下面也列出各自变量对各因变量主效应的分析结果（见表 8）。

表 8 话题属性、表达风格及标题设置的主效应

<table>
<tr><th>传播效果</th><th>软话题</th><th>硬话题</th><th>活泼表达</th><th>严肃表达</th><th>“标题党”</th><th>非“标题党”</th></tr>
<tr><td>形象鲜明度</td><td>降低</td><td>提升</td><td>提升</td><td>降低</td><td colspan="2">无必然影响</td></tr>
<tr><td>形象好感度</td><td>降低</td><td>提升</td><td>提升</td><td>降低</td><td>降低</td><td>提升</td></tr>
<tr><td>信息认知度</td><td>降低</td><td>提升</td><td>降低</td><td>提升</td><td colspan="2">无必然影响</td></tr>
<tr><td>信息认同度</td><td>降低</td><td>提升</td><td>提升</td><td>降低</td><td>降低</td><td>提升</td></tr>
<tr><td>互动亲密度</td><td>降低</td><td>提升</td><td>提升</td><td>降低</td><td colspan="2">无必然影响</td></tr>
<tr><td>互动信任度</td><td>降低</td><td>提升</td><td colspan="2">无必然影响</td><td>降低</td><td>提升</td></tr>
</table>

从表 8 可以更清晰地看到，软话题的选用会对形象构建效果、信息传达效果、互动关系效果全面产生负向作用；活泼表达风格的选用则对形象构建效果的提升最为有利，同时也对

信息传达效果中的信息认同度和互动关系效果中的互动亲密度产生正面作用；而采用“标题党”式标题则会降低形象好感度、信息认同度以及互动信任度，这意味同时对形象构建效果、信息传达效果和互动关系效果产生负向作用。

如此一来结论就非常明晰了，显然“软文”化并非提升传播效果的“神药”。如果说硬话题与非“标题党”式标题应成为政务微信推文中的“硬菜”，那么活泼表达则可以作为很好的“调味剂”——所谓“调味剂”也就意味着必须适量。概言之，仅有适度的“软”才能有效提升政务微信的传播效果，这一规律可以称之为“微软效应”。故在“微软效应”的基础上，本研究提出以下优化政务微信传播效果的内容策略建议：

第一，话题上坚持“以硬为主”，软话题只能作为补充。与本单位（部门）政务工作高度相关的“硬话题”是同时提升形象构建效果、信息传达效果以及与网民的互动关系效果的前提，政务微信在推文时毫无疑问应当优先考虑。在此之外，可以适当地发布少量软话题（天气预报、餐饮美食、游玩攻略等），作为日常政务相关内容发布的补充，让“花絮文”真正成为政务服务信息的“花絮”。

第二，表达上坚持“活泼为主”，只在必要的时候采用严肃风格。在政务微信推文主题为“硬话题”的情况下，采用活泼表达风格能够同时提升形象构建效果、信息传达效果以及与网民的互动关系效果，因此也应当成为政务微信推文的主要表达风格。相比之下，传统新闻的严肃表达风格仅在必要时采用即可。特别需要注意的是，如严肃表达风格与“标题党”式标题搭配，大多数情况下会严重损害政务微信的传播效果。

第三，标题设置上坚决杜绝“标题党”式标题。尽管“标题党”式标题在特定条件下能提升政务微信的形象鲜明度，但在大部分情况下其对提升传播效果不仅没有作用，甚至还会全方位地在各个维度上降低传播效果，可以说实属效果毒药，长期对其形成依赖无异于饮鸩止渴，所以在标题设置时尽量不选择使用“标题党”式标题才是保证政务微信传播效果的正确做法，尤其是在表达风格较为严肃的情况下更不宜采用。

其实，无论是官方还是学界对“标题党”均持否定态度。早在 2017 年，国家互联网信息办公室就曾针对“标题党”问题进行过专项整治，并印发了《互联网新闻信息标题规范管理规定（暂行）》，同时还在官方与主要商业网站开设了“标题党”举报链接入口；[52]而学界也明确指出“标题党”对维护新闻真实、媒体公信力以及社会稳定的危害，并呼吁对“标题党”保持高度警惕，建议通过落实具体职业规范、加强专业素养教育以遏制“标题党”现象。[53]除此之外，本文开头提及的《国务院办公厅关于推进政务新媒体健康有序发展的意见》也禁止了政务新媒体刊登商业广告或链接商业广告页面，[54]对商业广告类“软话题”做出了明确的限制。但长期以来相关讨论和呼吁都囿于职业伦理也即价值判断的范畴，而缺乏相对客观的科学依据。有鉴于此，本研究专门对“标题党”式标题、软话题（但不限于商业广告）进行了实证研究，并将与之相关的活泼表达等常见做法也一并纳入其中，对“软文”化策略进行了更为全面的考察，从“实然”的角度揭示了过度“软文”化的真实传播效果，破除了相关从业人员对过度“软文”化的盲目迷信与幻想，为传播规范的树立提供了科学指导，并为从业人员对传播规范的自觉遵守提供了更有说服力的依据，也有利于夯实营造清朗网络空间的坚实基础。当然，本研究囿于条件限制仍然存在一些不足，例如同绝大多数控制实验研究一样，被试完全由受教育程度较高的文科硕士研究生组成，这使得研究结果可能存在一定的系统性偏差，有待选取其他社会群体作为被试的控制实验研究或是采用问卷调查等其他实证方法的研究予以检验和校正。

注释和参考文献略

媒介话语动员：建构民族团结的一种策略[1)]

——基于西北多民族新闻报道的框架分析

王雪晔

摘　要　媒介话语深刻地影响着西北地区各族人民的价值观念和思维方式。通过对 13 份大众报刊近三年有关西北地区多民族的 624 篇新闻报道进行框架分析，本文发现，媒介话语在隐喻、范例、流行语、描述四个维度建构了“民族团结”的报道框架，并表现出强化多民族文化共通性、淡化民族差异性的特征。为了更好地促进民族团结、维护社会稳定，媒介动员中还需创新隐喻话语，增强心理劝服；拓展符号话语，建构集体记忆；增加隐性权力话语，形成身份认同。

关键词　话语；民族团结；框架分析；隐喻；符号

中图分类号 G212　文献标识码 A

作者　王雪晔，暨南大学新闻与传播学院、香港中文大学新闻与传播学院联合培养博士研究生，广东广州 510632

1）基金项目：国家社科基金青年项目“西北多民族聚居地区的文化身份识别及媒介动员策略研究”（10CXW029）。

民族团结是维护社会稳定、祖国统一、国家长治久安的重要保证。2016 年 8 月 22 日至 24 日，中共中央总书记、国家主席、中央军委主席习近平在西北地区（青海）调研考察时再次强调“民族团结是各族人民的生命线”。对于西北多民族地区而言，维护民族团结其实离不开大众媒介的话语建构。比如媒介话语“维吾尔族人家里，每顿饭也都要炒几个菜，而炒菜却是汉族的饮食习惯；去清真餐厅也能吃到牛羊肉版本的鱼香肉丝，拌面就更是了”[1]，充分体现了多民族长期的聚居、交流与融合。媒介从话语的维度呈现西北多民族在特定地域空间和社会历史文化中形成的一些“相同或相似的生产方式、生活方式、情感方式”[2]，强调“民族团结”的报道框架，期望“对社会及人们的思想、心理、价值取向产生深刻影响”[3]，进而有利于维护民族团结与社会稳定。因此，本文所关注的问题在于，媒介话语是如何在建构民族团结的过程中发挥作用的？建构民族团结的媒介话语动员策略有哪些？为了回答上述问题，本文将通过框架分析的视角展开对媒介话语的研究，从隐喻、范例、流行语和描述四个维度具体呈现西北多民族地区的媒介话语实践表征，并在此基础上探索建构民族团结的媒介话语动员策略。

一、框架分析视角下的媒介话语研究

关于话语的研究，学术界呈现出两种考察方法："非批判的"（non-critical）和"批判的"（critical）的方法。前者指以文本为方向的话语（textually-oriented discourse），如费尔克拉夫（Fairclough）将"话语"定义为"对主题或者目标的谈论方式，包括口语、文字以及其他的表述方式"[4]。巴赫金将话语视为"在具体环境中的运用形式"，认为"话语总是包含人的具体'社会评价'，即人们对历史现象、社会环境的主动的情感反应。而这种'社会评价'决定词、形式的选择，决定它们在具体话语内独特的组合"[5]。相比之下，批判的方法不仅描绘了话语实践，而且揭示了话语如何由权力和意识形态的关系所构成，以及话语对于社会身份、社会关系、知识和信仰体系的建构性作用。批判方法的代表人物是福柯，他认为"话语是意义、符号和修辞的一个网络，与意识形态一样，话语致力于使现状合法化"[6]。因此，对媒介话语的研究也将通过非批判和批判两个方面进行综合考察。

在建构西北地区民族团结的过程中，媒介话语的报道框架发挥着重要作用。最早将"框架"这一概念引入大众传播研究的戈夫曼（Goffman）认为，框架是人们将社会真实转换为主观思想的重要凭据，也就是个人或组织的主观解释与思考结构；框架包含了"选择"与"凸显"两个作用，即把认为需要的部分挑选出来，在报道中进行特别地处理，以解释意义。之后，甘姆森（Gamson）等将"框架"定义为媒介文本的内在结构和组织新闻材料的核心理念，借助这种结构和理念，新闻报道暗示受众该如何理解新闻事件。而在里斯（Reese）看来，框架"连接着报道内容和政治、社会权力等更宏观的议题"[7]。通过三者在新闻本体、阐释和文化层面进行的框架分析，能够全面地引导我们理解：作为社会议题及其意义的媒介话语是如何被建构、组织与展开的。

在分析有关西北多民族的媒介话语中，本文将以甘姆森等提出的"媒介话语包"（media discursive package）作为分析工具。因为它全面地呈现了大众媒介在新闻报道中采用的"框架工具"（framing devices）——"隐喻（metaphors）、范例（examplars）、流行语（catch-phrases）、描述（depictions）和图像（visual images）"[8]。其中，"范例"指经常被用来反映报道主题的真实发生过的历史事件；"流行语"是指总结报道主题的话语，如"主题陈述、文章标题或口号"等；"描述"则是通过隐喻、范例等表现特定主题的丰富多彩的修饰语。本文着眼于大众媒介有关西北多民族报道的话语分析，所以舍弃"框架工具"中的"图像"，将从"隐喻""范例""流行语""描述"四个维度进行具体考查。

在媒介文本的选取中，本文以"民族""各族"等为关键词，筛掉指涉"中华民族"这一内涵的相关媒介报道，最终选取了13份大众报刊近三年（2013年9月1日至2016年8月31日）有关西北多民族的624篇新闻报道为分析对象。这13份大众报刊分别为：西北五省的省级党报和都市报——《陕西日报》《甘肃日报》《宁夏日报》《青海日报》《新疆日报》《三秦都市报》《西部商报》《新消息报》《西海都市报》《新疆都市报》，以及三份国家级报刊——《中国民族报》《中国社会科学报》《光明日报》。之所以选取这 13 份大众报刊，主要是因为它们分别从省级、国家级层面对西北多民族进行了相对全面、细致的报道，是研究媒介话语建构民族团结最具代表性的媒介文本。之后，本文主要采用内容分析、文本分析的研究方法，具体阐述媒介话语建构民族团结的实践表征，以及报道框架背后的社会、政治与文化内涵。

二、“民族团结”报道框架的媒介话语实践

通过对新闻报道文本进行编码与细读，本研究发现：媒介话语在隐喻、范例、流行语和描述四个维度上均呈现出“民族团结”的报道框架，而且侧重于呈现多民族之间的共性与融合、淡化他们之间的差异。媒介话语创造的这种“拟态环境”，无疑有利于维护民族团结与社会稳定。(见表 1)

表 1　关于西北多民族媒介话语的框架分析

框架工具	隐喻	团结花、和谐曲、常青树、石榴籽、生命线、家、血肉相连、手足相亲、连心桥、吸铁石、兄弟、兄妹
	范例	革命年代，毛主席与回族老人促膝长谈；抗日战争中回族教主洪寿林挽救了两名红军战士的生命；抗战时期，为了支援前线，新疆迪化 78 岁的老太太摘下自己唯一值钱的金耳环捐献，温宿县维吾尔族妇女阿提克汗捐出丈夫生前留下的 27 个金元宝，喀什一位贫寡妇女把自己一穗一穗捡来的一袋小麦送上献金台……
	流行语	加强民族团结 同心共筑“中国梦”；汇聚民族团结的筑梦力量；同唱团结歌，共圆中国梦；民族大家庭同心共谱和谐曲；筑牢民族团结生命线；汉族离不开少数民族，少数民族离不开汉族，各少数民族之间也互相离不开；“五十六个星座，五十六枝花，五十六族兄弟姐妹是一家”；民族团结一条心，社区和谐一家亲；民族团结是发展和稳定的基石……
	描述	汉族的婚礼有回族乡亲参加，回族的节日上也会给汉族的群众送去烩菜和油饼；“回族人过开斋节、古尔邦节，我们也一起过；我们过春节，回族人也会来拜年，大家像亲人一样”；“‘5·22’暴恐案件发生时，受伤的维吾尔族大妈沙热古丽·沙依提被一个不知名的汉族的哥救起”；汉族军官何健 13 年如一日坚持照顾、资助回族残疾青年李少军一家，累计资助 20 多万元，6 次动用准备结婚的钱，4 次推迟婚期；宁夏海原县回族妇女马志英，多年来救助抚养了 186 名回汉贫困女童；维吾尔族儿子和汉族儿媳，簇拥在身着绚丽维吾尔族传统服装的古丽巴尔身旁，每个人脸上都洋溢着自信而幸福的笑容……

(一) 隐喻话语：关注美学事物和身体

在 624 篇媒介报道的新闻标题中，有 80 篇涉及隐喻话语。其中，“团结花”“和谐曲”“常青树”这些承载着美学想象且具有文化共通性的事物，是媒介隐喻“民族团结”时采用

最多的话语。(见表 2) 比如，“新疆和田县：五月，民族团结花盛开”“和谐序曲荡漾在冬日的古城”“塞上响彻‘同心曲’”“用心浇灌‘民族团结树’”“东果堂村：一棵茂盛的民族团结大树”等隐喻话语。它们能够还原自然本身的和谐美好，为西北地区各族人民找到一条转向美学想象的途径，进而重建人与自然、人与人之间的和谐和睦关系。因此，媒介话语呈现的事物，已经“不仅仅是静态的物质存在，而且进入了社会的心理深处，通过作用于情感领域”[9]，传递出一定的民族团结理念，更容易唤起各族人民安居乐业、和谐相处的心理共识。

表 2

团结花	和谐曲	常青树	生命线	家/家人	其他
n=29 (36.3%)	n=18 (22.5%)	n=6 (7.5%)	n=5 (6.3%)	n=4 (5.0%)	n=18 (22.5%)

除了关注自然空间中的美好事物，媒介隐喻话语还往往诉诸人的身体。比如“民族团结手牵手，和谐发展心连心”“各民族共御外敌，血肉相连”“各族人民手足相亲”“民族团结是各民族群众的生命线和幸福线”等话语。通过“心”“血肉”“手足”“生命”等与身体相关的隐喻话语，能够唤起人们的直接体验，使西北地区的各族人民通过具体可感的身体，更好地理解抽象的概念、思想—各族人民作为命运共同体的紧密关系。因为“概念通过身体、大脑和对世界的体验（embodiment）而形成，并只有通过它们才能被理解”[10]。

（二）范例话语：呈现“民族主义”语境

范例话语主要将西北地区各族人民之间的关系置于一种“民族主义”的语境中。具体而言，大众媒介几乎都在强调抗日战争这一特殊历史时期，西北地区各族人民团结一心、为实现国家独立统一而共同奋斗的真实故事，进而表明各族人民友好相处有着良好的历史基础。

比如，红军长征会师之时，毛泽东宿营西吉县兴隆镇单家集村，与回族老人在土炕上促膝谈心，亲如一家；抗日战争时期，新疆各族人民克服种种困难，为抗战前线募捐了 154 架“新疆号”战斗机；宁夏同心清真大寺教主洪寿林在两名红军战士遭到敌特盯梢围捕的紧急关头，“让他们躲进了‘禁房’。整整七天七夜，洪教主和妻子冒着生命危险为他们送饭送菜，最后让他们装扮成阿訇的样子，成功转移”[11]……“大众传媒通过对一些特殊事件、人物的关注，激起人们普通的情感，而人们往往依靠这些情感和意识构筑一个想象共同体，确认自我身份和归属。”[12]

（三）流行话语：侧重表达主流价值

流行话语主要呈现了带有“中国梦”“民族团结”“心连心”等高频词的总结性宣传标语。通过“聚合轴（paradigmatic）与组合轴（syntagmatic）”[13]的变换，媒介对人们熟知的流行话语进行解构与重构，最终建构出大量彰显主流价值的话语。如“民族团结一家亲 同心共筑中国梦”“筑就民族团结进步的中国梦”“让边疆各民族文化随‘中国梦’一起飞扬”，以及“各族人民同呼吸、共命运、心连心”“天山雪松根连根，各族人民心连心”等流行话语，表达了倡导民族团结、国家统一繁荣的主流价值。此外，朗朗上口的《爱我中华》歌词、“各族人民要像石榴籽那样紧紧抱在一起”也经常作为流行话语呈现在媒介报道中。这些承载着主流价值的媒介话语，侧重于表达西北地区多民族的共性，旨在使他们通过对“共性”的承认、接受和皈依，想象一种稳定的、连续的文化身份及其暗含的意义框架，进而形成文化共同体及民族团结的心理认同。

（四）描述话语：挖掘民族团结的故事和细节

讲故事是人类最古老的交流方式，也是媒介报道中经常使用的一种叙事形式。在媒介的描述话语中，呈现了许多西北各族人民和谐共处的故事——“乌鲁木齐天山建材社区 3 个民族 24 户居民亲如一家人”“西安老人为 56 个民族 861 户家庭拍全家福”“两个民族的四世情缘”……媒介故事具有纪实性、情节化等特征，能够创设一种高情感的“情境”，更容易抓住受众的注意力。通过讲故事的方式，不仅能完成民族团结的意义建构，而且可以保存现实事件并形成民族团结的历史记忆。在故事的描述话语中，媒介还呈现出许多凸显民族之间和谐相处的细节——“汉族大嫂去市场，出门时总会问一下回族阿姨需不需要捎点什么；回族阿姨闲聊时，也会帮忙看着汉族玩耍的小孩”“孙家河村是固原市原州区三营镇一个回汉杂居的村子，当地有一个风俗习惯，家长们为了让孩子更健康地成长，小孩出生后会认一个干爸爸。孙石头从小就有一个汉族爸爸和一个回族爸爸”……描述话语虽然没有华丽的辞藻，却能通过一个个生活细节发出震撼人心的力量——让受众体认多民族之间的友好情谊。

三、促进民族团结的媒介话语动员策略

虽然媒介的隐喻、范例、流行语、描述话语均呈现出“民族团结”的报道框架，但话语实践中仍存在一些不足，如：隐喻话语同质化表征明显、范例话语关注范围有限、流行话语忽视了受众的阅读心理、描述话语刻意突出民族身份。因此，媒介需要完善建构民族团结的话语生产。具体而言，从话语生产的三个向度——“文本、话语实践和社会实践”[14]（词汇、语法、文本结构，文本生产、分配和消费过程，以及意识形态和权力关系）出发，建构媒介的隐喻、符号和隐性权力话语，营造具有文化共通性特征的“拟态环境”，将成为建构民族团结的重要策略。

（一）创新隐喻话语，增强心理劝服

隐喻是“一种能以明显的或隐秘的方式支配概念形成和运作的思维机制”[15]，是人类认知和表达世界经验的一种方式，普遍存在于日常生活的话语、思想和行为中。“儿童时期，我们就是通过隐喻来进行社会交际和感知世界的。”[16]在建构民族团结的过程中，媒介使用的隐喻话语虽多，但缺乏创新性，主要表现为：隐喻事物有限、隐喻结构单一。如“柴达木绽放民族团结花”“民族团结之花开遍天山南北”“塞上响彻‘同心曲’”“河湟谷地奏响民族团结和谐曲”等隐喻话语，均呈现出“团结花/和谐曲＋地点”的话语结构。因此，媒介应

创新使用隐喻话语，以增强对受众的心理劝服。

具体而言，除了花、歌曲、树、石榴籽等常用的隐喻话语，媒介还应该关注更为丰富的空间事物和身体部位。因为“我们的祖先从认识空间和自己开始认识世界，空间概念和身体部位是我们形成若干抽象概念的两个主要基础，它们成为人类原始思维的出发点，也是人类最重要的隐喻源”[17]。媒介可以创新使用类似于“民族团结犹如空气和阳光，受益而不觉，失之则难存”“构建民族团结的‘和谐号’”“交往交流交融是促进民族团结、化解民族隔阂的一把‘金钥匙’”“各族干部群众都要像爱护自己的眼睛一样爱护民族团结、像珍视自己的生命一样珍视民族团结”等隐喻话语。通过将本体（民族团结）与喻体置于一种并置结构关系中，实现“最基本概念的隐喻结构与文化最基本价值观的一致性”[18]，从而起到更好的传播效果。

此外，创新使用隐喻话语尤其需要彰显西北的地域性、民族性特征。比如，“一颗瓜秧子上结出来的哈密瓜”“民族团结的甘泉 让瀚海再无‘荒漠’”“格桑花开格外红”等隐喻话语。通过“哈密瓜”“甘泉、瀚海”“格桑花”的隐喻，三者分别生动形象地表现出各族人民作为命运共同体的密切关系、民族团结的重要意义、藏区民族团结工作取得的成果。这些隐喻话语的使用技巧恰恰回应了布尔迪厄关于“文化资本”的理论——“说什么、如何说”蕴含着不同的话语能量。通过“地域特征”与“共通意义”的巧妙结合，隐喻话语能够自然而然地拉近与多民族受众之间的心理距离，有利于增强西北各族人民对民族团结的认同感。

（二）拓展符号话语，建构集体记忆

集体记忆是一种重要的文化资源，它形成并保留于特定的地域空间中，“承载着岁月的积淀、熟悉的景致、历史中的故事，并深深地打上了个体生命情感与集体无意识的烙印”[19]。就西北多民族地区而言，媒介需要突破相对单一的“民族身份”符号话语，更多地转向地域空间、民风民俗、地方语言等历史文化资源，并在其中挖掘更多彰显地域、民族文化特色的符号——特定的建筑、服饰、食物等。

比如，媒介话语“远远望去，古朴庄严的清真大寺、清真西寺与风格独特的米拉日巴佛阁、香雾缭绕的二郎山庙交相辉映。每逢夜幕降临，合作市香巴拉主题文化广场上人影攒动，热爱着故土的各族羚城人每晚都在这里来一次舞蹈狂欢”。通过征用大量既体现地域和民族特色、又凸显多民族和谐相处的文化符号：清真大寺与清真西寺——回族的标志性建筑、米拉日巴佛阁——藏传佛教的寺院、二郎山庙——佛教寺庙、“香巴拉”——藏语的音译（意为“极乐园”）、“羚城”——甘肃合作在藏语中为“羚羊之地”、锅庄舞——藏族三大民间舞蹈之一，容易使各族人民产生一体感与连带感，进而形成一种根植于深层意识的、对民族团结的心理认同。此外，媒介话语在呈现“日月山”这个文化符号时，讲述了文成公主远嫁吐蕃国王松赞干布途中的故事，以表现历史人文景观承载的民族团结内涵。“乡亲们就像沙漠的胡杨一样根连着根、心连着心，就算有一块馕也要掰开来大家一起吃”，也体现出

承载着物质客体或精神内涵的文化符号。媒介通过建构“沙漠胡杨”“馕”等“特殊的文化的人造物”[20]，能够使西北地区的多民族形成集体记忆，并且对地域文化产生一种共同的心理认同，从而有利于促进民族团结与社会稳定。

（三）增加隐性权力话语，形成身份认同

社会性、政治性的权力总是通过话语进行运作。在有关西北多民族的媒介报道中，含有明显权力话语的新闻为443篇，占71.0%。权力话语主要呈现在有关民族团结的社论、消息中，表现为对工作计划、成果总结、调研与慰问活动、座谈会/经验交流会/精神传达会、先进单位或个人表彰等内容的报道。在受众拥有媒介选择权的时代，宣传色彩明显、带有灌输意味的媒介话语，很难实现良好的传播效果。因此，媒介需要增加隐性权力话语的使用，以相对委婉的方式实现建构民族团结的政治目的。

换言之，媒介可以减少使用抽象化、理论化、政治化、宣传味道浓的消息或社论话语，多征用富有西北地域特征的话语形式。比如，媒介可以采用当地多民族受众喜闻乐见的民谣——“青海青，湟水黄，三江源头是我家。民族娃，团结花，兄弟姐妹是一家。汉藏蒙，回土撒，各族人民把手拉……草原盛开民族花”；或者民间编唱的山歌“花儿”——“民族优待心上乐，花儿飞出心窝窝，一曲花儿心一颗，党恩难忘千万歌”……类似于这样富有地域特征的流行话语，“不仅意味着一种语言能力，还意味着一种文化、一种思想，一种风俗人情系统”[21]，因而更容易使西北地区多民族产生心理接近与身份认同感，进而在选择性接触、理解和记忆中激发他们的兴趣。

受众喜闻乐见的媒介话语看似淡化了官方的权威，却并不会削弱其建构民族团结的政治目的。因为媒介话语中还包含着隐性的意识形态与权力关系——“在社会意义上，话语是建构性的，建构社会主体，建构社会关系，建构知识和信仰体系”[22]。从这一点来看，媒介的隐喻话语其实体现了一种相似关系的建构权——通过铺设一套呈现特定价值观、信仰与意识形态的理解方式，在潜意识层面建构受众对民族团结理念的认同。此外，福柯在谈及话语和权力的关系时，将话语置于社会实践及其过程的中心位置，认为被建构的话语是整合知识、历史和文化的一种特殊方式。因此，媒介可以按照权力主体希望呈现的话语构成规则（包括主体位置、理论客体等）、使用技巧（如建构或重复使用隐喻、流行语等），实现有利于建构民族团结的微观权力。比如，媒介可以较多地呈现西北各族人民接受采访的话语——表面上是他们个人思想情感的表达，但其实已经打上了国家文化与意识形态的烙印。于是，西北多民族在媒介话语实践中关于民族团结的宣誓，就成为克雷格·卡尔洪所说的“制度合理性的前政治基础”[23]。通过微观、隐性权力的施展方式，媒介话语能够更有效地表达主流价值，并实现社会与政治秩序的长久维持。

四、结语

媒介话语深刻地影响着西北地区各族人民的价值观念和思维方式，是建构民族团结的重

要路径。通过对 13 份大众报刊近三年有关西北多民族的新闻报道进行框架分析，本文从隐喻、流行语、范例、描述四个维度呈现了媒介话语建构民族团结的话语实践表征。具体而言，隐喻话语注重呈现“团结花”“和谐曲”“常青树”等美学事物，以及“心”“血肉”“手足”“眼睛”等身体部位；范例话语能够唤起“民族主义”情感；流行话语侧重表达主流价值；描述话语呈现了多民族和谐相处的故事和细节。在媒介话语实践表征的基础上，本文以费尔克拉夫话语生产的三个向度——文本、话语实践和社会实践——为逻辑起点，从隐喻、符号和隐性权力的角度提出了媒介话语建构民族团结的具体策略，即：创新隐喻话语，增强心理劝服；拓展符号话语，建构集体记忆；增加隐性权力话语，形成身份认同。媒介的隐喻话语通过一种相似关系的建构权，铺设了一套呈现特定价值观、信仰、意识形态的理解方式，能够为政治问题提供行动方向。媒介的符号话语能够创造性地使用富有地域特色的文化资源，有利于建构西北地区各族人民的集体记忆。媒介的隐性权力话语则能够引导社会主体建构话语的构成规则及使用技巧。三种媒介话语策略的最终目的在于，传播民族文化共同体这一中心价值、实现对西北地区各族人民的心理劝服，以更好地维护民族团结与社会稳定。

参考文献略

加密经济重构媒体生态？区块链驱动下的新闻商业模式创新1)

——基于 PressCoin 的案例

谭小荷

摘　要　在科技平台蚕食广告份额、攫取内容资源、构建“围墙花园”、“自媒体”轻装上阵竞逐用户注意力等多重冲击之下，新闻业危机深重，商业模式亟待创新。区块链新闻公司 PressCoin 试图以加密经济为路径，彻底打破传统的、外部依赖性的媒体商业模式，建立自给自足的“全球媒体生态系统”，以“去中心化的价值再分配”重构新闻生产者、分发者和消费者的关系。但是，区块链基础上的加密经济虽在理论上阐明了独立媒体“如何自给”，却面临现实操作中“能否自足”的问题，商业模式和技术应用的双重不成熟将给这一创新实践带来巨大挑战。

关键词　区块链；加密经济；商业模式；新闻业

中图分类号 G210.7　文献标识码 A

作者　谭小荷，西南民族大学文学与新闻传播学院讲师，四川成都 610041

1）基金项目：成都哲学社会科学规划项目（2018245）。

在技术跃迁的新常态下，无论是新闻生产者还是新闻消费者，早已对层出不穷的新闻创新实践习以为常。然而，炙手可热的 AI 新闻不过是传媒技术迭代的产物，通过变革新闻生产流程提升生产效率，改变的只是生产力而非生产关系。数据新闻、VR 新闻、AR 新闻则只是变革了新闻生产最前端的产品形态——它们仅仅对新闻的呈现形式、报道方式、叙事手法或信息样态产生影响，却无法深入产业链，为攸关新闻业存亡的商业模式危机提供解决方案。区块链被称为“第四次工业革命的核心技术”[1]，它带来的不是生产力的提升，而是生产关系的改变；不是产品形态的丰富，而是产业生态的重构。那么，区块链驱动下的加密经济能否为媒体商业模式创新提供路径与可能？乘区块链之东风而来的众多新闻初创公司（news startups）如何理解当下的新闻业危机？对之做出何种诊断？提出何种破局思路？如何描绘其未来方向与愿景？又如何将宏观理念落实于具体操作？为此，本文从商业模式和技术逻辑的双重视角出发，以区块链新闻公司 PressCoin 为案例，窥探建立在区块链基础上的加密经济能否实现财务自由的新闻媒体生态系统。

一、新闻业危机深重，商业模式亟待创新

2017 年，在盈利泥沼中苦苦挣扎的传统新闻机构似乎迎来一些好消息：《纽约时报》《卫报》等品牌媒体高调宣布付费收入上升，《卫报》甚至首次实现读者付费超越广告收入。不过，若仔细比对数据，不难发现媒体“报喜不报忧”背后的真实危机：《纽约时报》数字订阅的突飞猛进和数字广告业务的轻微上涨无法挽救以印刷业务为主的收入结构下总体收入下降的趋势；近十年内超过六次累计上千人的大幅裁员和 2017 年 5 月引发巨大争议的“公共编辑”职位裁撤，都映射着传统机构的财务困境。被视为数字化转型典范的《卫报》——根据其最新财报——也不过“亏损减少 1/3”,[2]实在算不得振奋人心。为了进一步削减开支，《卫报》从 2018 年起将原来的“柏林式”（Berliner）报纸尺寸“瘦身”为小报形式（tabloid format）。另一方面，原生数字媒体情况也不容乐观，Buzzfeed、Vox、Vice 和《赫芬顿邮报》等都在短暂风光之后相继陷入增长停滞。

在科技平台蚕食广告份额、攫取内容资源、构建“围墙花园”,“自媒体”轻装上阵竞逐用户注意力等多重冲击之下，新闻业危机深重：传统商业模式坍塌，新的商业模式缺乏足够稳定与支撑。2017 年年末，国内多家媒体转载了一则 36 氪编译自 VentureBeat 的新闻，题为《美国独立新闻人创建“新闻界的比特币”：PressCoin》。“编者按”如是写道：“保持独立与客观对于媒体而言并非易事，特别是在传统的广告收入模式、付费订阅模式已经逐渐力不从心的背景下，新闻报道的深度和调查性日益缺失。”[3]放眼全球新闻业，盈利困境加速了严肃新闻与独立媒体的式微，新闻商业模式亟待创新。在此背景下，PressCoin 应运而生—这是一家由独立新闻人 Nafeez Ahmed 于 2017 年 9 月创立的区块链新闻公司，2018 年 1 月完成 2 480 万美元募资，号称“有史以来最大规模的新闻媒体众筹融资活动”。[4]

在白皮书中，PressCoin 历数新闻业之“全线溃败”：财务不自由、假新闻泛滥、自主权丧失、与受众关系充满裂痕，并称这些问题已“无法修补，唯有变革”。[5]在详述其变革措施之前，有必要阐明 PressCoin 对于新闻业危机的成因分析，这将有助于我们理解它“对症下药”的思路。

在常见的媒体叙事中，作为内容分发平台的科技巨头是新闻业以及由新闻业所守护的民主之头号“敌人”，它们主导了内容和收入，既带来假新闻的泛滥，又掠夺了本应更多属于内容生产者的财富。PressCoin 部分认同这种叙事—它认为，平台巨头们塑造了一种典型的“注意力经济”（attention economy)，这与对广告收入的依赖直接相关。这就意味着必须争夺受众注意力这种暂时性商品，由此而来的标题党泛滥、渲染情绪罔顾事实、缺乏深度探察与反思等问题正在摧毁公共领域和民主社会的根基。PressCoin 提出“只有一种方法可以挽救民主：振兴公共领域。为此我们需要振兴新闻媒体，改变人们访问、处理和使用信息的方

式。因为民主和公共领域受到侵蚀的关键，正在于人们处理信息的方式”[6]。

然而，PressCoin既不同情传统新闻机构的遭遇，也不认同其归因逻辑，称其沉溺于“无助的受害者叙事”（a disempowered narrative of helpless v-ictim），并尖锐地斥之为“假新闻的主要制度性传播者”（a major institutional promulgator of Fake News）。PressCoin认为，传统媒体本身正是问题的一部分——整个传统的媒体商业模式都因循一种“价值榨取式逻辑”（the logic of value extraction）：高度集中与垄断；与强势的商业公司联合；种种盘根错节的利益相关——因是之故，新闻机构无法超然于外部的政治经济压力——必然带来民众对其独立性的质疑，假新闻不过是压垮媒体信用的“最后一根稻草”。换言之，在PressCoin看来，新闻媒体的危机根源并不在于来自数字媒体或社交媒体的“外部冲击”，而是其内在的“核心功能障碍”使之走向衰落的必然。[7]

PressCoin试图“振兴传媒，恢复民主”，实现公共服务。但是，它并不打算在原有的传媒机构和传媒体制上修修补补。雄心勃勃的PressCoin以两个颇具影响的区块链平台Civil和Steemit为参照，评说前者是一个“去中心化的Medium”，仅专注于与用户直接关联的前端；后者是一个“去中心化的脸书”，作为聚合平台其机制未能鼓励原创性内容生产者，因此二者皆非解决新闻业收入困境的完整方案：“这些创新者中没有一个能够在新闻企业层面上为出版商提供服务，也没有在系统层面上建立一个新的经济基础以重塑现有新闻媒体经济。”[8] PressCoin之鹄的即彻底打破传统商业模式，建立全新的、自给自足的“全球媒体生态系统”。

二、PressCoin的系统解决方案：加密经济＋区块链技术＋独立媒体辛迪加

PressCoin断言“独立媒体的崩溃从根本上说是收入的崩溃”[9]，因此它的终极愿景是通过赋予新闻生产者财务自由而实现其独立性。PressCoin相信，一方面财务独立能让新闻生产者不再为了争夺注意力而疲于奔命，新闻质量由此提高，深度报道、调查报道由此勃兴；另一方面去信任、去中心的区块链也将为建立一个广泛参与、赋权社区、恢复民主的“新的媒体范式”（a new media paradigm）提供技术保障。PressCoin的构想贯穿新闻生产、分发和消费整个产业链，作为“一种新型加密基础设施，从根本上重新设计了新闻媒体创造、设计、融资、营销、交付的方式”[10]，下面笔者将详细阐明PressCoin的系统性解决方案，探析区块链基础上的新闻加密经济之潜力与可能。

（一）“去中心化的价值再分配”：加密经济重塑良性激励机制

“加密经济塑造独立媒体未来”，这是PressCoin白皮书封面的题眼。加密经济的直接目标是塑造一种“去中心化的价值再分配”（decentral-ized value redistribution）。[11]在理想的交易体系中，所有参与贡献价值的利益相关者都应能获得公正的收入回报。而在当前的新闻产业中，作为内容分发者的科技平台利用其垄断地位获得了最大份额的收入，新闻生产者和新

闻消费者却远未获得足够回报。从内容生产者角度看，无论是独立新闻人或媒体机构生产的新闻报道还是 UGC（user-generated-content），都面临内容变现的两大难题：一是缺乏有效传播渠道，因而不得不依赖平台、面对“剥削”忍气吞声；二是新闻信息不受版权保护，花费时间和重金调查的独家内容很容易被“洗稿”或通过评论等零成本的形式被合法“盗用”。从新闻消费者的角度看，旧的新闻经济模式无法促成公众参与新闻生产。举例来说，调查新闻常常受惠于多方的信息提供或其他帮助指引，但是没有任何有效的激励措施能让这些信息提供者真正参与其中，这导致调查报道终究是一种“独狼”式的、缺乏合作的、成本昂贵的新闻样态。

因此，PressCoin 的系统方案强调通过重塑价值分配方式形成良性竞争的激励机制，将财富价值返还给所有生态系统内的参与者——这里主要涉及两方面的“补偿”（补偿水平将根据记录在区块链中的声誉决定）：对新闻生产者而言是解决内容变现问题，对新闻消费者而言是提供一种“读者补偿”（reader compensation）。这种“补偿”能够让所有参与贡献的人，都获得真实的收入回报。Ahmed 说：“当你在区块链上整合了类似读者补偿这样的机制，并让读者分享我们产生的总收入时，那么你在激励人们进行互动方面就是一个真正的创新者。”[12]

加密经济不仅仅是实现“分配正义”的补偿机制，它更是一种促进各类主体参与媒体生态系统的有效激励。PressCoin 认为，集中、垄断、缺乏广泛参与的新闻业是对公民权利的剥夺和对公民社会的削弱。PressCoin 构想了一种“全渠道参与”（full-funnel engagement）的媒体生态系统，参与者不仅包括直接进行新闻生产和分发的机构或个人，还包括但不限于投资者、企业家、制作人、策展人、评论者、读者、技术人员、程序员、设计师、投票者等等。PressCoin 的设计师 Amit Rathore 表示：“新闻业需要开始将读者和观众视为生态系统中不可或缺的一部分，而不仅是旁观者或单纯的消费者。更不能像脸书和谷歌一样，把他们作为一种商品销售给广告商。”[13]要之，新的加密经济模式奖励对新闻生产做出贡献的不同参与主体，通过公平的收入份额来切实有效地促进公民对新闻生产和公共领域的深度参与。

（二）加密经济运行方式的实现：以加密货币为核心的分布式账本

区块链为上述“去中心化的价值再分配”提供独一无二的技术保障：首先，作为一种分布式账本技术，区块链有强大的记录功能，PressCoin 可以通过在区块链中的无缝跟踪（seamlessly tracked on the blockchain），实时、透明、无遗漏地通过算法计算各类参与者或节点在每一个阶段创造的价值。换言之，所有参与者在 PressCoin 生态系统中的贡献、互动、参与和影响都将从头到尾地被记录在区块链中。参与者不会白白付出时间与精力，他们能够通过参与行为而分享收入，这个收入会以加密货币的形式自动显示在其区块链钱包中。参与者可以在任何时候通过 PressCoin 的金融服务平台 Cointype 把加密货币兑换出来。

其次，价值分配过程（也就是加密货币的支付、获得等流程）将由以太坊智能合约

(smart contact) 自动实现，这个合约经双方同意而建立，一旦约定的条件得到满足就会自动执行，从而免去了所有确认、审核和实施的中间环节，大大降低了信任成本，提高了运行效率。

最后，整个激励机制的核心是 PressCoin 发行的加密货币 NEWS。风投专家 Albert Wenger 有个很贴切的比喻，他说："加密货币就像某个展会的通票，展会上不同的经营者会根据自己特定的服务制定价格。你只需要用法定货币购买一次加密货币，就可以在整场交易会上使用。随着区块链接的应用，我们现在已经可以用数字方式发行并兑现这些加密货币。"[14] NEWS 就是 PressCoin 这个"展会"中的"通票"，所有的价值交换都以它作为结算。

（三）独立媒体的"辛迪加"：基于一个共享生态系统的分散与联合

Rathore 认为："现在的新闻机构总在谈论他们如何被网络巨头打乱，然而，他们沉溺于彼此之间的内部竞争，缺乏有凝聚力的合作策略。"[15] PressCoin 联盟（PressCoin Federation，见图 1）就是 PressCoin 构想的一种多方共赢的方案。其中包括五个内置平台，同时也欢迎任何愿意遵守 PressCoin 协议的媒体公司加入。在这个 PressCoin 创造的开放平台中，媒体企业既是分散的、独立的，又是共享的、联合的，而且无论大小，都享有同样的权利和资源，都能共享 PressCoin 的技术基础设施，这种联盟形式可以称为独立媒体的"辛迪加"。

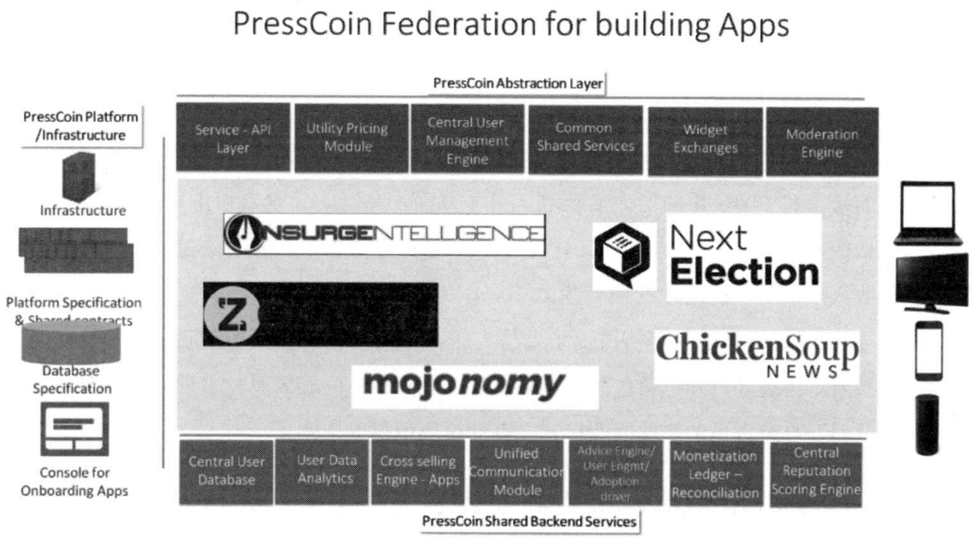

图 1　PressCoin 联盟（引自 PressCoin 官方博客）

早在 2015 年 8 月由荷兰 Adessium 基金会资助并发布的一份关于新闻业商业模式的报告中就明确指出：新闻生态系统中的一个重要问题是新闻机构缺乏将信息变现的能力和基础设施。[16] 在 PressCoin 联盟中，各个独立媒体能共享诸如 Quintype 媒体技术云（这是目前亚马逊、《财富》和彭博社都在使用的内容管理系统）、PressCoin 底层大数据系统和高级 API 等；

除此之外，还共享基于 Cointype 的金融服务基础设施（该设施能够提供 170 多种法定货币的交易）以及读者数据等业务服务。共享的背后是共赢——每个独立媒体公司都能在系统的支持下直接接触读者、扩大规模、吸引投资并创造多种收入流；每个平台都将有其独立的、可持续的收入来源，产生各自的价值；这些价值反过来又共同助益 PressCoin 系统的扩大及加密货币 NEWS 的增值。

（四）小结：区块链驱动的加密经济创造一种自给自足的媒体商业模式

传统的媒体商业模式，无论广告、捐赠还是付费，都有极强的“外部依赖性”，这是新闻业盈利难题的关键。在以广告为主导的商业模式下，科技平台截获大部分广告收入；在以捐赠为主导的商业模式下，不仅媒体缺乏自我维持能力，还因仰人鼻息而独立性备受质疑；优质品牌媒体探索多年的付费模式也并非坦途：新闻产品可替代渠道多，读者付费意愿不强。区块链加密经济的模式正是针对独立媒体难以“自我造血”的痛点，试图建立一种自给自足的盈利机制。这种机制以加密货币为核心，奖赏和鼓励生产性行为，也就是鼓励系统中的所有成员积极参与新闻的生产传播活动，为所有的贡献或“互动”定价并提供权益回报。由此创造互惠互利、基于社区的合理经济激励；并通过准确记录、即时结算和零交易费用为非广告业务模式开辟可能。

不仅创新盈利机制，区块链加密经济还通过“去中心化的价值再分配”重构了新闻生产者、分发者和消费者的相互关系，使之从博弈走向共赢。一方面，原本存在于新闻生产者之间、新闻生产者与新闻分发者之间的竞争关系，在新的盈利机制下转向相互依赖、“共建共荣”，因为只有通过协同与合作不断扩大系统、建立高质量的活跃社区，系统中的参与者才能因社区的繁荣和加密货币的增值而获利。另一方面，在以广告收入为主导的商业逻辑中，新闻是免费的，新闻生产者向广告商出售新闻消费者的注意力，广告商支付的广告费成为内容生产的收入来源——在这样的商业模式下，作为新闻消费者的读者是被动的、角色单一的。而 PressCoin 构造的加密经济改变了人与人的合作关系、信任关系和联结机制，新闻生产者与消费者不再边界清晰、角色固化，加密货币激励每一位成员通过多种方式参与系统建设并分享收益，自给自足的媒体商业模式在良性循环中得以持续。

三、PressCoin 的现实问题与前景隐忧：商业模式与技术应用的双重不成熟

PressCoin 对于新闻业危机的描述切中肯綮，其解决方案乍看上去也并非无的放矢。然而，若细加审视，其运行理念似乎笼罩着难以落地的“迷雾”。无论从技术基础保障还是商业模式创新的角度来看，都存在相当大的不确定性。此外，还有诸多细节问题可能在日后正式运营中对 PressCoin 的创新前景带来挑战。

（一）商业模式的问题

1. 以加密货币为核心驱动力的加密经济要求庞大的用户基数。PressCoin 的基本逻辑是用价值激励变革新闻生产、传播、分配的方式，而价值激励的核心驱动是加密货币—PressCoin 的商业模式能否顺利运转，在极大程度上取决于其加密货币 NEWS 的价值是否获得普遍认同。无论这种认同来自对其未来升值的预期，还是基于某种象征性意义的共识，总之只有当人们认同区块链项目，才会去投资其加密货币。换句话说，认同产生需求，需求带来价值。只有当人们希望拥有 NEWS 时，NEWS 才具有价值，建立在加密货币基础上的新闻经济才能成立。由此可见，PressCoin 设想的“自给自足”实际完全依赖于广泛群体的认同和参与。只有当足够庞大的人群加入 PressCoin 的系统，NEWS 才可能获得升值从而吸引更多的人群加入区块链新闻体系中来。

Rathore 曾对媒体表示，按照 PressCoin 的预期，5 年后它将达到一亿用户并在未来几年处理新闻行业 10%的业务。[17]但现状却不容乐观——PressCoin 融资规模虽大，用户参与热情却并不高，多个内置平台的 Beta 版公测效果堪忧。以 PressCoin 大力推广的旗舰平台 INSURGE 为例：其 Beta 版从 2017 年 11 月 18 日首发文章到现在（2018/2/21），一共发布 17 篇报道，其中最高阅读量 6 万多，仅 9 篇阅读量破百，所有报道的评论数和为 9。阅读量最高的报道是《脸书将在 10 年内渗透到选举和政治世界》——非常具有“病毒式传播”潜质的标题。选举监督平台 NextElection 的 Beta 版情况更差。如果缺乏公众的广泛参与，又如何能组织起高质量的、具有社会影响力的公共讨论呢？而纵观当前的区块链新闻项目，几乎都难以吸引公众的参与热情。即使最热门的 Steemit，目前注册用户也不过几十万。因此，如何吸引庞大用户是任何区块链项目都无法回避的要害问题。

2. 加密经济的运行受制于加密货币的稳定性和分配方案的合理性。加密货币不同于法币，没有国家信用作为背书。也不同于白银或是铜，有其一定的贵金属属性。加密货币作为虚拟货币，其价值完全是由供需关系决定的。这一先天属性决定了加密货币极难具有稳定性，其价值的高低完全受制于是否为投资者及持有者看好。

再者，不同于股票有“增发”机制，通常某一项目发行的加密货币的总量是始终固定的，所以一旦市场需求变化，供求关系就会随之改变，其价值就会产生波动。而需求来自诸多因素的合力：开发团队实力如何？是否能持续产生结果？是否有变好的潜力？宣传力度如何？安全性如何？等等。[18]至少目前看来，加密货币绝不是一个稳定的价值存储介质。此外，各国对加密货币的监管尚处于萌芽和探索阶段，这也为加密经济的未来蒙上了未知的阴影。

此外，一个加密经济系统的权益结构与未来经济运行状况，都与加密货币的分配方案息息相关。PressCoin 在初始发行环节就将 90%的 NEWS 用于公开销售。虽然它在白皮书中骄傲地宣称“如果要建立一个去中心化的媒体，有什么方式能比用人人可购买的去中心化货币来创建它更好的呢?”[19]但 90%这样高比例的公开募集风险极大，或许并不是一个理性的选择。首先，区块链作为一个风口概念，极高比率的初始发售会带来极多跟风投机者进入。而这部分投机者作为项目的首批拥有者和参与者，未见得有耐心培育项目，着眼长远未来。其次，PressCoin 的分配方案未考虑足够储备。难以想象在仅仅为后期营运预留 10%NEWS 的前提下，PressCoin 如何能有效鼓励其设计的庞大生态系统中各级用户的活跃度，以及维持各方合作者共赢机制的长效开展。以笔者观察到的区块链项目来看，大部分都会预留更大比例作为生态系统中的激励。

3. 创新的盈利模式只能作为“补充”而非“替代”。尽管 PressCoin 旗帜鲜明地声称要彻底颠覆以捐赠、付费、广告为主的传统的媒体商业模式，并且从理论上阐明了不依赖外部收入的独立媒体“如何自给”，但它对加密经济“能否自足”却显得并不自信。笔者注意到 PressCoin 在对“收入来源”的多处说明中，颇有一些“暗度陈仓”的意味：

首先，在白皮书正文和附录中有两处皆写明 PressCoin 五大内置平台中的四个——INSURGE Intelligence、NextElection、Zolori 和 Mojonomy——都接受捐赠。[20]其次，Ahmed 在 VentureBeat 记者的 skype 采访中表示，PressCoin 将仿照它的“行业偶像”De-Correspondent，只允许用户阅读有限的免费内容，若想“阅读完整的故事，或与记者交流，或评论故事，用户需要支付订阅费用或对单篇文章小额支付（micropayment)”[21]。白皮书中也将用户对“优质内容”的付费列入媒体生态系统的收入来源。最后，在 PressCoin 的 ICO 页面，广告商同样被列为生态系统的参与者之一，广告也是生态系统的一项收入来源。相比之下，虽然 De-Correspondent 需要付费阅读，但它是完全无广告的。

由此看来，在 PressCoin 构想的盈利模式中，传统的捐赠、付费、广告模式一样不落，其模式创新并不如宣称的那样具有颠覆性，相反，更像是某种全面开花、“撒花椒面”式地摸着石头过河。

4. 在吸引合作者方面缺乏竞争优势。根据全球软件协作平台 GitHub 上提供的开源数据，现在 GitHub 上共有 86034 个区块链项目，但其中仅有 8%的项目有人维护，项目平均寿命仅为 1.22 年。[22]这意味着区块链项目在备受追捧的同时，面临严峻的生存危机。区块链新闻公司作为区块链市场格局中的新近入局者，至少要面临来自如下几方面的竞争：

(1) 是与其他区块链项目的竞争。目前区块链最成熟的应用无疑是在金融科技（FinTech）领域，除此之外还有还有货币、开发者工具、价值交换、网络安全（保护数据、验证身份）、共享数据（供应链、物流、溯源）等六种主要应用场景。[23]区块链新闻公司在这个竞争激烈的市场中很难站稳脚跟，因为它的确不像版权保护、物流追踪那般成熟，其投资回报的实现也有极大不确定性，因此很难获得投资者青睐。ICO 募集 2 000 多万美元相对其他项目实在算不上成功。

(2) 在区块链新闻这块目前看来并不太大的“蛋糕”上，还存在多家区块链新闻公司（以及更广义的区块链内容生产平台）之间的竞争。由知名媒体人领衔的团队更容易获得曝光和吸引合作者，比如 Civil 已经组建起一支由职业媒体人组成的内容生产团队；Po. et 因《华盛顿邮报》前创新和商业战略副总裁 Jarrod Dicker 的加盟而备受关注。PressCoin 的团队似乎缺乏更有说服力的领导者，难以吸引有力的合作者为项目背书并注入相应资源。

（3）PressCoin 还需与其他传统的新闻媒体竞争合作者。前文中提到 PressCoin 意图通过提供共享的技术基础设施吸引独立媒体加入，PressCoin 在白皮书中列出的第一大收入来源正是由入驻该平台的媒体公司支付的 SaaS 费用（按月支付）。这里的关键问题是，如果有更大更知名的科技公司或者媒体机构能够提供同样的 SaaS，媒体公司们为何选择入驻 PressCoin？或者说，PressCoin 有何独特的竞争优势？比如《华盛顿邮报》早在 2014 年就开发了一个名为 Arc Publishing 的出版系统，涵盖了从创作到变现的整个出版流程，《华盛顿邮报》的技术总监 Scot Gillespie 表示，使用这个系统的传媒公司可以“把 CMS（内容管理系统）的运营和发行问题交给我们，你只需要专注于内容的差异化”[24]。《洛杉矶时报》《芝加哥论坛报》《加拿大环球邮报》以及一些更小型的新闻出版机构都迁到了 Arc 之上，在 Arc 上运营的网站总计已经有了 3 亿读者。同样是提供技术支持和基础设施服务，PressCoin 能比以亚马逊科技帝国为支撑的《华盛顿邮报》做得更好吗？

（二）商业模式之外：技术及其他隐忧

1. 区块链与智能合约的稳定性与安全性有待加强。作为一种尚未成熟的前沿技术，区块链以及智能合约还存在问题。2016 年 6 月，以智能合约形式运行在以太坊区块链上的项目 The DAO 由于其代码漏洞而受到黑客攻击。5 月该项目刚创造了 1.5 亿美元的全球最高众筹纪录，这次攻击导致价值高达 6 000 万美元的以太币被窃取。[25]正如中国人民银行金融研究所互联网金融中心秘书长伍旭川所言：“该事件反映出区块链技术整体还处于测试阶段，去中心化的智能合约无法避免技术上的操作风险和主观上的道德风险等问题。该事件还带给我们诸多启示：区块链技术应用平台的风险需高度关注，应提前研究相关法律和监管制度体系，完善区块链技术应用的投资者保护机制，智能合约需要在去中心化与中心化之间寻求平衡，数字货币的发展需要突破区块链的技术障碍。”[26]

全球著名咨询公司 Gartner 在《福布斯》上发文指出，人们对区块链有很多错误认识，其中一个错误就是“混淆有限的基础协议和完整的商业方案——区块链往往伴随着重大的炒作，这意味着蓝图与现实很可能不匹配。该技术目前还只是一种理想的基础技术，尚未发展到完整的应用程序堆栈或解决方案”[27]。

2. 未来运行中的隐忧。若进一步考察 PressCoin 如何吸引广告商，我们会发现很可能它会向后者提供“数据服务”（尽管并未明确写出）。PressCoin 称“数据是新的石油……这些数据构建的洞察力和预测模型将带来可观的收入”[28]。PressCoin 表示数据服务面向的对象是“PressCoin 中的所有参与者”，但很显然，普通用户并不需要搜集大量数据，他们只是产生数据，继而被搜集、被使用。“数据服务”作为吸引广告商和创业公司的资源，让人不得不联想到科技平台对用户数据的控制和利用。PressCoin 解释说它的行为“与谷歌、脸书这样的平台不同，(PressCoin) 从这些数据中获得的价值不会被垄断和榨取……”[29]然而，它却从未说明将搜集哪些数据、如何搜集、用于何处。作为对比，De-Correspondent 的隐私政策则清晰明确得多。[30]由于隐私政策不明，在实际运作中可能存在数据滥用的隐忧。

此外，PressCoin 表示人工智能和聚类算法将根据用户个人偏好自动学习并为每个用户提供个性化服务。这里的说法语焉不详，提供哪些个性化服务？最基本的服务——个性化推送——其算法原则是什么？笔者遍寻白皮书、官方博客及已经进入公测的平台，都没有说明，缺乏透明性。作为对比，另一家以 AI 结合区块链技术为特色的新闻摘要平台 Snip，就开源了推送算法的代码，用户可以自行选择和设置新闻推送算法。

最后，一些针对入驻媒体的扶持措施不仅缺乏现实检验，还可能遭遇严峻的政策瓶颈。比如在 PressCoin 的规划中有一类被称为“内容提升”(Content Boost) 的媒体运作方案，其基本功能与脸书的“助推”(boost post) 类似——作者可以向 PressCoin 付费，让文章通过信息流、邮箱、推送提醒等各种方式发送给更多用户，以此提升文章人气。这种收费服务不仅容易引起用户反感，而且很可能在数据保护监管严格的地区无法推行。比如欧盟于 2018 年 5 月即将执行的 GDPR 新法规要求媒体或平台必须获得读者明确允许后才能联系读者，上述发送电邮、推送提醒等形式显然在受限之列。

四、结语

区块链驱动的加密经济还处于起步阶段，我们很难确定这到底是一场由技术推动的产业变局的先声，还是以技术为名的投机？但笔者相信创新本身自有其价值，这个价值并不完全体现在结果的成败和动机的纯粹之上。创新失败乃是常态和大概率事件，作为个案，PressCoin 很可能会失败。关注创新实践的意义在于：“虽然某一个项目或产品的创新有起止时间，但整个行业的创新将会是一个长期的过程。因此，创新与新闻业的未来密切有关，成功案例与失败案例都有其独到的价值。”[31]因此，新闻业实践中的创新现象和创新过程值得研究者持续、审慎地观察并进行批判性地分析：由技术极客和投资者主导的新闻初创公司正在展开何种创新？其探索进程对未来新闻业有何意义？将带来何种可能或冲击？加密经济的商业逻辑是否适用于新闻领域？新闻业是否适于与广义的内容生产领域共享同样的价值激励机制？区块链技术的去中心化能否拯救新闻业的信任危机？这一系列实践又将为中国新闻业的创新进程提供何种经验或教训？

参考文献略

奖赏与惩罚：社交媒体中网络用户身份与情感表达的双重结构

陈安繁　金兼斌　罗晨

摘　要　本研究搜集了2017年29个热门网络话题的20多万条微博，针对用户身份（线上和线下、个人和机构）与其情感表达之间的作用机制进行研究，有以下几点发现：1. 用户情感表达的“积极主导”，即社交媒体中网民的情感表达以正面为主；2. 双重效应：网络用户的线下身份抑制、线上身份推动情感表达，网络用户的机构身份抑制、个人身份推动情感的表达；3. 线上身份的消极情感表达和线下身份的积极情感表达：明确表露线下身份的网络用户表达更多的积极情感，而明确表露线上身份的网络用户则表达更多的消极情感；4. 舆论领袖（黄V）的负面情感和消极、夸张修辞偏好，其情感表达的强度大于机构用户（蓝V），在情感表达的修辞上其使用了更多的消极词语和程度副词；5. 情感表达的策略性：机构用户在政治话题上表达更多的积极情感，在科学技术话题上表达更多的消极情感；舆论领袖在政治话题上表达更多的消极情感，而在社会文化和科学技术话题上表达更多的积极情感。总结而言，微博用户的线上身份鼓励而线下身份抑制情感的表达，个人身份释放而机构身份约束情感的表达，呈现出一种双重结构的状态。

关键词　网络身份；线上和线下；机构和个人；情感表达；双重结构

中图分类号 G206　文献标识码 A

作者　陈安繁，清华大学新闻与传播学院博士研究生，北京100084；金兼斌，清华大学新闻与传播学院教授，北京100084；罗晨，清华大学新闻与传播学院博士研究生，北京100084

一、研究背景

互联网对网民具有赋权作用，其快速发展使得“人人拥有麦克风”，公众可以在论坛、微博等平台上就某个话题表达自己的意见[1]，这给网民的自我表达开辟了巨大的空间，然而，互联网空间的公共参与，并非是无尽的自由，而是受到权力机构的治理和审查。表达的自由和监管的无处不在，成为两股博弈的力量，其张力形塑了中国互联网的历史。在网民内容生产的治理上，情感表达也成为重要的对象。那么，在这样的互联网治理机制下，网民又是如何应对审查并完成其情感的表达，从而参与到网络公共事件的讨论中去？从 2017 年 8 月以来，中国的“Metoo 运动”正式拉开帷幕，2017 年 12 月，一名来自位于中国东部的大学的女毕业生，在一篇博客文章中发表了一篇文章，揭露她在学习期间被一位教授性侵犯了七个月。不久之后，在 2018 年的第一天，一位前博士生公开指责她的博士生导师在十二年前对她进行了性侵犯。这两起案件很快引发了对大学中性行为不端问题的热烈讨论，并启动了中国的＃Metoo 运动。从那时起，受害者本人或其亲密朋友发现了一系列性侵犯案件。中国＃Metoo 运动很快引起了中国互联网的轰动，因为大多数被指控性骚扰的男性都是长期以来一直倡导平等权利的教授，知名知识分子或活动家。然而，到了 2018 年的夏天，“米兔”和“Metoo”在新浪微博中无法检索到任何的内容，其作为屏蔽关键词无法出现在新浪微博的搜索结果中。之后，网民为了绕开新浪微博的审查，“＃I will be your voice”“＃我也是”“＃没有同意就是性侵”“＃俺也一样”“＃老子也是”等标签逐渐兴起，随后＃俺也一样也被列入黑名单成为过滤词。这一过程说明，＃Metoo 在中国面临社交媒体的广泛审查，所以并不存在通用的标签。由于中国的在线审查有助于抑制潜在的集体运动，因此可以在政府控制之外产生集体表达的推文很有可能被审查。在这种情况下，成熟的中国网民以战略方式使用标签来避免审查，例如，将原来的“＃Metoo”扭曲成不同版本以避免审查。但是，这些标签中没有一个持续很长时间，因为一旦标签变得大规模流行，它很快就会被禁止。

这个案例，可以看成是在中国网络时代，网络空间中权力机构审查和网民策略性反审查的一个例证，草根和政府的博弈，描绘了中国互联网空间多重力量的互动和对话。正如陆晔和潘忠党所认为，传统的新闻宣传受到政治力量的影响，与此类似，政府也通过各种方式塑造互联网的合法运行环境。[2]郑永年指出，我国政府试图加强对互联网的治理，保证其不会成为不满要素累积的舞台从而产生损害政府的行为。[3]Schneider（2016）的研究发现，中国国家机器依照大众传播的逻辑，将社交网络视为权威信息发布的渠道，而非社交互动的空间，依旧将传统的信息治理方式置于网络空间的治理之上。[4]数字时代的中国，从国家机构到私人互联网用户的网络参与者参与高度活跃的在线讨论，尽管这种话语多种多样，但中国网络上的政治内容仍受到严格监管。[5]

网络实名制的推行使得现实和网络空间逐渐融合。1999 年后，宁波、深圳、厦门等城市先后出台了关于互联网管理的地方性法规和规章，在网络安全管理上进行了地区特色的探索，如北京规定网吧电脑必须保存 60 天以上的上网记录，上海积极探索了网络社区管理的“双版主、双进入”模式、吉林省强制推行论坛版主实名制及论坛跟帖先审后发制等。上网实名制在杭州、北京、广州、深圳、宁波、厦门等城市进行了不同程度的推广，并成为中国互联网治理制度的组成部分，这对互联网用户在网络空间的行为有一定的规范作用。

就中国大型社交媒体新浪微博而言，中国互联网内容治理的方式主要有以下几种：1. 实名制，2012 年，中国新浪微博实行了实名认证制度（Real Name Registration，RnR），此政策要求注册的微博用户使用真实姓名；2. 黑名单，建立一个包含某些禁止发布的关键词和网络链接的名单；3. 搜索审查，采取实时更新的方式，对包含某些词的微博内容，无法被微博用户检索到；4. 转发审查，包含某些政治敏感话题、粗俗语言、色情和谣言等内容的微博，会被系统过滤并删除[6]。

然而，中国网民在网络空间的公共参与是策略性和创造性的，并且在面对网络审查问题时，其参与的公共领域类型会存在切换，灵活地参与到网络公共事件当中去，例如当短时型公共领域受到审查时，其可能切换到编码型公共领域继续表达自己的观点。[7]

这些都属于网络内容治理的领域，值得提出的是，在其中网民的情感表达，是其在网络生活中的常态行为，也是参与到网络公共事件中去的一个重要的形式和元素。然而，网民情感不是简单的、个体的生理机体现象，它还受到诸如文化传统、制度规范、社会结构等宏观因素的制约；同样，对情感的管理与控制也是中国网络空间治理的重要内容。网民的情感表达作为网络参与的一种重要的形式或者元素，又是如何在网络治理的大环境中，鲜活而生动地呈现出来？

所以，聚焦于情感表达，对于网民态度研究来说是一个自然的关切。此外，网络空间中的情感表达也不是完全自由、不受限制的。根据 Liu（2012）的观点，情感表达由四个元素构成，分别是情感表达者（Holder），情感表达的对象（Target），情感的极性（Polarity）和时间（Time）。[8]可以看出，表达者自身作为影响情感表达的重要因素，也是情感研究的重要对象。事实上，表达者的身份是规训情感表达的重要因素[9][10][11][12]。并且，网络环境中，一个人的身份形态常常并非单一而是多重，甚至可以说是多层嵌套，也就是身份多元性（Identity Plurality）的问题[13]，我们首先对此稍做探讨。

首先，从身份与组织的关系来看，身份可以划分为两个类别——“个体身份”（Individual Identity）和“组织身份”（Organizational Identity），对个体来说可能两者皆备。前者与组织关系高度分离，而后者则比较密切[14]，拥有“组织身份”的个体需要遵循组织内的规范，这些规范对其行为有一定的规训作用[15]。

其次，移动互联网时代的到来，网络和现实的身份变得密不可分[16][17]，两者相互渗透，现实身份逐渐与网络身份相结合，这种现象出现在中国语境下，主要有两点原因：第一，网络实名制的推行使得现实和网络空间逐渐融合，成为中国互联网治理制度的重要组成部分，这对互联网用户在网络空间的行为有一定的规范作用；第二，除了国家互联网信息治理的推动，网络用户自身也有在网络空间展示现实身份的诉求。C·té 认为身份是一种社会资本，即“身份资本”（Identity Capital）。[18]作为具有现实和网络身份的网民，其两种身份并不相互孤立，通常，在现实社会具有身份优势的个人，在互联网空间中依然享有这种身份优势带来的影响。[19]换句话说，如果现实社会身份优势可以增益网络社会资本，则部分网络用户可能会选择在互联网空间进行现实身份的展示。

移动互联网时代的网民具有的多重身份，包括个人和组织身份、现实和网络身份，那么其多重身份是如何规训其在网络空间的情感表达呢？是推动还是约束、是鼓励还是惩罚，抑或是更为复杂的作用机制？本研究主要围绕这个问题而展开。

二、网络身份与情感表达

（一）身份与情感表达

人类独具特色的生物性特征是能够运用各种情感去建构社会关系与社会结构。情感被定义为对事件与人有关的正负评价的一种内部心理状态。情感的表达也是社会参与的重要形式[20]，其广泛包含于包括形象塑造和身份构建[21]、社会地位的确认[22]、群体融入和支持寻求[23]等行为中。那么个人身份与其情感的表达之间的关系是什么样的呢？情感表达并非不受限制，而是受一定的身份的约束[24]。这种机制可以说是一种“规训”（Surveillance）作用[25]，而Gore曾经对此有延伸，认为规训发生作用既有“奖赏”也有“惩罚”，也就是既有推动也有约束[26]。与此类似，身份对于情感表达来说，也存在着双重作用。

一方面，身份在一定程度上推动着特定情感的表达。例如身份的“强”和“弱”影响着个人情感的表露，“强身份”（Strong Identity）和“弱身份”（Weak Identity）是Peteraf等人提出的概念[27]，两者的区分在于身份被社会成员承认并能影响其行为的程度。部分研究发现弱身份推动负面情绪的表达，例如与政治关联度低的社会运动成员倾向于采用愤怒的表达来影响成员的感知，从而推进社会运动。[28]也就是说，弱政治化的身份鼓励了社会运动成员愤怒情绪表达的采用。强身份推动正面情感的表达，这时候更多地体现为构建身份的一种策略。有研究表明，个人情感表达可以作为一种手段来标记或加强他们在社会等级中的地位，如社会地位较高的个体通过愤怒的表达可以保持和其他人的距离，以维持自己的地位和塑造个人的形象。[29]Berdahl等人的研究表明，跟社会地位低的人相比，社会地位高的个体表达更多的积极情感和更少的消极情感。[30]有研究发现强身份对情感表达强度也有影响，为了吸引广泛的网络受众，有影响力的社交网络用户必须不断地调整自己的表露策略以满足受众的期望。[31]情感性更强的文本可以激发受众的反馈，所以在网络中影响力更大的人倾向于利用情感表达来鼓励粉丝的参与。[32][33][34][35]

另一方面，身份也约束着情感的表达。这属于“情感管理”的范畴（Emotion Management），其是Hochshild提出来的一个概念，指出了身份与情感管理之间的关系—不同的身份对于情感表达提出不同规范，扮演不同角色的个体必须控制自己的情感，以保持和身份规范的一致性。[36]“人们积极地采取情感整饰，使他们的人格与所从事的跟社会公众打交道的工作保持一致。”[37]情感管理更多地指涉情感的社会规范，与此相关联的是情感表达的“适宜性”（appropriateness），认为情感表达受制于一定的社会规范，这种规范在特定的社会环境中告知人们什么是可接受的行为。Cialdini等人也把它称为“指令性规范”（Injunctive norms），表明评价行为适当与否的标准，其发挥作用的机制就是对某些行为承诺奖惩。[38]不恰当的情感表达面临的风险包括社会排斥、他者的背离、负面公众形象等[39]，个体对这种风险的感知会影响其正负情感的表露和情感表达的强度[40]。与表达者个人的身份存在冲突的不恰当情感表达会带来惩罚。情感表达规范对不同的群体的要求，以及不同群体其对情感表达规范的感知，都存在差异。[41][42]因此，具备不同身份的个体情感表达行为也就具有多样性。

以上只是宽泛地讨论了身份对情感表达的部分作用，情感表达有具体的语境和对象，情感表达指向的对象所具有的特征，对身份规训情感表达机制的影响值得探讨。Bae 等人通过对包括娱乐明星、政治家、媒体（包括联网新兴媒体和传统媒体）和宗教领袖四类共 13 个有影响力的推特（Twitter）账户的研究，发现更多网民在回复、提到和转发明星、互联网新兴媒体等属性的推特账户时，表达出正面的情感；而在政治家、宗教领袖和传统媒体的推特账户上表达了更多的负面情感。[43]卢嘉等人的研究发现，新闻微博文本内容中，提及公共利益的信息比个体利益和无利益诉求的情感表达更多。[44]陈晓东通过对新浪微博研究发现网民在科学技术话题上多保持中立态度，而在娱乐和体育话题上则情感倾向更为明显。[45]在网络空间中，情感表达的对象很多时候是具体的某个话题，那么在讨论具体的议题上身份与情感表达的结构又呈现出什么样的关系呢？正如 Marwick 所指出的那样，由于规范和期望的不同，必须在不同的语境中采用不同的展现策略，当然其中包括情感的表露。[46]话题的政治关联性是影响公民和组织表达的一个重要因素，可是说政治压力压缩表达空间[47]，这在中国语境中依然成立。在本研究中，根据话题与政治关联性，我们将网络话题分为政治经济话题、社会文化话题和科学技术话题，其中政治经济话题的政治关联性比其余两类更强。

（二）网络身份研究

身份是现代社会从未停止讨论的话题，朗文当代英文词典将身份定义为“界定自己的性格和态度的特征，这将自己与他人区分开来”，其内涵在于区隔。进入互联网时代，有关网络对身份构建影响的研究，成为无法避开的话题，网络身份被认为是“在线上空间界定个人特征的形态，其可以确认自己的个性，并与其他人区隔开来”[48]。Satchell 等人认为线上身份是人们以电子方式与他人互动的关键条件[49]，并且网络空间的身份与现实身份存在差异[50][51]。根据匿名性的不同，网民的身份可以分为线上身份（On-line identity）和线下身份（Off-line identity）两种类型[52][53]，并且前者对于自我构建的诉求要强于后者[54]。关于线下和线上身份的差异，Kim 等人总结了三个方面：前者基于面对面而后者基于不在场语境；前者需要投入大量的时间和精力来维护与他者的关系，而后者却是快速的，也比较自由；线下身份由于面对面难以掩饰，线上身份可以选择性展示，针对不同的对象可以展现不同的形态；前者依赖于包括身体在内的个人物理形态，后者独立于现实的人格系统。[55]线下和线上身份存在巨大的差异，相比而言后者是匿名、多样和碎片化的。[56]

然而线上和线下身份对于网民来说并不是非此即彼的对立关系。根据互联网的发展历程来划分，存在着 PC 和移动两个阶段，这于网络身份的研究来说有重要意义，因为“移动网络时代线上线下不可分，使得虚拟社会和现实社会不再像 PC 互联网时代那样具有明确的边界，网络身份不再是完全匿名的、可以与现实身份脱离，而是逐渐与现实身份相混合"[57]。例如新浪微博对账户采用认证制度，包括兴趣认证（垂直领域知名博主认证）、自媒体认证（优质自媒体作者认证）、身份认证（个人用户真实身份认证）和官方认证（政府、媒体、机构等官方账号认证）。认证的个人用户（黄 V）和机构用户（蓝 V）在新浪微博这一平台上的身份展示，既具有网络身份，又由于认证而具有现实身份，呈现出一种多重身份聚合的状态。根据身份认证与否、隶属于机构与否的标准来划分，新浪微博用户可以分为机构认证用户、个人认证用户和普通用户，机构用户其线下身份是组织性质的，而个人认证用户和普通用户的线下身份却是个人的。

除此以外，结合强弱身份的理论，总结而言在新浪微博这一社交媒体平台上，如表 1，蓝 V 用户属于弱个体身份强组织身份、强线下身份，黄 V 用户属于强个体身份弱组织身份、强线上身份，普通用户则属于强个体身份弱组织身份、强线上身份和弱线下身份。

表 1　网络用户身份的特征

	个体身份	组织身份	线上身份	组织身份
蓝 V 用户	弱	强	混合	强
黄 V 用户	强	弱	强	混合
普通用户	强	弱	强	弱

值得提出的一点是，在网络身份的研究中，"舆论领袖"由于其在信息传播中的重要地位而备受关注。这一概念最早来自 Lazarsfeld，指的是传统媒体语境中，充当大众媒体和社会之间的桥梁，在公共议题上活跃并且能够影响他人态度和行为的个体。[58]到了互联网时代"舆论领袖"依然存在，根据在网络空间中的影响力，用户被划分成了普通用户（Non-influential）和舆论领袖（Influential）两个类别。[59][60]既存研究也将网络舆论领袖界定为互联网环境中在某一领域具有强大影响力、并具有人格特质的个人用户，如企业家、媒体人、文体界明星、学者、作家等[61][62][63]，此外在新浪微博中，"舆论领袖以加 V 认证实名认证人士为主"[64]，因此可以看出，"黄 V"即实名认证的个人用户更多地在新浪微博平台上扮演了舆论领袖的角色。

（三）网络空间中的情感表达手段

在互联网时代，与线下的互动不同，计算机中介通信（Computer-mediated Communication，CMC）成为常态，网络空间中的情感研究有别于现实生活，受众只能通过语言线索来感知文本生产者的情感，例如词语、标点符号和表情符。[65]所以作为文本的词语、标点符号和表情符，在对网络用户的情感表达进行研究过程中，成为最重要的载体。因此，情感的表达还不可避免地涉及了修辞学的范畴，陈望道认为"修辞不过是调整语辞使达意传情能够适切的一种努力"[66]，在一定语境下运用恰当的修辞可以产生理想的情感表达效果。并且，"修辞是对语音、词汇、语法的综合运用，追求最佳的表达效果，同语言的关系非常密切"[67]。因此词汇在修辞中扮演着重要的角色，研究网络文本修辞的词汇使用成为探究其情感表达结构的一条重要的线索。在互联网的背景下，部分学者认为能够表达情感的词汇可以分为情感词汇、程度副词、连词、否定词等[68]，分析网络文本中此类词汇的使用，已经成为网络文本修辞研究的题中之意。

情感研究目前在不同的维度上展开，从以往的文献来看可以分为三个方面：1. 情感的效价（Emotion Valence），也叫情感极性分析，是对文本中表达的正面和负面情感类型划分。2. 情感唤起程度，即使是同一种类型的情感，其唤起也分为不同的程度，指的是一种动员或者能量的强度，也叫情感强度[69][70]。例如作为同一种类型的情感，"热爱"比"喜欢"的情感强度更高。3. 情感的多分类也是一个重要的问题，Ekman 把人们的情感分为高兴、恐惧、愤怒、悲伤、惊奇和厌恶六类[71]，研究者虽然在基本情感的类型和数量上认识有分歧，但都普遍同意高兴、恐惧、愤怒和悲伤等是普遍的情感类别[72]。

综合以上研究梳理，我们发现以往过于强调线下身份与情感表达的关系，以及线上身份对于网民情感表达的解放效果，而线上和线下的双重身份对于情感表达的复杂效应，没有得到足够的重视。另外，线下多元身份对线上情感表达的作用机制也缺乏应有的关注。由此，基于微博这一社交媒体平台环境，结合以往的研究进展，本研究拟提出五个研究问题，并在此基础上提出相应的研究假设：

1. 微博用户的身份（线上和线下、个人和组织）如何影响在参与网络公共议题讨论时其情感表达类型（包括情感极性和多分类）？

H1a：跟明确表露线下身份的微博用户相比，表露线上身份的用户倾向于表达更少的正面情感；

H1b：跟没有机构身份的微博用户相比，表露此种身份的用户倾向于表达更少的负面情感；

H1c：跟没有机构身份的微博用户相比，表露此种身份的用户倾向于表达更多的积极类型情感；

H1d：跟明确表露线下身份的微博用户相比，表露此种身份的用户倾向于表达更多的积极类型情感。

2. 微博用户的身份（线上和线下、个人和组织）如何影响在参与网络公共议题讨论时其情感表达强度？

H2a：跟明确线下身份的微博用户相比，表露线上身份的微博用户情感表达强度更高；

H2b：跟具有机构身份的微博用户相比，没有表露此种身份的微博用户情感表达强度更高。

3. 微博用户的身份（线上和线下、个人和组织）如何影响在参与网络公共议题讨论时，其表达情感过程中的修辞使用？

H3a：明确表露线下身份的微博用户相比，表露线上身份的微博用户情感表达采用更多的负面和夸张修辞；

H3b：具有机构身份的微博用户相比，没有表露此种身份的微博用户微博用户情感表达采用更多的负面和夸张修辞。

4. 微博用户的身份（线上和线下、个人和组织）如何影响在参与网络公共议题讨论时，其在不同话题（政治经济、社会文化、科学技术）上的情感表达？

H4a：微博用户的线上身份推动其在政治经济话题上的消极情感表达；

H4b：微博用户的个人身份推动其在政治经济话题上的消极情感表达。

三、研究设计

（一）数据收集

网络话题可以作为研究网民情感表达的重要载体，因此在采集数据之前，必须确定所要研究的网络话题。中国最大的互联网公司之一百度于 2017 年 12 月 18 日公布了当年的热搜榜，包含 18 个领域 180 个热议的话题，此外结合新浪微博热搜平台 2017 年度排名在前 100 的热点话题，随机选取了 29 个，并根据话题所涉及的领域划分为政治经济话题、社会文化话题和科学技术话题三个类别，将其作为数据采集的依据，具体话题类别及其内容。（见表 2）

在确定相应的话题后，本研究根据相应的关键词，采集新浪微博上相关的文本。数据的采集是通过 Python 语言并采用高级搜索的方式，其具体流程如下：首先，以某个话题的关键词为线索（搜索规则例如乒乓球国家队退赛：乒乓球退赛 OR 国家队退赛），在新浪微博中检索到所有相关的微博。其次，根据被检索到的微博获取本研究所需的数据，其包括两个层面：1. 微博博文层面的数据，包括检索到的有关微博的正文、发文时间、网页链接；2. 微博账户层面的数据，也就是所检索到的微博其发文账户的数据，包括账户名、账户 ID、账户的认证信息，具体的指标和内容如表 3。之后，将这些信息依次爬取并存储至数据库。在采集数据的时间区间上，本研究将其设定为事件发生后的 15 天内。

表 2　研究中所选用的网络话题及其类别

话题类别	话题内容	话题数	微博数
政治经济	房产纳税、乒乓球国家队退赛、一带一路论坛、雄安新区设立、租售同权、特朗普访华、十九大召开、2017 年两会	8	76 088
社会文化	职业打假、山东辱母杀人案、宁波动物园老虎咬人、代孕是否合法、人民的名义热播、杭州无人超市、余文乐结婚、白百合离婚、红黄蓝事件、战狼 2	10	71 141
科学技术	韩春雨事件、草甘膦、转基因、发现天使粒子、超级高铁测试、光量子计算机、新引力波、国产客机 C919 首飞、复兴号高铁、天舟一号、崔永元与复旦教授论辩	11	76 144
Total		29	223 315

表 3 采集的微博数据指标及其说明

指标	指标说明
微博账户层面数据	
账户名	微博账户的名称
ID	每个微博账户独有的识别号即 ID
认证情况	普通用户＝1；黄 V 用户＝2，指的是通过认证的个人用户；蓝 V＝3，指的是通过认证的机构用户
用户身份表露类型	普通用户为具有线上、非机构身份＝1，黄 V 用户为兼具线上线下、非机构身份＝2，黄 V 为兼具线上线下、机构身份＝3
微博博文层面数据	
网页链接	每条微博独有的 url 地址
发文时间	微博文本发文的时间，具体到天
正文	微博正文内容

（二）文本情感分析的方法

情感分析主要有两种思路，一是基于词典[73][74]，另一种是基于机器学习[75]。前者基于既有的情感词典中词语的标签，将句子或者文档中出现频率最高的情感类型作为文本的情感标签，如无情感词汇则是中性；后者则是使用词汇、标点符号、情感词典等作为特征来进行训练，判别文本的情感类属。[76]本研究采用的是基于词典的方法来进行微博文本的情感分析，借鉴以往的研究囊括情感极性分析、情感强度计算、情感分类、修辞的构成分析四个部分。

1. 情感极性和情感强度分析。情感极性分析指的是情感的正负分类，这是此领域比较基础和成熟的话题。这个方向目前已经突破简单的正负二分类，开始关注情感极性的强度，Peng 等人将其称为情感极性值（Emotion Valence Score，EVS）[77]。此外，Peng 等人根据文本情感值加总来作为文本的情感极性强度[78]。部分学者提出了一种计算互联网文本情感强度（Sentiment Intensity）的方法，其原理是构建情感词典识别文本中包括积极词、消极词、否定词和程度副词在内的情感词，并加权计算词语、句子和文档的情感强度。[79][80][81][82]

本研究在以往文献的基础上，采用大连理工大学中文情感词汇本体库，构建了基于词典的情感值计算框架，如图 1，其具体流程如下：首先对单条微博进行文本预处理，并以标点符号为分割标志，将单条微博分割为 n 个句子，提取每个句子中的情感词。以上两步的处理均以句子为处理单位；第二步在情感词表中寻找情感词，以每个情感词为基准，向前依次寻找程度副词、否定词，并作相应分值加权计算，随后对分句中所有情感词的得分加总；第三步判断该句是否为感叹句，是否为反问句，以及是否存在表情符号。如果是，则分句在原有分值的基础上加上或减去对应的权值；最后对所有分句的分值进行累加，获得该条微博的最终得分。在获取每条微博情感值以后，如果情感值大于 0 则将其情感极性判定为正面，等于 0 情感极性为中性，小于 0 则情感极性为负面。

2. 情感的分类和修辞使用。与极性分析的情感正面、负面和中性分类相比，这一部分的

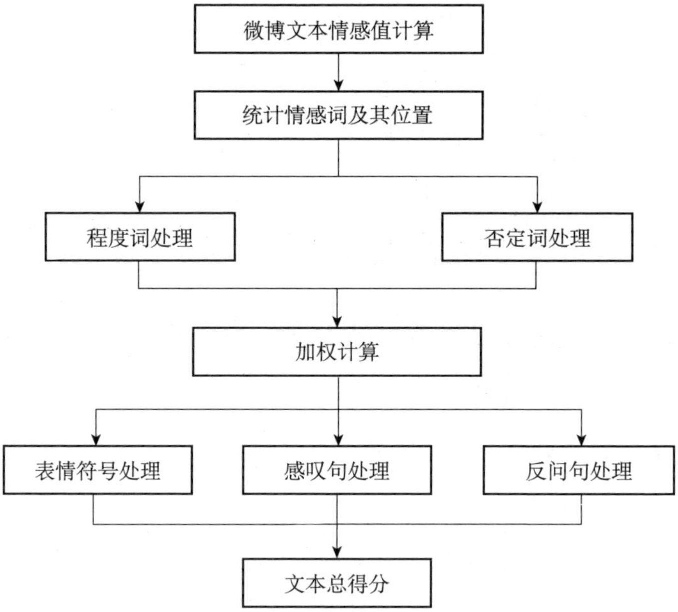

图 1　社交媒体文本情感计算的流程图

情感种类更多，目前的研究方法主要分类两类：基于词典的方法和机器学习的方法，前者主要依靠已经构建的情感本体库来识别文本中存在的情感类型[83]，后者在提取文本特征（包括标点符号、词语和表情）来对文本的情感类型做判别[84]，例如支持向量机（SVM，Support Vector Machine）和朴素贝叶斯（Naive Bayes）的方法。也有研究采取两种混合方法来进行情感的分类研究，其原理是将已经构建的情感词典作为特征进行机器学习[85][86]。

本研究的情感分类采用基于词典的方法，首先，应用大连理工大学中文情感词汇本体库提出的七分类（高兴、喜欢、愤怒、哀伤、恐惧、厌恶和惊讶），再加上无情感这个类别，总共有八类。并结合中国知网构建的情感词典 Hownet、台湾大学 NTUSD 简体中文情感词典，将用于分类的情感词典予以拓展，这部分是基础情感词典；其次，部分包含情感的网络用语，并未被包括在基础词典中，例如“洗地”一词表达了“替坏人处理做坏事后的收尾工作”，一定程度上表达了愤怒和抗议，但是并未包含在基础情感词典中。为了适应微博情感表达的特征，本研究搜集了博客、论坛、微博等社交媒体中的情感词语并对其进行了标注，构建了网络情感词典。通过以上两个步骤构建的基础情感词典和网络情感词典共同组成本研究用于分类的情感词典。

在构建情感词典的基础上，对每一篇微博进行分词。并对文本中出现的每一类情感词数量进行统计，然后将文本的情感标签确定为在其中出现次数最多的情感词所属的类别。如果一个文本不包含情感词，那么这个文本就被标记为无情感。

文本中的情感表达通常通过词语来表现，根据大连理工大学中文情感词汇本体库，表达情感的词汇通常有标点符号（问号、感叹号等）、情感词（积极词汇和消极词汇）、否定词和程度副词。其中程度副词包括相对程度副词和绝对程度副词，前者是有比较的，例如“更加”“比较”“稍微”等，后者没有比较，如“太”“很”“多么”等。[87]通过这些词汇在文本中的在现情况，可以对情感表达的修辞使用进行研究。

四、研究发现

（一）微博账户类型与情感极性

根据表 4，总体来看，在研究搜集的有关 29 个热门话题的 223 315 条微博中，表达了正面、中性情感的分别有 143 336 条（占比 64.18%）和 74 977 条（占比 33.58%），而表达了负面情感的只有 5 000 条（占比 2.24%），正面情感和中性情感主导了微博用户在 29 个网络热门话题上的情感表达。从情感极性的分类来看，70.78%的蓝 V 用户、68.61%的黄 V 用户和 61.87 的普通用户表达了正面的情感，在正面情感表达中蓝 V 用户的占比最高，其次是黄 V，普通用户最低；而 2.52%的黄 V 用户、2.49%的普通用户和 1.05%的蓝 V 用户表达了负面的情感，在负面情感的表达中黄 V 用户占比最高，普通用户其次，蓝 V 最低。跟具备线下身份的黄 V 和蓝 V 相比，只具备线上身份的普通用户正面情感比例最低；而跟具备机构身份的蓝 V 相比，不具备机构身份的黄 V 和普通用户表达了更多的负面情感。因此，H1a 和 H1b 得到了支持。

表 4 不同类型微博账户的情感极性统计

	情感极性			
微博账户类型	负面（单位：条）	中性（单位：条）	正面（单位：条）	总计（单位：条）
普通用户	3 977（2.49%）	56 809（35.64%）	98 628（61.87%）	159 414（100%）
黄 V 用户	608（2.52%）	6 959（28.87%）	16 541（68.61%）	24 108（100%）
蓝 V 用户	415（1.05%）	11 211（28.17%）	28 167（70.78%）	39 793（100%）
总计	5 000（2.24%）	74 979（33.58%）	143 336（64.18%）	223 315（100%）

（二）不同话题中微博账户类型与情感表达强度

本研究根据情感极性将 223 315 个微博分为正面、中性和负面三组，由于中性的微博其情感值为 0，也就是没有强度上的变化，因此被排除在这部分的分析之外。同时我们将话题的类别也纳入研究之中，采用双因素方差分析（Two-way Anova Analysis）的方法，试图去发现不同类型的微博账户在三个话题类别上，其情感表达强度的差异。

在政治经济话题上，如表 5，不论是正面还是负面情感的微博，三种类型的账户其情感强度并不存在显著的统计差异（正面：F＝1.134，p＝0.322；负面：F＝4.83，p＝0.30）。在社会文化话题上，三种类型的账户其情感强度在正面微博中存在显著差异（F＝33.18，p＝0.00），其情感强度从高到低排序依次是普通用户（M＝5.62，SD＝15.13）、黄 V 用户

(M=5.07，SD=7.63)、蓝V用户（M=4.31，SD=6.94）；在负面情感的微博中也存在差异（M=3.95，p=0.047），情感强度从高到低排序依次是普通用户（M=－6.37，SD=35.45)、黄V用户（M=－5.09，SD=14.09）和蓝V用户（M=－1.90，SD=5.56）。在科学技术话题上，三种类型的账户其情感强度在正面话题中存在显著差异（F=12.51，p=0.00)，情感强度从高到低排序依次是普通用户（M=4.03，SD=19.40)、黄V用户（M=3.97，SD=6.55）和蓝V用户（M=3.17，SD=4.91)；然而其在负面话题中并不存在显著差异（F=1.294，p=0.256)。跟具备线下身份的黄V和蓝V相比，只具备线上身份的普通用户在网络上表达的情感强度，于三种类型话题中都是最高的，因此H2a得到支持；而跟具备机构身份的蓝V相比，不具备机构身份的黄V和普通用户在网络上表达的情感强度，于三种类型话题中都是较高的，因此H2b得到了支持。

表5　不同话题中微博账户类型和情感表达强度的双因素方差分析

		负面情感				正面情感			
		95%置信区间				95%置信区间			
		M	SD	F	Sig.	M	SD	F	Sig.
政治经济	普通用户	－6.73	36.32	4.83	0.30	3.80	8.11	1.134	0.322
	黄V用户	－3.14	9.22			3.65	6.07		
	蓝V用户	－14.53	77.13			3.80	4.65		
社会文化	普通用户	－6.37	35.45	3.95	0.047	5.62	15.13	33.18	0.00
	黄V用户	－5.09	14.09			5.07	7.63		
	蓝V用户	－1.90	5.56			4.31	6.94		
科学技术	普通用户	－3.91	8.89	1.294	0.256	4.03	19.40	12.51	0.00
	黄V用户	－2.86	6.70			3.97	6.55		
	蓝V用户	－2.53	3.85			3.17	4.91		

（三）微博账户类型与情感修辞使用

由于本研究采用的是基于词典的情感分析，情感词（包括积极词和消极词）、否定词、程度副词和感叹符号是衡量网络情感表达的重要指标，这些词语也是情感修辞使用构成因素。因此本研究采用单因素方差分析的方法，研究不同类型账户在微博中不同情感修辞使用的差异。由于不同类型的账户所发微博样本数量并不均衡，容易产生过度依赖于有限的数据样本而导致过拟合（Overfitting）的问题，分析结果的准确性和稳定性会受到影响。因此本研究采用再抽样的方法，对个账户类型所发的微博进行重新抽样以达到均衡样本的条件。具体方法为根据账户类型将微博分为3个组别，每个组别随机抽取20 000条，总共60 000条微博，再进行后续的方差分析。（见表6）

在情感词上，三种类型的微博账户，积极词语的使用数量存在显著差异（F=2 984.14，p=0.00)，均值最高的是蓝V账户（M=4.41，SD=3.42)，其次是黄V（M=2.88，SD=2.71)，最低的是普通用户（M=2.25，SD=2.41)；三种类型的微博账户消极词语的使用数量亦存在显著差异（F=530.78，p=0.00)，均值数量最高的是黄V账户（M=4.29，SD=

3.17），其次是普通用户（M＝4.13，SD＝3.19），最低的是蓝 V 用户（M＝3.35，SD＝2.93）。在感叹符号上，三种类型的微博的使用数量存在显著差异（F＝66.59，p＝0.00），平均数量最高的是普通用户（M＝0.82，SD＝1.47），其次是黄 V 用户（M＝0.76，SD＝1.31），最低的是蓝 V 用户（M＝0.67，SD＝1.21）。在否定词上，三种类型的微博账户的使用数量存在显著差异（F＝50.90，p＝0.00），其中平均数量最多的是黄 V 用户（M＝0.07，SD＝0.30），其次是普通用户（M＝0.06，SD＝0.29），最低的是蓝 V 用户（M＝0.04，SD＝0.25）。在程度副词上，三种类型的微博账户相对程度副词的使用数量存在显著差异（F＝47.35，p＝0.00），均值数量最高的是黄 V 账户（M＝0.26，SD＝0.60），其次是普通用户（M＝0.22，SD＝0.56），最低的是蓝 V 用户（M＝0.20，SD＝0.52）；三种类型的微博账户绝对程度副词的使用数量亦存在显著差异（F＝114.57，p＝0.00），均值数量最高的是黄 V 账户（M＝0.23，SD＝0.55），其次是普通用户（M＝0.20，SD＝0.53），最低的是蓝 V 用户（M＝0.15，SD＝0.46）。跟具备线下身份的蓝 V 相比，只具备线上身份的普通用户采用了更多的负面和夸张修辞，但是少于黄 V 用户，因此 H3a 得到了部分支持；而跟具备机构身份的蓝 V 相比，不具备机构身份的黄 V 和普通用户表达情感时采用了更多的负面和夸张修辞，因此 H3b 得到了支持。

表 6 微博账户类型与情感修辞使用的单因素方差分析

95%置信区间						
		微博账户类型	M	SD	F	Sig.
感叹符号		普通用户	0.82	1.47	66.59	0.00
		黄 V 用户	0.76	1.31		
		蓝 V 用户	0.67	1.21		
情感词	积极词语	普通用户	2.25	2.41	2 984.14	0.00
		黄 V 用户	2.88	2.71		
		蓝 V 用户	4.41	3.42		
	消极词语	普通用户	4.13	3.19	530.78	0.00
		黄 V 用户	4.29	3.17		
		蓝 V 用户	3.35	2.93		
否定词		普通用户	0.06	0.29	50.90	0.00
		黄 V 用户	0.07	0.30		
		蓝 V 用户	0.04	0.25		
程度副词	绝对程度副词	普通用户	0.20	0.53	114.57	0.00
		黄 V 用户	0.23	0.55		
		蓝 V 用户	0.15	0.46		
	相对程度副词	普通用户	0.22	0.56	47.35	0.00
		黄 V 用户	0.26	0.60		
		蓝 V 用户	0.20	0.52		

（四）不同类型微博账户在三种话题上的情感类型

本研究以 2017 年 29 个热门话题的 223 315 条微博为对象，分析微博用户的身份类型与其情感表达类型之间的关系，为了更为细分地研究不同话题对于这种关系的影响，我们将话题分为了政治经济、社会文化和科学技术三个话题类别。并使用卡方分析对不同网络身份类型（普通用户、黄 V 用户和蓝 V 用户）之间，在情感表达类型上是否存在显著差异进行了检验。这部分在分析前依旧采用重新抽样的方法，根据话题类型（政治经济/社会文化/科学技术）和账户类型（普通/黄 V/蓝 V）将微博分为 9 个组别，每个组别随机抽取 5 000 条，总共 45 000 条微博，再进行后续的卡方分析。

研究表明（见表 7），在政治经济话题中，不同身份的微博用户其情感表达类型存在显著差异，=2 321.91，p<0.001；在社会文化话题中，不同身份的微博用户其情感表达类型存在显著差异，=132.22，p<0.001；在科学技术话题中，不同身份的微博用户其情感表达类型存在显著差异，=323.91，p<0.001。

可以看出，首先，与社会文化和科学技术话题相比，更多的蓝 V 用户在政治经济话题上表达了高兴（1 609 个）、喜欢（1 229 个）类型的情感，然而在社会文化话题上更多地表达了哀伤（716 个）、愤怒（67 个）、恐惧（218 个）、厌恶（1 553 个）和惊讶（70 个）类型情感。跟社会文化和政治经济话题相比，更多的蓝 V 用户在科学技术话题上表达了无情感（1 622 个）类型的情感。

表 7　不同身份用户与不同情感类型的卡方检验

		情感类型									
话题类型	账户类型	高兴	喜欢	哀伤	愤怒	恐惧	厌恶	惊讶	无情感	Total	
政治经济	普通用户	588	856	213	29	164	670	31	2 449	5 000	2 621.51***
	黄 V 用户	790	1 220	270	21	252	742	37	1 668	5 000	
	蓝 V 用户	1 609	1 229	162	13	176	348	34	1 429	5 000	
社会文化	普通用户	460	764	717	130	151	1 216	47	1 515	5 000	132.22***
	黄 V 用户	535	724	889	114	149	1 339	36	1 214	5 000	
	蓝 V 用户	678	708	716	67	218	1 553	70	989	5 000	
科学技术	普通用户	873	679	218	90	236	1 301	53	1 550	5 000	323.91***
	黄 V 用户	1 235	781	201	84	205	1 013	33	1 418	5 000	
	蓝 V 用户	1 551	783	232	11	192	574	35	1 622	5 000	

注释：* 表示 p<0.05，** 表示 p<0.01，*** 表示 p<0.001

其次，跟社会文化和科学技术话题相比，更多的黄 V 用户在政治经济话题上表达了恐惧（252 个）和厌恶（742 个）类型的情感。最后，跟社会文化和科学技术话题相比，在政治经济话题上，更多的普通微博用户表达了喜欢（856 个）和无情感（2 449 个）类型的情感，以及更少的蓝 V 用户表达了哀伤（162 个）、愤怒（13 个）、厌恶（348 个）类型的情感。

跟具备线下身份的蓝 V 相比，只具备线上身份的普通用户在网络空间表达情感时，在多数情况下，表达消极类型的比例会较高，但是跟黄 V 用户相比不一定如此，因此 H1c 得到了部分支持；而跟具备机构身份的蓝 V 相比，不具备机构身份的黄 V 和普通用户在网络空间表达情感时，表达消极类型的比例会较高，因此 H1d 得到了支持。

跟具备线下身份的蓝 V 相比，只具备线上身份的普通用户在讨论政治话题时表达了更多的消极情感类型，但是少于黄 V 用户，因此 H4a 得到了部分支持；而跟具备机构身份的蓝 V 相比，不具备机构身份的黄 V 和普通用户在讨论政治话题时表达了更多的消极情感类型，因此 H4b 得到了支持。

五、结论与讨论

本研究通过网络用户关于微博热议话题的发文，研究具有不同账户类型的微博用户，其线上和线下、个人和组织身份对情感表达的影响，为四种身份在情感表达的极性、强度、类别和修辞使用之间呈现出来的差异提供一个合理的解释框架。

1. 社交媒体网民情感表达的“积极主导”。社交媒体的虚拟性给网民情感的表达提供了更为自由的条件，在此背景下有研究表明负面情感的表达具有普遍性，“从著名论坛到门户网站再到微博，网络空间充斥着斥责、不满等负面情绪”[88]。然而在我们的研究中，不论是普通、黄 V 还是蓝 V 用户，在微博上表达正面情感的用户比例大于负面情感，是一种“积极主导”（Positivity Dominating），其表示社交媒体上大部分用户生产内容的情感是正面的。除此以外，我们的研究还发现在微博上中性（Neutral Emotion）情感占了很大的比例，“陈述性”（Declarative）的表达也是具有重要的地位。

之所以出现这种现象，原因可能有以下两点：微博平台具有社交网络的开放性，决定其信息传播不仅存在“熟人间”，也通常会面对陌生人，负面的情感是更私人的话语，对陌生人表达消极的情绪并不太合适[89][90]，因为积极的情感表达被认为是更适宜的，更容易塑造个人良好的形象。因此具有个人身份的微博普通用户和舆论领袖总体上也会倾向于表达积极的情感。此外，在机构中情感经常被视为理性的对立面，其发展出特定的机制来调节情感的表达。组织往往试图通过调节和制度化理性规范来消除负面情绪。[91]对于具有机构身份的微博用户来说，国家互联网治理的规则和机构本身的内容生产“去人格化”抑制其负面情感的表达。

在网络治理和各种综合因素的作用下，在大部分的语境下，积极和克制的表达成了最优的选择。可以看出，在日常的网络情感表达实践中，网民在绝大部分选择正面和克制的表达方式，以避免个人的负面形象表露和避开网络审查、社会规范所带来的压力，这也和中国的“中庸之道”相符合。

2. 双重结构中的情感表达：线下身份的抑制和线上身份的推动，机构身份的约束和个人身份的鼓励。本研究发现，三类微博账户在情感表达上具有鲜明的差异。微博蓝 V 用户具有强线下和强机构身份的特点，其在情感表达方面表现为正面情感比例最高，积极情感、积极修辞最多，消极、夸张修辞最少，情感强度最低，微博机构用户在情感表达方面趋于保守和谨慎，采用更为中性的修辞策略；黄 V 用户具有强线上和强个人身份的特点，其在情感表达方面表现为负面情感比例最高，消极、夸张修辞最多，情感强度居中；普通用户具有强线上身份和强个人身份的特点，其在情感表达方面表现为负面情感比例居中，消极夸张修辞居中，情感强度最高。可以看出的是，线下身份和机构身份对负面和消极情感、消极和夸张修辞使用、情感强度有抑制作用，对积极情感和积极修辞使用有推动作用；线上和个人身份对负面和消极情感、消极和夸张修辞、情感强度有鼓励作用。可以说，线上和线下、组织和个人身份对网民情感表达的影响具有双重结构。之所以出现这样的现象，我们的理解如下：

首先，旧有的实践规范在社交媒体中依然发挥着作用，这与线下身份对情感表达的约束效应是一致的。与 Goffman“前台”和“后台”概念相呼应[92]，而线下身份由于与现实身份相联系而带有更多的“前台”表演性质，是“强规范性”（Strong normative）的，相比线上身份，网络用户的线下身份对其自我表达的行为约束性要强得多。网络空间的虚拟性更具备“后台”属性，使得线上身份推动了负面和消极情感的表达，跟线下相比，线上情感表达更不理性、更激进。

其次，从机构身份和个人身份的差异来看。正如 Gordon 提出的情感的机构性导向（Institutional Orientation）和冲动导向（Impulsive Orientation）这两个概念。[93]前者更多地涉及抑制情感，传统和组织规则是情感表达具有更多的控制；而后者更多地是激发情感，同伴、媒体和情境突现是情感的来源，更多的是释放和降低抑制。从这个意义上来讲，机构身份更容易与情感的组织定向联系起来，个人身份则与冲动定向联系更紧密。这对于中国的语境来说十分合理。具有机构身份的网络用户，跟网络舆论领袖不同之处在于，其隶属于组织机构，内容的生产必须遵循组织内部的规范，国家互联网信息管理办公室（CAC，Cyberspace Administration of China）在其 2018 年颁布的《微博客信息服务管理规定》指出“各级党政机关、企事业单位、人民团体和新闻媒体等组织机构对所开设的前台实名认证账号发布的信息内容及其跟帖评论负有管理责任”，另外由于其受行政和组织力量的制约更强，因此在情感表达以及修辞方面更为中性和保守，从而避免引起争议。此外，国家互联网信息管理办公室规定“微博客服务提供者应当发挥促进经济发展、服务社会大众的积极作用，弘扬社会主义核心价值观，传播先进文化，坚持正确舆论导向”，机构运营的网络用户更容易受到行政力量的影响，其情感表达也和国家的主流社会规范保持一致，正面情感相对更多。其中媒体认证的微博用户最为典型，全国范围的媒体在中国隶属于中宣部管辖，“媒体必须在意识形态上与党保持一致，宣传党的消息并遵守党的政策”。

3. 社交媒体时代的注意力经济：舆论领袖的负面情感和消极、夸张修辞偏好。跟普通用户相比，网络舆论领袖（黄 V）倾向于使用负面的情感表达，并且，在情感表达的修辞使用上，跟机构和普通用户相比其使用更多的消极和程度副词。在社交媒体空间中，使用负面的情感表达和消极、夸张的修辞词汇，成为网络舆论领袖的一种网络情感表达的倾向，其原因可能有以下的两点：

（1）“注意力经济”时代的到来，受众的关注成为一种重要的资源，“注意力经济”在传统媒体时代的体现就是对收视率和收听率的疯狂追逐，而在社交媒体中是对信息传播力的看重，包括阅读、点赞、转发、评论和搜索数这样的指标。舆论领袖对内容传播效果的诉求更为强烈，其原因有两点：首先，网络流量的变现，获得高传播力的微博账户可以通过广告或其他方式获得经济上的收益；其次，扮演舆论领袖角色的网络用户，在公共事件中倾向于发挥个人影响力来表达不满。“博主发现自己的信息被很多人阅读时会感受到来自那些对他们的生活和观点感兴趣的志同道合的人的强烈的情感支持。”[94]因此，在社交网络中具有一定影响力的个人，对于文本的广泛传播有强烈的诉求。

(2) 网络空间中的情感表达对于信息的传播有一定的影响。跟中性的文本相比，富含情感性的文本更容易得到受众的反馈，其传播力也更强，“让人产生强烈的正面情绪（敬畏）或负面情绪（愤怒或焦虑）的内容更具病毒性传播动力”[95]，网络空间中。部分研究也发现，新闻或者广告文本中情感越强烈，受众的相应越积极[96][97]；社交媒体用户发文的情感强越烈，它被搜索、转发、评论和点赞的次数越多。此外正如中国俗语所言，“好事不出门，坏事传千里”，跟正面情感相比，带有负面情感的文本传播力更强，这可以说是一种“负面偏倚”(Negativity bias)，指的是尽管是同样强度的表达，跟正面和中性情感相比，负面情感对人的行为和认知有更大的影响。[98][99]

“注意力”经济背景下，社交媒体中有影响力的用户对于网络传播力的追逐，与情感对信息传播的“负面偏倚”效应相结合，造成了网络大V对于负面情感表达和消极、夸张修辞的偏好。

4. 网络用户基于身份的策略性情感表达。在情感表达的类型上，不同身份的网络用户其在积极和消极情感的表达方面存在深层次的差异，相较于政治话题，机构用户在社会文化和科学技术话题上消极情感相对多一些；相较于社会文化和科学技术话题，舆论领袖在政治话题上表达更多的消极情感。这个结果揭示了语境对于情感表达的重要意义，因为网民的情感表达是内嵌于其中。刘丛等人对微博平台的研究也发现黄V用户表达消极情感的比例略高，“质疑”情绪和“讽刺”修辞较多。[100]

之所以出现这种现象，我们认为这与我国传媒管理体制有关，正如陆晔和潘忠党所言，传统的新闻宣传受到政治力量的影响[101]，与此类似，政府也通过各种方式塑造互联网的合法运行环境。我国政府试图加强对互联网的治理，保证其不会成为不满要素累积的舞台从而产生损害政府的行为。[102]在这种环境下，尤其需要指出的是，政治关联性强弱会成为网络用户情感表达的一个重要的考量。而这种政治关联性根据主体不同可以分为两类：用户身份的政治关联性和话题的政治关联性。前者根据“强身份”和“弱身份”理论，与政治关联性强的用户更倾向于表达正面的情感，而与政治关联性弱的身份推动负面情感的表达。[103]就后者而言，政治经济话题由于其天然涉及国家机构的职能，政治属性更强，而社会文化和科学技术相较而言会弱一点。在讨论政治话题的时候，部分网民的情感表达会具有一定的策略性。对于具有机构身份的网民来说，政治话题的敏感性与它身份的强政治关联，在网络内容发布前具有其“政治自我审查”的流程，使其情感表达趋向于审慎和保守；而对于舆论领袖来说，政治话题敏感性所引起的有影响力机构用户“缺场”或“失声”，其可以利用这种机会，在政治话题上的鲜明情感表达可以倍增其社会影响力。可以说，这两类用户在社交媒体上的情感表达机具“策略性”。

六、结语

网络用户的线上和线下身份在社交媒体时代变得不再可分，其明确的边界被打破，逐渐融合。因此，线上和线下身份对网民在网络空间的情感表达的影响叠加在一起：一方面网络用户线下的机构身份抑制情感的表达，另一方面线上和个人的身份又鼓励情感的表露。普通用户的匿名性使其线下身份缺失，能够比较自由地表达多样化的情感，从而达到自我实现，塑造自我偏好的网络形象，增加社会资本，具体语境下还可以实现行动的目标。舆论领袖线上身份和线下非机构身份的结合，使得其情感表达规范性约束力减小，而适当的情感表达策略可以放大其线下身份的优势，以及在线上收割更多的流量以转化成其他社会资本，此外，舆论领袖在群体事件中可以采用适当的情感策略满足动员的条件，因而其有更强的情感表达动力。可以说，网络用户的不同身份对情感表达来说是形成了一种“奖赏和惩罚”并存的双重结构关系。总结而言，存在以下几点重要的启示：

第一，网民日常情感表达实践中的正面策略：在网络治理和各种综合因素的作用下，在大部分的语境下，积极和克制的表达成为最优的选择。可以看出，在日常的网络情感表达实践中，网民在绝大部分选择正面和克制的表达方式，以避免个人的负面形象表露和避开网络审查、社会规范所带来的压力，这也和中国的“中庸之道”相符合。

第二，负面情感表达的虚拟和个人身份选择，正面表达中的现实和组织身份选择。网民的个人身份和虚拟身份，更多的是一种匿名的和私人话语的状态，这给网民情感的表达提供了更为自由的条件，在此背景下有研究表明激烈和负面情感的表达具有普遍性。而如果在网络空间中表明现实社会的身份或者组织身份，此种身份带来的更多是线下和社会规范的压力。因此，网民在网络空间负面、激烈的情感表达，以及负面和批判的态度的表露，更多地会依托虚拟和个人的身份来生产，例如利用社交媒体“小号”或者多个匿名的“马甲”来表达自己的负面意见，已经成为很多社交媒体用户的选择，其私密性和匿名性，使得真实情感的表达变得更不受约束。

第三，政治话题和去政治话题上基于身份的多样性策略。对于具有机构身份的网民来说，政治话题的敏感性与它身份的强政治关联，在网络内容发布前具有其“政治自我审查”的流程，使其情感表达趋向于审慎和保守；而对于舆论领袖来说，政治话题敏感性所引起的有影响力机构用户“缺场”或“失声”，其可以利用这种机会，在政治话题上的鲜明情感表达可以倍增其社会影响力。可以说，这两类用户在社交媒体上的情感表达机具“策略性”。具体来说，作为网络审查重点的政治话题，其敏感性更强，官方对批评和反对意见的容忍程度更低。

第四，作为机会的网民负面情感表达。网络审查，对于部分用户来讲，具有规范性的力量，而对于另一部分网民来讲则可能是“激励”，在敏感话题上的强烈和负面情感表达，也许具有社会资本增益的效果。从某种意义上来讲，网络审查下造成的某些真空和禁地，会成为一种“机会”，网络舆论领袖和普通网民在此类语境下的情感生产，会使得其边际收益，包括发生、组织和动员号召的效果更为强烈。所以，“汝之砒霜，彼之蜜糖”，更容易受到网络监控的负面情感，由于其“偏倚效应”，在某种程度上下，会为网民的公共参与创造更为丰厚的回报。

这对于我国的网络治理具有极为重要的借鉴意义，网络用户的身份对于其内容生产具有规训的力量，那么对于网络虚拟空间的治理来说，身份的管理成为一个重要的思路，健全网络身份管理的体制是网络空间治理体系的重要组成部分。根据身份对于网民内容生产的影响机制，构建基于身份的规范制度，充分“奖赏”和“惩罚”的双重规训效用，鼓励网民有序、健康地参与到虚拟公共空间的讨论，避免倾向性和情绪化的滥用，以及非理性的冲动，降低网络社会风险性事件的“放大效应”。推进网上正面讨论，加强依法管网和网上舆论引导，大力净化网络环境，这对于建设理性、健康的网络公共讨论环境具有重要意义。

最后需要指出的是，本研究也存在一定的不足之处。首先，因为本研究采用的是高级搜索的方式，相对于与新浪合作的 API 数据抓取方式，其样本抓取规模受到一定的限制，而后期的研究可以采用与外部机构合作的方式，扩大研究样本的体量。其次，由于是采用数据爬取的方式，因此无法获取网民在不同身份背景下情感表达的内在动机，采用问卷调查和访谈的方法，在这一方面的研究深度会得到拓展；并且本研究的情感分析是基于词典，实践中将基于词典和机器学习的方法相结合，在一定程度上可以提高分类的精度。再次，社交媒体自身所有的特点也影响着网民的情感表达方式，例如有研究表明，封闭性的社交平台更适合私人情感的表达，语境的私密性对于负面情感的表露具有重要的影响[104]，因为负面情感的表达通常跟私人而非公共语境联系在一起[105][106]。不同的语境规范性（Context Normativeness）对自我表露提出的要求不一样，符合规范性的自我表露被认为更适宜。[107]本研究主要基于新浪微博平台，然而这一平台天然具有陌生人社交和开放性的特征，因而网民的个人表达会受到影响，与此相比，微信具有封闭性和熟人社交的特征，相比而言对于网民自我表露的规范有一定差异，其情感表达也相应会受到影响，因此针对不同私密性社交媒体环境下情感表达的机制进行研究，应该可以成为未来的方向。

参考文献略

图书在版编目（CIP）数据

传播研究方法与论文写作：对 180 篇文章的观察 / 邓树明著 . -- 北京：中国人民大学出版社，2021. 6
ISBN 978-7-300-29409-4

Ⅰ. ①传… Ⅱ. ①邓… Ⅲ. ①传播学一研究方法 ②传播学一论文一写作 Ⅳ. ①G210

中国版本图书馆 CIP 数据核字（2021）第 091528 号

传播研究方法与论文写作
对 180 篇文章的观察
邓树明 著
Chuanbo Yanjiu Fangfa yu Lunwen Xiezuo

出版发行	中国人民大学出版社		
社　　址	北京中关村大街 31 号	**邮政编码**	100080
电　　话	010－62511242（总编室）		010－62511770（质管部）
	010－82501766（邮购部）		010－62514148（门市部）
	010－62515195（发行公司）		010－62515275（盗版举报）
网　　址	http://www. crup. com. cn		
经　　销	新华书店		
印　　刷	天津中印联印务有限公司		
规　　格	170 mm×240 mm　16 开本	**版　　次**	2021 年 6 月第 1 版
印　　张	19. 75 插页 2	**印　　次**	2022 年 10 月第 3 次印刷
字　　数	344 000	**定　　价**	69. 80 元